資本主義史の連続と断絶

西欧的発展とドイツ

柳澤 治

明治大学社会科学研究所叢書

日本経済評論社

はしがき

本書は、ヨーロッパ資本主義の展開過程における連続性と断絶性の問題を、ドイツを軸にして、比較経済史的に検討するものである。その内容は前後二部からなっている。前半の第Ⅰ部では、産業革命以降第二次大戦後にいたる時期の資本主義経済の発展を対象とし、産業革命とその後の一九世紀資本主義、その変質と現代資本主義への転換における連続性と断絶性を伴った経済発展が検討される。そこでは特に資本の展開・蓄積過程と産業諸部門間の発展の不均等性、また市場経済の多様性と重層性、そしてその変容に注目して経済史的な分析が試みられている。その観点は、独占資本や国家独占資本の形成と展開に焦点を合わせたいわゆる「段階論」的な方法ではなく、資本主義経済の広汎な基盤をなす中小経営や中小資本主義的経営の発展と意義の解明に重点がおかれている。現代的な独占資本主義への移行は、本書の場合、非独占分野のこれらの中小資本の側から考察されることになる。

後半の第Ⅱ部では、一八四八年革命をめぐるヨーロッパ社会の二重の意味での転換、すなわち近代社会の現代への転換と、旧体制から近代への転換、およびその両者の交錯の問題が考察される。この革命の帰結はその後のヨーロッパ社会の発展のあり方に大きな影響を与え、東ヨーロッパにおいては「前近代」の要素が変質しつつ「現代」を規定する重要な要因の一つとなった。いわゆるドイツ史の「特殊な途」の問題はそれに密接に関連している。第Ⅱ部では「一八四八年」と「現代」との関係に関するドイツ社会史のこの特殊性に注目しつつ、研究動向の検討を通じて問題の所在を探るとともに、「プロシア型」の発展としてその特殊性が問題とされてきた東部ドイツの農村を取り上げ、その「一八四八年」におけるプロイセン農村住民の経済生活に根ざした変革意識の広がりと深まりを実証的に分析する。

第Ⅱ部で筆者が意図したことは、プロシア的な近代化に結びつく「上から」の政策過程やその推進者の考え方の分析ではなく、その下で日常的な経済活動を営む普通の人々の時代転換に関わる意識と行動の解明である。日々の生活、労働と生産活動を通じて経済過程の基礎を担う平凡な人々の社会的意識を知ることは著しく困難な課題とされているが、第Ⅱ部第8章は、「一八四八年」における東部ドイツの一般的な住民たちの旧体制の解体と近代社会への転換に関わる意識と行動を明らかにするべく試みたものである。著者は、その際、この地域の農村民の運動が想像以上に広域的な広がりをもって展開したこと、またその変革的な方向性が多くの点で、フランス革命期のフランスの農民運動と共通する側面を備えていたことに注目した。そのような動向を生み出す内在的な諸条件の存在、農村住民の主体的な意識の形成、変革的な運動の経験とその記憶は、革命の挫折という結果にもかかわらず、東部ドイツのその後の歴史的発展の中で、消滅することなく生き延びて、何らかの意味を持ち続けたはずである。そうであるとするならば、それはプロシア的発展あるいはドイツ的な「特殊な途」における西欧的市民社会的共通性に結びつく要素となるだろう。本書第Ⅱ部はドイツ社会史の特殊性が内包するこのような西欧的共通性の基礎とその起点の解明に留意したつもりである。

第Ⅰ部と第Ⅱ部との間を内容的に媒介するのは、第Ⅰ部では第5章であり、第Ⅱ部では第7章である。

本書はこれらの論述にあたって、経済社会の歴史的展開における各国・各地域の発展の不均等性と歴史的相違を重視し、それを類型的に捉えようとする比較経済史の方法を継承している。しかしその際著者は、ヨーロッパ各地の類型的な相違の基礎にある共通性を可能な限り考慮し、この観点からこれまでの多分にステレオタイプ化した類型的理解に疑問を呈示し、かなり思い切った修正を試みた。それは各章における有力学説や先行研究への批判的な検討の中に現われているはずである。また類型の土台にある共通性を捉えるために本書では、先学にならって、できるだけ一般的ないし理論的な概念を用いるように心がけたが、それがどこまで成功したかはおぼつかない。読者諸氏の御批判と御教示を乞う次第である。

本書は著者がこの間発表した論文に基づいて作成された。初出の論文名とその掲載雑誌や共著書、またその経緯については「あとがき」に記したので参照願えれば幸いである。なお本書の刊行にあたって明治大学社会科学研究所より出版助成を与えられたのでここに付記する。

目　次

第Ⅰ部　産業革命後の資本主義

第1章　ヨーロッパ資本主義像の再検討
——最終消費財生産の資本主義化の意義——

はじめに

本章は、一九世紀末葉から第一次大戦にかけてヨーロッパ各地で展開した消費財生産の最終加工部門における資本主義化（「消費財革命」consumer goods revolution）に注目し、その社会経済史上の意義について考察し、それを通じて産業革命とその後のヨーロッパ資本主義の歴史的特質に関するこれまでの理解について再検討を試みるものである。

産業革命は周知のように機械の発明と使用、工場制度の普及、その結果としての資本主義の機構的確立を意味する。[1]しかしこのことは産業革命後の資本主義社会において、工場制に基づく資本・賃労働関係と並んで、手工業的な中小経営が広く展開していた事実を否定するものではない。産業革命の画期的意義を重視し、産業革命論史上いわゆる断絶説に立つM・ドッブはこう指摘していた。「産業革命なる名称がつけられている産業構造の形態変化《トランスフォーメーション》が二〇年か三〇年かの枠の中に位置づけられる単一の出来事ではなかったということは今日周知のことである。この時代の主要な特徴の一つは、まさに異なった産業諸部門間における発展の不均等性であった。産業が異なれば、さらに一つの産業の諸分野においてさえ（異なった国の間の産業についてはいうまでもなく）、その歴史の主要な段階は時期的に見て決して一致しなかったばかりでなく、ある特定の産業の構造変化の過程が時に半世紀以上にもわたって行なわれることさえあったのである」(2)。

産業革命が最も典型的に行なわれたイギリスにおいてすら産業部門間の発展の不均等性と伝統的な生産部門の残存は特徴的な現象であった。ドッブはその事例としてブラックカントリーの金属加工業をあげているのであるが、類似の事情は産業革命の土台をなす機械製造業においても生じていた。産業革命の画期性を同じように重視するわが国の研究、吉岡昭彦編著『イギリス資本主義の確立』（御茶の水書房、一九六八年）は、生産手段生産部門の中で特に重要な位置を占める機械工業の発展について、綿工業に対比した発展の「矮小性」を問題にし、大工場と並ぶ雇用規模九人以下の「小零細経営」の併存の事実に注意を促していた(3)。

しかし伝統的手工業技術の残存はとりわけ消費財生産の最終加工部門において顕著かつ広範であった。この事実は、ドッブらの断絶説とは異なり、経済発展の漸次性と連続性を主張するいわゆる連続説が重視するところであった。その一人、T・S・アシュトンによれば、「産業革命」における「技術的変革」は、「労働要具や糸・布のような中間生《インターミーディエット》産物に関わる諸工程」を中心として行なわれたのであって、これに対して「財貨を最終消費者に供給する各種の産業は製陶業を除いて殆ど直接の影響を受けることがなかった」(4)のである。事実、産業革命の最重要部門・繊維工業の機械制に基づく生産物（半製品たる糸・織物）の洋服等被服への加工（仕立業等）、大工業に移行した鉱山業、製鉄・鉄鋼業の中間的生産物（銑鉄・鋼・鉄板等）の家庭用金属用品や日用品・器具への加工（錠前・鍛冶・ブリキ工など各種金属加工業）をはじめとして、製材工場の生産物・製材の家具・建具への加工、鞣皮工業の半製品・皮革の靴やかばん等皮革製品への加工、製粉業の生産物（粉）を原料とするパン・菓子製造、石材・製材の組立による家屋の建造等々、「最終消費者」が日常的に直接消費する多種多様な消費財の生産を特徴づけていたのは、機械制大工業ではなく、手工業的な小・零細経営であった。

これら一連の消費財の最終加工・組立部門の生産様式・経営形態の変化は、産業革命後、特に一九世紀末葉から二〇世紀初頭にかけて漸次的に進行する。A・E・マッソンは指摘する。「一九世紀中頃には、繊維・金属・石炭を生産する基礎的な諸産業における革命的変化にもかかわらず、イギリスの人々の衣食住はなお概して伝統的な様式をとる営業者にまかされていたのであり、これら営業者の技術は何世紀もの間あまり大きな変化を見せず、その仕事は単純な手工業的装置を備えた小規模な経営の中で行なわれていた。……そのような手工業的職人はなお非常に多く存在したが、しかし、一九一四年までに産業革命は、不断の人口増加と実質所得の上昇に刺戟されて、これらの消費財の営業にまで拡延して、機械化した工場制生産を伴った重大な転換を惹起しつつあった」(5)。

衣食住に関わる日常的な消費財の生産様式・経営様式の転換と資本主義化は、伝統的な手工業的技術に基づく、小・零細経営の漸次的な解体をもたらす。G・クロシックの社会史的研究によれば、「小生産者」は「広範な消費者向営業（consumer trade）のほとんどすべてで残存していた。衣服・皮革・靴・食品・飲料・建築・印刷・刃物類・家庭用金属・靴下・編物類・レース類・その他においてである」。しかし、多様な形態をとりながらではあるが、「彼らの位置は明らかに一九一四年までに侵蝕されていた」のである(6)。

「消費財革命」（マッソン）と称されるこの過程は、イギリスだけの現象ではなく、ドイツをはじめとして西ヨーロッパ各地で見られた。本章はこのような歴史的過程がもつ社会経済史上の意義について、産業革命の祖国として古典的形態で資本主義をつくり出したイギリスと、「工業化」が相対的に遅れたドイツを取り上げて検討し、産業革命の時期的相違にもかかわらず両国間に共通に見られるこの歴史的現実の意味を考えてみようとするものである。この過程は日用品の大量的生産と規格化、人々の消費生活の転換と「大衆消費市場」との本格的な登場を意味するのであるが、この転換の社会経済史上の意味は決してそれに尽きるものではなかった。「その国民が年々に消費するいっさいの生活上の必需品《ネセサリーズ》や便　益　品《コンヴィニエンシーズ》」(7)（A・スミス）の生産に関わる諸部門のうち、その生産物が生活資料として個人的に直接消費される完成品の生産、そのような完成形態に原料（半製品）を加工する上記の一連の最終消費財加工部門は、生産手段生産部門とともに社会的生産の基本的産業部門をなす消費資料生産部門の本質的部分をなしており、この部門の資本主義化は消費財生産部門の資本・賃労働関係形成の完成を意味する。ここに「生活上の必需品や便益品」の資本主義的商品への転化が完成するのである。生産過程の変容は、生産者と消費者との市場的関連のあり方、したがって消費資料商品の流通形態の転換を伴っており、その中で旧来の小生産者や小営業者は大きな転化を迫られることになる。この事態は産業革命終了後の確立した資本主義の下で展開するのであるが、これまでの社会経済史研究は、この事実がもつ意味を十分に検討してこなかったように見える。否、むしろこの問題への接近を多分に妨げるある固定した理解が存在していたといってもよいのではないか。そこでまずこの点について従来の理解の問題点について検討することから始めよう。

1　従来の理解の問題点

岡田与好氏はその論考「産業革命の変遷」（高橋幸八郎編『産業革命の研究』岩波書店、一九六五年）において、イギリス産業革命論をクラッパム（J. H. Clapham）、アシュトン（T. S. Ashton）、ロストウ（W. W. Rostow）、ハートウェル（R. M. Hartwell）らの楽観論的産業革命論、トインビー（A. Toynbee）、ハモンド（J. L. and B. Hammond）、ウッドラフ（D. Woodruff）らの社会改良主義的な悲観論的産業革命論、マルクス（K. Marx）、エンゲルス（F. Engels）、ドッブ（M. Dobb）、ホブズボーム（E. J. Hobsbawm）、クチンスキー（J. Kuczynski）らのマルクス主義的産業革命論の類型に整理し、それら諸説とその対立の学説史的思想史的意義を明快に明らかにした。氏は、

「社会現象の諸変化の質的側面」を重視する悲観論的見解に対して、変化の「量的側面」に注目し「諸事実・諸変化の数量的測定」に力を注ぐ楽観論的ないし弁護論的産業革命論が、経済現象の長期的な漸進的過程を重視しつつ、「産業革命」概念の否定と排除、あるいは水増しと無概念化、別の用語への代置に結びつく傾向があることを指摘した。

　この論文からすでに永い年月が経過しているが、岡田氏が指摘したような「数量的分析方法」の適用とそれによる「産業革命」概念の「改編」の傾向は、その後も衰えず、むしろ強まった感さえあった[8]。しかしこのような動向に対して数量的方法とその適用の限界と問題性を鋭く衝きつつ、産業革命の質的側面を改めて重視し、その内容をより具体的に検討しようとする有力な見解も公にされ、産業革命論は今や再度大きな盛り上がりを見せるにいたっている[9]。この新しい産業革命論争の中で、社会問題の重要性に対する再評価や工業発展の地域的不均等性（ないし地域性）と並んで、重要な論点として浮かび上がってきたのが、産業諸部門の発展の不均等性と伝統的技術の存続・小経営の残存の事実であった。このような事実は、上述したように、産業革命の画期的意義を重視するドッブらによってすでに注目されてはいた。だがここにおいてそれがあらためて本格的な分析対象とみなされるにいたったのである[10]。

　わが国の研究史においてもこの事実は決して無視されたわけではなかった。しかし、イギリス産業革命の理解について見ると、上のような伝統的な生産形態・経営形態は、「古い生産諸形態」の単なる「残存」、あるいは単なる「矮小性」という指摘以上には出ず、それ自体が本格的に検討されることは稀であった[11]。その最大の要因はわれわれがこれまで依拠してきた産業革命の概念規定にあったように思われる。たとえば、大塚久雄氏は、「近代的マニュファクチャー」や「近代的家内労働」の姿をとって「古い生産諸形態」が「かなり長期にわたって残存した部門もあった」としながらも、「『産業革命』はたんに技術の変革や経営形態の推転というだけでなく、『中産的生産者層』の完全な両極分解による産業資本の全面的な形成」をも意味するものとした（傍点は原文）[12]。産業革命を同時に「中産的生産者層」の「完全な両極分解」、その「最終的な過程」と見る大塚氏の理解は、その後、「産業革命は、それまで緩慢に進行してきた小生産者層の両極分解を終局的に推し進めつつ、そうした社会の『中間的利害』を基本的に消滅せしめて、ここに資本と賃労働の階級的利害の敵対関係を全社会的規模で顕在化・尖鋭化させるにいたったのである」[13]（傍点は引用者）というような把握に継承され今日にいたっている。

産業革命における資本主義の確立は、イギリスにおいては、このように厳密な形で「中産的生産者層」の「完全な両極分解」、「小生産者層の両極分解」の終局的過程あるいは「中間的利害」の「基本的」な「消滅」と一致せしめれており、このような理解に立つ限り、産業革命後の小生産者等の「中間的利害」は、部分的な存続ないし残滓として捉えられることはあっても、一九世紀資本主義を構成する基本的要素として本格的な分析対象に据えられることは困難であった。

イギリス産業革命のこのような厳密な理解との対比の中でドイツやフランスなど後進的な国々における産業革命とその後の資本主義発展に関しては、逆に中小経営の「残存」が注目され、そのあり方が独自な形で問題とされる。非自生的な工業化に伴う原始的蓄積の不十分性、歴史的制約条件の下での産業資本発展のゆがみが中間層の広汎な残存をつくり出すという理解[14]、あるいはイギリスに対抗するためイギリスが到達していた高度な生産力水準を一挙に採用し、資本の高い有機的構成を備えるにいたった産業資本は、直接生産者の生産諸条件からの分離過程を不徹底ならしめたという認識[15]はその典型である。中小経営の広汎な存在の事実は、この場合、古典的資本主義（イギリス）との対比における後進資本主義国における特殊性、後進性の現われとして理解された。

断るまでもなく資本主義の類型把握の観点に立った上のような認識が、これらの国々の中小経営やその担い手の歴史的特質の理解に対して、重要な貢献をしたことを否定しようというのではない。問題は、それらの解釈が有力な考え方として広く受けとめられるにいたると、中小経営の広汎な存在という現象が、暗黙のうちに後進資本主義の特殊性に一面的に結びつけられたり、あるいは後進性の特質に解消せしめられる傾向があったことである。中小商工業者の問題はあたかも後進的資本主義の専売特許のごとき様相を呈し、それがもつヨーロッパ的な一般性や共通性への検討を欠いたまま、もっぱらそれぞれの国の歴史的諸条件との関連においてのみ捉えられる傾きが見られた(16)。われわれは各国資本主義の類型的把握の観点から中小経営の問題を歴史的特殊性と結びつけて理解するその意味を決して否定しないばかりでなく、その重要性をむしろ強く認めるものであるが、しかしそのためにはそれに先行してこの問題がもつヨーロッパ的な共通性を解明することが不可欠であると考えている。

このような中小経営の比較経済史的分析のためには、経済史学で用いられている一般的な概念や共通の学術用語の使用と適用が必要となる。ところがこの点においてもこれまでの研究は十分とはいえなかった。周知のように中小経営についてはは各国でそれぞれの呼称が存在するが、従来の研究は大ていの場合この同時代的な用語を経済学上あるいは経済史学上の概念とのつき合わせなしに、そのまま分析上の学術用語として採用してきた。その代表的な例がドイツの「手工業」(Handwerk) という用語である。その問題点についてはは別の機会に詳論した(17)のでここでは繰り返さないが、「手工業」とか「手工業者」と呼ばれるものの経営的実態を歴史具体的に理解するためには、一度それを一般的な概念で捉え直してみる作業がどうしても必要であり、イギリスを含めたヨーロッパ各国の類似の中小経営との比較もそれによって可能となるのである。

2　産業部門間の不均等発展と最終消費財生産

本論の出発点はM・ドッブの指摘したような産業諸部門間の発展の不均等性 (unevenness of development as between different industries) にある。この観点に立つと、産業革命はイギリスにおいても小経営の全面的ないし最終的消滅を意味するものではなく、したがって、産業革命による資本主義の確立、産業資本の全面的な形成という事実と、中産的生産者層の「完全な両極分解」とは区別されねばならなくなる。手工業的な中小経営は産業革命後もなお広く存続したのである。この事実に最も大きな関心を寄せたのは、上述したように産業革命の連続説的理解であった。われわれはその成果に留意する必要がある。その際重要なことは、連続説が注目したこの事実を、経済発展の単純な連続性あるいは産業革命の否定に解消させるのではなく、産業諸部門間の不均等的発展として捉え直し、断絶説が重視する歴史的画期としての産業革命の認識に適切に関連させることである。

連続説に立つクラッパムは一九世紀後半を対象とした『近代イギリス経済史』第二巻の中でこう指摘する。(18)「車大工・馬具工・鍛冶工・鉛工、小規模な大工・婦人服工あるいは製パン工等まだ色々挙げることが出来るが、これらは顧客仕事や修繕仕事や販売手工業者のような形で消費者と直接取引する生産者の典型的な残存または再生である。彼らの背後には今や鉄製車軸、馬具工用金物、鉄棒、導管、製材された板材、縫糸、製粉などの半製品を彼らに供給する工場なり大規模工業なりが存在するのが普通であった」。彼らはその下で働く雇職人や従弟とともに「正確には測定できないが工業人口の重要な一部を形づくった」のである。

日常的に必要な諸使用価値のうち、特に消費財の最終生産物は手工業的な小生産者によって生産され、その生産物は最終消費者に直接販売される。他方、その生産に原料として用いられる半製品（half-finished goods）は工場や大規模工業によって製造され、両者はそのような形で社会的分業関係を構成する。クラッパムの述べる一九世紀後半のイギリスのこの状況は、産業革命それ自体における技術的発展の産業部門間相違に関するアシュトンの簡潔な定式化（「はじめに」参照）に対応している。つまり、産業革命における技術的変革（機械制・工場制の発展）は、社会的生産における「中間財」生産（繊維工業・製鉄・鉄鋼生産をはじめとする半製品＝原料生産諸部門）を捉えたが、これに対してそれらを生産手段（原料）として用いて「財貨を最終消費者に供給する各種の産業」、つまり最終製品・完成品への加工を行なう諸部門は伝統的な形態にとどまっていたのである。こうして産業革命後のイギリス資本主義は、生産手段生産部門（第一部門）および生活資料部門（第二部門）のそれぞれの最終加工部門、とりわけ後者の最終消費財生産諸部門において広汎な小商品生産を残していたのである。[19]

ドイツ（帝国）における事情は一層明白であった。産業革命が終了してかなり経った一八七五年の統計によれば、従業員五人以下の小経営が支配的な部門は次の通りであった。食品業（製パン・精肉）、木材加工（家具・建具等）、金属加工（鍛冶・錠前・ブリキ工）、皮革加工（靴・カバン等）、衣料（仕立・婦人服工）等々。これら諸部門の就業人口（約三〇〇万人）は、鉱山・精錬・石材・機械・化学・繊維（織布業も含む）など機械制が支配的な諸部門のそれ（約二〇〇万人）を遥かに超えていた。[20]

それでは何故にこのように産業部門間で発展のあり方が異なったのであろうか。生産を担う労働者および経営者の技術的守旧性、伝統的技術への固執とそれを支える同業組合的関係の存続、低廉な労働力の存在、等々の社会的諸条件を考慮に容れなければならないだろう。しかしより重要なのは生産される製品それ自体の形態や性質と、それに由来する生産・労働過程の技術的な特質である。まず製品の品質（鮮度等）が短時日の間に低下・消滅する、使用価値の存続期間の短い食品（パン・肉等）の場合である。それらは当時の運搬・保存手段の制約の下で生産物の流通期間および流通範囲が時間的・空間的に限定され、生産・流通の規模が小規模かつ分散的・局地的となるため、小商品生産がより適当な形態として維持された。しかし、洋服、靴、家具、各種日用品、建物など最終消費財の大半を占める耐久的な製品の生産において、小経営が広汎に存続した理由は別の技術的事情によっていた。それはこれらの製品の大部分が各部分生産物の単なる機械的な結合や組立てから成っていた点にあった。各部分・部品の要素と最終的完成品との関係は外面的であり、その生産過程は、その原料となる糸・織布・鉄・板材・鞣皮等の生産が相互に関連ある一連の諸過程や操作であるのと異なり、作業の連続性、一様性、規則性を欠如していた。そのため機械は部分的工程に分散的に採用される可能性はあったものの、生産のこの本質的部分（結合・組立加工）への機械導入は困難で、手労働とその熟練性が要請された。生産の最重要部分での手工業的技術の必要性は全体として当該生産を手工業的たらしめ、単純な小経営あるいは分業的協業に基づくマニュファクチュア経営による生産を永らく維持させたのである。製品とその製作におけるこの技術上の特徴は消費資料にのみ限られたわけではない。生産手段、特に労働手段としての機械や装置も同様の特性を備えており、生産過程における製品の組立工程は多くの場合、手工業的技術と熟練を必要とした。また機械・装置が配備される工場の生産・労働過程の特殊性と多様性とは、それら労働手段の製作を個別たらしめ、手工業的技術の必要性を強めた。生産手段生産部門の基幹部分をなす機械製造部門においても「一方では専門化した大企業を分出するとともに、他方では小経営を不断に分出し再生産することとなる」（吉岡、前掲書、二八七～八頁）のである。

産業革命による機械制の発達はかつてとは比較にならないほど社会的分業を深化・拡大させ、社会的生産部門を多様化した。こうして細分化され多様化した、また新たにつくり出された加工業・組立業の諸分野で手工業的な中小経営が新たに展開する可能性を与えられた。最終製品の加工に用いられる半製品・原材料の生産諸部門（「前段階」「中間段階」）の機械化は、それら生産物の価格を低廉化し、また製品の規格化によってその後の加工を簡単化した。それはそれらを原料として用いる最終加工部門の中小規模の諸経営の発展を部分的に促進しさえしたのであった。さらにまた生産過程で使用される労働手段として道具とともに単純な機械（たとえば縫製用ミシン）が採用され、小経営の技術的基礎が補強されることもあった。原料・半製品部門を中心とする機械制の発展によって遊離した低廉な労働力がこれらの中小経営に流入し、その存続を労働力の面から支えたことも注意しなければならない[21]。

もとよりこれらの中小経営がとる形態はさまざまであり、独立の手工業的経営と並んでマニュファクチュアおよび問屋制家内工業が広く発展するのであるが、いずれにしても、生産部門間の発展の不均等性、最終加工部門を中心とする、製品それ自体から生ずる手工業的技術の必要性は、イギリスを含めたヨーロッパ各国に共通する当時の一般的な特質であった。中小経営の「残存」は決して特定の資本主義国の特殊的問題ではなかったのである。

3　最終消費財生産の資本主義化

二〇世紀初頭のイギリス工業における「現在」と「過去」との分かちがたい絡み合い、「工場制度の生誕地であるイングランド」においてすら見られる「旧式な組織形態の下で営まれている一連の産業」について注意を喚起していたのは同時代の歴史家G・アンウィンであった。[22]そしてそのような「旧式な組織形態」が最も広汎に見られたのが生活資料の最終加工部門においてであった。

そのような「現在」と「過去」との絡み合いの中で旧い形態から新しい形態への転換がゆっくりと進行しつつあった。小生産者と消費者との直接的関係の解体、小経営者の商業資本への従属と下請関係の形成の事実は――クラッパムが指摘したように[23]――一九世紀後半のイギリスの金属最終加工、時計製造、仕立業、家具製造業、建設業、馬具製造、製靴等の各種部門において顕著に見られた。[24]しかしこのような下請制と並んで、またそれと絡み合いながら一九世紀末葉以降、中小規模の工場や半ばマニュファクチュア的・半ば工場制的な資本制企業が登場しつつあった。製縫・裁断工程を機械化した既製服工場（北部諸都市）や帽子製造工場（同）、靴工場、建具工場等々がそれである。マッソンのいう「消費財革命」はそのような現象に照応していたのである。[25]

ドイツにおいても「消費財革命」は一九世紀末葉から二〇世紀初頭にかけて明白に進行した。椅子・テーブル・戸棚・洗面台・食器棚・寝台・調理台・台所戸棚・扉・床等々の家具・建具をはじめとする木工製品の組立・加工、ランプ等照明具、タバコ・菓子・薬品・コーヒー等の容器、台所用品、玩具等々の各種ブリキ製品の加工、各種金属製品（家具・窓・扉等の鍵・把手・掛金、附属金具、台所用・家庭用金具・用具、鉄製の道具、金庫、窓枠、鉄柵、階段、等々）の製造（および取付）、靴（短靴・ブーツ）やカバン・トランク等皮革製品の生産、住宅・店舗等の建築――これら一連の消費財生産（部分的には生産手段生産でもある）において規格化された商品の大量的生産と、小規模ではあるが資本・賃労働関係にもとづく経営が展開した(26)。

以下に示すのは一九世紀末の南ドイツ・アウクスブルク市近郊の一家具・建具企業（労働者数五〇人）〔平均〕の事例である。

蒸気機関　二四馬力。水平鋸盤（四刃用）　一、鉋機　二、円鋸・帯鋸・柄切機・中ぐり機　各一、フライス盤二。労働力の編成は、家具工　三五、ろくろ工　五、掛布工・画工・研磨工・錠前工・機械工　各一。作業場は、水平鋸盤用作業室、その他各種作業用室、家具製造部、ろくろ部、掛布室、画工作業場、椅子組立用作業場があり、ほかに営業・技術室、木材置場、乾燥室、労働者食堂、管理人室が加わる。

この事例からもわかるように、生産過程を構成する部分工程の多くに工作機械を中心とする作業機が導入され、経営は全体として小型工場の形態をとっていた。しかし生産過程の核心をなす各部分製品の組立・加工および仕上げは手工業的技術にほぼ全面的に依存していたばかりでなく、機械の充用された部分工程においても労働者の熟練と手工業的技術とが多くの場合なお不可欠であった。その意味でこれらの資本主義的経営は多分にマニュファクチュア的な色彩を残しており、また労働力における熟練工とその熟練的労働の位置も小さくなかった。

以上の事情は、これら組立・加工生産分野の資本制的経営の規模を中小規模たらしめるとともに、手工業的小経営の存続を部分的に可能にする。資本制的企業と手工業的経営との間には技術的経営的に多くの共通性が存在し、前者の下層部分と後者の上層部分とは境界なく連続した。資本制的経営は多くの場合これらの手工業的経営の漸次的拡大として、手工業者の資本家への漸次的転化としてつくり出されたから、両者の間には同時に系譜上・経営上の連続性が見られた。それはまたしばしば経営者たる小工場主の経営的意識・社会的意識にも影響を及ぼし、彼らの考え方に「手工業者的」要素を存続させた。このような共通性と連続性こそ、同時代人をして（また同時代とのちの研究者をして）これらをおしなべて「手工業」・「手工業者」と捉えさせる結果となった。経営形態の転化、資本制の形成という経済史上の本質を見逃させる原因もそこにあった。

他方、資本主義的経営の発展と並んで小経営者に対する問屋制的支配あるいは小生産者の下請関係への編成も進行する。小営業者はこのような形で経営的自立性を部分的ないし全面的に喪失し、その一部は賃労働者に転化した。また小経営の中には、本来的な生産過程を縮小したり停止したりして、単なる修理工・修繕工になったり、工場が生産する大量製品を販売する小売商業を営むものも出てきた。「消費財革命」は、こうした最終消費財の生産様式の内的な転換を意味したのである。[27]

4　ヨーロッパ経済史の転換

以上の過程は社会経済史的に見て次のような意義を有した。

㈠　最終消費財生産の大半は、製パン工・肉屋・仕立工・家具工・指物工・左官・大工・鍛冶工・ブリキ工・靴工・帽子工・桶工・ろくろ工・馬具工等々の伝統的な名称を備えた職種と密接に関連していた。これらの諸職業は中世以来の手工業的職種の主要部分をなしていた。たとえば、酒田利夫氏は中世ヨーク市の経済発展にとって「周辺地域からの需要」を背景とした、衣類や皮革の加工をはじめとする「完成品製造諸工業部門」の重要性を指摘した。[28]また、坂巻清氏の労作『イギリス・ギルド崩壊史の研究』（有斐閣、一九八七年）からも、クラフト・ギルドからカンパニー制、さらにスチュアート・コーポレーション形成とギルド民主化運動という「都市史の底流」の中で、仕立工・家具工・フェルト帽製造工・車大工・刃物工・馬具工・トランク製造工・手袋製造工・製靴工等々の手工業がいかに重要な位置を占めていたかを知ることが出来た。

ドイツの場合も同様で、一八、九世紀交の頃のプロイセンの手工業親方数の上位一〇位は次のようであった。靴工（四・六万）、仕立工（三・九万）、鍛冶工（二・六万）、製パン工（一・五万）、肉屋（一・一万）、家具工（一・一万）、車大工（九千）、桶工（七千）、左官（六千）、馬具・皮革工（三千）。一九世紀になると左官と家具工が激増して第四、五位に上昇するなど順位に変化はあるが、職種としては変化がなかった(29)。

これらの手工業職種の重要性は、個人的に消費される消費手段、それも必要生活手段の生産に直接的に結びついている点にあった。消費手段生産部門におけるこの本質的な諸分野は、産業革命後も基本的には小商品生産の形態をとって存続したのである。一九世紀末におけるこれらの諸分野における資本主義化は、それ故、中世以来の手工業史・手工業者史の、また手工業的発展を底流にもつ都市史の最終局面を示していたといえよう。

一九世紀末にドイツ・オーストリアの「手工業」を調査した「社会政策学会」（Verein für Sozialpolitik）の一報告はたとえば当時の仕立業の状況をこう説明する。「一九世紀は他の多くの営業と同様仕立業にとっても、何世紀もの間慎重に守られてきた状態が二、三〇年の間に完全に変わってしまうという時代となった。それは生産分野と生産者の社会的位置とにおける旧きものの痛ましい解体と、力強い進展が見られる新生との時代なのである。資本は生産を把え、自営の仕立工を従属的な注文服下請工や既製服労働者に変えた(30)」。

既製服・既製靴・ベニヤ家具等々の規格化され一般化された商品の大量的生産およびその流通は、「消費財革命」の基本的な内容をなすが、このことは消費財生産における個別的分散的形態の全面的排除を意味するものではなかった。この分野においては小経営はなお部分的に存続した。まず第一に、当該製品が部分生産物の単なる結合・組立からなるという、これら加工・組立業の生産過程の技術的制約、つまり手工業的技術の基本的部分での必要性は、手工業的小経営を部分的に存続させたばかりでない。資本制的経営は、その技術的狭隘さの故に、時としてそのような小経営を不可欠の条件として下請制的関係の下に編成しさえした(31)。他方で、製品の規格化・一般化にもかかわらず、否かえってそれ故に一層、生産物の個別性と高品質性が積極的な意味をもち続け、それと結びついた手工業的技術が決定的な役割を果たす場合も少なくなかった。大衆的需要と結びつく必要消費手段の標準化や均質化に対して、高級衣服等、資本家層などの社会的上層階層によって消費される消費手段や奢侈品はしばしばこのように生産されたが、しかし、この場合でも小経営に対してそのような状況に対応できる大経営者が優位に立つことが多かった。また、衣食住の食に関わるパンや肉のように、使用価値の持続が当時の事情の下で時間的に制約されている商品の場合は、生産の形態は依然として伝統的なままにとどまっていた。食品業における資本制的企業はアルコール飲料（醸造業）や缶詰・菓子（ビスケット類）など保存可能な製品の生産に限られた。このような限定が付せられるとしても、人々の日常生活に必要不可欠な消費手段の重要な諸生産部門における上述した転換は、中世以来の永い手工業（者）史の重大な転機を意味した。中世的手工業の解体の画期は通常考えられている産業革命期ではなく、独占形成が問題となる一九・二〇世紀交の時期であったのである。

(二)　消費資料生産部門のうち、最終加工部門にとって原料となる中間的な製品（半製品）や原材料の生産は、産業革命を通じて工場制に基づく資本主義的経営によって担われるようになっていた。一九世紀後半、特に末葉から始まるその最終加工部門の資本主義化は、したがって、消費財生産部門全体における資本制的関係の全面的な展開、その完成を意味し、消費財商品は文字通り資本主義的商品となった。規格化され標準化された生産物は、顧客の直接かつ個別的な注文に対する特定化された個別的な使用価値（顧客の個性的な体軀に合わせた洋服の仕立、靴の製作、顧客の居住空間に適合した家具、等々）の形態を離れて一般化した。

それは使用価値の消費者としての商品の買手と、その売手たる生産者との間に存在した、地域的な個別的人的関係の解体と表裏一体の関連にあった。消費資料の最終加工が小規模な手工業的性格を有していた間は商品生産＝流通は空間的に限定され、局地的・地域的な範囲をあまり越えることはなかった。生産者たる手工業経営者は同時に自らの商品の顧客に対する直接の販売者であり、買手としての顧客はその商品の使用価値の直接的な消費者であることが多かった。つまり商品の売手と買手とは生産者と消費者として市場において直接的に関係した。こうしてこの消費者は当該商品が誰によって生産されたかを直接的に知っており、生産者は自身の生産物が誰によって買われかつ消費されるかを知っていた。市場関係におけるこのような個別的人的関連は、取引された商品の個別性に凝集し、それは販売と購入の取引関係をこえて、当該商品の使用価値の消費過程にまで持ち越される。購入した消費財が消費過程でその使用価値に損傷や故障が生じた場合、彼はその補修や修繕を消費財のもとの生産者にまかせるのが普通であった。商品の売手と買手の関係は、売買や取引の完了とともに終了するのではなく、当該商品の使用価値が存続する限り持続した。それればかりではなかった。消費によって使用価値が消滅した後、次の更新が行なわれる際も、両者の関係は再度の取引として繰り返されることが少なくなかった。

資本制企業による規格化され一般化された消費資料の加工と製品市場の拡大は、このような伝統的形態を解体させた。商業資本の介在によって空間的にまた時間的に拡延された流通過程を通じて、商品の生産者と消費者との関係は、間接的となりまた稀薄化した。消費財商品の生産者・産地が、したがって商標（ブランド）が不公正な取引の防止との関連で問題になるのはまさにこの時代においてであった。

(三)　消費財商品の大量生産化は、流通過程の担当者としての商業資本の発展と密接に結びつく。消費財の取引に関わる商業資本としては、古くから香料・コーヒー・砂糖などの外国産の食品、棉花などの輸入原料、奢侈品、および毛織物・絹織物等を取り扱う商人（雑貨商・織物商等）が発達したが、日常的な必要消費財を取引する小売商の数が増大したのはずっと後のことであった[32]。道重一郎氏によれば、小売商業の発展の画期は二つあり、一つは「一七世紀末から一八世紀前半の産業革命に先行する時期」であり、もう一つは、「一九世紀後半の産業革命終了後の時期」であった[33]。そしてこの後者に関して氏は「既製服にみられるような消費財の大量生産が全面的に展開可能となった一九世紀末」と指摘しているが、このことはドイツについても該当する。

二〇世紀初頭のドイツの小売商業の状況について同時代人は、こう指摘していた。靴製造業・家具製造業・既製服業・金属加工業の多くの部門で、また一定の限度で時計製造と宝石加工業において、「工業」（＝資本制企業）が伝統的な「手工業」の分野を捉えるようになり、その際「工業」はその生産物の大半を小売業の仲介によって消費者に供給するようになった、と[34]。手工業経営者の中にはこうした事情に対応して生産活動を縮小させながら、修理業や工場制に基づく大量的製品の小売商業を兼営したり、それに専業化するものも現われた。他方、無数の小・零細小売店舗と並んで、規模の大きな専門的な小売商業や各種の消費財を総合的に取り扱う百貨店、さらに通信販売や割賦販売等の多様な形態の小売商業が成長してくる[35]。

都市の商店街、特にショーウィンドウや飾り付けを備えた専門的小売商業店舗の並ぶ目抜通り、アーケード式商店街や大型の百貨店の賑わいなど、現代的な都市景観の出現がここで問題となるばかりではない。新聞・チラシ等の広告や宣伝様式の新しい形態、誇大広告や虚偽の宣伝、また流行など、「消費社会」の現代的な諸問題が本格的に登場してくる。それは単なる商業史上の出来事を超えて、消費生活の様式やより広く生活様式全体の転換に結びついた。

(四)　上記の過程は商品市場・商品流通の地域的空間的構成の転換を伴った。すでに繰り返し述べたように最終消費財生産に用いられる生産手段、特に原料・半製品（糸・織布・鉄・木板等）の生産（「前段階」・「中間段階」）は産業革命の中で資本主義的な大量生産の形態に移行していたから、それらの産業資本の循環〔G（貨幣）－W（商品）

Pm（生産手段）A（労働力）……P（生産過程）……W'（商品）－G'（貨幣）〕のうち、その製品の販売〔W'－G'〕はすでに全国的ないし広域的な範囲で行なわれた。これに対して、それら商品（原料・半製品）の購入者たる最終消費財生産者の自らの生産物（最終製品）の販売〔W'－G'〕は局地的・地方的な範囲においてなされた。前者の産業資本の商品資本の循環のうちW'－G'は、後者の中小経営者の原材料・半製品の購入〔G－Pm〕に対応しており、両者の循環はそれを通じて関連し合う。産業資本の広域的商品市場と、中小経営者が加工した最終製品の販売が行なわれる局地的・地方的市場とはこうして相互に補完し合い、消費財商品市場の全体的構造を形づくっていた。

周知のように社会的総資本の再生産過程にとって諸個人の個人的消費、そのための所得の支出と消費財の購入は不可欠の条件をなすが、まさにその個人的消費に直接結びつく最終消費財の流通、つまり住民（労働者・中小生産者・商人・資本家・地主等々）による消費財の購入、中小経営者による自己の製品の販売は、産業革命後もなお局地的地方的な特徴を維持していたのである。[36] 社会的総資本の再生産過程はその意味でなお局地的地方的条件を基礎としていたといえよう。[37]

最終消費財生産の資本主義化と大量生産への移行は、この伝統的な地方的市場を解体させ、最終製品の流通の空間的範囲を広域的にした。こうして消費財生産部門の流通はその最終品目にいたるまで広域的となるのであるが、このことが伝統的な市場関係を土台とする地域住民の社会的人的関係とその地方性・局地性に大きな変化をもたらしたことはいうまでもない。

おわりに

かつて遅塚忠躬氏は、『史学雑誌[38]』において資本主義の構造的特質や移行の問題に関する戦後の経済史研究と今日の「社会史」との間にある「断層」を問題にし、両者は「構造分析の二つの方法に他ならず、両者の架橋が現下の急務であると思われる[39]」と指摘された。本章の趣旨は氏のこの重要な提言に対して、前者の方法に立っており、後者の「社会史」との「架橋」を特に意図したものではない。

しかしもし「社会史」において個々の日常的消費財や奢侈品のそれ自体の考察、それらの日用品の調達の仕方や消費の様式、またそのような消費生活をめぐる日常的な社会関係・社会的意識の検討が課題となるとしたら、本章で問題にした「消費財革命」とその経済史的内容としての最終消費財生産の資本主義化は、それらの諸問題に密接に、あるいは直接的に関連するといってよいだろう。一、二の点については本文で示唆した。

また本論で述べたことは「社会史」に関連する労働者や中小ブルジョアジーの日常的な意識・慣習・行動様式あるいは社会的な運動の問題とも密接に関連する。周知のように、手工業的経営・マニュファクチュア・家内工業等の「過渡的諸形態」における労働者の存在形態の問題は、この時期の労働問題・社会問題の中心問題の一つであって、それをめぐってこれまでも活発な研究が行なわれてきた。「過渡的諸形態」は、産業革命後も長期的に存続した。そしてそれは労働者の意識や行動のあり方に、資本主義の「初期段階」の特徴を刻印し続けた。ドッブは指摘している。「家内工業やマニュファクチュアの諸条件が一九世紀の後半まで残存したことは工業生活や工業人口にとって重要な影響を与えたがそれは殆ど全く認められていない。一九世紀の最後の二五年にいたる迄労働者階級は工場プロレタリアートという同質の性格をもちはじめることがなかった、ということをそれは意味している[40]」。

「独立の部分生産物の単に機械的な組み立て」を特徴とする加工業・組立業の資本主義化の歴史過程は上述したように産業革命期のみの問題ではなく、むしろその後に引き延ばされ、一九世紀末・二〇世紀初頭において重要な局面を迎えることになった。製品の生産が「順次的な発展諸過程」ではなく、「多数の異質過程」を含むこれら諸部門では、手工業的技術の残存と熟練工の役割の大きさとはさらにその後も重要な問題であり続けた[41]。巨大企業の出現と独占資本主義への移行と並んで、この問題は現代資本主義への転換におけるもう一つの重要な局面を形づくることになるのである。

（1）大塚久雄『欧州経済史』岩波書店、一九七三年、一三七頁以下。

（2）M. Dobb, *Studies in the Development of Capitalism*, London, 6. imp. 1954（1. pub. 1946）, p. 258, 京大近代史研究会訳『資本主義発展の研究』Ⅰ、Ⅱ、岩波書店、一九五四～五五年（第一刷）、Ⅱ（一九七〇年、第一七刷）六〇頁。

（3）吉岡昭彦編著『イギリス資本主義の確立』御茶の水書房、一九六八年、第四章（吉岡昭彦）二六八頁。

（4）T. S. Ashton, *The Industrial Revolution, 1760–1860*, London / New York / Toronto, 1949, p. 92, 中川敬一郎訳『産業革命』岩波書店、一九六一年（一〇刷）、一〇〇頁。

（5）A. E. Musson, *The Growth of British Industry*, London, 1978, part Ⅲ, p. 228.

（6）G. Crossick, "The petite bourgeoisie in nineteenth-century Britain : the urban and liberal case", in : G. Crossick / H. -G. Haupt（ed.）, *Shopkeepers and Master Artisans in Nineteenth Century Europe*, London / New York, 1984, p. 66.

（7）A. Smith, *The Wealth of Nations*, Introduction and plan of the work, 大内兵衛・松川七郎訳『諸国民の富』Ⅰ、Ⅱ、岩波書店、一九六五年（第一刷）、Ⅰ（一九七五年、第五刷）六一頁。

（8）湯沢威「イギリス経済史の再構築に向けて」『社会経済史学』第五八巻一号、一九九二年、川北稔「イギリス近代史の内と外」遅塚忠躬・近藤和彦編『過ぎ去ろうとしない近代』山川出版社、一九九三年。

（9）たとえば、J. Hoppit, "Counting the industrial revolution", in : *Economic History Review*, vol. 18, No. 2, May 1990. Cf. P. O'Brien / R. Quinault（ed.）, *Industrial Revolution and British Society*, New York, 1993, Introduction. それらの動向については、道重一郎「産業革命論の再検討」『土地制度史学』一四一号、一九九三年、参照。

（10）この動向は R. Samuel, "Workshop of the world : steam power and hand technology in mid-Victorian Britain", in : *History Workshop*, Spring 1977, にすでに示されている（本論文は道重一郎氏の配慮により閲読することが出来た）。また、O'Brien / Quinault（ed.）, *op. cit.*, p. 17.

（11）例外的に米川伸一編『概説イギリス経済史』有斐閣、一九八六年、第三章（武居良明）、参照。

(12) 大塚、前掲書、一四一頁。
(13) 井上巽「イギリス産業革命」松田智雄編『西洋経済史』青林書院新社、一九八二年。類似の指摘は、石坂昭雄・船山榮一・宮野啓二・諸田實著『新版西洋経済史』有斐閣、一九八五年、一九九三年、一七〇頁。
(14) 大塚久雄編『西洋経済史（経済学全集一一）』筑摩書房、一九六八年、第五章（吉田静一）一八九頁、第六章（諸田實）二一八頁。
(15) 戸原四郎『ドイツ金融資本の成立過程』東京大学出版会、一九六〇年、序論、をはじめ宇野弘蔵氏の経済学方法論に立脚した帝国主義研究に見られる。
(16) 上の帝国主義研究においては、ドイツのような後進国の場合、上述の事情から株式会社制度に基づく資本の一挙的な調達と重工業を中心とする組織的独占の早期的展開が見られ、その中で農民・中小企業等の中間層の解体と資本主義の純粋化の傾向は弱められ、むしろ中間層は維持されるという「逆転した傾向」が生ずると考えられる。中間層の存在はこの場合、金融資本的蓄積様式にとって不可欠の条件となるが、そこでは農民層以外の中間層に関する分析はほとんど見られなかった。同じ宇野氏の方法に立ちながらも自由主義段階のイギリス資本主義の発展傾向に関して「純粋化」ではなく、中間的諸階層の拡大傾向を指摘するのが、侘美光彦『世界資本主義』（日本評論社、一九八〇年）である。この見解は、イギリスの古典的資本主義が資本・賃労働関係だけではなく、中間層を基本的要因とするという理解を提示する点で興味深いが、同時に中小経営の解体、資本主義の「純粋化」の側面を全面的に否定しており、問題点をもつ。本章はイギリス資本主義における中小経営の広汎な存在の事実と同時に、その解体過程――「逆転」ではなくその進展――の側面を重視している。
(17) 柳澤治『ドイツ中小ブルジョアジーの史的分析』岩波書店、一九八九年、I、参照。
(18) J. H. Clapham, *An Economic History of Modern Britain*, vol. 2 (*Free trade and steel, 1850–1886*), Cambridge, 1. ed. (1932), 1952 (reprint), p. 125.
(19) 一八四一年の頃のイギリス職業人口のうち、小経営の支配的な部門の職業人口は全体の半分以上を占めていた（但し金属・機械工業は半分をそれとみなす）。吉岡、前掲書、序論（井上巽）、一四頁。
(20) 柳澤、前掲書、五四頁以下。
(21) K. Marx, *Das Kapital*, Bd. 1, Kap. 13（長谷部文雄訳『資本論』第一巻第一三章、青木文庫）の興味深い叙述、参照。

(22) G. Unwin, *Industrial Organization in Sixteenth and Seventeenth Centuries*, 1. ed. 1904, new impression, London, 1963, Introduction, 樋口徹訳『ギルドの解体過程』岩波書店、一九八〇年、七頁。

(23) Clapham, *op. cit.*, p. 126.

(24) 最近になるまでこれらに関する立ち入った研究はほとんど行なわれることがなかった。クロシックによれば、一九世紀イギリスの小生産について「われわれは彼らについてあまりにも知らなさすぎる。私自身の引用文献が示すように議論は依然として今世紀の最初の二、三〇年間に生まれた重要な経済史に頼り切っているのである」。Crossick, *op. cit.*, p. 71.

(25) Musson, *op. cit.*, pp. 228–240, 245, 252. Cf. Crossick, *op. cit.*, p. 68.

(26) 柳澤、前掲書、五九〜八九頁、参照。

(27) ここで問題にしているのは最終消費財の「生産」の様式の転換、経済学上・経済史学上の概念としての産業資本と経営形態としての工場経営の形成であって、社会層としての「中間層」の「存続」や「解体」の問題ではない。

(28) 酒田利夫『イギリス中世都市の研究』有斐閣、一九九一年、第五章。このことは都市だけでなく農村工業についても該当する。船山榮一『イギリスにおける経済構成の転換』未来社、一九六七年、第二章、ほか。

(29) G. Schmoller, *Zur Geschichte der deutschen Kleingewerbe im 19. Jahrhundert*, Halle 1870, S. 54.

(30) A. Winter, "Schneidergewerbe in Breslau", in: *Schriften des Vereins für Sozialpolitik*, Bd. 68, 1896.

(31) マルクスは『資本論』第一巻第一三章「機械と大工業」でマニュファクチュア・手工業および家内工業の大工業による変革過程（Revolutionierung）を問題にし、それらの諸形態の変革、本来的工業経営への転化の「傾向」を同時代の「過渡的諸形態」の多様性と混沌の中に見た。しかし、同時に彼は、この「傾向」が「過渡的諸形態」の混沌のうちでのみ貫かれ、しかもこの多様な「過渡的諸形態」が決して簡単には消滅しないことを指摘するのを忘れなかった。「このような恣態変換《メタモルフォーゼ》は、製品のマニュファクチュア的生産が順次的な発展諸過程（Stufenfolge von Entwicklungsprozessen）でなく、多数の異質的（disparat）諸過程を含む場合には最も困難であり続けた」Marx, *a. a. O.*, S. 484. 前掲長谷部訳、七三八頁。また、*a. a. O.*, S. 494（同訳、七五二頁）、S. 363, Bem. 32（同訳、五七三頁）、参照。移行形態の持続という現実は、生産諸力の発展の歴史的制約とそこから生じる産業部門間の技術的発展の不均等性に究極の原因を有しており、また、それを前提としてこの移行形態を再生産する資本主義の歴史的諸条件も存在した（前掲注（21）と当該本文参照）。したがって過渡的形態・移行形態は、このような技術的制約が持続する限り、上述した「傾向」にもかかわらず、その後も資本主義社会における構成的要因として存続したのであり、その限りで歴史的に見ればそれは単なる「過渡」ではなく、中・長期の持続的な歴史的条件として理解されうるのである。

(32) Crossick, *op. cit.*, p. 63.

(33) 道重一郎『イギリス流通史研究』日本経済評論社、一九八九年、一三二頁。

(34) "Die Lage des Kleinhandels in Deutschland um 1910", in : H.-G. Haupt (Hrsg.), *Die radikale Mitte*, München 1985, S. 83.

(35) ドイツの小売業の展開については、雨宮昭彦「第二帝政期ドイツにおける小売業の転換」『経済と経済学』第六二号、一九八八年（同著『帝政期ドイツの新中間層』東京大学出版会、二〇〇〇年、に収録）、参照。

(36) 道重一郎氏は、一八世紀にも全国的市場と並んで、生活資料の取引に基礎をおく地方的な「生活圏的市場圏」が存在すると指摘されているが、それは一九世紀に入っても存続するといえよう。道重、前掲書、八二頁の興味深い叙述、参照。

(37) このことは、市場圏の発展段階として局地的市場圏→地域的市場圏→国内市場とする理解に修正を迫ることになる。社会的分業の歴史的形態としての市場圏の諸発展形態のうち、ドイツ経済史の分野では特に地域的市場圏から国内市場への移行について疑問が提示されてきたが（渡辺尚『ラインの産業革命』東洋経済新報社、一九八六年）、ここでは局地的市場圏の解体のあり方が問題となる。社会的分業の局地的な展開とそこでの自由な商品交換＝流通関係としての局地的市場圏において、農民や手工業たちの個人的消費と結びついた消費財生産の発展は最も基本的な条件となっていた。社会的分業関係を構成するこの基本的部分の最終消費財生産諸部門の生産＝流通は、その原料・半製品の商品生産＝流通の空間的拡大にもかかわらず、局地的・地方的色彩を維持した。むしろこうした局地的な社会的分業関係と広域的市場圏とはその後も併存しつつ相互に補完し合っていたと考える方が適当と思われる。この点に関連して、道重、前掲書、八二頁、八四頁注14、参照。

(38)『史學雑誌』第九九編第五号、一九九〇年五月。

(39) 同前、七、九頁。

(40) Dobb, *op. cit.*, p. 265, 訳、Ⅱ、六九頁。

(41) 生産の標準化と移動組立を特徴とするフォード・システムはまさにこの分野で問題となる。しかしそれは大規模資本にのみ可能であったのであり、広範な中小規模経営ではなお手工業的技術の存続が見られた。柳澤、前掲書、Ⅵ。

第2章　資本主義の展開と市場構造の変容——ドイツの場合——

1　市場構造分析の視角——三つの局面——

本章は一九世紀末葉から一九三〇年代初めにいたるドイツ資本主義の展開を市場構造とその変容という観点から検討する。この時期のドイツは、対外的には帝国主義的な世界進出と第一次世界大戦（一九一四〜一八年）、その敗北とヴェルサイユ条約（一九一九年）、その結果としての領土の縮小と賠償義務、またロカルノ条約や国際連盟加入、世界恐慌とブロック経済化等、かつてない激動の時代を経験する。他方、国内的にはドイツ革命（一九一八、一九一九年）によるドイツ帝国（第二帝政）の解体とワイマール共和制の成立、激しいインフレ、恐慌、さらに共和制の動揺とナチズムの権力掌握（一九三三年）というこれまた未曾有の変動の只中におかれた。これらの出来事は、この章の課題である市場関係のあり方に直接・間接に関連する背景をなしている。

本章において市場的関係は平面的にではなく、一つの構造として立体的かつ多層的に捉えられる。ここでいう市場構造とは、商品市場（労働力を除く）の構造のことであり、われわれはそれをおおよそⓐ〜ⓒの三つの局面ないし枠組で捉えようと思う。

ⓐ空間的枠組　一つは商品経済・商品市場の空間的広がり、地域的まとまりであって、それは三つに区分されよう。①統一的国家と結びついた国民経済（Volkswirtschaft）と国境で囲まれた国内市場、②国民経済を構成し、時に国境にまたがって近隣地域を包摂した商品経済の地域的まとまり、つまり地域経済（regionale Wirtschaft, Wirtschafts-provinz）、③国境をこえて国際的に展開される世界経済的（weltwirtschaftlich）関連ないし「広域経済」（Grossraumwirtschaft）、特にヨーロッパ的空間でのそれ。

ⓑ内部的関連　消費財生産・生産手段生産を軸とする産業諸部門における諸資本・諸小商品生産（小経営）の循環（商品資本循環 W′－G′・G－W［A・Pm］・・・P・・・W′〔G＝貨幣、W＝商品、Pm＝生産手段、A＝労働力、P＝生産過程〕）の流通過程における相互的関連、労働者・小経営者（農民）・資本家・土地所有者、商人・金融業者、官僚・軍人等とその家族による所得支出と消費財購入との関連、それらの相互関係の総体が市場の内部的関連を規定することになる。この関連は市場経済における諸商品の利潤を含めた価値の実現に結びつく。

ⓒ流通形態・商業資本・市場価格など市場関係の具体的局面　流通過程の現実の状況、その媒介者としての商業資本（商人）とその位置づけ、市場価格メカニズムの発展とそれを通じて行なわれる競争関係の現実的なあり方が問題となる。この市場的関係は、いわば市場価値法則、価格法則の現実化を支えることになる。その場合、競争関係をなり立たせている人々の経済的意識や市場規範も重要な要素となるだろう。

以上の三つの局面は相互に関連し合って市場構造の多層性を規定しているが、本章ではまず第一次大戦前の時期を取り上げ、第一の空間的構造を軸にしながら、諸局面の相互的関連を検討する。その際、特に流通圏の地域性・局地性とその変質、流通形態の形態転化と商業資本の展開による市場関係の変容が重視される。続いて第一次大戦後のワイマール期に関する部分ではドイツ資本主義の対外的市場関係が問題とされ、特に「広域経済」の構想とその背景にある経済史的事実が考察される。第一次大戦前のヨーロッパ資本主義の世界市場支配の体制は戦後大きく変化した。

アメリカ合衆国、そしてヨーロッパにおけるソビエト連邦の出現と民族主義・民族国家の形成、非ヨーロッパ地域での「工業化」などの新しい状況は、ヨーロッパの旧資本主義国に新たな対応を迫った。大戦前の国民経済→世界進出の方向に対して、国民経済→広域経済、そしてアウタルキー化・ブロック化の政策志向が表面化してくる。その方向性は多面的であったが、そこに現われた新しい状況と諸条件とはドイツの場合、あるいはナチス期の拡張政策・再軍備政策に、さらに第二次大戦後のヨーロッパ経済統合の方向に、直接ないし間接に結びつくことになった。

2　第一次大戦前ドイツにおける市場構造

(1)　空間的構造

①国民経済・その実体と歴史的性格

経済生活の地理的な空間性に対して大きな関心を示したのは第一次大戦前のドイツの経済学者たち（歴史派経済学）であった。『国民経済の成立』（初版一八九三年）の著者K・ビュッヒャー(1)は、経済発展の諸段階として封鎖的家内経済（geschlossene Hauswirtschaft）、都市経済（Stadtwirtschaft）および国民経済（Volkswirtschaft）を設定したが、そこでは財が生産されてから消費されるにいたるプロセスとその空間的広がりが重視された。G・シュモラーはそれに対して、村落経済（Dorfwirtschaft）、都市経済、領邦経済（Territorialwirtschaft）、そして国民経済と国民国家（Nationalstaat）の段階的経過を問題にした(2)。その基準は、経済生活と政治的権力的機構・その経済政策との関連にあり、政治的権力的組織が特定の地理的空間と結びついていた限り、発展段階論も上のように自ら空間的枠組みが重視される形となった。

しかも彼らは経済発展の最高の段階として国民経済を重視した。国民経済の形成過程を国家（国民国家）の形成過程と結びつけたシュモラーにとって、一八七一年のドイツ帝国成立は同時に国民経済の成立でもあった。そしてビュッヒャーも指摘する。「国民経済の完成は基本的には政治的集中の成果であって、それは中世末期に領邦的国家形態をもって始まり、今日国民的統一国家の創出をもって完結したのである」[3]。一九世紀末葉のドイツ人にとってドイツ帝国という政治的統一体の実現は、何よりもドイツ国民経済の完成として受け止められたといってよいだろう。

統一的な法律（一八七二年刑法典、一九〇〇年民法典）や裁判制度（一八七九年）の実現、度量衡（一八七三年）および特に通貨制度（一八七一〜七三年）の統一とライヒスバンク成立（一八七五年）は、統一国家内の経済的関連を強める上で大きな役割を果たした。保護関税政策（一八七九年ビスマルク関税等）はじめ、関税・通商問題、植民地問題、艦隊建造問題など対外的問題に対処する一連の経済政策の現実化のなかで、統一国家の経済的役割は強化され、それが国民経済の枠組みをより強力なものにしたことは疑うことができない。シュモラーらの国民経済認識はこのような現実に対応するものであり、その限りで正しい理解を含んでいた[4]。

国民経済的関連の実体化の背景には、対外的関係や社会問題・営業制度問題など諸問題がもはや各邦の処理しえない全ドイツ的ライヒ的な問題となったこと、その解決の仕方をめぐって経済的利害と結びついた各種の団体が組織され、全国的レベルで運動を展開させたことがあった。もとより経済利害を背景とする全ドイツ的社会運動は、すでに一八四八〜四九年の三月革命期に現われていたが[5]、その盛り上がりは革命の失敗とともに終わりを告げた。これに対して一九世紀末葉における社会民主党（ＳＰＤ）をはじめとする政党や諸利害団体の組織化の動きはより持続的かつ組織的な性格を有した。

ライン・ヴェストファーレンの重工業の大ブルジョアジーを中心とする「ドイツ工業家中央連合」（Centralverband

der deutschen Industrieller)、化学工業の資本家や広範な加工業の中小ブルジョアジーによる「工業家連盟」(Bund der Industriellen)、東部ドイツの大土地所有者・大農場主(ユンカー)を中心とする「農業者同盟」(Bund der Landwirte)をはじめ、さまざまな利害組織がつくり出され、帝国議会と政党に対して影響を与えようとした。

関税政策をはじめとする帝国レベルでの政策決定に大きな影響を与えたのは、重工業の大ブルジョアと東部ドイツのユンカーであり、保護関税の実現のために両者は提携した(「鉄と穀物の同盟」)。重工業の大ブルジョアとユンカーとの結合を背景とする支配的体制に対して、社会主義者鎮圧法の廃止(一八九〇年)以降急速に成長した社会民主党が対抗するが、ブルジョアの側でも化学工業資本や加工業・組立業の中小資本を中心とする勢力が、自由貿易主義的立場に立って、重工業のブルジョアとユンカーの提携に対抗する「反封建的」な結集(「ハンザ同盟」(Hansa-Bund)を形成した[6]。

表2－1　農工生産額推移

(10億マルク)

年次	総生産	鉱工業(Handwerkを除く)	農業
1860	5.6	2.2	3.4
1890	12.0	6.9	5.1
1913	29.0	20.0	9.0

出所：R. Wagenführ, Die Industriewirtschaft (*Vierteljahrshefte zur Konjunkturforschung*, Sonderheft 31) Berlin 1933, S. 7.

それはドイツ資本主義の全体的な発展と密接に関連していた。商工業就業人口は一八八〇年代には農林業のそれを上廻り、九〇年代には鉱工業就業者数が農業のそれを超えた。生産額においてはそれよりも遥か以前に鉱工業が優勢になっており(表2－1参照)、「農・工国家」か「工業国家」かをめぐる論争がドイツ経済の対外経済関係のあり方、とりわけ関税政策の決定に関連して激しく闘わされたのもこのような状況を背景にしてであった[7]。

一九世紀末にはドイツの工業生産はイギリスを凌駕し、アメリカに次ぐ世界第二位の位置を確保するが、工業製品の輸出の伸びも顕著で、一八八〇年一六・四億M(マルク)、一八九〇年二一・六億M、一九〇〇年三〇・四億M、一九一〇年四九・五億M、一九一三年六七・三億Mと成長した。特に生産財の輸出の成長が著しく、一八八〇年には製品輸出の四分の一程度であったのが、第一次大戦直前には半分を占めるまでになった。[8]

輸出の拡大は国内市場の停滞ないし縮小を決して意味しなかった。工業製品輸出の急増にもかかわらず、生産に占める輸出の比率はあまり上昇せず、国内市場が販売の八〇％以上を維持していたから、むしろ国内市場は生産の急速な成長に対応して深化・拡大したといえる。工業発展と外国貿易との関連について、W・ゾムバルトは当時、工業の発達に伴って工業製品の輸出比率は傾向的に低下するという誤まった仮説を公にしたが、その背景には輸出増にもかかわらず、輸出比率の上昇を表面化させないほどの内部市場の進化・拡大の事実が一定期間実際に続いたのである。[9]

以上の事実はドイツの国民経済が統一的な経済圏として、あたかも完成した経済的関連を実現させたかの外観を与える。しかしドイツ国民経済は、シュモラーやビュッヒャーの指摘したように国民国家の形成、つまりプロイセン主導のドイツ帝国（第二帝政）と結びつき、それを前提にして初めて成立しえたのである。このことは国民経済の枠組みにおける法制的機構の統一性や経済政策の全体性といういわば上部構造の次元での国内的連関を意味するとしても、直ちに商品流通上の全国的一体性を示すとは限らなかった。

当時M・ヴェーバーは、住民による生産・販売が主として行なわれる統一的な経済地域（Wirtschaftsgebiet）と、政治上の統一体との関連・重なりに関連して、ドイツの場合、後者の政治的統一体が優位にあることを指摘していた。[10]彼は前者の経済地域が、ドイツでは政治的に条件づけられた関税線によって、初めて国境と一致させられていること、関税障壁なき時期の東部ドイツの穀物余剰の純粋経済的に決定された販路は、西部ドイツではなくイギリス市場であったと述べる。ドイツ西部の鉱山業・精錬業の生産物や重量のある鉄製品の市場は、純粋経済的に規定された市場としてはドイツ東部ではなく、逆に東部ドイツの側から見ても工業製品の経済的に決定された供給者は、本来西部ドイツとはならなかった。ドイツの国内交通網（鉄道）は、重量品の東西輸送には経済的に適当な方法ではなかったし、今なお部分的にそうである。これに対して東部ドイツは、純粋経済的に見ればその工業の市場として、ロシア西部と結びつくはずであるが、現在（一九一四年以前）はロシアの関税障壁によって切断され、ポーランド側ロシアの関税境界の所まで移されてしまっている。このようにヴェーバーは捉えていた。

ヴェーバーのこの理解は当然のことながら慎重な吟味が必要である。ビスマルク関税以前あるいはドイツ統一以前の時代と、その後、特に大不況以降の時期とでは、農産物や工業製品の国際的市場とそこでの競争関係に大きな変化が生じているから、関税障壁が除去されたとしてもかつての経済関係がそのまま再現されるとはかぎらないからである。保護関税は、そのような状況の変化の中で、確かに政治的な形ではあるが、しかし東部ドイツのユンカー階級と西部ドイツの重工業の連携の下に決定されたのであり、その背景にはそれぞれが自らの生産物の販路を国内に確保するという共通の経済的利害が潜んでいたことに留意しなければならない(11)。

その上でヴェーバーのこの指摘を、これまでの叙述と関連させて関連させて考えてみると、次のようにいうことができる。まず第一に、ドイツ帝国の形態をとった国民国家＝国民経済は、その政治的統一体と国境に一致する特有の経済地域＝流通圏をともかくも現実に有しており、関税制度の下で東部ドイツの農業と西部ドイツの工業（重工業）とは実際に一定の市場的関連をつくり出していた。しかしその経済的関係は政治的に条件づけられた関税障壁によって生み出されたものであり、その背景にはライン・ヴェストファーレンの重工業の大ブルジョアジーと東エルベのユンカー階級の利害連携が存在した。現実のドイツ国民経済はこのような政治的社会的性格をもったものであり、国民経済概念はそのような歴史的実体に対応したものであった。それ故、この国民経済の実体を過度に評価し、その政治性を無視するとするならば、それは歴史的にはビスマルク帝国への積極的な政治的評価に結びつくことにもなった。

第二にドイツ帝国と結びついたこのような国民経済の経済的連関と併行して、純粋経済的に規定された商品流通圏が存在する。それは関税障壁がない場合に自生的に形成される経済地域であり、必ずしも政治的統一体（したがって国民経済）と一致せず、むしろ国境とは無関係に隣接近隣地域にあるいは海上・河川交通を通じて展開するものであった。そして後述するようにそれは関税障壁の存在にもかかわらず現実に存在していた[12]。地域経済を中心とした流通圏と国境をこえて展開される対外的商業関係、特にヨーロッパ内におけるそれがその具体的な姿を示していた。

②地域経済

シュモラーは上述したように経済生活と社会的政治的生活との密接な関連を重視し、経済政策・経済制度、その担い手としての政治的構成体の発展の観点から段階論を提起した。これに対して、ビュッヒャーは生産→消費の過程のあり方とその空間的広がりに注目した。両者はともに国民経済を最高段階とみなしたが、ドイツ帝国の形態をとった国民経済の枠組み（シュモラー的観点）とその下での実際の生産→消費の展開、その具体的状況（ビュッヒャー的観点）とは必ずしも一義的に重なることにはならなかった。ビュッヒャーのいう生産→消費の現実的展開あるいは商品流通の自主的な展開に対応した経済地域（M・ヴェーバー）が、国家的な枠組みでつくり出された国民経済的な流通関係と併存し、それと絡み合って存在していたと考えることができる。

地域経済や経済地域に対する関心は、ドイツでは第一次大戦後急速に高まるが（後述）、日本のドイツ経済史研究の分野でこの問題に最も積極的に取り組んだのは渡辺尚氏[13]である。氏は、産業革命期における特定地域における工業を中心とする多様な社会的分業の展開と基軸産業たる綿工業の発展を基準にして、ライン・ヴェストファーレン、西南ドイツ、ザクセン、シュレージエンの四つの工業地帯を折出し、そこに自立的な経済圏の成立を見るとともに、それらがライン、ネッカール、マイン、エルベ、オーデル等の河川流域に展開した事実に注目し、工業地帯と河川交通を媒介とする周辺ないし遠隔地との商業的関係の重要性を指摘した。

これら諸工業地帯やベルリン、フランクフルト・アム・マイン、ニュルンベルク等の大都市・その近郊地域の工業的集積の重要性は次節で検討するように第一次大戦後も引き続き維持された。一九二〇年代の終わりにおいても同時代人のいう地域内流通（Lokalverkehr）は、国内工業生産物（但し農業投資財）の国内流通全体の実に四分の一以上に及んだ。第一次大戦前にはその大きさは一層大きかったと推定される。もとよりそれが地域的な経済圏の自立性を意味することになるとはいえないが[14]、いずれにしてもわれわれはこうした工業的展開と周辺農村（＝農業）を含めた地域経済内部での商品生産＝流通が著しく重要であったことに注意しなければならない[15]。

地域内部の商品流通の土台は、当該地域における社会的分業の展開を背景とする諸資本・諸小商品生産間の取引関連と、労働者・小経営者・資本家・地主・農民・その他住民の消費財に対する所得の支出であった。社会的分業関係を構成する諸工業のうち、繊維工業と金属加工業とは、上の諸工業地帯に共通する基幹部門であって、その形態は資本主義的であった。この両部門をはじめとする資本主義的な諸部門の諸資本と広範な加工業および農業の小経営の相互的な商品流通関係は、各地域経済における市場関係の基軸的な要素をなしていた。

しかし、その経済循環は、同時に地域に住む人々の日常生活に関わる個人的消費とそのための所得の支出を不可欠の土台とした。つまり地域内の商品生産＝流通の基礎的な局面は、最終消費財の生産と諸個人への販売であったのであり、諸工業部門のうちこのような個人的消費と結合した生産、食品（パン・菓子・精肉）、衣料（洋服・下着・帽子・手袋・靴下等々）、各種木製品（家具・建具・道具・容器・寝具）、金属製各種用品（錠前・ブリキ用品・食器・ランプ・各種部品等々）、皮革製品（カバン・靴等々）および住宅等建物などの諸生産部門が、周辺地域の農業生産とともに地域の社会的生産の基底を形づくっていたのである。

最終消費財の加工業や組立業は、製品の種類の多様性の故に著しく多様な分野に分化し専門化していた。しかもその生産形態は、産業革命以前はもとよりそれ以後も永らく手工業的小経営が支配的であり、それを営む生産者の数も膨大であった。一九世紀末葉に近づくにつれて、これらの分野でも中小規模ながら資本主義的経営が次々に出現してくるが、それまでは（その後もいくつかの業種で）小規模な生産が一般的であり、それ故また個々の生産物（製品）

の商品流通はそれぞれ量的に限定され、小規模な範囲にとどまった。最終消費財の広い生産諸部門におけるこのような小商品生産＝流通、その商品の販売（W'－G'）は、まさに当該地域の住民の生活様式、その所得の支出による消費財の日常的な購入（G－W）に直接的に対応し、かつ結合していたのであって、両者はあいまって経済関係の局地性・地域性を特徴づけていた。しかもこれらの小商品生産者は、それ自体が地域住民の重要な部分を構成しており、彼ら自身の消費財への支出（A－G－Wおよびm－g－w）は、最終消費財のほかの諸生産分野の生産者に対する購買力を形成し、こうして個人的消費と結びついて加工業・組立業の分野の多数の小経営者たちが相互に提供し合う購買力の総体は、労働者や農村住民のそれとともに、最終消費財生産分野にとって、したがって小経営者自身にとって最も重要な市場的条件をなしていた。[16]

ところでこの消費財部門で用いられる原料（半製品）および労働要具がつくられる生産諸部門ではすでに資本制的関係が成立していた。衣料加工で使用される織物、そのための紡糸を製造する繊維工業、鉄・鋼・鉄板・棒鉄などの半製品を生産する製鉄・鉄鋼業、また製材業や製粉業など、一連の半製品・原料部門における機械制の発達は産業革命の基本的過程をなし、農村・中小都市を含めた広域の地域に工業地域や工業的都市を形成しつつ展開した。ルール地方やオーバーシュレージエンの石炭業およびそれと密接に関連した製鉄・鉄鋼業を別とすれば、繊維工業はじめこれら半製品生産諸部門は、前述の工業地域やいくつかの大都市とその近郊の工業的凝集地の展開に対応し、各工業的地域の土台をなすいわば基幹的部門を構成した。そして労働手段（機械・器具・装置等）の生産部門は、最終消費財の多様な生産部門や半製品生産部門、さらに生産手段部門自体で充用される労働要具等を加工する分野として、それぞれの工業的諸地域・凝集地の社会的分業関係の基本的な一環をなした。

以上のように工業的地域内部における産業部門相互間の内的関連、周辺地の農業的生産との関係、労働者・小経営者・農民・資本家等の住民としての所得の支出、これらの全体としての関連と循環が周辺農村地域を含めた地域経済を特徴づけ、それを相対的にまとまりのある市場圏たらしめていた。だが産業革命以降の急速な工業的発展の中で、地域的な商品流通の態様は急激に変化しつつあり、また地域相互間の市場的関連や対外商業も一層活発化しつつあったことに注意しなければならない。

ドイツ国内における地域間の経済的連関は、工業発展を広く伴った地域経済＝工業地帯相互間ばかりでなく、工業をあまりもたない地域、農業的な地域との関連をも問題にしなければならない。この観点は特に第一次大戦後に重視されるにいたった[17]。東部ドイツの経済地域は、さし当たって地域間社会的分業の重要な一部を形成する農業地帯として問題となるが、しかしかかる分業的編成成立の歴史的条件は第二帝政の国家的枠組みであり、関税障壁を伴ったこのプロイセン的ドイツの国家機構と関税政策をはじめとする経済政策に対して大きな影響を与えたのは、この東部ドイツのユンカー階級にほかならず、その背景には農業生産の歴史的に特有な形態、大土地所有＝大農場経営が存在したことは研究史の指摘する所であった。いわゆるプロシア型の農業進化を示すエルベ以東の地帯的独自性と、エルベ以西の西欧的発展との対比および両者の関係は、これまでドイツ資本主義の地帯構造の問題として取り上げられ、研究成果が積み上げられてきたが[18]、その研究成果と市場構造の問題とは、以上のように密接に関連し合うのである[19]。

③ヨーロッパ的空間

ドイツの外国貿易はこの時期に輸出入ともに急増し、一八七二年から一九一〇年の間に輸入は重量で約五倍、金額で二倍、輸出はそれぞれ五・四倍、二・二倍に成長した[20]。世界市場におけるドイツの位置は上昇し、一八八〇年には工業品輸出に占める欧州主要国の割合はイギリス四一・四％、フランス二二・二％、ドイツ一九・三％であったが、一九一三年にはイギリスは三〇・二％、フランスは一二・一％と相対的に地位を後退させたのに対して、ドイツは二六・六％に上昇し、フランスを凌駕してイギリスに接近した[21]。

ドイツの最も重要な取引相手国はヨーロッパ内の諸国であった。輸入は一八九〇年には七五%がヨーロッパ諸国からのそれであり、アメリカやアジアからの輸入増大後もなお半分以上を占めた(22)。その内訳を見ると――春見濤子氏の研究(23)によれば――小麦はロシアとルーマニア、家畜はオーストリア＝ハンガリー、デンマーク、ベルギー、ロシア、ワインはフランスとスペインが重要な輸入先であり、工業製品輸入ではイギリスの繊維機械や撚糸が大きな位置を占めた。他方ドイツの工業製品輸出の第一位を占める繊維製品（半製品を含む）の主要市場は、イギリス・オランダ・スイス・デンマーク等であり、第二位の金属製品・機械等の輸出先も、ロシア、オーストリア＝ハンガリー、イギリス、スイス、ベルギー、フランス、イタリアなどヨーロッパ諸国が中心であった。

ドイツのヨーロッパ内商業は、このように工業製品と食糧の相互的取引を軸とする対西欧諸国貿易と、工業製品（特に機械）輸出と食糧・原料輸入を中心とする対東欧・対東南欧諸国貿易との大別して二系列から成り立っていた。前者においては概して工業諸部門間・農業諸部門間の相互的分業関係が、また後者においてはドイツ＝工業、東欧・東南欧＝農業・原料生産という分業関係が成り立っていたといえよう(24)。

国家間の商業的関係としての貿易関係は、しかし、現実的にはドイツ内の個々の経済的地域（特に工業的地域）と外国の諸地域との間の商業的関係として展開した。それは国境で区切られてはいるが相互に近接する工業的ないし農業的地域の流通関係という形を多くとった。対外国関係がこのような隣接する地域経済間の商業的関係として、したがってヨーロッパ全体の構図から見るとそれ自体が地域的な市場関係として行なわれる可能性は、ヨーロッパの中央に位置するドイツの場合特に大きかった。それではヨーロッパの全体的な農工分布はいかなる状況にあったか。

S・ポラードは一九世紀における「工業化」を担う工業地帯の全ヨーロッパ的規模での分布状況に注目し、北東スイスからアルザス、西南ドイツ、フランクフルト／M周辺を経て、ライン下流地域、さらにベルギー、北東フランスにいたる、ライン川流域を中心にヨーロッパの中・西部地域を湾曲状にほぼ連続的に分布する工業地域群と、テューリンゲン、ザクセン地方から東にベーメン、ラウジッツ、そしてシュレージエンにいたる中・東部のほぼ連続する工業地域群の存在を指摘した(25)。この二つのヨーロッパ的工業地域群は、パリ、ウィーン、ベルリン等々の大都市とその周辺の工業的凝集とともに、一九世紀はじめにその原型が出来上がっており、その後の展開においてそれらは工業地帯としての特徴を一層強めた。これに対してヨーロッパの東部・北部・南部は農業地帯としての特色を有し、工業的に最も進んだイギリス――それより遅れた大陸工業地帯――周辺農業地帯の三者の間に全ヨーロッパ的分業関係が成立していた、とポラードは捉えた。

国民経済的枠組みの歴史的現実の意味を事実上否定するポラードの理解は、一面的で直ちには採用できないが、しかしヨーロッパ的規模での工業地帯と農業地帯の分布についての彼の指摘は重要な意味をもっている。上の二つのヨーロッパ的工業地域群に対して、ドイツの工業地域のうち、西南ドイツとライン地方は西部の工業地域群に、ザクセンとシュレージエンは中・東部のそれにそれぞれ所属し、しかもいずれも枢要な位置を占めた。こうしてそれぞれの工業地域は、国境をこえて展開する同じ工業地域群の近接の地域と、またそれらに隣接する農業的地域と経済的関係を容易に結ぶことが可能であり、貿易関係、対外国関係として現われる国境ごしの近接地域間の流通関係が、時として、同一国家内のほかの地域との取引関係以上に緊密であったこともありえたのである。

(2)　内部市場の深化と流通形態の転換

①内部市場の深化

地域的経済圏の基底を形づくる個人消費財の生産＝流通の発展は、地域住民の人口増、特に労働者人口の増大と密接な関係にあった。労働者数（「職員」を含む）は一八八二年四一九万人、一八九五年六二二万人、一九〇七年九二七万人と増え、この二五年間に二倍以上に拡大した。小商品生産者（農民・手工業者）の賃労働者化、婦人労働者の増大および外国人労働者の流入など労働力の追加が大きな要因となった。特に消費財の完成部門を担う広範な小経営者の事実上ないし本格的な賃労働者化は、生産の放棄と購入者への転化という二重の意味で消費財商品の市場を深化させた(26)。他方実質賃金も一九世紀中頃から末葉にかけて増大し、家具・衣類・食糧等に対する労働者層の購買力を拡大した。

この過程は、最終消費財生産部門を中心とする加工業・組立業での小型工場ないしマニュファクチュア形態の中小資本主義的経営の発展に対応していた。伝統的な手工業的小経営はなお広く残存したが、木材加工・金属加工・皮革加工・建築・衣料生産の重要な分野で旧型の小営業が解体し、中小規模ながら資本・賃労働関係の上に立つ資本制的経営が展開した。そこで用いられる各種労働手段（作業機・工具・蒸気機関・電動モーター・ガスモーター・容器・装置）の数・種類の拡大、また原料（半製品）・燃料・補助材等の生産的消費の増大は、生産手段の生産を担う各種の専門化した産業分野を拡大させた。たとえばブリキ容器を製造する小型工場では、鉄板成型機・孔プレス機・切取機・溝付圧延機・打貫機・型打機・ねじ機・高速印刷機などが用いられたが、ブリキ工場のこれらの機械の購入（G－Pm）は、機械製造業者の製品の販売〔W'（Pm）－G'〕に対応し、単純な工具による手工業的小経営の支配的な段階に対比して、労働用具関連部門の市場的関係を大幅に深化・拡大させた(27)。労働対象としてのブリキ板（半製品）についても同様のことがいえよう。

既製服生産の発展は、原料たる布地（半製品）の需要を拡大し、繊維工業の市場を深め、その他最終消費財生産の資本主義化は、その半製品生産、すなわち川上の消費財生産の市場を拡大したはずであった。そして消費財生産のための生産手段の生産の拡大は、後者に必要な生産手段の生産を拡大し、こうして生産手段生産部門は消費財部門以上

表2－2　二大工業部門推移

工業部門	就業者数（単位：千人）		生産量（1860年＝100）	
	1861年	1907年	1860年	1913年
生産財生産	1,529	5,274	100	1,000
消費財生産	2,973	5,530	100	410

出　所：R. Wagenführ, *Die Bedeutung des Außenmarktes für die deutsche Industriewirtschaft*（Sonderhefte des Instituts für Konjunkturforschung, 41）Berlin 1936, S.41－42.

に大きく成長していった（表2－2参照）。この過程は同時に産業部門の細分化と専門化、新分野の出現ないし既存部門からの独立を伴っていた。とりわけ重要なのは新生産方法や新製品の出現による生産部門の新規の発達であって、なかでも化学工業と電気工業の発展は画期的な意味をもった。

窒素・燐酸・カリ等の化学肥料、各種薬品、写真剤、ソーダの生産、とりわけタール染料工業は化学工業の発展を特徴づけた[28]。電解法によるアルミニウム製造やセメント工業、ゴム工業なども大きな意義を有したが、しかしこの時期の画期的な発展は電気工業によって代表される。電気エネルギーの生産（発電所・発電機械）、送電（電線）と変圧（変圧器）、照明（白熱灯）、電動モーター、鉄道および電解等々の利用は「電気革命」の名の通り、生産・輸送方法、生活様式に絶大な変化をもたらしたが、それに伴って新しい生産分野・関連諸部門がつくり出され、社会的分業を深化・拡大させた。

②地域経済における伝統的流通形態の解体・変質と商業資本の発展

商品取引を専門的に行なう商人資本（kaufmännisches Kapital）・商業資本（Handelskapital）や小規模商業経営の発達はこの時代の大きな特徴である。商業資本は、理論的には売買の集中、商品の保管・維持費の節約によって必要な流通費を縮減し、したがって生産の空費を消滅する。またそれは、取引の時間を節約することによって流通時間を短縮させ、産業資本家によって生産される余剰価値の増加を助ける。商業資本によって市場の拡張が行なわれ、諸資本間の分業が媒介され、それによって資本のより大規模な活動が可能になる場合、それは産業資本の生産性と蓄積とを促進する[29]。

この時代の特徴は、これまで金融・輸送・生産等の機能と結合していた商品取引の機能が独立し、商業を専門的に営む経営が数多く出現したことである。それは最終消費者と消費財生産者との間に介在し、その商品流通を媒介する小売商業(Kleinhandel, Einzelhandel, Detailhandel)の発展に顕著に示される。もとより生産者と生産者と小売商人とを媒介する商業、つまり卸売り商業(Engroshandel)も発達し、織物、石炭、鉄材、機械類、食品、飼料等々を扱う卸商の数が増大した。しかし数の上で圧倒的な部分を占めたのは小売商であった。商品取引を営む商業経営の数は、一八七五年三七・九万、一八八二年三八・六万であったのが、一八九五年には五六・三万、一九〇七年には七〇・九万に激増した。(30)

小売商業の発展は消費財生産における資本主義的発展と密接に関連していた。一つは自転車の販売や電気器具の小売業など新しい分野の登場であり、もう一つは旧手工業諸分野における専門的小売商の展開である。最終消費財商品は大部分が後者に属していたからそれを中心に検討しよう。

同時代の史料は次のように指摘する。「かつては手工業に属したその他〔自転車等以外――引用者。以下同〕の営業分野は工業〔資本制ないし機械制企業〕によって捉えられたが、工業はその生産物を〔少なくとも全体として見れば〕自身では売ることができないので、小売業の仲介によって生産者〔消費者の誤りだろう〕に供給するのである。このことは靴製造、家具製造、既製服業、金属加工業の多くの部門、一定の限度内で時計製造と宝石加工業に該当する。工業的生産の作用によってこれらのすべての分野で手工業的経営はさまざまな形をとりながら――持ち主はそのままで――小売商業経営に転化した」。(31)以上のように小売商業は、消費財生産における資本制的企業と消費者との間に立って、前者の製品の販売(W′－G′)を媒介する機能を果たすのであるが、その経営者(商人)の多くは旧手工業経営者の転化したものであったのである。

小売商業の展開は地域住民の消費資料の購入と密接に関連する。小売業に関する社会政策学会の報告書は、食品等の日常的な消費財の住民による買入の仕方についてこう述べる。「人々は貯蔵が底をつきそうになると、一番近接した所に住み、値段の割には比較的良い商品を提供するという信用のおける商人の所にいき、いつもと同じ分量を買う」のが通常であった。大都市ではより低廉な価格で商品を売る商店も存在したが、どれが最も安い店なのかがわからなかったし、それを探し出す手間を考えると、必ずしも低廉な商品を買うのが最良ではなかった(32)。

しかし洋服・布地・台所用品など高価な耐久的消費財の場合はそうではなかった。買手は「近隣よりも遠方の商店の方が有利であると考えると道のりを嫌わない。なぜならこの種の買物はそれほどくり返されるわけではないし、時間のロスもあまり大きくないからである。その結果、先のような日用品を売る小売店が町全体に広く点在するのに対して、後者は都市のいくつかの場所にかたまるということにもなる。食品商や類似の販売店はほとんどの通りにも見かける。これに対して布地・既製服・鉄製品の商店はたいてい人通りの多いきまった通りにしかない(33)」。

小売商業と消費者＝最終購入者との空間的距離は、商品が食糧品のように日常的に消費され、絶えず補充が必要な使用価値の場合には近接しており、他方洋服等の高価で耐久的な商品の場合には、商店と消費者の居住地とはかなり離れていてもよかった。前者では、商店は地元に分散的に存在し、後者では市内の特定の通りに商店が集中した。商品の生産・加工形態も両者の間で違っていた。食品業の中心、パンと肉の加工（製パン・精肉）はこの時代においても手工業的小経営によっており、商品の最終消費者への販売は、生産者・加工者自身によって行なわれるのが普通で、手工業者が同時に小売商業の機能を担っていた。生産と商業との結合、生産者と最終消費者（買手）との直接的市場関係というこの伝統的形態に対して、使用価値が長期間持続する商品の生産は、上述のように大幅に資本主義的形態に移っており、生産者（資本家）と最終消費者との間には、専門的な小売商業が介在するようになっていた。それはそれらの商品の生産のかつての担い手・手工業的経営の解体と、商業経営への移行を伴っていた。この時代を特徴づける流通形態の伝統的様式の解体と近代的商業資本の出現は、まさに耐久的な消費財の分野において最も明白に進展したのである。その経過について具体的に見よう。

家具の生産は小型工場・マニュファクチュア・上層手工業的経営によって担われており、零細な経営は問屋制的下請け関係に編成されるにいたった。製品たる家具の消費者への販売は、生産者によって直接的に行なわれる場合（特に注文生産）も少なくなかったが、しかし流通過程を専門的に担当する商業資本、家具商（Magazine）の役割は、次第に大きくなった。家具商は商品を展示する店舗を有し、工場や手工業的経営・マニュから直接にあるいは仲買人・出張店員を通じて製品を仕入れたり、問屋制的関係にある小親方から半製品を買い上げ、最終仕上げを行なって販売した。この時期には各地の工場や零細経営者から仲買人・代理人を通じて買い付けた低廉な家具を、月賦で販売する業者も現われてくる。

ベルリンをはじめ大都市やその周辺地域に集中しつつあった家具製造業は、在庫生産と同一品目の多量生産に、したがってより広域の市場販売と結びつく傾向にあり、ベニヤ家具など低廉で小型の家具や各種木製品は各地に販路を見出した[34]。

小型工場・マニュの形態をとった資本制的家具生産の販売（W'－G'）が行なわれる空間的範囲は、こうして手工業親方―消費者の局地的直接的関係の範囲をこえて、広域的な流通圏をもつにいたり、最終的な買手（消費者）との関係も商業資本（家具商）によって媒介され、間接的となった。しかも低廉な小型家具の買手は労働者や下層市民であったから、販売（W'－G'）は、買手側の労働力の代価としての賃金の支出、（A－）G－W に対応し、こうして大量的家具商品の生産・流通は、全体として、資本制的関係を土台として展開されるにいたったのである。

しかし大衆的家具の多くは、特定の品目を除いて、大都市とその周辺で製造された。このことはこの商品の流通空間が広域とはいえ、生産地をとりまく一定の地域に限定され、したがってその意味で分散的であったことを推定させる。家具商品の嵩だかと重量、運搬コストの高さがこのような市場の地域性を強めたといえよう。市場空間の地域性は、注文による高級・大型家具の場合に一層顕著で、流通は生産者と買手（注文主）との直接的関係を特色とし、市場関係は局地的でさえあった。その場合高価な上質家具の買手として立ち現われたのは、資本家・地主・上層手工業者など上層市民であり、そこでも、資本制を土台とする余剰の支出（m－w）が重要な役割を演じた。[35]
金属製用品も同じような発展がみられた。ブリキ製品[36]はその典型である。ランプ・カンテラなどの照明具、煙草・薬品・菓子・茶・コーヒーなどの容器、各種台所用品、玩具、その他ブリキ製品の加工は、手工業的なブリキ工から資本主義的な小型工場の手に移った。製造地も、もはやかつてのように分散的ではなくなり、いくつかの地域に集中し、それに伴って製品の市場関係も広範な地域に広がった。

ブリキ製品をつくる資本主義的企業は中小規模で、その多くが手工業的経営の発展の中から成長してきた。だが手工業経営の多くは生産過程の重要部門を放棄し、工場製の雨桶・下水管・煙突・トタン屋根、ガス・水道・暖房などの装置を、部分的に加工し、建物に取り付ける多分にサービス業的・工事業的な営業に重心を移していった。ブリキ製品の最終消費者への販売という小売業の機能は、さし当たってそれらの経営と結合しつつ発展した。

ブリキ工が他者の生産物を自身の手工業的経営において部分的に加工し、販売するという現象は、すでに一八世紀に見られたが、今やほとんどすべての商品が自己の生産物ではなくなり、工場製品になったのである。「ブリキ工の大半は、錫引ブリキ・薄真鍮板・薄鉄板でつくられた各種のブリキ製品を仕入れ、自分の小店舗で商うことに満足している。特に目立つのはランプやその部品、また各種家庭用容器、鳥かご、冷蔵庫、カンテラ、石油コンロ、などである[37]」。さらにほうろう製品、錫・亜鉛メッキ製品などが加わるが、いずれも工場の生産物であった。

旧手工業者による兼営的な小売業と並んで、金属用品を専門的に取引する本格的な小売商業も発達する。一つは、市内の繁華な中心街に店舗をかまえ、良質な品目を中・上層の市民に対して販売する専門店である。他方、低廉な並製の商品を、労働者や下層市民に販売する、比較的規模の大きな小売商業（安売り店）や百貨店も発展した。両者は商品の量・種類において小規模な小売商業を圧倒しており、商品の買手も広く分散していた。

不特定・多数の顧客を対象とするこのような専門的小売商業資本に対して、分散的な半ば手工業的な小規模営業は、近隣の住民を顧客とした。そこでは営業者と買手（＝最終消費者）との間の社会的関係は、伝統的な人的関係の特徴を維持した。といのは品物の使用価値を修理によって持続させる人々の習慣は根強く、小売商業のかたわら修理や工事のサービス的労働を行なう、近接のかつての手工業経営は、この点で遠方の専門的商店にはない長所を有した。その場合売手と買手の関係は、商品売買をもっては終結せず、製品の修理による維持・持続と結びついて、使用価値の最終的磨滅にいたるまで続いたのである。それは、当該使用価値の消耗後、同じ消費者が行なう同種商品の購入にも引き継がれ、同一商店での再度の売買に結びついた。店舗・作業場と結合した営業者の住居が、買手たる消費者の住宅と接近し、近隣関係による社会的関連が見られる場合、また取引関係が世代間で継承され伝統的な顧客関係が維持されている場合は、商品の局地的取引関係とそこに成立する人的社会関係は一層容易に再生産されえたのである(38)。

さて、ブリキ製品のこの流通過程（最終消費者への販売）は、生産者たる産業資本の商品資本循環の一環を形づくる。製品の販売（W'－G'）の空間的範囲は上述のように広域的となり、地域経済の内部にとどまらず、地域間的国民経済的な広がりをもつようになった。ランプはベルリン、ザクセン、ヴェストファーレン等で、またブリキ容器はベルリン、ザクセン、南ドイツ等の特定地域に生産が集中しつつあった。こうして資本間の競争関係は地域内においてだけでなく、地域相互間でも行なわれるようになった。販売（W'－G'）は、産業資本家自身によって直営の販売店舗や代理店・出張営業員を通じて行なわれることもあったが、全体としては商業資本が介在した。小売商業はこの過程の最終局面、最終的買手への販売を媒介したが、工場経営と小売商人との間にはしばしば別個の商業資本（金物・鉄材卸商）が介在した。

たとえばハノーファー・リンデンの金物卸商は——雨宮昭彦氏の研究(39)によると——棒鋼・鉄・真鍮・錫板・鉄柱・型状棒鉄・鋳物・鉄製品・ストーブ・炉・管・ねじ・ナットなどを、鉄・ブリキ・亜鉛圧延工場や鋼管工場などから仕入れ、それを中小の再販売人（小売商人・卸商人）・工場・鉱山業者・鍛冶工・ブリキ工・ピン工・建築業者・農民に販売した。

つまり卸商は、一方ではブリキ等金属製品加工工場から製品を買い、小売商業等商業資本に売却し、他方ではこの加工工場が生産手段（原料）として用いる金属半製品を、その生産者（圧延工場等）から仕入れ、この加工工場に売ったのである。商業資本を介在させた加工工場の生産手段購入〔G－W（Pm）〕（したがって圧延工場等原料・半製品生産の産業資本の販売〔W'－G'〕）は同じように広域の経済圏を前提としていた。

皮靴生産における機械制の導入と規格製靴の市場向大量生産の発達は、顧客の注文により寸法を測定して個別的に生産する伝統的な手工業小経営を解体させた。「靴手工業はかつての経済的位置と、したがってまたその歴史的な経営組織を失った」――社会政策学会の「手工業調査」はこのように述べている[40]。その伝統的な経営組織の土台は「生産者と消費者との間の直接的取引」にあったが、この流通関係は解体し、代わって機械制に基づく靴工場から製品を買い、これを販売する靴商が発展した。靴手工業者による既製靴の販売は古くから存在したが、「本来的な靴商業は工場制的大量生産とともに始まった」のである。

ライプチッヒの靴商（Schuhmagazine）はドレスデン等近隣地方やエアフルト、フランクフルト、ピルマーセンなど遠方の靴工場から、さらに外国からも商品を仕入れ、販売した。取引は工場の派遣する出張営業員への発注や、代理商の介在によって行なわれた[41]。

伝統的な靴工たちは靴の修理業や下請け加工に転化するが、一部は手工業的生産をなお維持しつつ小売商業を兼営し、やがて工場から「仕入れた大量製品の商業が優勢」になり、「靴工は商人に転化する。手工業は店舗の添え物でしかなくなる[42]」のである。

家具生産と同様、上層市民を顧客とする注文生産では、取引形態の伝統的性格は維持される。だがこの場合も生産はもはや単純な手工業的小経営ではなく、下請け工や修理工、また裁断工や縫製女工を雇用する半ばマニュ化したかなり大きな経営によって担われており、それらはまた同時に小売商業を兼ねるのが普通であった。

洋服の生産＝流通形態も似たような転換をとげた。「手工業調査」は「仕立業」の旧い様式の「解体」と「力強い進展」について指摘する。「資本は生産を捉え、自営の仕立工を従属的な注文服下請け工や既製服労働者に変えた」[43]。製縫の労働手段としてのミシンは、シャツ等下着類や紳士服・子供服・コート等の製造において使用された。ミシンは不熟練工ないし半熟練工による製縫を可能にし、シャツ生産などで技術を習得した婦女子が本来的な仕立業でも労働力として用いられるようになった。種類別の型による既製服の生産は、一八六〇年代に広がっていたが、婦人等低廉な労働力の流入と資本によるその利用によって、在庫向既製服生産が急速に拡大するのはこの時期である。ズボン、上着、チョッキ、コート、子供服等製品ごとに生産分野は専門化し、労働過程もミシン製縫・アイロンかけ・刺縫い・手縫い等に分けられ、その中でさらに細分化が行なわれた。分業はミシンのほかに、裁断機、ボタン縫付機、ししゅう機、アイロン等によって促進された。

しかし分業は集中作業場とは直には結合せず、むしろ問屋制家内工業や下請制を主力とし、生産過程は部分的にのみ自らの作業場で行なう商人的企業の発展と結びついた。仕立工の中にはこのような分業形態を利用して高級衣服の注文生産を行なうものもいたが、他方既製服の普及によって顧客を失った仕立親方の多くは、商人的企業に対して大衆品の部分労働を行なったり、注文生産を営む比較的大きな手工業的・マニュ的仕立業者から、寸法とり、布地への寸法記入、裁断等の作業を委託される部分的・従属的生産者に転化した。

以上の過程は、衣服生産者（仕立工）と消費者との伝統的な市場関係を大きく変化させた。顧客の注文による個別的生産はなお存続するが、それは資本家等の上層・中層市民層の一部の顧客層に限られ、広範な労働者や下層市民層は、低廉な大量生産品としての既製服の消費者に移った[44]。商品としての洋服は、この場合、その購入者＝消費者の個人的特性（体躯・好み等）と結合した個別的な商品ではもはやなくなり、類型化され一般化された使用価値に転化した。生産者と消費者＝買手との関係も、注文生産のように直接的・人的ではなくなり、売手としての商人的企業と買手との市場での単純な取引関係に転化した。在庫向けに大量的に生産された洋服（既製服）の流通範囲は、局地的個別的な取引を土台とする伝統的な注文生産とは異なり、広域的であって、ベルリンをはじめ各地の主要都市とその周辺で生産された商品は、近隣地域のみならず遠隔地域にも広く販路を見出した(45)。

それに伴って既製服はじめ大量生産された各種衣料品を取り扱う小売商業が発達する。既製服製造の商人的企業が営む小売販売店、とりわけ比較的大きな衣料品店や百貨店の発展がそれである。百貨店については後述するが、その多くが衣料品・繊維品の専門的小売商業から成長しており、その後もこの品目は百貨店の重要な商品であり続けた。

他方、洋服加工に必要な生産手段のうち原料たる布地（織物）は、歴史的に広域の流通圏をもっていた。織物生産とその原料たる糸の生産（紡糸）は、農村・中小都市をふくめた工業的地域に早くから展開していたから、原料（織物）生産者と洋服メーカーの関係は、これら繊維工業地域と、大都市（その周辺）を中心とする各地の既製服等衣料品完成部門との関係を意味し、両者を媒介する織物商が重要な役割を演じた。伝統的な仕立業が支配的な時代には、衣服の最終消費者は織元や織物商から織物を買い、仕立工に委託して最終製品につくらせたが、既製服生産の発展と伝統的仕立業の後退・変質とともに、織物商も布地の販売を縮小させ(46)、完成衣料の加工業者に原料（織物）を販売する卸商業に専門化したり、各種衣料製品を取引する衣料品商業に重点を移したりした。こうして織物商（織元）と消費者（および仕立工）の間での織布の局地的な流通関係は解体し、繊維工業の産業資本と完成衣料生産の資本との間の広域的市場関係が成立し、その流通関係を媒介する商業資本として織物卸商が発展をとげる(47)。

伝統的な市場関係者が最も強く残存したのは、商品の品質が重要な食品、特にパンと精肉の生産＝流通であった。製品の形状・味・鮮度等が使用価値の大きな要素をなすパンや精肉の生産・加工は、保存・運搬方法の技術的制約から、分散的・局地的で、生産と消費の空間的時間的距離にはおのずから限界が存在した。この限界は生産過程の手工業的性格に対応し、この分野では手工業的経営者（製パン工・精肉工）と生産物の消費者との直接的な市場関係が維持された。

「朝食のパンの販売はたいてい直接的であった。パン屋は早朝徒弟や雇職人あるいはそのために雇った者を使って顧客に品物を配達するか、それとも客が必要なものを自分で買いに来るかのいずれかの形をとっている」(48)。——ライプチッヒの製パン業に関する調査はこう記している。

しかしこのような形態と並んで各種の食糧品小売業が発展してくる。たとえば一八八五年のアーヘン市（当時人口九・五万人）では製パン業一九二軒、精肉店一九九軒に対して、食品雑貨店（Kolonial-, Material-u. Spezereiwaren）は一九六軒、各種食品小売業は三四一軒を数えた(49)。これらの小売商は、コーヒー・砂糖・米・タバコ等々の伝統的な各種熱帯産品や馬鈴薯、野菜、魚、果実等々の食品を販売し、さらに低廉な陶器やリボン類などをも扱った。その規模はさまざまで、婦人による零細な経営も多数含まれていた(50)。

これら食品業者の中には加工は行わず、商品の売買を専門とするものも多く、その取扱商品には製パン工や精肉工の加工商品と競合するパンや加工肉も含まれた。農村地域で加工された黒パン（Landbrot）(51)、プンパーニッケル等の保存可能なパンがそれであり、さらに製パン工が加工した通常のパンも販売された。このことは製パン工（生産者）と消費者（買手）との直接的関係の後退を意味し、「仲介商業が拡大しており、遠からぬうちに直接的販売を凌駕することになるかも知れない」(52)という状況がすでに登場した。それはまた生産者たる製パン工の経営内容の変質とも結びついていた。製パン工の一部は生産物をすべて消費者に販売せず、一部を仲介商業の担い手・食料品小売商に販売していたのである(53)。

以上、個人的消費と結びついた消費財商品の流通形態とその転換について検討したが、そこには消費財の種類にしたがって二つの類型が存在した。(1)家具・金属製品・皮革製品・衣料等、耐久的な商品の流通は、それら生産様式の資本主義化に伴って大きく変化した。手工業的生産が支配的であった時期には、生産者（手工業者）による生産物の販売と消費者の購入とは直接的に結合しており、商品流通は分散的かつ局地的な範囲で行なわれた。その場合取引は、しばしば消費者の特定された使用目的・趣好と結びつく注文の形で行なわれ、したがって商品流通における生産者（売手）と消費者（買手）の関係は、個別的・個人的な性格を有し、商品の使用価値は特定されて一般性をもつことがなかった。この関係は、生産者（手工業者）と消費者のそれぞれの居所・住所の近接という事情によって強められたが、一層重要なことは購入した消費財を買手は、長期間、修理や修繕によって使用価値の持続をはかったことである。そして彼らは修理・修繕を当該製品のもとの生産者にまかせた。つまり生産者＝売手と消費者＝買手との関係は、商品の売買をもって完了せず、当該使用価値の最終的消費にいたるまで長期にわたって持続したばかりでなく、同種類の新たな消費財の購入に際して繰り返されることも少なくなかった。使用価値のこのような消費様式は買手の家族や次世代にも影響を及ぼし、両者の関係は世代的にも継承されて、伝統的な色彩を強く帯びた。流通のこのような伝統的歴史的形態はまさに本章の対象とする時代に変質し解体したのである。

　耐久的消費財の生産の規格化と均一化および大量生産化は、商品の個別性を除去し一般化させ、また価格を低廉化させた。商品流通の範囲は空間的に広がり、商品の生産者（資本家）と消費者（買手）との関係は、もはや局地的な個別的直接的な関係ではなくなり、広域的かつ間接的となって、商人資本（小売商業）によって媒介されるようになった。低廉な大量的商品の買手は労働者や下層市民であって、消費財部門の産業資本（また商人的企業家）の製品の販売（W′－G′）と、労働者による所得の支出［（A－）G－W］とが対応し、この面でも資本主義的関係が貫かれることになった。だがこのことは伝統的な流通形態の全面的解体を意味しない。生産者と消費者との個別的直接的市場関係は依然として存続するが、それを支えた購買力の担い手たる広範な小営業者層（特に手工業者層）の経営的劣悪化・賃労働者化とともに変質し、逆説的ながらブルジョア層や上層市民層の支出（W′－G′を前提としたg－m）を主たる市場的条件とするようになった。それに対応して生産者の経営的条件も上昇し、小経営者はその担い手たることをやめた。消費財生産の資本主義化は、上述したようにこの時代を特徴づける重要な現象であったが、同時にそれは流通過程の上のような意味での資本主義化を随伴していたのである。[54]

(2)これに対してパン・肉等の日常的に繰り返し消費される食品の加工（製パン・精肉）の場合は、生産者と消費者との直接的な市場関係が強く維持され、したがってその空間的広がりも局地的であった。当該使用価値の調達の日常性・繰り返し、商品の新鮮さ等の質的側面の重要性、保存・輸送の限界などの事情が、この商品の流通空間の局地性をつくり出しており、それに生産技術の手工業性が対応していた。しかし食糧品取引の分野では、「植民地物産」・「熱帯産品」を取り扱う商業資本が古くから発展していた。そしてこの時期にはそれらと並んで各種の小売商業が急速に広がった。パンや加工肉の取引もこれら食料品小売商によって担われるようになり、生産者（製パン工・精肉工）と消費者との直接的関係もその意義を相対的に後退させた。

このような流通形態の転換を象徴的に示すのが、百貨店（Warenhaus, Kaufhaus）の出現であった。百貨店は大規模な小売商業資本であり、各種の分野の商品の販売を同一空間に結合して行なう点に特徴があった。製造工場からの直接的大量的買付、商品価格の定価制、低廉な価格設定による薄利多売方式により、百貨店の販売高は圧倒的な大きさを示した。

時代は少し下がるが第一次大戦直後の百貨店の取扱商品の種類は、およそ次のようであった。[55] 一階：布地、レース類・小物類、毛織物製品、綿製品、紳士用品、手袋、光学用品、宝石類、刺しゅう類、香水、文房具、書籍、楽譜、手芸品、薪類。二階：婦人服、紳士服、子供服、帽子、シャツ、毛皮品、皮革カバン類。三階：じゅうたん、カーテン、寝具用布地、靴類、アクセサリー、日本品、時計、休息室。四階：ガラス製品、陶磁器、照明具、台所用品、鉄・金属製品、ブラシ類、かご、木製品、玩具。五階：食品、寝台、家具、写真室。

百貨店の多くは、織物・衣料品商業から成長した。たとえば一八七九年シュトラルズントで雑貨・布地・羊毛品の商店を営んでいたL・ティーツ（Tietz, 1849－1914）は、一九世紀末に営業の拠点をライン地方に移し、各地に支店を設けて営業を拡張し、のちの「カウフホーフ」（今日ドイツで一、二を争う大型デパート）の基礎となる百貨店に成長した。L・ティーツの弟O・ティーツ（1858－1923）は、一八八二年「ヘルマン・ティーツ」なる称号をもつ糸・ボタン・レース・布地・羊毛製品の商店をゲラ市で開業し、のちにミュンヘンに拠点を移し、南ドイツの大都市やベルリンに支店をつくり、後に最大級のデパート「ヘルティ」（ヘルマン・ティーツの圧縮）に発展する百貨店の土台をつくった。また同じく現在最大手のデパート「カールシュタット」も、一八九一年R・カールシュタット（Karstadt, 1856－1944）がヴァイマール市に開業した織物・繊維品・既製服小売商業にはじまりをもっており、百貨店としての発展は特にハムブルクに拠点を移して、北ドイツ一帯に支店を広げるようになって加速された。(56)

一九世紀における商業形態・商業資本の発展は、取扱商品の特殊化・専門化と結びついていた。商業形態は、当初原料や製品の種類（たとえば小鉄製品商業は鉄・鋼・鉛等各種金属の製品を含んだ。手芸装身具類取引、ガラス類取引、陶磁器類の取引も同様である）、あるいは商品の生産地によって（たとえば「植民地物産店」は香料、染料、砂糖、綿花等々海外の各種生産物を取り扱った(57)）、包括的な形で専門化していた。しかしそれらは次第に生産物の種類や生産分野ごとに細分化され、商業資本の取り扱う商品はこうしてより特定化し、専門化した。これに対して百貨店の商業形態は、専門化ではなく逆に諸生産分野の生産物（但し消費財）の取引の結合を特徴としたのである。

③商業利潤と市場価格メカニズム

消費財生産における資本主義的発展は、一九世紀末葉以降における経済発展の重要な特徴を示すが、この発展は消費財生産部門の流通過程を媒介する商業資本の発達を促進した。製品（最終消費財）の販売に介在する小売商業と卸売商業、生産手段の購入における卸商業がそれであった。それは産業資本の循環を前提とし、それを媒介する限り明らかに近代的・資本主義的な性格を有するが、商業資本の取得する商業利潤が、産業利潤との対比においていかなる高さにあったかは必ずしも一義的ではなかった。歴史的には、生産手段（特に原料・半製品・燃料）の取引においては、消費財部門の産業資本形成に先立ってすでに商業活動の実績と経験を豊かにもつ、原料等卸商の規定性と優位は否定できなかったし、また産業資本の生産物の消費者への販売においても、商人資本こそ商品価格の第一の規定者の位置にあった。そこで「商業利潤が本源的に産業利潤を規定する」という状況から、「商業利潤が総余剰価値の可除部分に縮小される」段階への移行が問題となるのである。(58)

同時代人によって消費財価格の高さや小売商人による価格操作への疑念が強く表明されたのはこのような事情によるだろう。社会政策学会の小売商業調査は人々のこのような疑念を背景にして実施された。(59)調査は必ずしも包括的ではなく、業種・地域等の事例はごく限られていたが、調査結果によれば食品の場合、小売商の利潤率は平均して卸売価格の二二%をあまり越えることがなく、商品の仕入に伴う労働、商業上の専門的知識の習得、商況への通暁、商品の保管・展示・計算等、小売商人が支出せねばならぬコストなどを考慮すると、それは決して過大ではないとされた。(60)また小売価格の変動の動向も卸売価格の変化にほぼ一致しており、全体として見れば小売価格は卸売価格によって規定されていたといえた。(61)

そこでは小売商人間の自由な競争関係と、産業資本家や卸売商が行なう直接的な小売販売の可能性が存在しており、この競争関係は交通条件の改善、通信制度や新聞の普及による情報入手の可能性の拡大等によって強化された。つまり商業利潤はほぼ平均的な利潤率に対応していたのである。むしろ問題はもはや小売商業の優越性や独占ではなく、その過剰と過当競争であった。大規模商業資本たる百貨店との競争や中小の小売商人・「手工業」的経営者相互間の競争関係が社会的な問題として表面化してくるのである。

表２－３　ドイツのカルテル数推移

1890年	117	1905年	385	1925年	2,500
1895年	143	1910年	673	1930年	3,000
1900年	300	1920年	1,000		

出所：H. König, Kartell and Konzentration, in : H. Arndt（Hg.）, *Die Konzentration in der Wirtschaft*（*Schriften des Vereins für Socialpolitik,* NF. Bd. 20/I）Berlin 1960, S. 304.

表２－４　主要業種のカルテル数

業種＼年次	1890	1897	1905	1910	1925	1930
⑴鉱山	9	8	19	16	51	62
⑵鉄・鉄鋼	30	34	62	68	73	108
⑶同加工品	—	—	—	—	234	167
⑷非鉄金属・半製品	4	6	11	20	17	37
⑸非鉄金属製品	—	—			78	36
⑹石材・土[a]	29	45	27	40	40	60
⑺化学	32	30	32	48	127	200
⑻製紙・同加工[b]	13	18	6	20	107	66
⑼繊維	16	30	31	53	201	267
⑽衣料品	—	1	—	—	71	
⑾皮革・同加工[c]	—	6	7	18	46	38
⑿ガラス	—	—	10	16	20	40
⒀電機	—	—	2	3	56	63
⒁精密・光学	—	1	3	—		
⒂機械・器具	—	—	1	—	195	115
⒃車輌	—	—	1	—	9	15
⒄木材・木工	4	7	6	20	44	67
⒅食品	—	6	17	42	170	170

(a) レンガ製造を除く。(b) 1890、1897年は製本業を含む。(c) 1905年はゴムを含む。
出所：König, *a. a. O.,* S. 307.

他方、異なった産業資本相互間、また産業資本と商業資本（特に小売商業のそれ）の取引を媒介する卸売商業の商業利潤の大きさは、その機能が産業資本の流通過程に直接的に関わるだけに産業利潤にとってより規定的であった。しかしこの場合にも卸売商人相互間の自由な競争関係、また出張販売員の派遣と見本取引、代理店・支店・販売店による卸売商業を介さない産業資本の直接的取引の可能性は十分に存在し、卸売商業資本による一方的な価格決定が行なわれる余地は小さかった。むしろ産業資本の蓄積に伴って、産業資本家は流通過程を自ら把握しようとし、卸売商人を排除する傾向さえ見られた。同時代人のいう「仲介商業の危機」（Krisis des Zwischenhandels）[62]がそれである。

ここに商業利潤に対する産業利潤の優位を、少なくとも産業利潤が商業利潤を規定している事態を、看取できるといえよう。

流通過程の介在者たる商業資本の利潤（商業利潤）の平均利潤率化によって、市場価格メカニズムの資本主義化が、あたかも完成したかのようにみえるのであるが、しかし市場価値法則のこのよ

表2－5　業種別カルテル化率（総生産額に対する割合）

（%）

業種＼年次	1907	1925/28	1935/37	1936年（100万 RM）	
				純生産額	総生産額
鉱山	74	83	95	2,235	3,631
石炭	82	100	100	1,486	2,493
褐炭	27	78	100	489	791
鉄鉱石	38	60	56	41	53
カリ	100	100	100	149	188
鉄鋼	49	92	100	1,814	3,479
銑鉄	26	100	100	—	—
粗鋼	50	90	100	—	—
圧延製品	59	90	100	—	—
非鉄金属・同半製品	10	31	80	536	1,720
鉄・鋼加工品	20	30	75	1,790	3,043
非鉄金属製品	0	15	20	771	1,285
機械・器具	2	15	25	2,615	3,998
車輌	7	11	15	1,395	2,872
車輌組立	23	95	95	58	108
電機	9	14	20	1,503	2,156
精密・光学	5	12	15	368	491
化学	—	70	75	2,190	3,829
ガラス	36	66	100	238	345
セメント	48	90	100	153	266
製紙・同加工	89	70	85	742	1,763
製紙	90	90	98	462	1,156
皮革・リノリウム	5	5	10	702	1,639
繊維	—	10	15	2,840	6,581
楽器・玩具	9	18	15	—	—

出所：König, *a. a. O.*, S. 311.

うな貫徹は、皮肉なことにそれが前提としていた自由競争の原理の動揺と軌を一にしていた。重化学工業を中心とする独占体の形成は、本章の時期を最も顕著に特徴づけており、カルテル・シンジケートの形態による巨大資本の市場支配は、その生産物が石炭・鉄・染料など基礎的な原料・半製品等の生産手段を含んでいただけに、市場価格メカニズムに対する影響は絶大であった。上述した「仲介商業」の排除の動向は、実はこのようなカルテル・シンジケートによる流通把握と不可分の関係にあったのであり、商業資本に対する産業資本の優越は、とりも直さず独占体による流通支配の第一歩を意味していた。

カルテルの数は表2－3が示すように一九世紀末から一九一〇年にかけて急増する。その数は鉱山業・製鉄業・鉄鋼業・金属加工業・機械工業および化学工業など重化学工業が多いが、繊維工業・製紙業・食品業でも少なくなかった（表2－4参照）。しかしカルテルが顕著な増大を示すのは第一次大戦後においてであり、特に各分野の生産総額に占めるカルテルの割合（カルテル化率）は一九二〇年代になって初めて決定的となった（表2－5）のであり、大戦前には石炭やカリ、圧延製品を除けばその率はなお低く、自由競争の原理は大戦後とは比較にならないほど広い分野を捉えていた[63]。

3　ワイマール期の市場問題

(1)　「ヨーロッパ経済」構想と「中欧」構想

①大戦後の国際状況の変化と危機意識

第一次大戦後、ドイツ資本主義をとりまく外的諸条件は大きく変わった。ロシア革命と社会主義の出現、ハプスブルク帝国の解体とポーランド・チェコスロバキア・ハンガリー等の国家形成、アメリカ資本主義の強力な展開、日本の進出、また植民地・半植民地諸国あるいは原料・農業生産国における工業化とそのための保護主義などの事情がそれである。それはドイツだけでなくヨーロッパの主要資本主義国に全体として大きな影響を与え、世界経済におけるヨーロッパの旧工業国の経済的位置は相対的に低下した。金本位制に基づくイギリスの国際市場支配の解体は、単にイギリスの世界的体制の崩壊を意味しただけでなく、それを支えていたヨーロッパ中心の一九世紀的な世界経済システムの解体をも示していた。ヨーロッパの旧資本主義諸国はこの状況に対応して、自国の経済体制の転換と新たな国際経済体制の創出を迫られた。

ドイツは、戦争とその敗北、ドイツ革命、また共和制への移行という他の資本主義国以上に激しい政治的・社会的変化を経験した。ヴェルサイユ条約による領土割譲と賠償義務、ルール地方占領等は、周知のように敗戦後のドイツ経済にとって厳しい負担となり、ドイツ資本主義の直面する困難な情況は他の旧工業国以上に深刻であった。国民経済相互間の対立に対して、国際経済上の連携を強める国際協調主義、ヨーロッパの旧工業国間の経済的結合をめざす「ヨーロッパ経済」構想、あるいはオーストリアとの提携によって東欧、特に東南ヨーロッパ諸国の経済的統合を重視する「東欧」構想、さらに経済的ナショナリズムとアウタルキー論など経済圏の広域化あるいは自立化をめざす議論が登場してくるのは、このような大戦後の深刻な状況の下においてであって、いずれも困難な内外の諸事情への対応を意図していた。(64)

国民経済相互間の国際的連携に対するドイツ人の関心は、一九二四年に発表されたドイツ社会科学者たちの声明にいち早く表明されている。(65)声明は「世界経済的な商品取引」を重視する立場から、大戦前の保護関税制度に再び帰ることに反対したもので、この国の社会学者・経済学者の九割が署名に加わった。そこには、L・ブレンターノ、G・ブリーフス、C・ブリンクマン、K・ビュッヒャー、H・W・クーノー、C・エッカート、W・オイケン、B・ハルムス、Ed・ハイマン、R・リーフマン、W・ロッツ、F・オッペンハイマー、E・ザリーン、A・ヴェーバー、などこの時代の主だった学者の名前が含まれていた。

国際経済上の協力と協調の必要性が、ヨーロッパ資本主義の「危機」と「構造転化」と関連づけて強調されたのは、特に一九二六年の社会政策学会（ウィーン）においてであった。(66)「世界の恐慌・危機」を主要テーマとするこの会議において、この時代の有力な経済学者、キール世界経済海運研究所所長B・ハルムスは、世界経済の構造転化の事実を明らかにし、大戦後における各国での国民的な経済政策および国家理念の強化、特に輸入抑止と輸出促進の政策、原料・食料生産国での「工業化」による国際分業体制の変化、モノカルチャーの後退等の傾向を指摘した。彼は、国民経済相互間の関係におけるこのようなアウタルキー化が、戦争に結びつく可能性を示唆し、それに対して国際間の利益連帯と、「個別経済」相互間の世界的規模での計画的協業との必要性を強調し、そこに国際経済の内的編成の変化がもたらす諸力の対立と危機を克服する可能性を見た。

ハルムスと並ぶ主報告者、F・オイレンブルクは、戦後世界貿易におけるヨーロッパの比重低下とアメリカ・東アジアの地位上昇、新興国における生産諸力の発達と国民経済の発展の事実を重視するとともに、そこに国民主義と国際的連帯の二つの対極的潮流があることを指摘し、資本主義の歴史的課題は国際主義・国際的連帯にあると強調する。彼は、新興国の「工業化」のためには旧工業国からの生産手段・設備の供給が不可欠であり、両者の関係は決して対立的ではなく、むしろ補完的たりうるのであって、そのような形での新たな国際分業体制を樹立するために、緊密な国際的連帯こそが最も望ましい政策であると主張した。

この見解に真正面から対立したのがゾムバルトであった。彼の考えは、二年後の同じ学会（チューリッヒ）における中心テーマ「資本主義の転換」に関わる報告、「晩期資本主義論」の中で明確に提示された。資本主義の形態転化と停滞傾向という認識に立って、彼は旧工業国の資本輸出・工業製品輸出の後退と、工業化しつつある新興国からの農産物輸入の困難化を指摘し、アウタルキー化の傾向と世界経済的関連の縮小の方向を重視した。この理解は、一九三二年により具体的なアウタルキー化・「再農業化」論へ、さらに東南ヨーロッパ経済統合論に展開していった。オイレンブルクはこれに対して厳しい批判を加えた[67]。オイレンブルクの国際協調主義とゾムバルトのアウタルキー化・中欧広域経済圏論の対立は、単に学会での論争の域をこえて、同時代の現実の政治的社会的動向に大きな関連を有した。ナチス政権成立とともにベルリン大学教授の地位を剥奪され、またゲシュタポに逮捕されベルリンの独房で獄死（一九四三年）を強いられるオイレンブルクの苛酷な運命は、ゾムバルトのそれとは逆の意味で、彼の議論の現実性を物語っていた。

②広域圏構想

オーストリアの政治学者R・N・クーデンホーフェ・カレルギー（Coudenhove-Kalergi, 1894-1972）によって一九二三年に設立された「汎ヨーロッパ連盟」（Pan Europa-Union）の活動は、ヨーロッパ各地に大きな影響を与えた。同人の書物『汎ヨーロッパ』（一九二三年）が示すように、この運動は、ヨーロッパの世界支配の崩壊に対する危機意識を背景として、一方ではロシア、他方ではアメリカ、そしてアジア（日本）の興隆に対抗して、ヨーロッパの経済的結合、全ヨーロッパ関税同盟、さらに政治的統合をめざすもので、ドイツ内部にも有力な支持者を見出した。これをきっかけにして、各地でヨーロッパの経済的ないし政治的統合を目的とする類似の運動が生まれた。ロカルノ協定（一九二五年）以前には、オーストリア、ハンガリー、チェコスロヴァキアおよびドイツを中心とする「中欧ヨーロッパ経済会議」（Mitteleuropäische Wirtschaftstagung）、国際連盟との提携を重視し、ヨーロッパ的アウタルキーに反対する「ヨーロッパ関税連盟」（Europäischer Zoll-Verein）および「ヨーロッパ協調委員会」（Verständigungs-komitee, Verband für europäische Verständigung）などの組織が結成されている。(69)

ロカルノ会議（一九二五年）による英・独・仏・伊・ベルギー・ポーランド・チェコの欧州安全保障条約調印は、ヨーロッパ統合をめざす運動をさらに促進した。「汎ヨーロッパ連盟」はドイツ支部の執行部にP・レーベ（Löbe, 社会民主党、ライヒ議会議長）、E・コッホヴェザー（Kochweser：民主党）、J・ケート（Koeth：もとライヒ経済大臣）を迎え、フランス支部の中心にはL・ルシュール（Loucheur：もと商業大臣）、L・ブルム（Blum）、J・バルテルミ（Barthelmy）を加え、G・シュトレーゼマン（Stresemann：独首相）と並ぶロカルノ会議の立役者の一人ブリアン（Briand：外務大臣）を名誉会長におくことに成功した。しかしこの運動は、政治的には貴族主義的で、イタリア・ファシズムへと接近したため、民主主義的な会員との間に亀裂がつくり出された。(70)

独仏の協調と国際連盟の発展とを土台としつつヨーロッパ連合をめざす「ヨーロッパ協調連盟」は、ドイツにおいては経済界の一部、ドイツ民主党（ＤＤＰ）や社会民主党（ＳＰＤ）はじめ諸政党、またホワイトカラー、「手工業」、労働組合等の関心を惹きつけ、さらにシュトレーゼマン、外務省・大蔵省の支持を獲得した。他方ルクセンブルクの工業家Ｅ・マイリッシュ（Mayrisch）により一九二六年に「独仏研究委員会」（Deutsch-Französisches Studienkomitee）が設けられたが、それは独仏の協調によるヨーロッパ的経済同盟を目的としており、クルップ・合同製鋼・グーテホフヌンク等の重工業、ドイツ銀行、ＩＧファルバン、ＡＥＧ、商工会議所代表が参加した。一九二七年にはＰ・レーベの尽力で諸運動の統合が試みられたが結局失敗に終わった(71)。

西欧（特にフランス）との協調に対して、東南ヨーロッパ諸国との経済関係の強化、広域経済圏形成をめざす「中欧」構想が対置される。独墺の経済的政治的統合を軸に、ドナウ諸地域（ハンガリー・チェコ）やポーランドを包括する広域経済圏の構想は、決して新しくはなく、終戦前から存在し、なかでもＦ・ナウマンの構想は有名であった(72)。大戦後、ハプスブルグ帝国の解体、ドナウ川流域の旧帝国諸国の国民経済的自立化と保護主義的傾向という新しい状況を迎え、今や、新しい形の経済圏構想が現われるにいたった。それは自由貿易主義的な原則に立ってこれらの地域をドイツの経済圏に取り込む目的を有しており、ライヒ・ドイツと帝国解体後のオーストリアとの間の統一、「大ドイツ」樹立をめざす多様な思想的動向と関わっていた。

一九二六年にライン・ヴェストファーレンの重工業の援助によって設立された「ドイツ・オーストリア協会」（Deutsch-Österreichische Arbeitsgemeinschaft）は、オーストリア側の独墺経済統合運動に対応したもので、同国の商工会議所と連携しようとした。他方自由貿易主義的な経済界や政治家によって「中欧経済会議」（Mitteleuropäischer Tag）が組織され、ドイツ民主党のＧ・ゴータイン（Gothein, 1920–24：ライヒ議会議員）が中心となって活動した。この組織は、ハンガリーの教授Ｅ・ハントス（Hantos）らの提唱するドナウ諸国の特恵主義的連合構想を支持していたが、その方針はドイツ商工会議所やザクセン輸出向工業によって積極的に評価され、また外務省も資金的な援助を行なった(73)。

以上のように、政治家・経済界・学者を中心とする広域経済圏構想は、独仏協調によるヨーロッパ関税同盟の方向と独墺中心の中欧経済圏の方向という二つの異なった局面を有していたが、この二つの方向に対してワイマール共和国政府の政策がいかなる立場にあったかは議論のある所である。この時期の共和国の対外政策の動向は、共和国首相兼外相（一九二三年）のシュトレーゼマン（1878–1929）の動きに表現されていた。「ヨーロッパ人」としてのシュトレーゼマンは、ドーズ案の承認（一九二四年）、ロカルノ条約の締結（一九二五年）、ドイツの国際連盟加入（一九二六年）に大きな足跡を残し、一九二九／三〇年にはヨーロッパ関税同盟を提唱したA・ブリアンとの会談など重要な役割を担った。これらの活動や「ヨーロッパ協調連盟」への支援は、彼が明らかに独仏協調の立場にあったことを示していたが、しかしこのことは東部・東南ヨーロッパへの彼の関心を決して排除しなかった。独墺商業協定の締結、ドイツ・チェコ関税同盟提案（一九二八年）、「中欧経済会議」等の中欧構想への援助、独墺関税同盟計画（一九三一年）への関与などは独仏協調とは別の方向への彼の結びつきを物語っていた。

この問題に関する最近の研究『汎ヨーロッパか中欧か』の著者フロムメルト(74)は、シュトレーゼマンの政策目標の中心に、中・東欧のドイツ国境に関するヴェルサイユ条約の改正とその地域でのドイツ覇権の復活を求める意図があり、それは講和条約を前提とするフランス側の独仏協調の動向や、クーデンホーフェらの汎ヨーロッパ主義と異なった性格を有していた、と指摘する。シュトレーゼマンの対外政策の重心は、この場合、「中欧」にあり、対仏協調はその前提になる条約改正への足がかりとして二義的でしかなく、彼の路線はその意味でナチス期の東南欧中心の広域経済圏政策に連続することになる。ヨーロッパ連合に関する一九二九年のブリアンによる国際連盟演説、一九三〇年ジュネーヴ関税会議におけるブリアンと商務大臣フランダンの独仏協調の提案、そしてブリアン覚え書きによってヨーロッパ関税同盟構想は大きなやま場を迎えるが、ドイツはこれを支持せず、結局一九三三年のナチス政権掌握とともに東南ヨーロッパ諸国への拡張主義的な対外政策が本格化する。この現実が示すのはあたかも上のような方向性であった。

これに対してP・クリューガー[75]は、第一次大戦後の危機的状況と、その中で共和国政府が展開する国際協調主義の政策の積極的意義を重視し、フランスのブリアンや商相L・ルシュールらへの現実的な政治的折衝の事実を重く視て、こう述べる。「一九二五年から一九三〇年の局面が、ヨーロッパ関税同盟のチャンスと問題をこの上なく正確に捉え、現実的な処理方法を明確化し、またそれによってのちのヨーロッパ共同体に発展する、ある前提をワイマール共和国につくり出した点で寄与したことは疑問の余地がない。ドイツの対外政策は、その場合、もはや一九一四年以前の時代に後ろ向きになることはなかった」。

事実、上述のように独仏協調によるヨーロッパ経済統合構想は、政党や経済界の幅広い支持を獲得しており、社会民主党の党大会（一九二五年、ハイデルベルク）でも「経済的原因で余儀なくされたヨーロッパ経済統一体の創出」と「ヨーロッパ合衆国の建設」が提唱され、綱領に盛り込まれており、構想を支える社会的基盤はそれなりにつくり出されていた[76]。長年にわたり対立を繰り返してきた二つの資本主義国、ドイツとフランスが同一の経済圏へ統合されるというかつてない構想が出現したことは、それ自体画期的なことであり、しかも、それが単なる構想にとどまらず、一定の社会的支持を獲得したという事実はそれだけで第一次大戦と戦後のヨーロッパの状況がいかに深刻であったかを物語っていた。しかもその状況は、先述のような資本主義的世界体制の大きな転換と結びついていたのであって、したがって大戦後の広域経済構想を、単純に大戦前の拡張主義に連続させることはクリューガーがいう通り正当とはいえないだろう[77]。第一次大戦前―ワイマール期―ナチス期の連続面を重視するフロムメルトの理解に対して、クリューガーはワイマール期のヨーロッパ関税同盟論と第二次大戦後の欧州経済共同体（ＥＷＧ）との連続面により大きなウェイトを置くが、それは正しい認識を含んでいたといえよう。

だが、他方で、第一次大戦とその後の深刻な事態は、別の形の広域経済論、つまり中欧構想をつくり出しており、しかもそれは、前者以上に具体的な形をとって展開することになったのである。戦後のヨーロッパ経済統合への関連を重視するあまりこのもう一つの局面を見落としてはならない。この局面こそ一九二九年世界恐慌と各国資本主義のブロック化の中でより現実的な形態を与えられ、フロムメルの指摘したようにナチス期の広域圏政策[78]に連続していったのである。

ドイツ資本主義はこのように、一方では西欧諸地域に、他方では中東欧に向かう、二つの方向性をそのうちに有していたのである[79]。

(2) ワイマール期の貿易とヨーロッパ市場

①貿易依存度・輸出比率

広域経済圏の問題は国民経済相互間、国民経済と外国地域の間の経済的結合、とりわけ市場的結合に関連する。それは各国資本主義のそれぞれの市場問題を背景に有しており、この市場問題は世界恐慌と世界貿易の困難化、世界経済のブロック化のなかでいよいよ深刻化しつつあった。こうして、貿易構造、国内市場と外国市場との関連、貿易依存度等に関する具体的な事実認識と発展傾向についての経済学的な分析が要請された。

大戦後内外の経済の調査・研究に大きな役割を果たすキール大学世界経済海運研究所とベルリンの景気変動研究所(Institut für Konjunkturforschung)の活動は、そのような要請に応えるものであった。それらの成果[80]をも用いながら第一次大戦後のドイツの貿易関係について検討しよう。

まずドイツ経済の外国市場依存度について見ると、W・ホフマンは後の研究書の中でドイツの外国市場依存度・貿易比率を表2－6のように推計している。この数字から「ドイツのような輸出依存度の高い国民経済」(W・フィッシャー[81]という結論を単純に引き出せない。確かにドイツの輸出比率はアメリカの製品輸出比率（一九一四年九・三〜一〇%、一九二一年九・八〜一〇・三%、一九二五年七・六〜八・〇%、一九二九年七・八〜八・〇%[82]）より高いが、イギリスに比較すると決して高いとはいえない（表2－7参照）。第一次大戦前にW・ゾムバルトは、工業化に伴って貿易依存度は傾向的に低下するという仮説を提起したが、そのような見解が表明されるほど当時は国内市場の深化・拡大が顕著であったのである。ゾムバルトのこの考えに対してF・オイレンブルクが厳しく批判したのであったが、この議論はアウタルキー化か国際経済かをめぐるワイマール期の政策論争に関連して、改めて当時の人々の関心を集めた。ヴァーゲンフュールの研究はその一つであった[83]。

それによると工業生産物の輸出比率（輸出／純生産）は、工業部門によってかなり大きく異なっていた。一九二八年には、輸出依存度は、機械製造、皮革製造、製鉄・鉄鋼・金属製品各部門、化学工業、ガラス工業・楽器製造等の工業分野で高かったが、これに対して、ガス・水道・電気、建築、食品加工、木材加工、建築資材、被服、自動車、セメント、紡績などでは低かった。表2－8は一九三四年の数値であるが、両年度に共通しているように、食品・衣料・建築・木材製品など個人的消費に直接結びつく生産部門（＝消費財生産）は、輸出依存度が低く、国内市場に全面的に足場を置いていたのに対して、機械・鉄鋼・化学等の生産財生産部門、すなわち重化学工業は外国市場へ大きく依存していた。

表2－6　ドイツ貿易比率（対純社会的生産価額）

（%）

	輸出	輸入
1880/84	17.7	17.4
1885/89	15.4	16.2
1890/94	13.1	17.0
1895/99	12.8	16.5
1900/04	14.4	17.5
1905/09	15.3	19.2
1910/13	17.5	20.2
1925/29	14.9	17.0
1930/34	12.0	10.1
1935/38	6.0	5.7
1950/54	13.3	12.9
1955/59	18.0	15.8

出所：W. Hoffmann, *Das Wachstum der deutschen Wirtschaft seit Mitte des 19. Jahrhunderts*, Berlin u. a., 1965, S.151.

ドイツの重要工業の輸出と国内販売は図2－1のように推移したが、輸出製品の内容を見ると重化学工業の生産物が四〇%前後を占め、二〇%前後の繊維・皮革製品を遥かに凌駕していた。特に機械と電気製品の比重が増大していることに注意しなければ

表2-7 イギリスの輸出依存度

	生産	輸出	輸出／生産	生産	輸出	輸出／生産
	100万ポンド		パーセント	100万ポンド		パーセント
1924/25年				1930/31年		
食品類	510～ 550	48～ 50	9～10	520～ 560	40～ 41	7～ 8
鉱山業	265～ 270	61～ 62	23	180～ 184	39～ 40	21～22
その他製造業	1,845～1,890	625～640	33～35	1,625～1,675	426～437	25～27

出所：R. Wagenführ, *Die Bedeutung des Außenmarktes,* S. 67.

表2-8 工業部門群別輸出依存度（1934年）

輸出比率	工業部門群	従業者数（千人）	輸出額（百万 RM）	輸出比率（%）
0～1%	建築関係	1,770	0	0
	ガス・水道・電力	160	(0)	(0)
	食品・嗜好品	1,500	63	1
	計	3,430	63	—
1～5%	木材加工・木彫品	675	44	4
	衣料品加工	1,100	104	4
	印刷関係	290	35	5
	計	2,065	183	—
5～10%	繊維関係	960	319	9
5～10%	鉄・鋼	305	231	10
	石材・土	460	174	11
	計	765	405	—
13～20%	皮革・同製品	130	75	14
	機械・器具・車輌	840	502	14
	電機製品	340	226	16
	鉱産物	480	366	17
	紙・同製品	230	164	19
	計	2,020	1,333	—
20%以上	鉄・鋼・金属各製品	680	508	22
	ゴム製品	50	41	22
	精密工学・光学製品	115	106	28
	化学製品	300	627	33
	楽器・玩具	40	43	49
	計	1,185	1,325	—
合　計		10,425	3,628	13
不　明		125	343	

出所：Wagenführ, *a. a. O.,* S. 12.

図2－1　重要工業の国内販売・輸出推移

（重量：1928年＝100）

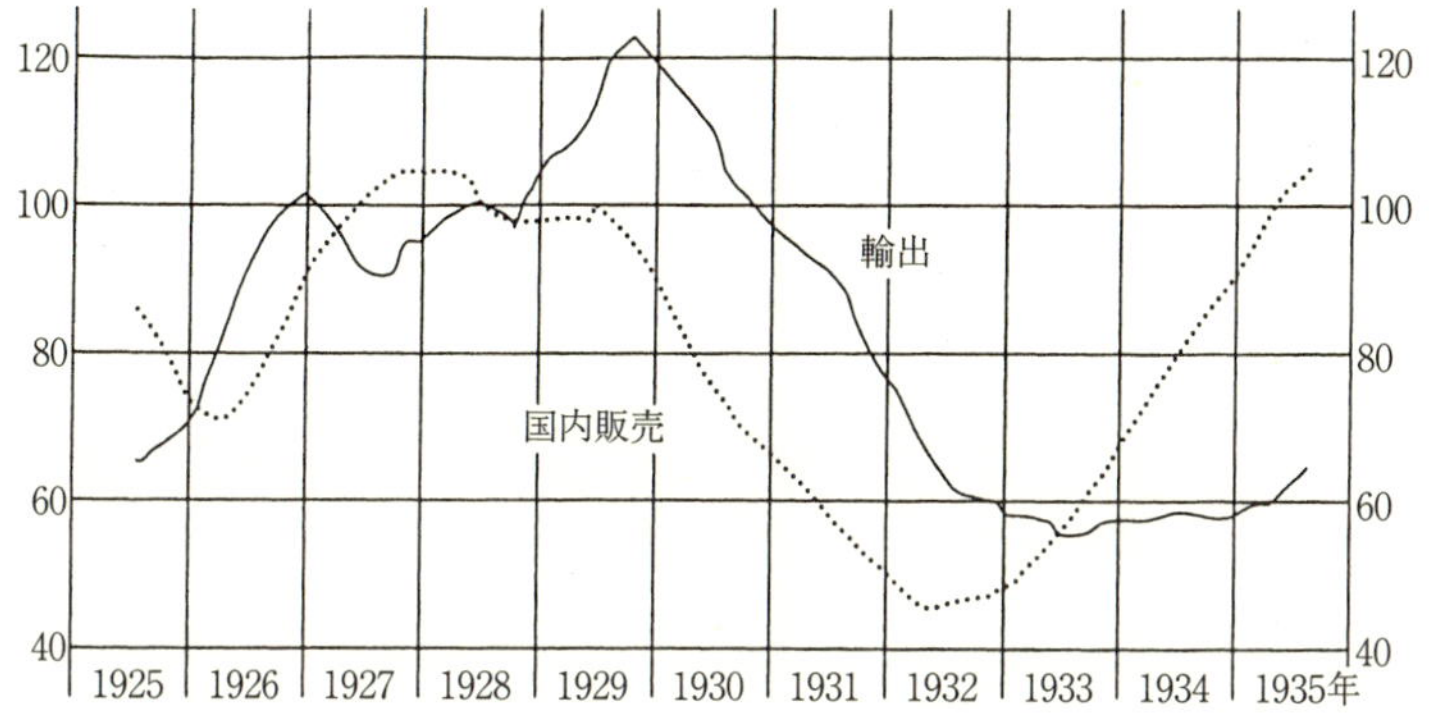

出所：Wagenführ, *a. a. O.*, S. 7.

ならない（表2－9参照）。

②ヨーロッパ市場の重要性

次に貿易相手国を地域別に見よう。

(i)

表2－10が示すようにドイツの輸出の四分の三はヨーロッパ地域向けであり、第二位のアメリカ大陸は一五％にとどまっている。製品輸出も同様にヨーロッパ市場が圧倒的な大きさ（七〇％）をもって第一位を占めた。その状況は第一次大戦前と変わらない。ヨーロッパ諸国のうち製品輸出仕向地として重要なのは、イギリス（一九二七年一二・六％[84]、以下同じ）、フランス（一二・四％）、ベルギー（一一・一％）、スイス（四・八％）、イタリア（三・七％）、オーストリア

表2－9　ドイツ製品輸出の商品別構成

（％）

商品群	1913年	1925年	1929年	1931年
紡糸	2.9	2.8	3.1	2.2
（内綿糸）	0.9	0.5	0.5	0.3
織布	13.3	13.4	11.1	10.5
（内綿織物）	6.6	6.5	4.3	3.8
繊維完成品	3.7	3.2	3.2	3.8
皮革	3.6	3.0	2.7	2.4
紙・同製品	3.3	4.6	4.3	4.4
化学製品	11.4	10.6	9.7	9.8
圧延製品	8.3	6.3	6.9	6.4
小型鉄製品	8.7	10.8	10.4	10.3
機械	10.8	10.9	14.2	15.4
電機製品	4.3	4.9	5.9	6.6
その他	29.7	29.5	28.5	28.2
	100.0	100.0	100.0	100.0

出所：Institut für Weltwirtschaft (Bearb.), *Der deutsche Außenhandel*, Berlin, S. 333.

(三・六%)、チェコ(三・二%)など工業的諸国であり、北欧・東欧・南東欧の農業優勢諸国への輸出を凌駕していた。

(ii) ヨーロッパ向け製品輸出を商品別に見ると、戦前(一九一三年)には繊維製品・毛皮・同製品・皮革など消費財が生産財よりやや多かったが、戦後は逆転し、機械・化学製品・鉄鋼製品・電気製品など、重化学工業の生産物が大きな位置を占めた。輸出品目中で重要な位置を占める機械・電気機器製品の市場は表2-11が示すが、フランスとベルギー・ルクセンブルクの急速な増大が注目される。ヨーロッパの工業諸国への製品輸出を、イギリス・フランス・ベルギー・ルクセンブルク・スイスなどの西欧地域と、オーストリア・チェコとに分けると、前者は後者の三倍以上であり、しかも一九二五年から二九年にかけて前者の割合は増加した[85]。後者の二国とともに「中欧」構想で重要な位置を占める東南欧農業諸国への製品

輸出先地域別統計

製品				全体			
1913		1927/29		1913		1927/29	
100万マルク	%	100万R.マルク	%	100万マルク	%	100万R.マルク	%
4,661	69.2	6,118	70.0	7,579	75.1	8,972	74.1
1,798	26.7	3,083	35.3	2,766	27.4	4,251	35.1
417	6.2	782	8.9	675	6.7	1,055	8.7
646	9.6	778	8.9	978	9.7	1,162	9.6
595	8.8	299	3.4	880	8.7	362	3.0
195	2.9	487	5.6	215	2.1	547	4.5
540	8.0	1,035	11.8	898	8.9	1,487	12.3
375	5.6	810	9.3	694	6.9	1,217	10.0
2,864	42.5	3,036	34.7	4,813	47.7	4,721	39.0
448	6.7	339	3.9	790	7.8	730	6.0
1,222	18.1	1,491	17.1	1,546	15.3	1,882	15.1
490	7.3	600	6.9	713	7.1	854	7.0
635	9.4	768	8.8	722	7.1	844	7.0
161	2.4	228	2.6	211	2.1	283	2.3
594	8.8	826	9.4	646	6.4	930	7.7
117	1.7	167	1.9	124	1.2	213	1.8
92	1.4	79	0.9	104	1.0	87	0.7
3,204	48.5	4,941	56.5	4,447	44.0	6,325	52.2
3,472	51.5	3,803	43.5	5,050	56.0	5,788	47.8
6,735	100	8,743	100	10,097	100	12,113	100

表2-10　ドイツの

	食　料				原　料			
年　次	1913		1927/29		1913		1927/29	
金額・割合	100万マルク	%	100万R. マルク	%	100万マルク	%	100万R. マルク	%
〔ヨーロッパ〕	1,018	84.2	628	84.1	1,900	88.2	2,226	84.9
I 農業的諸国	403	33.3	348	46.7	505	26.2	820	31.3
北欧	167	13.8	124	16.6	91	4.2	149	5.7
東欧	100	8.3	119	15.9	232	10.8	265	10.1
(内ロシア)	68	5.6	4	0.5	217	10.1	59	2.3
南東欧	5	0.4	10	1.3	15	0.7	50	1.9
その他	131	10.8	96	12.9	227	10.7	356	13.9
(内オランダ)	115	9.5	92	12.3	204	9.5	315	12.0
II 工業的諸国	614	50.8	279	37.4	1,335	62.0	1,400	53.6
(内フランス)	96	7.9	47	6.3	246	11.4	344	13.1
〔アメリカ〕	121	10.0	62	8.3	203	9.4	279	10.6
USA	59	4.9	35	4.7	164	7.6	219	8.4
南米	57	4.7	24	3.2	30	1.4	52	2.0
〔アフリカ〕	39	3.2	29	3.9	11	0.5	26	1.0
〔アジア〕	25	2.1	25	3.3	27	1.3	79	3.0
日本	1	0.1	2	0.3	6	0.3	44	1.7
〔オーストラリア〕	6	0.5	1	0.1	6	0.3	7	0.3
農業的諸国合計	535	44.3	431	57.6	648	30.1	953	36.3
工業的諸国合計	674	55.7	316	42.4	1,505	69.9	1,669	63.7
総　計	1,209	100	748	100	2,153	100	2,622	100

出所：*Der deutsche Außenhandel,* S. 418, Tab. 316.

表2-11　ヨーロッパ工業国向け機械類輸出　(100万 RM)

	1925年		1927年		1929年		1930年	
	機械	電機製品	機械	電機製品	機械	電機製品	機械	電機製品
イギリス	29.0	32.6	52.0	34.2	81.0	45.0	78.0	48.0
フランス	28.0	3.9	33.6	5.7	140.0	42.0	179.0	51.0
ベルギー/ルクセンブルク	20.0	6.2	23.0	8.5	46.9	20.2	65.1	32.0
イタリア	62.0	27.0	46.0	23.8	71.5	37.0	62.4	36.0
スイス	29.0	12.9	33.0	12.5	53.0	20.0	50.0	24.0
オーストリア	36.0	14.4	41.0	18.4	42.0	27.0	33.5	21.0
チェコスロヴァキア	34.0	10.9	36.0	14.4	68.6	27.0	48.2	22.0

出所：*Der deutsche Außenhandel,* S. 251, 253.

輸出をも考慮すると、その差は縮小するが、しかし農業国とされたオランダを西欧に含めると、西側市場と東南欧市場との割合は上記の数字と大差なく、ドイツ製品輸出の重心が西側諸国にあったことがわかる。

(iii) 輸入貿易においては（表2－12参照）、ドイツにとってアメリカの位置（二九％）は輸出の場合以上に大きな位置を占めた。しかしヨーロッパ（五二％）の重要性は輸出の場合と同様それ以上であり、特に工業諸国が輸入においても農業国以上に重要な意味をもっていたことは興味深い。このことはヨーロッパ地域からの輸入の二八％を占める工業製品の場合にとりわけ顕著で、ドイツがこれらの諸国と工業部門間の分業関係を成り立たせていたことをうかがわせる。これに対して北欧（デンマーク・スウェーデン・ノルウェー・フィンランド）、東欧（ロシア・ポーランド・エストニア・リトワニア・ラトヴィア等）、および南東欧（ルーマニア・セルビア・ユーゴスラヴィア・ギリシャ・ブルガリア・ハンガリー）の農業国はドイツへの食糧供給先として南北アメリカにつぐ重

輸入先地域別統計

製品				全体			
1913		1927/29		1913		1927/29	
100万マルク	%	100万R.マルク	%	100万マルク	%	100万R.マルク	%
1,158	84.5	2,076	86.4	5,814	54.0	7,265	52.2
116	8.5	243	10.2	2,652	24.6	3,367	24.2
39	2.8	64	2.7	498	4.6	806	5.8
32	2.3	61	2.5	1,470	13.6	1,060	7.6
29	2.1	24	1.0	1,425	13.2	412	3.0
4	0.3	17	0.7	125	1.2	503	3.6
41	3.0	101	4.2	559	5.2	999	7.2
31	2.3	89	3.7	333	3.1	703	5.1
1,042	76.1	1,833	76.2	3,162	29.4	3,898	28.0
185	13.5	363	15.1	583	5.4	780	5.2
156	11.4	273	11.4	2,994	27.8	4,033	29.0
138	10.1	252	10.5	1,711	15.9	1,962	14.1
12	0.9	13	0.5	1,178	10.9	1,579	11.4
2	0.1	1	0.0	497	4.6	671	4.8
54	3.9	50	2.1	1,124	10.4	1,558	11.2
19	1.4	17	0.7	47	0.4	37	0.3
0	0.0	2	0.1	328	3.0	361	2.6
171	12.5	301	12.5	5,830	54.3	8,007	57.6
1,199	87.5	2,102	87.4	4,920	45.7	5,897	42.4
1,370	100	2,404	100	10,770	100	13,907	100

表2-12　ドイツの

	食料				原料			
年次	1913		1927/29		1913		1927/29	
金額・割合	100万マルク	%	100万R.マルク	%	100万マルク	%	100万R.マルク	%
〔ヨーロッパ〕	2,235	53.2	2,414	42.6	2,421	46.6	2,775	47.5
I 農業的諸国	1,552	36.9	1,799	31.8	984	18.9	1,325	22.7
北欧	217	5.2	418	7.4	242	4.7	323	5.5
東欧	950	22.6	391	6.9	488	9.4	608	10.4
(内ロシア)	944	22.5	158	2.8	452	8.7	230	3.9
南東欧	82	1.9	356	6.3	39	0.7	130	2.2
その他	303	7.2	634	11.2	215	4.1	264	4.5
(内オランダ)	227	5.4	497	8.8	75	1.4	117	2.0
II 工業的諸国	683	16.2	616	10.9	1,437	27.6	1,449	24.8
(内フランス)	137	3.3	104	1.3	201	5.0	203	4.5
〔アメリカ〕	1,143	27.2	1,903	33.7	1,695	32.6	1,855	31.8
USA	498	11.8	496	8.8	1,075	20.7	1,214	20.8
南米	572	13.6	1,032	18.2	594	11.4	534	9.1
〔アフリカ〕	225	5.4	343	6.1	270	5.2	327	5.6
〔アジア〕	549	13.1	923	16.3	521	10.0	585	10.0
日本	3	0.1	5	0.1	25	0.5	15	0.3
〔オーストラリア〕	40	1.0	61	1.1	288	5.5	298	5.1
農業的諸国合計	3,019	71.8	4,544	80.3	2,661	51.2	3,162	54.1
工業的諸国合計	1,184	28.2	1,117	19.7	2,537	48.2	2,678	45.9
総計	4,203	100	5,660	100	5,197	100	5,841	100

出所：*Der deutsche Außenhandel,* S. 418, Tab. 316.

要性を有した。

(iv)　同時にこれら農業的諸国は、工業製品の販路としても少なからず重要であり、第一次大戦後、ロシアを除くほとんど全地域で市場としての役割を増大させた。この点で、ドイツ製品市場として大戦後相対的に地位を低下させた、工業的ヨーロッパ諸国（特に英・仏・ベルギー）とは対照的な発展を示した。特に機械類・鉄製品・化学製品・電気製品のこの地域への輸出の増加は、繊維製品が中心だった大戦前と大きく異なる点である。この地域での消費財生産を中心とする工業化がそれを促したものといえよう。(86)

(3)　ドイツ経済の地域的構造

国民経済の実態を、その構成要素たる地域経済とそれら相互の内的関連（innere Verflechtung）として把握する観点は、第一次大戦後のドイツにおける経済分析の特徴をなしていた。経済の「空間的」（räumlich）な関連の問題は、大戦期における原料・食糧調達や輸出入の障害と地域経済の困難性、戦争深刻化による地域間経済関連の障害等の現実の中で認識された。戦後それへの反省としてこのような地域経済とその内的関連の観点が重視されるにいたったのである。

E・ショイは『ドイツの経済地理的調和』や『ドイツの経済圏と経済地区』[87]で、人的物的流通がその中である共通の特徴をもって展開する経済的空間と、その地理的なまとまりに注目し、それを具体的に解明した。この視点は、ドイツ経済の総合的調査を課題とした共和国の「アンケート委員会」にも採用され、第一委員会第二作業班（班長 Prof. Dr. Zahn）の報告書『ドイツ経済の内的関連』（一九三〇年）[88]において、ドイツ内部における諸産業の部門間関連および空間的関連が詳細に統計的に分析されるにいたった。それらの成果が示す当時のドイツの経済圏は次の通りである。

(i)バルト海経済圏（Ostpreussen, Pommern, Mecklenburg, Westpreußen, Posen：ただし「アンケート委員会」の調査では Ostpreußen は別扱い）、(ii)マルク経済圏（Berlin と Mark）、(iii)シュレージエン経済圏（Oberschlesien, Niederschlesien）、(iv)中部ドイツ経済圏（Sachsen, Thüringen, Halle-Magdeburg）、(v)北西ドイツ経済圏（Niedersachsen, Hamburg, Bremen, Schleswig：上記調査では Rhein-Westfalen, Nordhessen も含む）、(vi)ライン下流経済圏（Ruhr, Berg-Mark, Köln-Aachen, Münster-Arnsberg）、(vii)ライン中流経済圏（Frankfurt, Mosel-Lahn：上記調査では(v)に含める）、(viii)西南ドイツ経済圏（Württemberg, Baden, Pfalz）、(ix)バイエルン経済圏（ライン右岸の Bayern：ただしマイン下流地域を除く）。

商品流通はこれら経済圏の内部で、また経済圏相互の間で活発に行なわれた。鉄道・河川輸送統計（重量）を用いて上記調査が明らかにした一九二〇年代後半（一九二七年）の状況について、ライン・ヴェストファーレン（以下ライン地方と略記）、ザクセンおよび西南ドイツを取り上げ紹介しよう。

ライン地方[89]の鉱工業生産物のうち、石炭は当地方内部で最も多く販売されたが、中部ドイツや西南・南ドイツに合計二〇％以上（コークスは四分の一以上）が送られ、また粗鉄も両地方（各一〇％前後）ほかに販売された。鉄・鋼製品のうち棒鋼・形鋼は中部ドイツ・西南・南ドイツ（各一〇％強）や、ベルリン地方（七％弱）に売られた。この地方で製造された機械・器具類の多くは地域内の各種工業で用いられたが、金属・石材用工作機械、繊維機械、農業機械、機関車・車輌などが他地域にも販売され（クルップ製機関車・車輌は七五％が他地方）、反対にベルリン地方から電動モーター、ザクセンから繊維・製紙・印刷等各種機械がライン地方にもたらされた。ルール製の暖房装置は六〇％が当地方で販売された。他方、ライン地方で消費される穀物はかなりの量が輸入によっており、また馬鈴薯は中部ドイツ・バルト海地方から、大型家畜は北西ドイツ・バルト海地方からもたらされた。

ザクセン[90]もライン地方と同様、繊維工業をはじめとする消費財生産とその生産手段との内的関連を基盤とした、地域内の商品流通が大きな位置を占めたが、他地域との市場的関連も緊密であった。繊維工業ではザクセン製の織物はドイツ各地（および外国）に向けられた（小口郵送の場合ベルリン・マルク地方、エルベ川下流地域）。逆に洋服用織布は南ドイツ・シュレージエン・外国からも搬入された。綿糸・羊毛糸は自地域での消費のほかに、シュレージエン・ベルリン地方に販路を見出し、また逆にバイエルンや外国（イギリス・チェコ）から自地域での加工のために買い付けられた。ザクセン製の機械類は、自地方やベルリン地方など近隣諸地方に市場を見出しただけでなく、ライン地方にも移出された。金属・機械工業の原料となる鉄は、国内産ではライン地方（三〇％）とオーバーシュレージエン（六・七％）、棒鋼は四〇％以上がライン地方から送られてきた。これに対して食糧は、ザクセン州を含めた自地域や近隣地方から、家畜は北西ドイツ・バルト海地方、一部シュレージエンとバイエルンから供給された。

西南ドイツ[91]のヴュルテムベルクは農業と工業との混在、工業発展の多様性を特徴とするが、同地の金属・機械工業は自地域・近隣地域内部のみでなく、ドイツ各地に販路を見出した。他地方に販売されたのは、木工用・金属加工用工作機械・精密研磨機・水力タービン・織機・編物機・ミシン・食品加工用（製パン・醸造用）機械・圧縮機・巻上機・エレベーター・梱包機械・自動車などである。他方この地域は、ベルリン地方（三〇％）、ライン地方（七％）、ザクセン（五％）から機械を購入しており、また工具（ライン地方三〇％）、バッテリー（ベルリン地方五〇％、ライン地方三〇％、ザクセン二〇％）、電燈（ベルリン地方一〇〇％）などもヴェルテムベルク外から移入された。とりわけ他地方との市場的関連は、燃料・原料・半製品の流通関係に顕著に示された。ライン地方は、コークスや鉄・粗鋼の最大の供給地であり、また粗鋼はザクセンやシュレージエンからもたらされた。

最後にバルト海地方[92]の農業・農産物加工業のうち、穀物はその多くが水上輸送により他地方・外国に販売された（特に東プロイセン）。東プロイセン以外のバルト海諸地域のライ麦は、搬出量の四三％が海港都市向け、約三〇％がベルリン地方向けであった。ベルリンと中部ドイツは家畜の市場として重要で、東プロイセン搬出の雌牛の三分の一強、豚の五五％がベルリンに、またそれぞれ二〇％弱、二〇％が中部ドイツに販路を得た。

ドイツ国内の農工の地域的関係については、P・ブラームシュテット[93]の分析が興味深い。彼はいくつかの商品について、余剰地域と購入地域の分布を明らかにするとともに、移出入関係を価額に基づいて推計した。彼は経済圏を次の五つに分類する。(i)純農業地域（Ostpreußen, Pommern, Mecklenburg, Schleswig-Holstein, Nordhannover-Oldenburg, Grenzmark, Posen-Westpreußen, Südbayern. 但し海港都市と München を除く）、(ii)混合地域〔農業優勢〕（Oberschlesien, Niederschlesien, Brandenburg, Nordsachsen-Anhalt, Hessen-Nassau, Oberhessen, Baden, Württemberg-Hohenzollern, Nordbayern. 但し Breslau, Berlin, Frankfurt. a. M., Mannheim, Rheinau を除く）、(iii)混合地域〔工業優勢〕（Südhannover-Braunschweig-Schaumburg, Südsachsen, Thüringen, Westfalen-Lippe, Rheinprovinz, Bayerische Pfalz, Land Hessen. 但し Ruhrgebiet, Köln, Duisburg-Ruhrort, Saargebiet, Ludwighafen, Oberhessen を

表2－13　経済地域内・経済地域間流通関係（1928年）

（単位：100万 RM）

発送地域 ＼ 受入地域	地域内流通	農業地域	混合地域（農業的）	混合地域（工業的）	工業地域	国内（海港地域除く）	海港地域	外国	合計（地域内流通除く）
〔農業生産物〕									
農業地域	827	76	87	61	33	259	139	427	825
混合地域（農業的）	1,452	343	284	238	210	1,077	78	360	1,516
混合地域（工業的）	743	239	357	312	147	1,056	74	589	1,720
工業地域	586	877	857	682	98	2,516	97	780	3,394
国内（海港地域を除く）	3,608	1,536	1,587	1,294	490	4,908	389	2,158	7,457
海港地域	218	294	81	31	28	436	66	616	1,119
外国	—	248	90	49	50	439	164	—	604
計	3,826	2080	1,759	1,374	569	5,784	620	2,775	9,181
〔工業生産物〕（ただし農業用投資財）									
農業地域	332	53	290	351	335	1,029	98	164	1,292
混合地域（農業的）	1,158	139	587	739	904	2,371	64	308	2,743
混合地域（工業的）	916	90	478	731	1,248	2,548	68	306	2,923
工業地域	2,698	164	1,074	1,287	872	3,399	86	503	3,990
国内（海港地域を除く）	5,106	447	2,430	3,109	3,361	9,349	318	1,282	10,949
海港地域	136	86	183	231	275	777	82	405	1,265
外国	—	171	505	837	1,943	3,457	290	—	3,748
計	5,243	705	3,118	4,179	5,580	13,584	691	1,687	15,963

出所：P. Bramstedt, Die Tauschbeziehung von Landwirtschaft und Industrie, in: P. Beckmann et al（Hg.）, *Deutsche Agrarpolitik*, Berlin 1932, S. 460.

除く）、ⅳ純工業地域（Breslau, Berlin, Land Sachsen, Frankfurt a. M., Ruhrgebiet, Köln, Mannheim, Rheinau, Ludwigshafen, München）、ⅴ海港地域（Ostpreußische Häfen, Pommersche Häfen, Rostock 港、Flensburg, Elbhäfen, Weserhäfen, Emshäfen）（および外国）。

表2－13が示すように農産物の流通は、外国貿易を別とすると、五七％が地域間流通（但し海港地域を除く）であり、四二％が各地域内の取引に属した。前者の場合農産物の人口一人当たり購買力（一九二八年）は、純農業地域では二五ＲＭであったのに対して、混合地域（農業優勢）はその二倍以上、同（工業優勢）は三倍以上、純工業地域は六倍近くであった。図2－2、3が示すように、ライ麦の地域間の流通は少なく、家畜（豚）のそれは対照的に大きかった。ともあれ上記の購買力の数字が示

図2－2　ライ麦市場地域間関連（1928年）

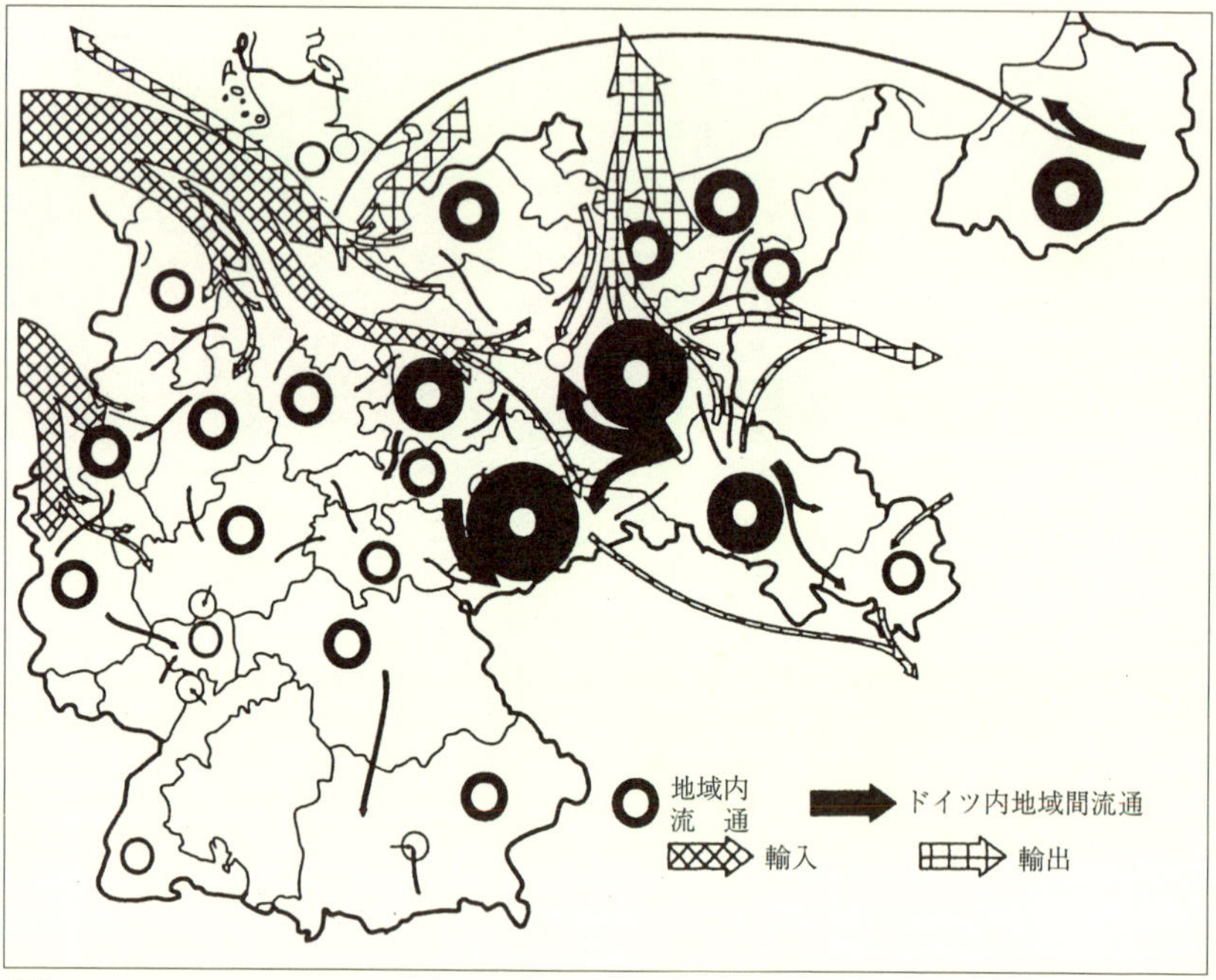

出所：Bramstedt, a. a. O., S 497.

すように、地域が工業的であればあるほど農産物市場として大きな意味をもったが、[94] 同時に農産物の域内流通が混合地域をはじめとしてどの地域でも顕著な重要性を有したことも注意が必要である。

工業生産物のうちブラームシュテットが分析したのは農業用投資財（肥料・燃料・建設資材〔鉄・鋼、鉄管等製品を含む〕・機械・鉄製品・ガラス等）だけであるが、その流通は、貿易を除く国内取引（但し海港地域を除く）の七二％が地域間のそれであるが、地域内のそれも四分の一以上で大きな位置を占めていた。その購買力は純農業地域では人口一人当たり一〇〇ＲＭであったが、純工業ないし混合地域（工業的）はその二～一・八倍にものぼり、農業用投資財の市場も農業地域ではなく工業の発展した地域や混合地域に決定的な重心があったことが示される。[95] 工業的地域は農業用生産財の最大の販売者であると同時に最大の購買者であり、しかも

図2－3　豚市場地域間関連（1928年）

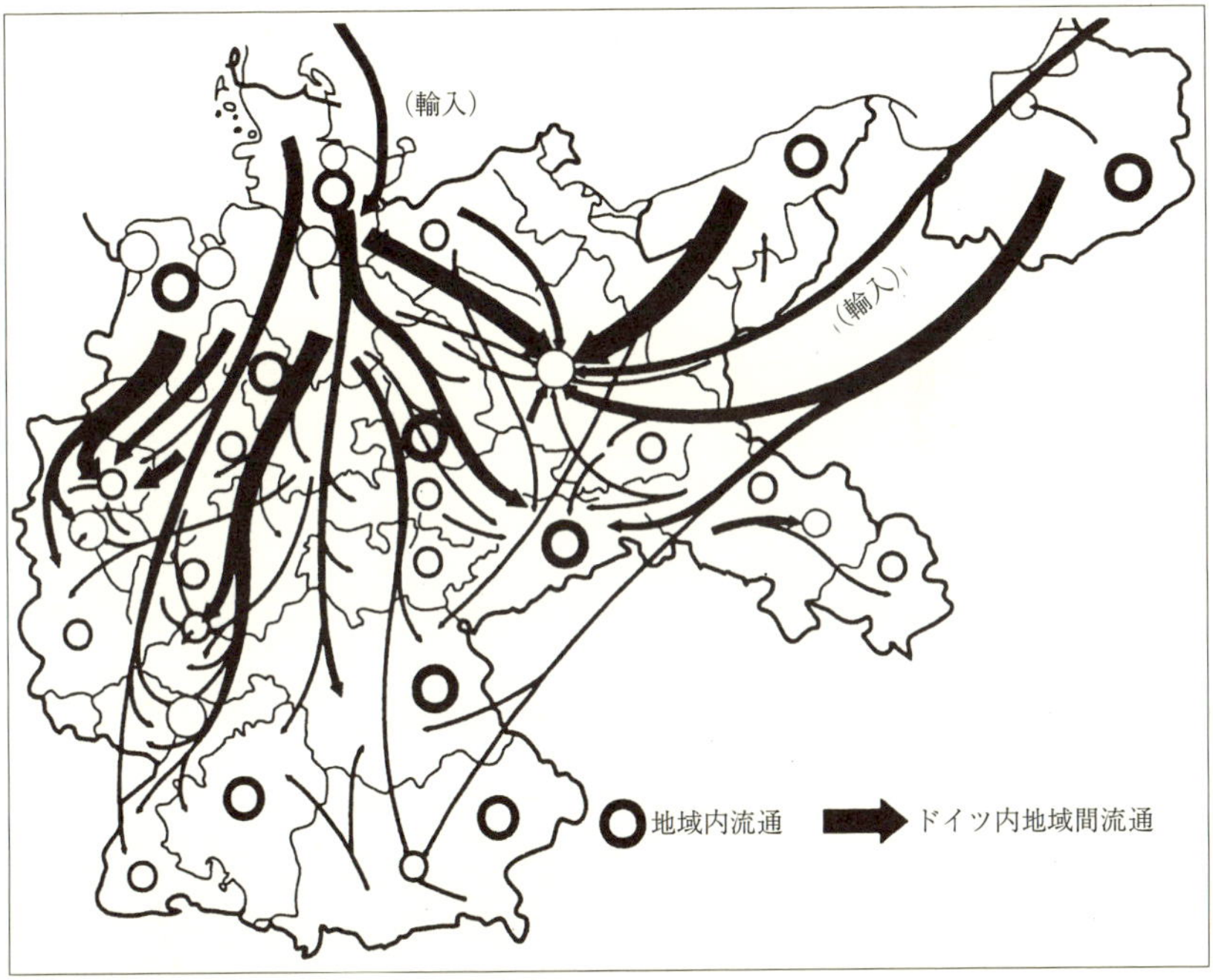

出所：Bramstedt, a. a. O., S 497.

最大の地域内流通を示していた。

工業発展を伴った諸地域の域内商品流通とそれら相互間の市場的関係は、以上のようにまさにこの時期のドイツ商品流通の中核を形づくっていた。「アンケート委員会」の報告者が、「国内の取引の総体は国際的取引の総体より比較にならないほど大きい。労働力の調達、商品流通、資本・信用供与のすべてで国内市場に重心がある」[96]という結論を引き出したのは、このような事情が背景にあったからである。こうして「内部市場の優位」（Primat des Binnenmarktes）が確認されたのであったが、それを前提とした上で、ブラームシュテットは、内部市場の経済的関連において、とりわけ工業的地域が果たす全体的な役割、その主導的位置に注意を喚起する。そしてこの工業的な地域の経済が、外国市場（特に製品輸出）と密接な関連におかれており、その地域の工業製品の対外輸出の動向が、地域経済の全体の状況に対して大きな影響を与え、さらにそれが、この地域の国内的連関を通じて、他地域（特に農業生産）に間接的に作用すること、したがって工業製品輸出の動向が、内部的循環に連鎖的に波及することを問題にした。

ヴァーゲンフュールが各地域の輸出率（地域外販売に占める輸出の割合）、輸出全体に占める当該地域の輸出の比重、輸出品目の生産に必要な原料・半製品の生産部門を考慮した貿易依存度を推計したのは、このことに関連している。表2－14が示すように、まさに工業的な地域ほど輸出の位置が大きく、貿易の動向は、それを通じて地域経済に大きな影響を与えていたのである。(97)

こうして世界恐慌と国際貿易関係の解体・ブロック経済化の状況は、このような連関を通じて国内市場のあり方に問題を投げかける。ブラームシュテットは指摘する。「国民経済はますます自身の経済力に期待をかけざるをえなくなるだろう。工業が外国での販売の確保のために引き続き闘うことになるとしても、またそうならなければならないとしても、内部市場は近い将来わが国の経済政策の努力の前面に出てくるものと思われる(98)」。

ナチス政権掌握前夜の一九三二年に、ゾムバルトは「自立的な国民経済」の土台を拡大するために、国民経済相互間の結合と経済ブロック化の必要性を強調し、「南東ヨーロッパとの結合の強化」の重要性を指摘した。広域経済圏と結びついた彼の「近似的ないし相対的アウタルキーへの接近」＝「アウタルキー化」の議論は、先述のような旧工業国の資本主義の停滞と工業製品・資本輸出の後退という認識と結びついており、したがって彼の国民経済自立論は、工業製品市場の問題ではなく、工業化しつつある農業国が農産物・原料を輸出しえなくなる状況に対して、食糧・原

表2－14　輸出度地域別順位（1933年）

工業従事者１人当たり輸出（RM）		人口１人当たり輸出（RM）	
ヴェストファーレン	660	ザクセン（国）	106
ラインプロヴィンツ	650	テューリンゲン	101
テューリンゲン	640	ヴェストファーレン	98
ザクセン（国）	560	ヴュルテムベルク	95
ザクセン（州）	550	ラインプロヴィンツ	93
ベルリン	520	ザクセン（州）	72
ヴュルテムベルク	500	ベルリン	69
バイエルン	460	バイエルン	59
ライヒ	530	ライヒ	70

出所：Wagenführ, *a. a. O.*, S. 19.

料を確保すること、つまり、「再農業化」による食糧・原料の対外依存からの脱却を意味していた[99]。

同じ年にオイレンブルクは、『広域経済圏とアウタルキー』によって、この考えを厳しく批判した（上述参照）。工業製品の「市場問題」の決定的重要性に対する彼の認識は、工業製品の購買力のあり方に関連づけられ、それが工業的地域においてこそ顕著であるという点にあった[100]。この理解は対外的には南東欧の農業的広域経済圏ではなく、西側の工業的諸国との関連の重視に、また農業国の工業化とそれによる生産財の市場拡大の必要性の議論に関連した。同時に、それは国民経済の内部市場の深化のためには、農業地域における購買力の拡大とそのための工業化（「再農業化」ではなく）が必要であるという立場に結びつく。ブラームシュテットの結論は、まさにオイレンブルクが重視するこの方向の正当性を表示しており、ドイツ経済の内部市場の問題は、こうして地域経済的関連のあり方を通じて農業的地域の発展の仕方に関わるにいたった。ここにいたって改めて東部ドイツの農業構造のあり方が、とりわけ「工業化」を阻害する大土地所有者・大農場制の問題が問われることになったのである[101]。

（1） K. Bücher, *Die Entstehung der Volkswirtschaft*, 5. Auflage, Tübingen 1906, III. 権田保之助訳『国民経済の成立』栗田書店、一九四二年。

（2） G. Schmoller, *Umrisse und Untersuchungen zur Verfassungs-, Verwaltungs- und Wirtschaftsgeschichte*, Leipzig 1898 (Reprint 1974), I. 正木一夫訳『重商主義とその歴史的意義』未来社、一九七一年。

（3） Bücher, *a. a. O.*, S. 135, 邦訳一四〇頁。

（4） ドイツ歴史派経済学、特にシュモラーの理解が、プロイセン主導のドイツ統一への積極的意義づけというイデオロギー的要素を含んだことについては、住谷一彦「歴史学派」『経済学大辞典』第三巻（東洋経済新報社、一九八〇年）参照。後述するようにドイツ第二帝政の国民経済の統一性に疑問を呈示し、市場圏の段階概念とし国民経済なる用語を安易に採用することに注意を喚起したのは、渡辺尚氏である（同著『ラインの産業革命』東洋経済新報社、一九八七年）。氏の批判は、著者をも含めた日本のドイツ資本主義研究の「ドイツ」理解に向けられており、それによってドイツ経済の地域性とその自立的な性格が明らかにたったことはきわめて重要といえよう。本章の全体の叙述はそのような研究史の前進を踏まえているつもりである。だが、他方で地域性の過度の強調は、反面本文で述べたような国民経済の枠組みと国家権力と結合した経済政策・経済制度の軽視に結びつく可能性を含んでおり、シュモラー的な国民経済の強調とは逆の一面性に陥るおそれなしとしない。著者が伝統的な「ドイツ」理解にこだわる理由はこの点にある。なお、フランスにおける国民国家と地域の問題については、遠藤輝明編『地域と国家』日本経済評論社、一九九二年、序章（遠藤輝明）および第一章（広田明）。

（5）柳澤治『ドイツ三月革命の研究』岩波書店、一九七四年、参照。

（6）この間の事情については多くの研究が出されているが、以下の書物だけを挙げておく。大野英二『ドイツ金融資本成立史論』有斐閣、一九五二年（第三刷）、木谷勤『ドイツ第二帝制史研究』青木書店、一九七七年、H.-U. Wehler, *Das deutsche Kaiserreich 1871-1918*, Göttingen 1977, 大野英二・肥前榮一訳『ドイツ帝国 一八七一―一九一八年』未来社。

（7）この論争については、田村信一『ドイツ経済政策思想史研究』未来社、一九八五年。

（8）E. Wagemann, *Struktur und Rhythmus der Weltwirtschaft*, Berlin 1931, S. 390.

（9）柳澤治『ドイツ中小ブルジョアジーの史的分析』岩波書店、一九八九年、一二〇頁以下参照。ゾムバルトのこの見解と真正面から対立するのが、F・オイレンブルクの理解である。両者は第一次大戦後アウタルキー化と中欧政策のあり方をめぐって対立するが、この際この貿易比率の発展傾向の問題に対する理解の相違が密接に関連していた。後述参照。

（10）M. Weber, *Wirtschaft und Gesellschaft*, 5. rev. Aufl. 1976, S. 521f.

（11）ヴェーバーのドイツ社会に関する現実認識については多くの研究があるのでそれらを参照願いたい。

（12）自生的な経済地域に対する積極的評価が、関税障壁の撤廃・自由貿易の実現という政策目標と結びつくとすれば、それはそれ自体、国民経済の強調の場合と同様に特定の政治的立場を示すことになる。化学工業や中小ブルジョアーの利害に立った市民的自由主義的なもう一つのブルジョアジーの陣営とその団体 Bund der Industriellen の立場がそれである。その自由貿易帝国主義の立場については、柳澤、前掲書、Ⅱ-4、参照。

（13）前掲注（4）参照。上記書物のほかに、同「産業革命期ライン・ヴェストファーレンにおける社会的分業の展開」『土地制度史学』第三二号、一九六六年。

（14）「自立性」をいかに規定するかという困難な問題が存在するが、ここでは論ずる余裕がない。

(15)　ライン・ヴェストファーレン地方の商品流通の重要性については、ほかに山田徹雄「帝国再建期におけるライン・ヴェストファーレンの鉄道と商品流通の展開」『歴史学研究』第四七二号、一九七八年、また南ドイツについては、同「帝政ドイツにおける商品流通の展開」『跡見学園女子大学紀要』第一五号、一九八二年（いずれも同著『ドイツ資本主義と鉄道』日本経済評論社、二〇〇一年、所収）参照。

(16)　最終消費財の生産と流通に対する比較経済史研究の関心は、これまで著しく低かった。その理由は、この分野では生産過程の技術的特質（諸部分の組立・結合、労働対象が経過する生産工程の非連続性）の故に、手工業技術の役割が大きく、機械制への移行が遅れた点にある。資本主義的経営の発展→産業革命に焦点をあてたこれまでの研究は、技術的にみて資本制、機械制への移行が容易だった半製品加工（加工過程の連続性）としての繊維工業や金属工業（精錬業）に重点が置かれ、それら半製品の最終加工品への完成過程はほとんど問題とされなかったか、それとも資本制的工業（いわゆるIndustrie）から区別されて小経営（Handwerk）の特別の分野として取り扱われるにとどまった。そのことが社会的分業の歴史的形態としての市場圏の研究にも影を落としているように思われる。市場圏の発展過程から見るとあたかも初期的な局地的市場圏あるいは都市経済（ビュッヒャー、特にR・ヘプケ参照）のごとき状況が産業革命期にも、さらにその後にも部分的ながら、しかし基底的な意義をなお備えて展開していたという事情は、最終消費財部門の状況を含めて初めて理解されうるのである。これをドイツだけの特殊性とする理由は全くない。筆者はヨーロッパの他の地域にも共通するものと考えている。道重一郎『イギリス流通史研究』日本経済評論社、一九八九年、八二頁ほか、をも参照。

(17)　O. Schwarzer, *Die räumliche Ordnung der Wirtschaft in Deutschland um 1910*, Stuttgart 1990. をも参照。

(18)　ここでは藤瀬浩司『近代ドイツ農業の形成』御茶の水書房、一九六七年、と加藤房雄『ドイツ世襲財産と帝国主義』勁草書房、一九九〇年、だけを挙げておく。

(19)　プロシア型の進化とその前提・プロイセン農民解放（シュタイン・ハルデンベルクの改革）は、東部ドイツにおける農民的経営の幅広い発展に対して阻害的に作用した。そのことがエルベ以東における工業生産の発展にとって、あるいは西部の工業製品の東部ドイツにおける購買力の展開にとって、いかに作用したかという問題も、市場構造論的観点から見て重要である（Vgl. H. Harnisch, *Kapitalistische Agrarreform und industrielle Revolution*, Weimar 1984）。この問題は東西ドイツの一人当たり所得の格差にも関連してくる。山田「帝制ドイツにおける商品流通の展開」一七一〜二頁、参照。

(20) B. Harms, *Volkswirtschaft und Weltwirtschaft*, Jena 1920, S. 181ff. この時期のヨーロッパ資本主義の世界的連関については、藤瀬浩司『資本主義世界の成立』ミネルヴァ書房、一九八〇年、吉岡昭彦「国際金本位制の成立に関する覚書」岡田与好・広中俊雄・樋口陽一編『社会科学と諸思想の展開』創文社、一九七七年、参照。

(21) A. Milward/S. B. Saul, *The Development of the Economies of Continental Europe, 1850–1914*, Massachusetts, 1977, p. 472.

(22) *Ibid.*, p. 73.

(23) 春見濤子「帝国主義成立期におけるドイツ貿易と世界市場」『西洋史研究』新輯第七号、一九七八年。

(24) その原型はすでに一九世紀前半には出来上がっていた。柳澤治「産業革命開始期ドイツの貿易構造」『経済と経済学』第三八号、一九七七年、参照。

(25) S. Pollard, "Industrialization and the European Economy", in : *Economic History Review*, Vol. 26, 1973.

(26) ヴァーゲンフュールは前資本主義的な社会層や空間の解体による市場深化を「内部市場の資本主義化の徹底」（Durchkapitalisierung des Binnenmarktes）と呼んでいる。R. Wagenführ, *Die Industriewirtschaft*（*Vierteljahrshefte zur Konjunkturforschung*, Sonderheft 31), Berlin 1933, S. 10. なお、手工業的小経営の解体は直ちに統計数字に表現されるとは限らない。重要なのはその経営状況であるが、本来的生産から事実上離脱した零細経営も統計的にはしばしば「手工業者」として計上されている。統計数字には注意が必要である。念のため。

(27) 柳澤、前掲書、参照。

(28) 加来祥男『ドイツ化学工業史序説』ミネルヴァ書房、一九八六年、参照。

(29) K. Marx, *Das Kapital*, Bd. 3, Kap. 16, S. 291, 邦訳、第三巻第四篇一六章。

(30) K. Rathgen, Artikel : "Handel", in : *Wörterbuch der Volkswirtschaft*, Bd. 1, Jena 1911, S. 1237. 第二帝政期ドイツの小売業の発展に関する邦語文献としては、雨宮昭彦「第二帝政期ドイツにおける小売業の展開」『経済と経済学』第六二号、一九八八年（同著『帝政期ドイツの新中間層』東京大学出版会、二〇〇〇年、所収）がある。

(31) "Die Lage des Kleinhandels in Deutschland um 1910", in : H.-G. Haupt (Hg.), *Die radikale Mitte*（*dtv dokumente*), München 1985, S. 83.

（32）　A. Bayerdörffer, “Der Einfluß des Detailhandels auf die Preise”, in : *Schriften des Vereins für Sozialpolitik*（以下、*Schr. d. VfSP* と略す), Bd. 37, 1888, S. 3.

（33）　A. a. O., S. 7.

（34）　R. Hirsch, “Die Möbelschreinerei in Mainz”, in : *Schr. d. VfSP*, Bd. 64, 1895, S. 308－317, 324, 328ff.; P. Voigt, “Das Tischlergewerbe in Berlin”, in : *Schr. d. VfSP*, Bd. 65, S. 391f., 397, 400ff. また柳澤、前掲書、七四頁以下、参照。

（35）　ここでは、原料となる木材の流通については触れない。

（36）　K. Thieß, “Das Berliner Klempnergewerbe”, in : *Schr. d. VfSP*, Bd. 68, 1896, ほか社会政策学会による Handwerk 調査、参照。柳澤、前掲書、五九頁以下。

（37）　Thieß, a. a. O.

（38）　買手に対する信用売り（掛売り）が頻繁に行なわれたのもこれと関連する。しかし大衆的製品が一般化し、その低廉さが修理費を上回るようになるとこの関係は次第に後退する。

（39）　雨宮、前掲論文、六七頁第二四表、参照。

（40）　N. Geissenberger, “Die Schuhmacherei in Liepzig und Umgegend”, in : *Schr. d. VfSP*, Bd. 63, 1895, S. 309. 以下の叙述はこの調査に基づく。

（41）　靴工場も自身の製品を消費者に直接販売する店舗を設けるようになる。

（42）　A. a. O., S. 245f.

（43）　A. Winter, “Das Schneidergewerbe in Breslau”, in : *Schr. d. VfSP*, Bd. 68, S. 7. 以下の叙述は上記報告と、J. Pierstorff, “Drei Jenauer Handwerk” in : *Schr. d. VfSP*, Bd.. 70, 1897, とに依拠している。

（44）　既製服の普及は大都市に始まりやがて中小都市・農村に広がった。農村部では住民が毛織物商人から服地を買い、仕立工を自宅に呼び洋服をつくらせる習慣が永らく存続したが、一部の地域を除いて消滅した。

（45）　もちろん、家具や靴の場合以上に、生産者（仕立業）と消費者（買手）との直接的関係も同時に再生産された。いわゆる誂え専門の洋服製作（Maßgeschäfte）がそれであり、ブルジョア等社会的上層を顧客とし、顧客の好みや流行に対応しうる十分な経営的条件を備えた大手工業経営やマニュファクチュアがこれを営んだ。高級服地の仕入と一定量の在庫、そのための倉庫、整った店舗、迅速な製作・修繕のための作業場と労働力、下請工の雇用、営業関連の労働、等々の経営的諸条件は、このような企業者的な仕立業を必要とした。

(46) Jena の仕立業では、製作された洋服の布地の最小限三分の二は仕立業者が用意したものであり、残りは顧客自身が毛織商から買って持参したものであった。Pierstorff, a. a. O., S. 7.

(47) 織物工場の製品販売 W'-G' は、生産者自身や出張営業員による衣料品製造業者への直接的販売（見本取引）の形態をとることもある。この場合には商業資本は介在しない。なお、一八三〇年の織物等繊維関係商人とその営み（特に染料や植民地産物の取引の兼営）については、渡辺、前掲書、八六頁以下を、また第二帝政期の綿布の流通については、三ツ石郁夫「帝政期ドイツの綿工業と国内市場」『経済と経済学』第五六号、一九八五年、五二頁以下を、それぞれ参照。

(48) J. M. Grieshammer, "Die Bäckerei und Konditorei in Leipzig", in : *Schr. d. VfSP*, Bd. 63, 1895.

(49) R. v. d. Borght, "Der Einfluss des Zwischenhandels auf die Preise auf Grund der Preisentwicklung im aachener Kleinhandel", in : *Schr. d. VfSP*, Bd. 36, 1888, Einleitung.

(50) 食品小売商の社会的出自については、雨宮、前掲論文、参照。

(51) ライプチッヒのパン消費量の六〇％は市内の製パン工の加工によるもの、残り四〇％が近郊・農村地域の製品であったと推定されている。Grieshammer, a. a. O., S. 384f.

(52) A. a. O., S. 386f.

(53) 製パン工・精肉工の側でも加工だけでなく、他の生産者の製品の販売をも営むようになる。

(54) 消費財生産の資本主義化は分野ごとに異なった形で進む。特定分野でのそれは、資本による流通過程の上のような転換（労働者・下層市民の購買力の把握）を通じて、同じ分野の手工業的小経営の伝統的流通・市場基盤を掘り崩し、後者の経営的劣悪化を惹起する。それは同時に後者の消費生活の転換、低廉な大衆消費財の使用への転化をもたらすことにより、他の分野の消費財生産の産業資本の生産物の市場を拡大し、また逆にその分野の小経営の伝統的市場基盤を解体させる。たとえばブリキ工の経営的劣悪化は、何世代にもわたって彼を買手＝注文者（顧客）とした家具工・靴工・仕立工等々にとって、自分たちの生産物の販路の減退ないし消滅に結びつく。消費財生産の各分野の資本主義化は、このような流通関係の転換を通じて相互に関連し合い、また促進し合って進行した。柳澤、前掲書、参照。

(55) J. Wernicke, *Kapitalismus und Mittelstandspolitik*, 2. Aufl., Jena 1922, Kap. VI.

(56) *A. a. O.*, S. 225f.; S. Gerlach, *Das Warenhaus in Deutschland*, Stuttgart 1988, S. 39f. 小売業における大経営の形態としては、ほかに印刷物や新聞広告によって取引を行なう通信販売業や、販売代金の分割払い方式を採用した割賦販売業があるが、ここでは省略する。

(57) 渡辺尚「いわゆる『植民地物産』について」『経済論叢』第一三二巻一・二号、一九八三年、また同、前掲書、九八頁以下、一一六頁以下、参照。

(58) Marx, *Das Kapital*, Bd. 3 IV. Absch., 17. Kap. S. 298. 長谷部訳、第三巻四篇一七章、四一一頁。

(59) 「価格に対する販売業の影響に関する調査」という調査がそれであり、一八八八年に結果が公にされた。

(60) Bayerdörffer, a. a. O., S. 134ff.

(61) 小売商業の販売商品量は通常その単位が少量・分散的であり、消費者に対して価格を安定的に維持するために、価格の動向が卸売価格の変動と一時的に乖離することも少なくなかった。

(62) H. Bonikowsky, *Der Einfluß der industriellen Kartell auf den Handel in Deutschland*, Jena 1907. 田野慶子「独占成立期ドイツの石炭商業」『社会経済史学』第五〇巻四号、一九八四年（同著『ドイツ資本主義とエネルギー産業』東京大学出版会、二〇〇三年、所収）。

(63) 競争関係を成り立たせている市場のルールや公正取引の観念については、柳澤治「ドイツにおける競争規制と中小資本の位置」『社会経済史学』第五六巻二号、一九九〇年（本書第I部第三章、収録）参照。

(64) リプゲンスは「ヨーロッパ統合」の前史としてこのような第一次大戦後のヨーロッパの後退（decline）を重視し、それをヨーロッパの自主的連合の構想やファシズム的な国民統合・全体主義・併合主義と結びつける。もとよりそれは「一つの理由」でしかないが、しかし基本的に重要と思われる。W. Lipgens (ed.), *Documents on the History of European Integration*, Vol. 1, Berlin/New York, 1985, General Introduction.

(65) "Kundgebung der sozial-und wirtschaftlichen Hochschullehrer Deutschlands, September 1924", in : *Weltwirtschaftliches Archiv*, Bd. 25, H. 1, 1925. また P. Krüger, "Die Ansätze zu einer europäischen Wirtschaftsgemeinschaft in Deutschland nach dem Ersten Weltkrieg", in : H. Berding (Hg.), *Wirtschaftliche und politische Integration in Europa im 19. und 20.*

Jahrhundert, Göttingen 1984, 参照。

(66) 柳澤、前掲書、Ⅲ1、参照。

(67) 同前、一八三頁以下。F. Eulenburg, *Großraumwirtschaft und Autarkie*, Jena 1932; W. Sombart, *Die Zukunft des Kapitalismus*, Berlin 1932.

(68) 鹿島守之助訳編『クーデンホーフ・カレルギー全集』全九巻、鹿島研究所出版会、一九七〇～七一年、が刊行されている。

(69) R. Frommelt, *Paneuropa oder Mitteleuropa*, Stuttgart 1977.

(70) Lipgens, *op. cit.*; Frommelt, *a. a. O.*, S. 12ff.

(71) Frommelt, *a. a. O.*, S. 46ff., S. 56-63.

(72) P. Theiner, "'Mitteleuropa'—Pläne in Wilhelminischen Deutschland", in: Berding (Hg.), *a. a. O.* Cf. H. C. Meyer, *Mitteleuropa in German Thought and Action 1815-1945*, The Hague, 1955. 邦語文献では特に三宅正樹『世界史におけるドイツと日本』南窓社、一九六七年、参照。ほかに藤瀬浩司「ドイツ中欧経済協会の設立」『経済科学』第三一巻四号、一九八九年、倉田稔「中央ヨーロッパ論」ヨーロッパ現代史研究会編『国民国家の分裂と統合』北樹出版、一九八八年、相田慎一『カウツキー研究』昭和堂、一九九三年、小林純「経済統合の系譜――ナウマン『中欧論』によせて――」田中豊治・柳沢治・小林純・松野尾裕編『近代世界の変容』リブロポート、一九九一年。なお、小林昇「リスト植民論」『小林昇経済学史著作集』Ⅵ、未来社、一九七八年、参照。

(73) Frommelt, *a. a. O.*, S. 57, 68f.

(74) *A. a. O.*, S. 29f., 32, 58, 65f., 70f., 74f., 81f. この問題に関連して、三宅立「シャハトの国際経済協力構想をめぐる諸問題」『現代史研究』第一七号、一九六八年、諫山正「ナチス広域経済論序説」『経済学批判』五、一九七九年、を参照。

(75) Krüger, a. a. O., 特にS. 168.

(76) ヒルファーディングは、この合衆国がアメリカ合衆国、イギリスおよびロシアへの対抗として構想された「ブルジョア的」なそれと明確に異なり、経済問題・外交問題の解決を目的としている点を強調する。*Protokoll über die Verhandlungen des SPD-Parteitags Heidelberg 1925*, Glashütten in Taunus 1974, S. 281f.

(77) 第二次大戦後のヨーロッパ経済共同体が、再度のヨーロッパ内抗争、二度目の世界大戦と、東欧の社会主義化をはじめとするより困難な（しかし第一次大戦後の情況と共通する）対外的条件に対する対応として生み出されたとすれば、第一次大戦後のヨーロッパ関税同盟構想とその社会的条件は、このような深刻な情況への対応形態として共通の局面を有しており、クリューガーのいうように後者を前者への前提と見ることは間違っていないように思われる。このようにナチス期をはさんでその前後に連続性が認められるとすれば、一九二〇～三〇年代に表面化した広域市場圏をめぐる諸国民経済（特に独仏のそれ）の間の結合への方向性と、しかしより強く現われた対立の契機も同時に継承されたわけであり、その意味で構想の実現を妨げた対立局面の検討も今日的な意味を有している。

（78）前掲注（74）の邦語文献のほか、工藤章「『ナチス広域経済圏』の再検討」『社会科学研究』第三五巻三号、一九八三年（同著『二〇世紀ドイツ資本主義』東京大学出版会、一九九九年、所収）。また川瀬泰史「大恐慌期におけるシャハトの貿易政策論一九三〇～一九三二年」（上）（下）『立教経済学論叢』第三一、三二号、一九八七年。

（79）永岑三千輝「第三帝国のポーランド占領政策とイ・ゲ・ファルベン」『経済学季報』第三六巻一号、一九八六年、同「第三帝国のチェッコスロヴァキア共和国解体とイ・ゲ・ファルベン社」廣田功・奥田央・大沢真理編『転換期の国家・資本・労働』東京大学出版会、一九八八年、参照。

（80）特にInstitut für Weltwirtschaft und Seeverkehr an der Universität Kiel, *Der deutsche Außenhandel unter Einwirkung weltwirtschaftlicher Strukturwandlungen*（Veröffentlichung des Ausschußes zur Untersuchung der Erzeugungs-und Absatzbedingungen der deutschen Wirtschaft, des 1. Unterausschußes, 5. Arbeitsgruppe [Enquete-Ausschußes]), 2 Bde., Berlin 1932（以下、*Der deutsche Außenhandel* と略）; R. Wagenführ, *Die Bedeutung des Außenmarktes für die deutsche Industriewirtschaft*（Sonderhefte des Instituts für Konjunkturforschung, Nr. 41）Berlin 1936（以下、Wagenführ, *Die Bedeutung des Außenmarktes* と略）．なお、前者はワイマール共和国の国家的事業として実施されたいわゆるアンケート委員会の膨大な調査報告の一部をなす。

（81）W. Fischer, *Deutsche Wirtschaftspolitik 1918–1945*, Opladen 1968, S. 45, 加藤栄一訳『ヴァイマルからナチズムへ』みすず書房、一九八二年、六四頁。

（82）Wagenführ, *a. a. O.*, S. 66f.

（83）*A. a. O.*

(84) *Der deutsche Außenhandel*, S. 245, Tab. 148.

(85) A. *a. O.*, S. 247.

(86) ドイツと東南ヨーロッパ諸国との経済関係は商品流通だけでなく、資本と労働力の移動にも光があてられなければならない。また両者の関係は、ドイツ側からだけでなく、相手国側からも考察されなければならない。いうまでもなく現実の具体的な政策過程（ドイツの南東欧政策）の解明は、このような経済問題とともに政治史的社会史的問題の分析を必要とする。

(87) E. Scheu, *Deutschlands wirtschaftsgeographische Harmonie*, Breslau 1924; ders., *Deutschlands Wirtschaftsprovinzen und Wirtschaftsbezirke*, Berlin 1928. 第一次大戦期のフランスにおける「経済地域」の問題については、廣田功「第一次大戦期フランスのレジョナリズム」遠藤編前掲書、参照。

(88) Ausschuß zur Untersuchung des Erzeugungs-und Absatzbedingungen der deutschen Wirtschaft, I. Unterausschuß, 2. Arbeitsgruppe, *Die innere Verflechtung der deutschen Wirtschaft*, 2. Bd., 1930.

(89) A. *a. O.*, S. 161–191, および付表。

(90) A. *a. O.*, S. 210–222, 同付表。

(91) A. *a. O.*, S. 240–269.

(92) A. *a. O.*, S. 127–137.

(93) P. Bramstedt, "Die Tauschbeziehung von Landwirtschaft und Industrie- Probleme des Binnenmarktes", in : F. Beckmann et al (Hg.), *Deutsche Agrarpolitik in Rahmen der inneren und äußeren Wirtschaftspolitik*, Berlin 1932.

(94) A. a. O., S. 423ff.

(95) A. a. O., S. 426f.

(96) *Die innere Verflechtung der deutschen Wirtschaft*, S. 277.

(97) Wagenführ, *a. a. O.*, S. 15–20. 産業部門別に見ると、基幹産業であってかつ重要輸出産業である機械製造業では、ザクセン（国）の輸出比率は三七・四％（輸出全体に占める割合は二〇・六％、以下同じ）、ライン地方二八・九％（一六・八％）、バーデン・ヴュルテムベルク三一・五～三〇・四％（一一・一％）、ベルリン・ブランデンブルク二三・三～二四・九％（九・四％）であり、鉄・鋼製品では、ライン地方三五・四％（三八・四％）、ザクセン四一・一％（五・四％）、ヴェストファーレン二三・八%（二六・二%）となっており、輸出の比率が高いことがわかる。

(98) Bramstedt, a. a. O., S. 417f.

(99) Sombart, *a. a. O.*, S. 39ff.

(100) Eulenburg, *a. a. O.*, S. 28, 31ff., 42.

(101) 関口尚志「ヴァイマル＝ナチス期の『地域開発』の構想」大野英二・住谷一彦・諸田實編『ドイツ資本主義の史的構造』有斐閣、一九七二年、特に四〇九頁以下、また三ツ石郁夫「世界大恐慌期における西南ドイツ・ヴュルテンベルク地域経済の構造特質」『土地制度史学』一三〇号、一九九一年（同著『ドイツ地域経済の史的形成』勁草書房、一九九七年、所収）参照。

本章のテーマに関しては、上記注の文献のほかに、興味深い研究が多く存在する。そのいくつかをあげると秋元英一・廣田功・藤井隆至編『市場と地域』日本経済評論社、一九九三年、渡辺尚編著『ヨーロッパの発見・地域史のなかの国境と市場』有斐閣、二〇〇〇年、黒澤隆文『近代スイス経済の形成』京都大学出版会、二〇〇二年、篠塚信義・石坂昭雄・高橋秀行編著『地域工業化の比較史的研究』北海道大学図書刊行会、二〇〇三年、永岑三千輝・廣田功編著『ヨーロッパ統合の社会史——背景・論理・展望』日本経済評論社、二〇〇四年、ほか。

第3章　市場経済の規範と公正性の転換——第一次世界大戦前後——

はじめに

資本の蓄積過程の展開とそれに対応し、またそれを支える歴史的諸条件、特にその制度的法制的機構や、その下で経済活動を営む諸個人の経済的意識と行動様式は、経済史の重要問題の一つである。そのような蓄積過程に影響を与える歴史的条件として、一方では資本の下での労働関係の具体的状況が、また他方では資本相互間の競争関係の現実的なあり方が、とりわけ大きな問題となる。(1) かつて社会経済史学会（第五八回）の共通テーマとして取り上げられた「『産業の規律』と独占」は、この点に関わっており、その際一方では独占展開の下における個別資本の労働関係を規定している「規範」の歴史具体的なあり方が、また他方では資本蓄積のそのような段階において資本相互間の関係に影響を与える市場的な「規律」が主要な課題となった。ここで「規律」ないし「規範」とは、それぞれの関係のなかでそのような関係や秩序を成り立たせている何らかの統制や規制およびその帰結、またそのような行為のよりどころないしルールの意味であり、それは制度的ないし法制的な形態から、規範を伴った人々の行動様式や基準的な考え方、さらには慣行など、多様な形をとりうるものと考える。(2)

本章は上のような意味での「産業の規律」のうち、後者のそれ、つまり資本相互の競争が行なわれる市場関係における規範を問題にし、それが一九世紀末葉から一九二〇年代・三〇年代にかけていかに変化するか、その背景にあった事情は何であったかをドイツを中心に検討する。[3]

第一次大戦をはさむこの時期は、自由競争の原則に立つ一九世紀の古典的な資本主義が解体し、独占資本・金融資本による経済的支配が確立する時代である。そこで本章の課題は、一九世紀的な資本主義の下で資本相互間の市場関係を規定していた自由競争の規範がいかなるものであり、それが解体し、独占支配の下でいかなる形態をとるにいたるかを明らかにすることである。より具体的にいえばこうなるであろう。一九世紀的な市場規範はのちのような整備された法律的・制度的な形態ではなく、個々の企業家の経済活動における日常的・慣行的なルールの形をとっていた。市場価格をめぐる自由な競争関係は、個々の企業家にとってはあたかも市場競争の強制法則として作用するが、そのような経済活動の背景には、経済学史の研究が明らかにしたように、「市民的倫理」の色彩を帯びた「ホモ・エコノミクス」の自己規制的な規範が存在した。「正　義《ジャスティス》」の観念に支えられたこの慣行的な市場規範とその意識が、その担い手とともにいかに解体し、それに対する対応としていかなる規範が登場してくるか、「公正な競争」・「公正な取引」の観点に立った競争の基本原則が法制的規制へ、ドイツの場合さらにナチスの強制的な市場秩序へいかに移行していくか、これが問題となる。国家介入を最小限に止めた慣行的自主的な規範の形態から、国家の法制的な規制の強制体系へ移行する中で、市場経済の規範としてのその性格が明確となるのである。

そのような移行を通じて人々はかえって一九世紀的な市場規範の本質を強く意識するようになるのであって、市場経済とその法則性を支えてきた「経済倫理」(Wirtschaftsethik) や経済上の「公正」(Gerechtigkeit) が議論の重要な対象となる。たとえばR・カウラの『国家・階層・公正価格』が一九三六年に刊行され、それが一九四〇年に『公正価格の理論』として英訳され、[4]これに対してJ・ヘフナー『経済倫理と独占――一五、六世紀――』(一九四一年)[5]

が公にされたりしたのはその現われである。

注意すべき点は、この移行が単なる規範の転換としてではなく、そのような規範を意識しつつ市場関係を発展させてきた企業家、またより広く商品生産者の経済的存立のあり方の変化と結びついていたことだった。つまりそれは、一九世紀的な資本主義を支える家族的同族的企業の担い手たる資本家層の後退と、株式会社形態の巨大企業の発展と独占、その支配の下での中小経営の深刻な過当競争と経営的危機と密接に関連していたのである。「公正な競争」や「公正な取引」の問題は、このような伝統的な資本主義の担い手の経済的危機と結びついていた。彼ら自身の相互間の過剰な競争状況と、巨大企業の独占、その市場支配とが互いに関連する事実として認識され、資本主義の深刻な社会的問題として受け止められた。(6)

1　市場規範の一九世紀的形態

(1)　第一次大戦前の市場規範

まず競争関係の自由主義的形態、つまり自由競争の下での市場規範のあり方についてみよう。経済的自由主義は経済史研究の重要テーマの一つである。岡田与好氏は、つとに経済的自由主義の類型と段階を問題にしてきたが、(7)ここで問題となる資本間の競争関係の自由主義的形態に関しては、氏の指摘する二つの自由主義、つまり国家規制を伴わない自由放任主義と、一定の経済的規範と結合した自由主義との区分が重要である。

岡田氏は後者の規範と結びついた自由主義を独占の排除という観点と関係づけ、それを現代の独占禁止法の理念と関連づけた。だが現代資本主義の下で市場関係を規制し、競争秩序の維持と自由な経済活動を実現することを理念とする独占禁止法は、岡田氏が注目した「私的独占の禁止」の原則とともに、「公正取引」の確保をもう一つの原則としている。商品の品質や品目、商標や産地などの不当な表示に対する規制、商品の不当な廉売、不公正ないし過度な広告・宣伝の規制、その他がそれである。この理念は、「私的独占の禁止」のそれとともに、競争制限的活動の排除、その形成の阻止、そして公正な競争秩序の維持という同法の目的と結びつけられている。われわれはまずこの「公正取引」に関する市場経済の規範に注目する。

この「公正取引」の原則あるいは「不正競争」の防止は、消費者（購買者）の利益の保護という一般的な観点を備えていることはもちろんであるが、同時に生産者相互間、企業・経営相互間の競争関係の規範でもあった点に注意しなければならない。それは自由な競争関係にある資本間の市場的関係において虚偽・偽瞞を含む不公正な経済的活動を行なわないという関連部門・分野の資本側の規制を意味しており、また市場での無規律な競争状態を除こうとする資本相互間の規制でもあった。商品価格の過度な引下げ（不当廉売）に対する規制はこのことを最もよく示している。商品を市場価格以下の極端な廉価で不当に安く販売することを制限するこの規則は、競争関係の過度の激化、過当競争に対する規制として、むしろ「競争制限的」な性格をもっていた。その意味で「私的独占」の禁止、つまり「競争制限の排除」とは逆の方向にあったといえよう。

一九世紀的なドイツの市場規範においては、上の二つの規範のうち特に後者、「公正取引」の維持による競争秩序の原則がまず問題となる。「私的独占」が現実の経済生活の上でまだ決定的な役割を演じることがない一九世の古典的資本主義の下では、前者の原則は二義的な意味しかもたなかったのであり、これが現実の法的規制の問題となるのは第一次大戦後のことであった。

さて、ドイツにおける「不正競争」（unlauterer Wettbewerb）の規制は、他国と同様、当初は民法、商法、商標保護法等により個別に規定されていたが、一八九六年五月の「不正競争防止法」（Reichsgesetz zur Bekämpfung des unlauteren Wettbewerbs）によって包括的な規定を与えられ、さらに一九〇九年七月の改正によって一層整備された。(8)

一八九六年法は、①不正な広告、②商品の数量・大きさ・内容・重量に関する不当表示（「数量のごまがし」）、③経営・信用の損傷、④名称・会社名・商標の使用、⑤経営秘密の損傷等を規定し、②と⑤については罰則を課し、信用損傷と不正広告は「良識に反する場合」に限り罰則の対象となった。

九六年法は「不正競争」の対象範囲の狭さや罰則の不整備などの問題点が指摘され、一九〇九年に大幅に修正された。その結果、良俗に反する行為に対する規定が拡充され、損害賠償の義務の範囲が広げられた。特に、①商品・サービスの品質・原産・製造方法・価格について、また商品の仕入方法・仕入先、商標、販売動機・目的、在庫量等について、故意に不正な誤解しやすい広告を行なって特別に有利な販売というみせかけをとった行為への規制、②競争目的のために取引相手の経営の雇人や代理人に贈与やその他の便宜を提供し、彼らの不正な活動によって商品の仕入に際して自身や第三者のために有利になるよう働きかける行為に対する規制、③競争の目的で他の経営の所有者・経営者、その商品・サービスについて、当該経営や所有者の信用を損うようなことを主張したり流布させる行為への規制、④企業等の名称や社名、特別の標章を他のそれとまぎらわしい形で使用することへの規制、⑤倒産した企業の商品を販売する場合の広告表示、売りつくしの場合の理由・開始時期の表示等への規制、店じまい・在庫一掃・投げ売り等の規制、⑥使用人による他者への企業・経営機密の提供に対する規制、等々である。

「不公正な取引」の規制はすでに古くから存在したが、「営業の自由」の実現によって自由な競争関係が展開するに及んでその規制が各国で問題となった。(9)しかしその仕方は一九世紀の間は民法や商法あるいは刑法により、また個々の特別の立法によって個別的になされるにとどまり、それらを包括する法律が整備され始めたのは上述のようにようやく一九世紀末以降になってからであった。その背景には市場経済が深化・拡大し、また独占が出現して、古典的な形態での競争関係に変質が始まったという事情が存在するのであって、一九世紀的な市場規範の特徴は、正確にはこのような整備された法制的規制の未成立という点にこそあったというべきだろう。にもかかわらず世紀転換期の「不正競争」規制立法の中に古典的形態の規範をみるのは、それが一九世紀的な個別的規制の内容的な総括となっていること、また二〇世紀的な新しい市場的条件の下でかえって旧来の古典的な市場規範の特徴がより明確に認識されることになったと思われること、によるものといえよう。

一九世紀における競争関係は決して一切の規範から自由であったのではなく、以上のような取引上の規制の下にあった。だがその形態は国家による整備された法制的措置の形をとらず、個々のケースごとの分散的な法的対応にとどまっていた。それは法制上の不備を意味するのではなく、むしろそのような事態を許す一九世紀的な状況があったことを予想させよう。つまり古典的な資本主義の下での企業家（資本家）・小営業者たちの取引に関する一定の規範意識と、それに支えられた商品流通上の一定の慣行の存在がそれである。消費者（購入者）に対して、また競争者相互の間で企業家たちが守るべきこのような取引上の原則、そのような形で競争関係の前提となり、経済活動を日常的・慣行的に規定していた、競争者自身によって維持される市場規範を「市場規範の一九世紀的形態」と呼ぼう。[10]

(2) 商品価格面の基準——「生産価格」——

一九世紀的な市場規範は企業間の競争関係に一定の秩序をつくり出し、競争の過度な激化に対してはそれを防止する歯止めともなりえた。しかしこの競争規制的な方向は競争の現実の展開の中で不断に否定され、修正されざるをえない。それはそれ自体の中に矛盾を孕む過渡的ないし経過的な基準でしかなかった。それを最もよく示すのが商品価格に関する基準であった。

商品価格の規制が「公正取引」の規範の中心問題となるのは、後述するように、過当競争を背景にして「公正価格」や「適正価格」の実現が法律上の問題となる第一次大戦後、特に一九三〇年代であった。しかし、この問題は、すでに一九世紀において「売りつくし」・「安売り日」・「期末売り出し」・「店じまいによる廉売」などの廉価販売の規制あるいは「再販価格」の問題として登場していた。のちに規制の対象となる「不当な廉価」は、そこにおいて事実上問題とされていた。それは当然ながら「不当でない」通常の価格との対比の下で問題とならざるをえない。それでは一九世紀において不当に低い価格と区別される通常な価格とは何が考えられるか。

古典的資本主義の下では競争関係の中で資本家の意識にあって、一定の期間商品生産の特殊な分野の供給の条件となった価格形態は「生産価格」(「自然価格」)であった。A・スミスは『諸国民の富』の中でこう述べた[11]。

> どの社会《ソサイエティ》あるいはどの地域《ネイバーフッド》にも、労働や資材《ストック》のそれぞれ異なった用途ごとに、賃金と利潤の双方について通常《オーディナリー》なまたは平均的《アヴァレッジ》な率が存在する。この率は、後に示すように、一部はその社会の一般的な事情、その貧富、その進歩の停滞または衰退の状態によって、一部はおのおのの用途の特殊な性質によって、自然に規制《レギュレイテッド》されている。／これらの通常率または平均率は、それらが共通に広がる時と場所における、賃金・利潤および地代の自然率《ナチュラルレイト》と呼んでもよいだろう。

ここで指摘されているのはある社会・ある地域には「賃金」・「利潤」(および「地代」)に一定の基準、「自然に規制」される「通常率」が存在するという現実の状況である。ついでスミスは「自然価格」について説明する。

> ある商品の価格が、それを産出し、調整し、市場にもたらすために使われた土地の地代と、労働の賃金と、資財《ストック》の利潤とを、それらの自然率に従って支払うのに十分で過不足がない場合、この商品はその自然価格《ナチュラル・プライス》と呼ばれ

うるもので売られる。

「自然価格」の場合には、その商品は「それが値いする」大きさで、つまり「それを市場にもたらす人物に実際にかかった」大きさで売られることになる。「日常用語でいう商品の原価《プライム・コスト》は、それを再び売ろうとする人の利潤を含んでいないが、しかし、もし彼が自分の近隣で利潤の通常率が見込まれないほどの価格でそれを売れば、彼はこの取引で損失者になるのは明白だからである。もし彼がその資材を別の仕方で用いれば、彼はその利益をあげえたかも知れないからである。しかも彼の利潤は彼の収入であり、彼の生存の本来的な元本《ファンド》である。彼は、自分で財貨を調整し市場にもたらす間、自分の労働者に対する賃金または生活資料を前払いするように、彼は自分自身にも同じように自身の生活資料を前払いするのであって、この生活資料は、自分の財貨の売却によって正当《リーズナブリー》に期待しうる利潤に相応するのが一般的である」。

このような通常の利潤をのこしてくれる価格は「かなりの期間」売ることになると思われる「最低」の価格であった。

こうして「スミスが自然価格《ナチュラル・プライス》と呼び、リカードが生産価格《プライス・オブ・プロダクション》または生産費《コスト・オブ・プロダクション》と呼んだ」ものを、K・マルクスは「生産価格」（Produktionspreis）と呼んだ。この「生産価格」は――マルクスは指摘する[12]――「長い期間について見れば供給の条件となり、それぞれの特殊な生産部面の商品の再生産の条件」となる。それは「商品価値のすでに全く表面化した、明白に無概念的な形態」であって、「競争のなかに現われているとおりの、したがってごくありきたりの資本家の意識のなかに、従ってまた卑俗な経済学者の意識のなかにあるとおりの形態」にほかならなかった。

本稿でわれわれが問題にしているのはまさにこのようなごく平凡《ブルゲール》な資本家の、日常的な競争の次元に現われてきている「意識」である。「自然価格」や「生産価格」はまことにそのようなものであった。「通常」の「利潤」を含めた「生産のコスト」としての「生産価格」こそ市場関係における企業家の現実の意識を規定し、長期的にはそれぞれの生産部面の商品の「供給の条件」となり「再生産の条件」となっていたのである。

そしてA・スミスから一世紀たった後の時代になっても、価格のあり方、現実に存在するその「慣行」についてA・マーシャルはこう述べる[13]。

> それぞれの業種別に、さらに各業種の部門ごとにそれぞれの「適正《フェア》」なあるいは正常《ノーマル》な利率とみなされるところの、多かれ少なかれ決まった回転利潤率といったものがあってもよいし、また事実存在している。勿論これらの利率は経営《トレード》方法の変化の結果、それに応じて変動している。つまりそれは従来の慣行的な水準よりも低い回転率でより大きな取引を行い、その資本に対し年利潤率を上昇させようとする個人によって始められる。しかしこういう種類の大きな変化が起こらない場合は、ある特定の種類の仕事に対してはある回転利潤率をかけるべきだという取引の慣行《トラディション》が、その業種に携わっている者にとって大きな実際的な役割を果すことになる。この慣行は数多くの経験の所産であり、その回転利潤率がかけられるとその特定の目的のためにかけられた（主要費用の他に補足費用も含めて）すべての費用に対する正当な手当がなされる上、その種類の事業における正常な年利潤率も確保されることが次第に明らかになるのである。
>
> つまり、「これこそが『適正』な回転利潤率であり、正直な人なら前もって価格が決められていないような注文の財貨をつくるのに当然かけられるものと予期するものである。それはまた買い手と売り手の間に争議が起こった際には法廷が認めるような利潤率である」。

「不正競争防止法」の対象となる「売りつくし」等々の取引が問題となったのは、単に誇大・虚偽の宣伝・広告の弊害だけでなく、そこでの商品価格の「低さ」でもあったと考えられる。そこには取引慣行を通じてつくり出された「通常」な、また「適正」な「利潤」を含む価格水準とそれより低い個別商品価格との対立が潜んでいた。それは一定の期間にわたって市場価格として慣行的に通用してきた特定の「生産価格」と、平均以上の生産条件を備えた資本家のそれに対応した個別商品価値との対立であり、競争の強制法則はやがて市場価格をめぐる対立としてそれを表面化させざるをえない。そして後者の個別商品価格の慣行的な市場価格に対する低さが、旧来の生産方法に基づく企業家や小営業者にとってあたかも「不当」と意識されることがあったとしても不思議ではないだろう。それが新しい取引様式や宣伝・広告と結びつく時は一層そうであったと考えられる。何が「適正」ないし「公正」であり、何が「不正」かの判断の基準はその意味で著るしく流動的であり、とりわけ人々の観念において主観的でありかつ恣意的であった。

もとよりそれは決して規制の不備によるものではなく、むしろ「不正競争」規制そのものがその内にもつ矛盾を意味していた。それはとりもなおさず競争の前提条件となり「秩序」となる「規制」と、資本主義に内在的な競争の強制法則との対立にほかならず、この対立が最も顕著に現われるのが商品価格の面においてであった。

だが市場価格の「適正」・「公正」が強く意識され、外的な、とりわけ法的な「規制」によってそれを規定しようとするようになるのは、第一次大戦後、独占体による経済支配の下で市場価値法則の古典的形態が解体した後においてであった。後述するようにそこにおいて人々は初めて意識的に「生産価格」の「適正さ」・「公正さ」を問題にし、それを一方では独占価格に対し、他方では非独占の広範な分野での過当競争と値下げ競争に対して対置するようになる。これに対して一九世紀においては価格面での「規制」は、さし当たって「投げ売り」等の廉価販売の宣伝・広告の「誇大さ」や「虚偽」の倫理的な規律という面が強く現われていた。そこでは問題は包蔵されたまま大きく表面化することはなかった。

ともあれ古典的な資本主義の下で「生産価格」は、後になってそこに価格の「公正さ」の基準がおかれるほど、「卑俗《ヴルゲール》な資本家」の日常の経済活動を広く規定し制約していた。競争法則の下で生産条件の改善に伴って結果的には不断に変更される当該商品の「通常」な、また「適正」な価格は、あくまでも経過的なものでしかなかったが、生産条件の改善の可能性が限られ、その変化が漸次的ないし緩慢な時期においては、また広範な加工業や組立業の分野にみられるように生産部門にそのような事情が特徴的な場合には、それはかなり長期にわたってその分野の企業家の意識を規定し、当該商品の「再生産の条件」となったと考えてよいだろう。

ところで「生産価格」は「通常《オーディナリー》」な「正当《リーズナブリー》」なあるいは「適正《フェア》」な「利潤」を含まなければならない。それは商品生産者が「自分で財貨を調整し市場にもたらす間」の「自身の生活資料」の前払いに、つまり「彼の生存の本来的一元本」に該当することになる。それは彼の「商品生産の指揮者」としての働きと流通過程における彼の活動への代償とみなされる(14)。

この観念は古典的な資本主義を支える個人的ないし同族的企業の所有者＝経営者（資本家）およびなお広範に残存する小営業者（小商品生産者）に該当する。のちの株式会社形態を中心とする所有と経営の分離した会社形態の巨大企業の場合に比して、企業（営業）の所有者であると同時に生産・流通に関与する度合の大きな彼らの場合、この観念は彼らの収入としての「利潤」の正当性・適正さを合理化する根拠となった。

そしてその際投下された資本が企業家やその家族のかつての労働の果実に、自身が労働過程の担い手でもあった小商品生産者としてのかつての生産的活動とその成果に基づく場合には、この正当性の観念は一層強まろう。「勤勉」と「節約」の倫理観がこのような過去の記憶に支えられて一層強化され、利潤の正当性の意識と結びつく。自身の労働とその成果の取得＝所有というあの「商品生産の所有法則」の観念が、資本主義的所有法則の現実にもかかわらず

(否、むしろかえってそれ故に)、「ごくありきたりの資本家」の意識の中でなお作用し続けることになる。しかも「利潤」は「通常な率」・「平均的な率」でなければならない。それは過大であっても過小であってもならず、「正当《リーズナブリー》に期待しうる」、「適正な」大きさであり、「自然価格」はそのような「利潤」(および「賃金」と「地代」)を「支払うのに十分で過不足がない neither more nor less」大きさでなければならなかった。正当性は「通常な率」を下回る過小な「利潤」に対しても、さらにそれを上回る過大な「利潤」、つまり暴利や独占的利潤に対しても区別され、対置される観念であった。(15)

(3) 慣行的な価格と公正の観念

「生産価格」の観念は、競争の強制法則と対立しつつ、しかもかかる法則の貫徹を支える競争関係の規範を形づくり、「競争の中に現われる」資本家の意識を規定した。そしてこのような観念が強力に作用する時、特定の部門について市場価格に関する地域的な慣行が形成される。『カルテルとトラスト』の著者R・リーフマンによれば「地方の手工業は伝統的《ヘルケムリヒ》な価格を算定することがはるかに多く、それは競争が増大しても簡単に害われない(16)」のであった。

リーフマンはこれを近代的大工業の企業結合たるカルテルと区別しているが、『価格引下げと価格維持』(一九三二年)を著わしたE・R・A・セリグマンらは第一次大戦前のドイツの小売価格についてこう述べている(17)。「世界戦争(第一次大戦)の勃発よりずっと以前からドイツの小売業者は、他の小売業者や消費者への販売に当たって、製造業者やいくつかの大卸売商からあらかじめ決められた特定の価格を維持するよう義務づけられることが多かった。実際、ドイツでは再販価格(resale-price)維持の慣行は特にブランド商品や商標商品の特徴にまでなったとみてよい。……この発展はアメリカ合衆国のそれに似ている」。

契約で再販価格が決められた商品の価格引下げや安売りは「公正取引」に反する「不正」な行為とされた。価格維持の協定が存在しない場合でも――セリグマンらによれば――慣行や慣習として適用している価格以下で商品を売り、同じ商品を売る競争者に損失を与えた時には「不正」とみなされた。「全体的には戦前〔第一次大戦前〕のドイツの経済生活は激しい競争によって特徴づけられていたが、しかし自生的な自主規制的な競争抑制がその数を急速に増大させていた」[18]。つまり上のような慣行と重なりながら、カルテル的な競争規制が展開しはじめたのである。

それでは資本主義社会において競争法則の最終的貫徹を現実に支えた上のような競争規範は歴史的にはいかにしてつくり出されてきたのか。それらは資本主義以前の商品経済の下での規範や意識といかに関連するか。この問題は第一次大戦前後における市場規範の転換を課題とする本章の本来の目的からはずれる。しかし一九世紀的市場規範が解体し、それへの国家的ないし法制的対応が現実化する大戦後、特に一九三〇年代において大きな問題となったのはこのような規範、特に価格や利潤の公正や適正さの観念の歴史的性格であった。その中で中世や近代の経済史・経済学史上の価格形成の歴史的な問題が、現実の社会的・政策的問題との関係で論ぜられたのである。そこでこの問題について多少言及しておこう。

J・S・ミルは「慣習が物価に及ぼす影響」に関連して次のように述べている[19]。「けれども今日まで〔一八四八年の時点――引用者〕のところでは、小売商業が主としてあるいはせいぜいかなりの程度まで競争によって決定されるのはひとり取引の大中心地においてのみである。その他の土地においては、競争がともかくもある作用をするとすれば、それはむしろ時おり撹乱するところの力として作用しているのである。通常の規制者（habitual regulator）は慣習《カスタム》であり、それは買い手および売り手の心に存在するある種の公平《イーコリティ》や正義《ジャスティス》の観念により時おり変更される」。

このような「公平」や「正義」、そしてそれによって変更される「慣習」とは経済的にはいかなる歴史的性格をもつか。

先に言及したA・マーシャルは業種ごとの「慣行的ないし適正な回転利潤率」のそのような「慣行」と「適正さ」

に関連して、「取引の慣行」に関する「中世的文言」とこのような慣行の原因との結びつきに強い関心を示していた。[20]
しかし「生産価格」の歴史的先行形態についてより直截に述べるのがF・エンゲルスである。「『資本論』第三部への補遺」[21]の中で彼はまずマルクスの『資本論』第三巻第二篇一〇章の該当個所を引用する（傍点は引用者エンゲルスによる。原文はイタリック）。

それだからそれぞれの価値での、あるいはそれに近い価値での商品の交換は、資本主義的発展の一定の高さを必要とする生産価格での交換に比べれば、ずっと低い段階を必要とする。（中略）だから価値法則による価格や価格運動の支配は別としても、諸商品の価値を単に理論的にだけではなく歴史的には生産価格の先行者と見ることは全く適切なのである。これは生産手段が労働者のものである状態にあてはまることであって、このような状態は、旧い世界にも近代世界にも、自分で労働し土地を所有している農民のもとで、また手工業者のもとで、存在するのである。

生産価格の歴史的先行者を「生産手段が労働者のものである状態」に結びつけるマルクスのこの指摘[22]に加えて、エンゲルスはより立ち入った説明を行なう。「だから中世の農民には自分が交換によって手に入れる品物の製造に必要な労働時間はかなり正確に知られていた。村の鍛冶屋や車大工は農民の目の前で働いていた。仕立工も靴工もそうであって、彼らは私の若い頃にもまだわれわれのライン地方の農家を一戸一戸訪れて自家製の材料で衣料や靴をつくっていた。農民も、農民に物を売っていた人々も、自分自身が労働者だったし、交換に出された品物はめいめいの自分の生産物だった。これらの生産物の生産に彼らはなにを費やしたか？　労働であり、ただ労働だけである。道具の補充のためにも、原料の生産のためにも、その加工のためにも、彼らは自分自身の労働力の他にはなにも支出しなかった。それならば彼らはこのような彼らの生産物と他の労働する生産者の生産物とをそれらの生産物に費やされた労働に比例して交換するより他にどうすることができようか？」（傍点は引用者）。

同じことは「農民の生産物と都市手工業者の生産物との交換」にも該当する。この場合にも「農民に手工業者の労働条件が知られているだけでなく、手工業者にも農民の労働条件が知られている。なぜなら手工業者自身もまだ何ほどかは農民なのであって、菜園や果樹園をもっているだけでなく、また一片の耕地や一頭か二頭の牛や豚や家禽などをもっていることも非常に多いからである。こういうわけで中世の人々はそれぞれ互いに相手の生産費を原料や補助材料や労働時間についてかなり正確にあとから計算することができたのである」。

中世の生業理念に基づくギルド的なジャスト・プライスと生産価格論、スコラ哲学やノミナリストの経済観と古典派経済学の価格論との関連をめぐるカウラとヘフナーの間の論争が、一九三〇年代に行なわれたのは決して偶然ではなかった。後述するように、「公正な」価格、「適正な」利潤、「公正取引」が問題になったのはまさにこの時代であり、そのような観点と結びついたナチズムの経済政策の歴史的性格を規定する上でこの問題は重要な意味を有した。しかし両者の間の類似がいかに多くとも、カウラのようにその連続性をあまりに強調することは明らかに誤りであろう。むしろわれわれは古典的資本主義とそれに直接先行する時期（重商主義時代）の経済的観念との連続性に注目すべきである。生産手段を所有し「自ら労働する《ゼルプストアルバイテンデ》」生産者を広範に残存させ、その中からマニュファクチュアを生み出している重商主義期においては[23]、マルクスやエンゲルスの指摘にみられるように、労働量や労働時間に見合った、あるいは少なくとも投下された労働の大きさからあまり乖離しない形で商品交換が行なわれていたとするならば、人々は商品の「価格」や「利潤」（および「賃金」）の正当性（「公平」・「正義」）を「労働」の観点から捉えていたとみるべきであり[24]、それが上述した「商品生産の所有法則」の観念と結びつきつつ、古典派経済学の時代に継承されるにいたったと考えることができよう。

2　国家的市場規制への転換

(1)　中小資本制的経営・小経営の危機

一九世紀の資本主義における市場規範の担い手はまず第一に、労働者を雇用し、営利活動（価値増殖運動）を自ら行なう古典的な形の資本家であった。彼らは企業の基本方針、戦略、労働力の編成や配置を自ら決定し、生産・流通過程に直接・間接に関与し、そしてそのような営利活動の成果を自分のものとした。資本主義的な営利活動は、この場合、主として個人的ないし家族的な企業形態あるいは合名会社など小規模な会社形態をとって行なわれたのであり、資本所有と企業活動とが乖離した会社形態、特に大規模な株式会社によるそれとは形態を異にしていた。労働者雇用の規模はその場合明らかに後者に比して小さく、その大半は労働力二〇〇人以下であって、多くてもせいぜい五〇〇人以下に止り、今日の基準からみれば中小でしかなかった。このようないわば「人格化された資本」として、「利潤」をあたかも自らの企業家としての活動から生ずるものと考える「資本家」と並んで、市場規範の一九世紀的形態を支える第二の社会層は、広範な小営業者層であった。営業者自身とその家族の労働力を労働の基本的条件とし、経営によっては数名の労働者を雇用するこの社会層は、ヨーロッパのどの国においても商品生産の広い分野を依然として捉えており、その中から不断に資本・賃労働関係を分出させていた。その意味で小営業者層は、歴史的に見れば古典的資本主義の現実の構成要素であり、その再生産を支える担い手にほかならなかった。労働過程に自ら関与する経営者として、その収入を自らの労働に結びつけ、その取得の正当性を最も強く意識するとともに、伝統的な生産方法・取引様式に依拠する彼らは既存の市場規範の維持に最も大きな関心を抱く存在でもあった。

産業革命は、周知のように、機械制大工業を成立させるが、しかし工場制に基づく資本主義的企業が展開したのは、繊維工業（特に紡績）や製鉄・鉄鋼業、石炭業等の鉱山業など主として原材料、半製品、補助材料等の生産分野や一部の労働手段生産部門に限定されていた。これに対してこれら原材料・半製品等を用いて最終的生産物や完成品に加工・組み立てる広範な生産分野は、産業革命後もなお手工業的な小経営やマニュファクチュアによって主として担われていた。

上述した、資本制的企業と並んで一九世紀的市場規範を担った小経営は、このような最終製品への加工・組立の分野に広く展開したのであるが、しかし一八八〇年前後から第一次大戦にかけてこれらの生産においても小経営が徐々に分解し、資本家的生産が発展してくる(25)。

加工・組立業の資本主義的経営は、たいてい労働用具として伝統的な道具をまだ部分的に使用し、手工業的技術に多分に依拠しており、その意味でマニュファクチュア的色彩を残した小工場の形をとっていた。労働力の規模も一〇人位から二〇〇人位までの「中小」のものが圧倒的に多く、とりわけ五〇人以下のそれが重要な位置を占めた。このような小規模な企業を同時代人は「中経営」とか「小資本家的企業」（kleinkapitalistisches Unternehmen）と称し、手工業技術と機械制大工業との両要素を結合させたもの、「手工業」と大規模工場との中間にあり、両者を媒介する経過的存在とみなした。統計上従業者六人以上五〇人以下の規模とされるこの「中経営」は、一方ではそれ以上の「大経営」と上層部分において重なり、かつ連続するとともに、その下層部分においてより小規模な経営、つまり本書でいう小経営と接続し、重複した。その本質的部分は上述したように剰余価値生産を行なう資本制的経営であり、その中からは不断に経営規模のより大きな工場（「大経営」）が分出されていた。

だが他方で手工業技術の残存、資本の有機的構成の低さという加工・組立業の「小資本家的企業」にほぼ共通する特質は、小経営の上層部分の漸次的蓄積と資本制への移行を可能にしており、事実これらの中小の資本家的経営の基本的部分がこのような仕方でつくり出されたものであった。その担い手たちが「工業的中間層」(industrieller Mittelstand)とか、「大手工業者」(großer Handwerker)と呼称され、さらに「営業的中間層」(gewerblicher Mittelstand)に含められることがあるのも、このような経営上の共通性と経営者の系譜上の連続性とによるものといえよう。

この種の中小資本家的企業(労働者一一人以上二〇〇人以下とする)は、たとえば金属加工業と木材加工業の二部門だけをとっても、一八八二年から一九〇七年の二五年間に両部門合わせて一万四〇〇〇もの新企業が誕生しており、資本制的企業の数の上で、鉱山業や製鉄・鉄鋼業等のそれを圧倒的に上回っていた。労働力の点でも上記両加工業の中小資本制経営の就業者総数は、鉱山業、製鉄等精錬業および化学工業のそれの合計に匹敵したのである。

中小規模の資本制的経営は、これら金属加工や木材加工の分野以外にも、皮革加工、衣料品加工、建築、食品加工など、小経営がこれまで支配的だった主として消費財生産の広い分野で形成されており、これらを加えれば、加工・組立業を中心とする中小の資本主義的企業の数は厖大なものとなり、その就業者の数も重化学工業を遥かに越えた。第一次大戦前のドイツ資本主義とその再生産においてこれら中小の資本家的企業が占める位置は、同じ頃急速な成長をみせる重化学工業の巨大企業に対比して勝るとも決して劣らぬ重要性を有していたのである。

しかも重化学工業の巨大企業が一九世紀末以降カルテル等の独占を結成したのに対して、これら厖大な数の中小の資本家的企業は、まさにその数の多さと資本の中小規模性の故に、その分野では独占を生み出しえず、事実上自由な競争関係を維持した。彼らこそが一九世紀的市場規範の広範な基盤となり担い手となりえたのである。(26)

この過程は第一次大戦後まで継続する。しかし中小資本家層や小経営者層の状態は、戦前とはすでにかなり異なったものになっていた。一九二〇年代の加工・組立業の中小資本は、まず自分たちの生産に用いる原料・半製品・補助材料および機械・装置等をかつて以上にカルテル価格で購入しなければならなかった。いうまでもなくそれら生産手段生産部門において大戦後独占が一層広く展開したからである。また労働者の組織化、労働条件の改善、特に労働時間の短縮と労賃上昇とは、彼らの収取する剰余労働を相対的に縮小させた。他方では公的機関（官公庁）や半公営の企業や事業、それに民間大企業からの需要が縮減した。それらが、かつて外部に発注していた必要な品物やサービスを、自らの機関ないし企業で生産したり、調達するようになったからであり、このような自己調達（Regiebetrieb）は、時に同種の専門的営業を独立して行なう中小資本に対する競争者に転化した。資格のない生産者や余暇を利用した労働者による零細な営業も競争を激化させた。他面、中小資本はその商品の販売に際してそれを取り扱う商業資本の側の結合に直面した。こうして彼らの商品・サービスの価格は低落し、利潤率は確実に戦前に比して低下した。

重化学工業を中心とする巨大企業の発展と独占の一層の展開に対して、また他方では労働者の組織化に対して、これら加工・組立業の中小資本は自らはカルテル等の結合を実現することができなかった。中小資本相互間の「自由な」競争状況は、このような条件の下で、やがて過当競争に突入せざるをえない。それは最早単なる一時的ないし経過的な現象ではなく、独占の強力な展開という第一次大戦後のいわば構造的な問題となった。それは一九世紀的な資本主義の本来的な担い手たち、つまり古典的な資本家層とそのような市場原理の解体の危機を意味した。一九世紀的な市場規範はこうして根底から動揺するにいたった。

(2)「適正価格」・「適正利潤」の問題

このような状況を背景にして中小資本家層・小営業者層の間で、「不公正」な競争や「不公正」な取引に対する反発が次第に強まった。とりわけそこで問題となったのは、商品価格の「不公正」であり、それは当然ながら利潤の「不適正」と結びついていた。それは二つの局面をもっていた。

一つは中小資本相互の価格をめぐる競争関係の激化それ自体の問題である。それは何よりも同業者相互間の問題であった。同種類の商品・サービスを販売する同一ないし類似分野の生産者や商人が既存の市場価格を大きく下回って価格を設定することに対する非難がそれであり、その結果他の同業者もその価格を引き下げなければならない状況が問題とされる。そこで同業者間の価格引下げ競争を規制し、「適正」な価格によって「適正」な利潤を確保することが求められた。それは競争制限的な性格をもつ要求であった。

もう一つは、彼らが流通部面で直面する独占、特にカルテルの問題である。彼らは原料や労働手段、また補助的手段の買入に際してカルテル価格に直面した。また自己の生産物（製品）の販売において購入者たる商業資本側のカルテル的結合を知った。独占問題は彼ら自身の経営上の利害に関わる問題であったのである。こうして独占（カルテル）に基づく高価格とそれから生じるであろう独占利潤が、自分たちが置かれた過当競争と低価格・低利潤の状況と対比され、それを競争上ないし取引上の不公正さと結びつけたとしても何ら不思議はないだろう。ここでは公正観念が競争制限的な独占と対置されることになる。

第一の問題と第二のそれとは決して無関係ではない。むしろ両者は相互に密接に関連し合って中小資本の経営的再生産を困難にさせていた。第一の問題に対してとられた措置が同業者組合による「基準価格」設定の試みであった。各種の加工・組立業の同業者組合は、業種や商品の品目ごとに原価計算と価格設定の模範例ないし基準を作成したが、これが「基準価格」（Richtpreis）である。その目的は中小経営に対して合理的なコスト計算を指導するということにあったが、同時にそれが業者の価格形成に対して一定の基準となることを狙っていたことも確かといえよう。市場価格の極端な低下と利潤率の著しい減少とに対して、適当な利潤を含んだ価格の維持という面をもっていたのである。その意味でそれは競争制限的な性格をもっていたのであるが、しかしこれをカルテル価格と規定することは、その強制力の欠如の点からみて困難であろう。もとより生産・流通の全面的規制と結合した中世のジャスト・プライスとは本質的に異なっていた。それは自由競争の下で展開した生産価格（自然価格）の観念に対応していたとみることができる[27]。

このことは一九世紀的な資本主義の下で資本家の競争関係における意識を規定していた本来的な意味での生産価格と、それを成り立たせていた市場的条件の解体を意味する。「適正」な利潤を含む価格の実現は、最早自由な競争と「慣行」としての市場規範の下においてではなく、同業者間の強力な組織化と価格協定によってのみ可能となったのである。

だが中小資本の数の多さと分散性とは自発的な協定や組織化を困難にしていた。さらにワイマール共和制の下で成立した「カルテル規制令」（一九二三年）、つまり「経済的地位濫用防止法」がそれを一層むずかしくしていた。経済力の少数グループへの集中を抑え、カルテル等競争制限的行為を除去する目的をもったこの法律は、生産・市場の規制を含む一切の文書による協定を対象とし、ライヒ経済省と「カルテル裁判所」とに、公共の福祉に反すると見られるカルテルの規制権限を認めたのである[28]。

それが実際に大企業によるカルテル結成をある程度抑止しただろうことは疑うことができないが、しかしこの法律は、明文を伴わない事実上の協定や紳士協定、それに企業の結合、合併およびトラストに対しては規制力をもたず、経済的集中がそれによって阻害されることはなかった。重化学工業はじめ、集積・集中が顕著な分野においてまさにこのことが該当した。

ところがこの立法は、加工業や組立業など、資本の集積・集中の度合が低く、個別資本の数が多いため明確な協定によってのみ結合が可能だった分野に対しては、当然ながら協定の締結に阻止的に作用した[29]。巨大企業の独占に対抗して「基準価格」によって「適正」な利潤を確保するためにまさに強制力を必要とした加工・組立業の中小資本は、皮肉なことにこの独占規制立法によってそれを阻止されたのである[30]。

以上のように一九世紀的市場規範、特に競争関係を規定していた中心的規範である「生産価格」のそれは、第一次大戦後に全面的に解体した。

(3) 国家的市場規制への移行——ナチスの強制カルテル法と「市場秩序」——

中小資本の危機は、ドイツにおいては、ナチスによって利用され、彼らは周知のようにナチズムの社会的基盤に組み込まれた(31)。いわゆる強制カルテル法(32)(一九三三年七月)——「強制カルテル結成に関する法律」(Gesetz über die Errichtung von Zwangskartellen)——は、このような中小資本の過当競争に対するナチス体制の重要な対応を意味した。

この立法は、過当競争とそれによる不適当な価格状況に苦しむ、国民経済上「有益」な企業の破滅を救うため、経済大臣が経済全体、そして公共の福祉からみて適当と判断した場合には、カルテル結成を強制することができるもので、それによりアウトサイダーの既存カルテルへの強制加入、新企業設立と既存企業の拡大との禁止が可能となった。

この法律に基づき経済大臣の法的権限によって実施された措置は、数の上ではあまり多くなかったが、しかしこの立法によって企業家の自発的なカルテル結成が促進され、一九三六年までに同業組合の価格引上げ申請をも含めたカルテル申請は一五〇〇以上を数えた(33)。こうして「強制措置は、団体に対して、自由意思に基づいては実現しえなかった力を国家的手段の措置によって与えた(34)」のである。このような分野こそ、市場規制を求めながら自らは実現しえない中小資本の支配的な各種の加工業や組立業にほかならなかった。

G・シュペンナーは指摘する(35)。「とりわけ一九三三年七月一五日の強制カルテル法は、多くの加工業の生産者の間に期待を喚び起こした。先年の恐慌によって永続的な現象と化した捨値売り(Preisschleuderei)に対して、ついに『適正な価格』(gerechter Preis)を確保できる時が到来した、と。新法律が施行された時、原料工業や半製品工業の価格のあり方はある点で全く明白であったが、加工業の多くの分野ではそれによって初めて規律をつくり出すことができるようになった、という事実に注意すべきである」。
ナチス政権がめざしたのは——C・ルッセルによれば[36]——「中産的経営《ミッテルシュタンディシェ・ベトリーブ》の維持」と「中産階級《ミッテルシュタント》の強化と促進」であった。専門知識を備えた自己資本による個人的経営、そこでの雇主・使用人間の協働的関係の実現のために「不健全な競争」は排除されねばならなかった。加工業における労働集約的な中小資本の発展と雇用拡大は、失業問題の解決のためにも望ましいものであった。

　しかしこのことは中小資本間の競争の排除を意味しない。ナチス政権は、他方で価格の上昇を可能な限り抑制し、経営の「健全な」競争力の引上げをめざしていた。適切な価格計算・原価計算を通じて「公正な競争」（lauterer Wettbewerb）を促進するというこの観点は、企業間の自主的な価格協定とは対立せざるをえない。一九三四年夏には、すべてのカルテルに対して、価格変更についてその申請義務を課し、当局の承認がないカルテル的価格の引上げを抑制した[37]。他方、政府は、カルテルの結成については、大臣による強制的な創出をひかえ、当事者間の自発的な協定の方を奨励する方向に転換し、その結果、数が多く分散的な中小資本相互の結合は再び困難に直面するにいたった[38]。

　強制カルテル法は、このような矛盾をもちながらも、とにかく加工業をはじめとする中小資本の支配的な分野における過当競争への対応措置として重要であった。しかし上述したようにこの過当競争の問題は、独占による市場支配と密接に関連していた。中小の資本家層や小営業者層にとって独占価格（カルテル価格）は、過当競争による価格引下げ→投げ売りと並んで、等しく「不公正な」状態であった。ナチスによるより包括的な市場規制、いわゆる「市場秩序」（Marktordnung）の政策は、このような観点から理解することができる。

　この点に関してまずはじめに注意すべきは、強制カルテル法とともに同じ一九三三年七月に制定された、一九三三年カルテル規制令の改正法である。それによってカルテル規制の権限がカルテル裁判所から経済省に移り、政府によるカルテル規制の権限が強化されたからである[39]。しかしより重要な措置は、一九三四年二月のいわゆる経済有機的構成法（Wirtschaftsaufbaugesetz）と一一月の同法執行令および価格監視政策であった。前者は既存の各種経済団体・同業者組織を、地域別・専門別に整備し、企業にそれへの加入を義務づけたもので、これまで行なわれてきた経済的組織化・団体化の動きを背景にして、それを国家的規模で再編成＝統合し、かつ国家的な統制下に配置しようとしたものであった。統一的な簿記様式・原価計算方式の導入、さらに経営間のコスト比較、経営の改善の検討、また適正でない価格引下げの除去のための原則の作成、などがこのような団体・組織（業種別組織・商業会議所・手工業会議所とそれらの地方的組織）に要請された。それらはカルテルや個別企業に対する監督の権限を有し、こうしてカルテルは存続はするが国家の市場統制機構の下にあたかも包摂されたかのようにみえた。だが実際には、むしろこれらの組織自体がカルテルに接近し、一九三六年六月にはカルテルと融合した。[40] カルテル的独占は事実上容認された。

他方ナチス権力は、一九三一年に始まっていた価格統制を継承し、そのための価格監督委員会の権限を経済省と農業省に統括させた。価格監視政策の観点は、一方では独占による価格引上げを統制し、他方では「不公正な捨値」（unlauterer Preisschleuderei）を防止することにあった。[41]

こうして市場関係は、一方では団体やカルテルによる私的利害に規定された自主的な決定と、他方ではそれに対する国家の規制という二重の原理の上に成り立つことになった。国家は「公正価格」の観点から、協定価格の統制を通じて、価格水準――「規制価格」（gebundener Preis）――に、そして利潤の大きさに影響を与えることができた。[42]

これらの市場規制は、その後四カ年計画、戦時期にかけて強化されることになるのであって、市場関係はこうして一九世紀とは大幅に異なる局面をもつにいたった。それは市場規範の転換をも意味した。企業家の自由な経済活動を原則とする、いわば自己規制的・慣行的な一九世紀的市場規範が解体し、国家の介入による法的強制の形をとった規制と統制の規範へと移行した。

しかしそれは市場規範の古典的形態の解体であるとしても否定ではなかった。ナチス体制はそもそも資本主義を前提としていた。それは基本的には一九世紀的形態の解体への対応にほかならず、この転換は本来一九世紀的形態との連続と継承の局面を内包していた。それは、まず、企業家の結合体（団体や組織とカルテル）の「自治」の原則の中に貫かれる、産業分野ごとの個別資本間の事実上の経済関係、さらに産業分野相互間で展開される事実上の市場関係として示される。だがそれだけではなかった。一九世紀的市場規範は、国家的市場規制の原理としての「公正取引」そのものの中に継承された。「生産価格」の観念とそれをめぐる「卑俗な資本家」の競争関係における意識は、「生産価格」をめぐる自由な競争関係の現実が解体したことにより、かえって明確となり、独占と過当競争を規制するそのような解体への対応形態の中に、法律的強制的な姿をとって再現された。かつての市場規範に含まれていた自己規制的な、慣行の形をとった、競争限定的な規範は、ナチス体制の下で、独占と過当競争に対する市場規律の国家的な規制体系として現われたということができよう。

　したがってこの市場規制は、それがいかに競争の自由（放任）の原理と対立的のように見えても、また規制の体系としていかに強力のように見えたとしても、決して資本主義の原則を否定することにはならず、その意味で中世的なギルド的原理の復活でもなかったし、また資本主義を廃棄する社会主義的なものでもなかった。むしろ古典的な資本主義の原理は、この規律の中に形を変えて継承され、独占の経済的支配という新たな状況の下で復活させられた。独占と過当競争への規制という新たな規範と競争関係の新たな枠組みの下で、中小資本はその産業分野において「公正価格」をめぐって競争関係を展開する。業績主義・能力主義に立脚するナチスが[43]、生産力的にすぐれた経営の発展の助成と、他方で劣悪な生産条件を備えるそれの排除のために、価格統制を利用しないはずはなかった。価格基準の操作によって可能になる、優良な企業に対する「公正なる能率プレミウム」(just efficiency premium)と、非能率的な、限界事業所以下のものの整理とは、むしろ、資本主義的蓄積過程を促進するてこの役割を果したのである[44]。

(1)「レギュラシオン学派」はその一つである。この学派が重視する「蓄積体制」の理解では、労働過程の編成、労使関係および「所得分配」、それに消費の様式が重要な位置を占め、反面資本としての剰余価値の充用あるいは剰余価値の資本への転化、有機的構成の高度化を伴う資本の集積、集中はあまり問題とされない。前者の視点はもとより重要だが、もし後者を無視して「フォード主義」や「消費」だけを問題にするとしたら一面的な理解となろう。

(2)「規律」や「規範」が資本主義形成といかに関連したかの問題は、周知のようにM・ヴェーバー『プロテスタンティズムの倫理と資本主義の「精神」』のテーマであった。「正当な利潤を職業として組織的かつ合理的に追求する意識」(傍点は引用者)としての「資本主義の『精神』」はまさに「倫理の衣服をまとって現われてくる、一定の規範に拘束された生活様式」と無関係ではなかった。M. Weber, *Die protestantishe Ethik und der »Geist« des Kapitalismus*, in : *Gesammelte Aufsätze zur Religionssoziologie*, I, 5. Aufl., Tübingen 1963, S. 43, 49, 大塚久雄訳、岩波書店、新訳、四四、五〇頁。

(3) 労働関係の「規律」がドイツで問題にならなかったわけでは決してない。この問題がドイツで特に注目されたのは一九世紀末〜二〇世紀初頭においてであり、「社会政策学会」の「大工業労働者の陶汰と適応」に関する大がかりな調査(一九一〇〜一二年に発表)にその一端が現われている。この調査については、鼓肇雄『マックス・ヴェーバーと労働問題』御茶の水書房、一九七一年、また、柳澤治『ドイツ中小ブルジョアジーの史的分析』岩波書店、一九八九年、Ⅲ、参照。なお、この時期の経営内の具体的な労働力配置、それに対応した労使関係の変化については、野村正實、今久保幸生、幸田亮一、大塚忠、加来祥男、坪郷実、田中洋子ほか諸氏の実証的な研究がある。

(4) R. Kaulla, *Staat, Stände, und der gerechter Preis*, Wien 1936. 英訳名は、*Theory of the Just Price. A Historical and Critical Study of the Problem of Economic Value*, London, 1940. 一九四三年に邦訳が出版されている。安田三代人訳『公正価格の理論』巌松堂書店。

(5) J. Höffner, *Wirtschaftsethik und Monopole im 15. und 16. Jahrhundert*, Jena 1941.

(6) アメリカでの事情については、E. R. A. Seligman/R. A. Love, *Price Cutting and Price Maintenance*, New York / London, 1932 ; E. T. Grether, *Price Control and Fair Trade Legislation*, New York, 1939 ; E. W. Hawley, *The New Deal and the Problem of Monopoly. A Study in Economic Ambivalence*, Princeton, 1966.

(7) 岡田与好『経済的自由主義』東京大学出版会、一九八七年、序論と第一章。

（8）E. Rosenthal, "Unlauterer Wettbewerb", in : *Handwörterbuch der Staatswissenschaften*, 3. Aufl., Bd. 8, 1911 ; J. Wernicke, *Kapitalismus und Mittelstandspolitik*, 2. Aufl., Jena 1922, Kap. 7.

（9）Rosentahl, *a. a. O.* フランスでは concurrence déloyale は民法典により包括的に規定されていたが、不正な製造表示や商標等使用について一八二四年、一八五七年、一八九〇年、一八九四年に特別の法律が出されている。unfair なあるいは not honorable な競争に対するイギリスの規制としては、common law と equity のほかに特別の立法として、一八七五～七七年の商標登録法、特許・デザイン・商標に関する一八八三年法、不正な商品表示を規制する一八六三年法および一八八七年法（Merchandise Marks Act）がある。E. Ulmer（Hrsg.）, *Das Recht des unlauteren Wettbewerbs in den Mitgliederstaaten der Europäischen Wirtschaftsgemeinschaft*, Bd. VI, München u. Köln 1981, S. 1. をも参照。

（10）この点で興味深いのはイギリス古典派経済学に関する大河内一男・小林昇・内田義彦各氏をはじめとするわが国の経済学史研究の成果である。特にホモ・エコノミクスについての叙述は示唆に富む。たとえば大河内氏は『スミスとリスト』（第一版、一九四三年、第二版、一九四七年）の中で「アダム・スミスに於ける倫理と経済」を問題にし、市民社会における個人の利己的活動の前提にある「一般的規律」（general rules）を、また「正義の徳」と「慎重の徳」を重視している。

（11）A. Smith, *The Wealth of Nations*（Everyman's Library）, pp. 48ff. 大内兵衛・松川七郎訳『諸国民の富』岩波書店、I、第一編七章。

（12）K. Marx, *Das Kapital*, Bd. 3 Kap. 10, S. 208, 邦訳、第三巻第二篇第一〇章。われわれが問題にしているのは、「ありきたりの資本家」の「意識」であって、「生産価格」を理論的にどう説明するかではないことに注意願いたい。

（13）A. Marshall, *Principles of Economics*, 8. ed., London, 1952, pp. 512ff, 馬場啓之助訳『経済学原理』東洋経済新報社、第六編第八章四。

（14）Cf. Marx, *a. a. O.*, Bd. 3 Kap. 48. また Bd. 1, Kap. 22, 邦訳、第三巻第四八章、第一巻第二二章参照。

（15）M・ヴェーバーが「プロテスタンティズムの倫理と資本主義の『精神』」で「資本主義の『精神』」について「正当な利潤」を Beruf として「組織的かつ合理的に追求する」と説明する際にこの「正当《レギティーム》な利潤」とはいかなる意味であったか、このような理解といかに関連するのか、が問題となる。

（16）R. Liefmann, *Kartell und Trusts*, 3. Aufl., Stuttgart 1918, S. 26

(17) Seligman/ Love, *a. a. O.*, Appendix Four, Germany.

(18) イギリスの再販売価格については、砂田卓士「イギリス再販売価格法――その史的背景――」『専修法学論集』第八号、参照。J・S・ミルは多くの部門における同業者間の取引条件の協定の存在を指摘し、過去のその事例として書籍販売業をあげている。書籍販売業（出版業）における小売販売価格の協定は、薬品や化粧品等のそれに続いて世紀交に復活し、皮肉なことに経済的自由主義の主張者A・マーシャルの前掲著書『経済学原理』がそのような協定小売価格で販売された最初の例になったという。G. W. Guillebaud, "The Marshall-Macmillan Correspondence over the Net Book System", in : *The Economic Journal*, No. 299, Sept. 1965, 特にp. 522. 砂田卓士「英国における再販規制」経済法学会編「独占禁止法講座」I、商事法務研究会、一九七四年、三三二頁。このような再販規制の背景には小売業における過当競争の事実がすでに存在する。なお、ヴィーデンフェルトは賃金や価格の引下げによる競争を「不正競争」とみる競争観をイギリス人の経済意識として類型化している。K. Wiedenfeld, *Das Persönliche im modernen Unternehmertum*, München / Leipzig 1920, S. 40ff.

(19) J. S. Mill, *Principles of Political Economy with Some of Their Applications to Social Philosophy. Collected Works*, Vol. II, Book II, Chap. IV. 末永茂喜訳『経済学原理』岩波書店、第二篇第四章三。

(20) Marshall, *op. cit.*, p. 513, note, 邦訳、Ⅳ、一五二～三頁。

(21) F. Engels, Ergänzung und Nachtrag zum III. Buche, in : Marx, *a. a. O.*, Bd. 3 (Dietz Verlag), S. 905ff. Vgl. A. *a. O.*, S. 186, 前掲邦訳第三巻。

(22) エンゲルスはこの指摘についてこう述べている。「もしマルクスが第三部にもう一度手を入れることができたとすれば、疑いもなくこの箇所をもっとずっと詳しく論じたであろう。」

(23) 原始的蓄積期の経済理論に関する小林昇氏の一連の研究、特に『J・ステュアート研究』（小林昇経済学史著作集Ⅴ）未来社、一九七七年、一九八九年（二刷）、F（『原理』における「利潤」について）、『J・ステュアート新研究』（同Ⅹ）、同、一九八八年、E（『原理』における「インダストリ」について）ほかの興味深い叙述、参照。

(24) この歴史的関連の問題は時代的には宗教改革期にまで遡ることができる。M・ヴェーバーの前出著作のほか、R. H. Tawney, *Religion and the Rise of Capitalism. A Historical Study*, 1. ed. London, 1926, 出口勇蔵・越智武臣訳『宗教と資本主義の興隆』岩波書店、J. Höffner, *a. a. O.* また、諸田實『ドイツ初期資本主義研究』有斐閣、一九六七年、序論、参照。

（25）　その歴史過程およびその経済史上の意義については、柳澤、前掲書、参照。

（26）　それらの社会層がドイツ的な特質をもっていたことは否定できない。中小資本家層やその母胎となった「営業的中間層」は、当時、商業会議所や手工業会議所に属したが、これらの組織は、単なる私的利害の結合体にとどまらず、ドイツ帝国の公法上の団体でもあった。その結果、それらはドイツ第二帝制の政治的支配体制の一端に編成され、そこで有力な保守主義的勢力の支配体制に結びつけられる可能性があった。こうして彼らの中に部分的に保守主義的（特に、イデオロギー上、社会生活上の保守的）傾向が再生産され、時に強化されたことがあったことは否定できない。しかし、これらの組織や同じく公法的性格をもつイヌンク等各種同業組合は、かつてのような生産・流通を規制する特別の権限をもっていなかったし、「親方《マイスター》」の資格を有する生産者も、徒弟の育成という特別の権利以外には経済活動の基本的部分に関しては何の特権をももっていなかった。そこでは事実上自由な競争関係が展開していたのである。

（27）　柳澤、前掲書、Ⅳ、参照。

（28）　R. K. Michels, *Cartels, Combines and Trusts in Post-War Germany*, New York, 1928, Chap. III, IV.

（29）　G. Schuppener, *Das Kartellproblem in der heutigen Fertigwarenindustrie*, Gießen 1937, S. 16, 23, 30.

（30）　カルテル規制令におけるカルテル規制の観点の一つは「不正競争防止」と「公正取引」の基準であった。一九世紀的な市場規範の原則が、独占・経済力集中の規制の原則と結びつき、法律として具体化したのである。しかしその同じ規制令が、一九世紀的な市場規範原則の実現のための同業者間協定の形成を阻害した。

（31）　アメリカ合衆国でも中小資本家層や小営業者層の過当競争が大きな問題となった。excessive competition, unfair price-cutting, destructive competition, throat-cut competition, それに対する「公正な競争」（fair competition）、「適正な価格」（fair price）、「適正な利潤」（fair profit）などに関わる問題である。各州では Unfair Practice Act, Fair Sales Act, Unfair Sales Act, Unfair Competition and Discrimination Act, Unfair Trade Act など名称はさまざまであるが、このような取引を規制する立法が行なわれ、連邦レベルでも、反トラスト法の修正や全国産業復興法（NRA）は、この問題への対応を含んでいたと考えられる。Seligman / Love, *op. cit.*; Grether, *op. cit.*; Hawley, *op. cit.*「独占」と「競争の衰退」（decline of competition）が、「過当競争」と併存するという事情はアメリカでも同様だったといえる。こうして「企業に対する社会的コントロール」が、したがって近代的な「産業秩序」（industrial order）が問題となってくる。

(32) この法律については、C. Russel, Die Praxis des Zwangskartellgesetzes, in : *Zeitschrift für die gesamte Staatswissenschaft,* Bd. 97, Heft 1, 1936; R. A. Brady, *The Spirit and Structure of German Fascism,* 1. publ., 1937, Reprint, New York, 1969, pp. 340ff; F. Neumann, *Behemoth,* London, 1942, p. 218, 岡本友孝・小野英祐・加藤栄一訳『ビヒモス』みすず書房、一二三五頁以下。O. Nathan, *The Nazi Economic System. Germans Mobilization for War,* 1. publ., New York, 1944, Reprint, 1971, pp. 70ff.; A. Schweitzer, *Big Business in the Third Reich,* Bloomington, 1964, pp. 296ff., 特に pp. 401ff. 塚本健『ナチス経済』東京大学出版会、一九六四年、一二八七頁以下。

(33) L. Miksch, “Wo herrscht noch freier Wettbewerb?” in : *Die Wirtschaftskurve,* 1936, Heft IV, S. 347.

(34) Russel, a. a. O., S. 503–506.

(35) Schuppener, *a. a. O.,* S. 21. また S. 29 をも参照。

(36) Russel, a. a. O., S. 508–510.

(37) Schuppener, *a. a. O.,* S. 21.

(38) *Ibid.,* S. 30. なお、ナチス期の中小経営者の問題についてすぐれた分析を行なっている A. von Saldern, *Mittelstand im “Dritten Reich”,* Frankfurt / New York, 1979 が、中小資本の利害に重要な関連を有する強制カルテル法に言及していないのは不思議である。

(39) Nathan, *op. cit.,* p. 70.

(40) Neumann, *op. cit.,* Part 2, II, III, 邦訳、第二編二・三章。Nathan, *op. cit.,* pp. 13ff., pp. 76ff. Vgl. H. Müllensiefen, *Von der Kartellpolitik zur Marktordnung und Preisüberwachung,* Berlin 1935, S. 12f., 33ff. 塚本、前掲書、二九二頁以下。

(41) Müllensiefen, *a. a. O.,* S. 33ff.

(42) Nathan, *op. cit.,* p. 216. 市場規制と並んで原料統制（→生産統制）や賃金統制も重要な意味をもつが、ここでは取り上げない。

(43) von Saldern, *a. a. O.,* S. 103f., 217, 236f., 239, etc.

(44) Neumann, *op. cit.,* p. 231f, 邦訳、二六九頁以下。なおこの点に関連する最新の研究、雨宮昭彦『競争秩序のポリティクス』東京大学出版会、二〇〇五年、をも参照。

第4章　資本主義転化の歴史認識——歴史派経済学の場合——

第一次大戦前後の資本主義の転化の中でヨーロッパの社会科学者はいかなる状況におかれ、またそのような転換をどのように認識していたのだろうか。本章はこの点について、この時期に重大な歴史的転換を経験しつつあったドイツを中心とする歴史学派の経済学者たちに注目し、その動向と時代認識について考察する。ここではこの学派の動向を第一次大戦後におけるフリードリッヒ・リスト協会（Friedrich List-Gesellschaft E. V., 以下リスト協会と略称）および社会政策学会（Verein für Sozialpolitik）を中心に見ることにしたい。

1　ドイツ歴史派経済学と「第一次大戦後」

歴史派経済学に関するこれまでの研究は、F・リスト（一七八九～一八四六年）と旧歴史学派（B・ヒルデブラント〔一八一二～一八七八年〕、W・ロッシャー〔一八一七～一八九四年〕、K・クニース〔一八二一～一八九八年〕）および新歴史学派（A・ヴァグナー〔一八三五～一九一七年〕、G・シュモラー〔一八三八～一九一七年〕、L・ブレンターノ〔一八四四～一九三一年〕、G・F・クナップ〔一八四二～一九二九年〕、K・ビュッヒャー〔一八三八～一九三〇年〕ほか）、それに学派に対する方法論上の批判者としての「最新」の歴史学派、M・ヴェーバー（一八六四

～一九二〇年）とW・ゾムバルト（一八六三～一九四一年）を主として対象としてきた。つまり従来の歴史学派研究の力点はすぐれて「第一次大戦前」に置かれていたのであって、本章で取り上げようとする「第一次大戦後」については、いくつかの関連研究はあるが、全体的な検討はほとんど行なわれることがなかった。否、むしろ「大戦後」の歴史学派の存在意義そのものについて否定的であったとさえいえよう。

たとえば大河内一男氏は、歴史学派についてそのめざしてきた社会改良・社会政策の対象の変質とM・ヴェーバーによる方法論的批判等により、学派は一八九〇年代以降は行詰って衰退した、と次のように述べる。「このように『新歴史学派』の提案した『社会改良』は、すでに、九〇年代においては、実践的に行きづまり、またその学問上の態度は、二〇世紀にはいって、マックス・ウェーバーにおける社会科学の『方法論批判』という形で、彼の鋭い論理で、清算されてしまったのである(1)」。

歴史学派をもっぱら「社会問題」に対する実践的解決とその倫理的観点において捉える大河内氏に対して、小林昇氏は、学派を広義の理論史の中に位置づけたばかりでなく、さらに、歴史研究や法学・統計学等との関連における成果についても示唆し、その全体的な再検討の必要性を指摘する(2)。しかしその小林氏も歴史学派の「爛熟」ないし「老熟」をほぼ同じ一九世紀末に見、その終焉を「ドイツ資本主義の独占資本主義化にともなう帝国主義政策の破綻と帝国そのものの崩壊——第一次世界大戦——」に重ね合わせ、「この時期にあたって歴史学派のための葬儀執行者となった者はマックス・ウェーバーであった」と述べている(3)。

このような理解に立てば「第一次大戦後」における歴史学派は、せいぜいのところ「末流」でしかなく、その立場もイギリス正統経済学とマルクス経済学とに対して「第三の折衷的経済学(4)」にとどまり、全体として経済学説史上の意義はほとんど問題となりえないということになる。

「第一次大戦後」の歴史学派に対する学説史研究の乏しさは恐らく上のような評価と無関係ではないだろう。そしてこうした認識にあたかも照応するように、「第一次大戦後」についてはもっぱら「末流」としての晩年のゾムバルトやゴットル・オットリリエンフェルト、O・シュパンらの思想だけが、とりわけナチズムとの関わりで取り上げられた。人々はこれをナチス期における支配的なリスト認識と重ね合わせて、この学派をしばしば一面的にナチス思想に結びつけて理解してきたかの感があった。

このような理解に対して本章は「第一次大戦後」の歴史学派の学史上における積極的な意義を評価するとともに、資本主義の転化に関するその歴史認識を捉えることによってこれまでとは異なった学派像を提示することを試みた。その理由はさし当たって次のようにまとめることが出来る。

(1)　第一次大戦前の歴史学派の中心的な学者のうち、ヴァグナーとシュモラーは一九一七年に、M・ヴェーバーは一九二〇年にそれぞれ世を去り、また、ブレンターノやビュッヒャーは大戦後には七〇歳を過ぎる高齢となっており、確かに歴史学派は世代的な転換を迎えていた。しかし大戦前からすでに活躍を開始していたM・ヴェーバーの弟A・ヴェーバー（一八六八〜一九五八年）、C・エッカート（一八七四〜一九五一年）、F・オイレンブルク（一八六七〜一九四三年）、M・ゼーリンク（一八五七〜一九三九年）、B・ハルムス（一八七六〜一九三九年）らの歴史学派の第三世代は、ゴットル（一八六八〜一九五八年）、シュルツェ・ゲーファニッツ（一八六四〜一九四三年）、A・シュピートホフ（一八七三〜一九五七年）ほかとともに健在であり、戦前の学派の学風を受け継いで、ゾムバルトらと並んで、社会政策学会の主流を形づくっていた。

また同学会には、W・オイケン（一八九一〜一九五〇年）、W・レプケ（一八九九〜一九六六年）、G・コルム（一八九七〜一九六八年）など第二次大戦後に指導的な役割を演ずることになる学者が、学会の若手として議論に積極的に関与しており、さらにまた戦前から学派と深い関わりをもったE・レーデラー（一八五二〜一九三九年）やR・ヒルファーディング（一八七七〜一九四一年）、Ed・ハイマン（一八八九〜一九六七年）らの社会民主主義者が学会の動向に少なからぬ影響を及ぼしていた。J・シュムペーター（一八八三～一九五〇年）、L・v・ミーゼス（一八八一～一九七三年）およびF・A・v・ハイエク（一八九九～一九九二年）らも学会のメンバーに名を連ねていた。A・ヴェーバーやC・エッカートをはじめ、第一次世界大戦、ロシア革命とドイツ革命、戦後混乱という激動の時代を生きた歴史学派の継承者たちが、大戦後の資本主義とその危機をいかに捉えていたかは、それだけでも興味深い問題であり、その彼らが、社会政策学会において、中心的な役割を演じつつ、一方では、オイケンらの新進の学者と、他方ではレーデラーらの社会民主主義者と議論を闘わせ合ったことの意義を考えることは決して無意味なことではないだろう。むしろ歴史学派、社会民主主義的なマルクス主義、第二次大戦後の社会的市場経済論に結びつく自由主義経済学、それに民族（主義）的政治的要素を重視し、ナチズムに重なる経済思想、これらが同じ学会組織の中で共存し、同じ場で意見を交えるという「第一次大戦後」の状況は、それ自体が学説史上の注目すべき問題であった。そしてまさにその共存の場が社会政策学会であったのであり、その中心に歴史派経済学の継承者たちがいたことを考えると、歴史学派の終焉を早々と第一次大戦前に告げることは時期尚早の感があるといってよいだろう。

(2)　もとより「第一次大戦後」の歴史学派は戦前のそれとその経済学の問題関心、方法、立場において多くの相違点を示している。大河内氏が重視した社会問題、特に労働者問題とその社会改良主義的立場は確かに「第一次大戦後」にはあまり問題とならなくなっていた。氏のいう社会改良主義の対象の消失に伴って、社会政策学会と労働問題を中心とする社会問題との関係は一九世紀末に転機を迎えるが、それはしかし学会の社会的問題への関心の消失を意味するものでは決してなく、むしろ、ゾムバルトが指摘しているように、労働問題を中心とする狭義の「社会問題」(“soziale Frage”) から、農業問題、手工業問題、商業問題等々を含めたより多面的な社会的政策 (Gesellschaftspolitik) への取組みへの移行を意味していた。(5) 一九世紀末以降における学会の広範な調査活動、厖大な調査結果の公刊、それを踏まえた論議は、学会の「叢書」(Schriften des Vereins für Sozialpolitik) に示されており、その成果は世界的に見て類を見ない豊かさと分析の水準を表している。社会政策学会のこうした活動は、現実社会のもつ複雑で多様な諸問題に対する鋭い問題関心なしにはありえないものであり、その観点は、経済社会のもつ多面的な問題を全体として、また歴史的段階的に認識しようとする点において、同時代の他の経済学にみられない独自な特徴を有していたといえる。このような視点は、まさにF・リストに発するものであり、すぐれて歴史学派に固有のものであった。

大河内氏は歴史学派をもっぱら社会改良主義に結び付けたために、その対象の消失をもって学派の衰退としたが、同上のように見るならばこの学派は“Sozialpolitik”から“allgemeine Gesellschaftspolitik”への観点の転換を通じて、同じ時期の他の経済学とは異なる独特の総合的な観点に立った学的展開を示したというべきではないか。そうだとすると、次に問題になるのは、このような戦前の学的発展に関与した歴史学派の第三世代が、初めての世界大戦とロシア革命やドイツ革命の社会的激動、大戦後の経済的混乱を経験して、戦後の資本主義体制の動揺をいかに認識したかであろう。一九二〇年代の後半からナチスの政権掌握にいたる時期に社会政策学会を舞台にして繰り広げられた資本主義の構造転化に関わる議論は、このような資本主義の動揺と危機についての学派の歴史的な認識をいかんなく示しており、それは一つの現代資本主義分析と評価さるべきものであった。「第一次大戦後」の歴史学派は、経済学説としてなお十分に考慮さるべき面を持っていたといえよう。

(3)　社会科学的・社会政策的な認識の客観性に関わるM・ヴェーバーの歴史学派批判に対して、社会政策学会の多くの学者はそれを受容し、それを踏まえた客観的な分析を試みた。第一次大戦期から一九三〇年にかけて次々に刊行された『社会経済学要綱』(Grundriß der Sozialökonomik) は、従来の Volkswirtschaftslehre や politische Ökonomie と異なる、経済社会の総合的な分析の方法としての「社会経済学」を意欲的に提示したものであるが、その豊かな成果は明らかにヴェーバーの方法論的批判を踏まえた「新しい客観的科学」(6) の特徴を持っていた。「第一次大戦後」のドイツの社会科学の最大の業績といえるこの『社会経済学要綱』とヴェーバーとの関連については住谷一彦氏が明らかにしているが、[7]そこに参加した筆者の大半は社会政策学会に関与する学者であった。このような事情を考慮すると、ヴェーバーによる方法論的批判をもって歴史学派の終焉とする見方は性急に過ぎる嫌いがあり、われわれは、むしろその後に展開される「社会経済学」的な取組みを歴史学派の第三世代の学的営為として、旧・新学派のそれと並べて、それ相当に評価する必要があるのではないかと考えている。[8]

(4)　第一次大戦後における「レッセ・フェールの終焉」と資本主義の転換の問題を、社会政策学会やリスト協会に関与した学者は、これを単なる現状認識としてではなく、経済発展の歴史的段階的な理解を土台にして、国民経済と世界経済との関連、国内市場、農・工関係のあり方と関連づけて解明しようとした。このような問題設定と観点はまさに、かつて学派の祖リストが提起したものであり、[9]また一九世紀末・二〇世紀初頭の「工業立国」をめぐる新歴史学派の経済政策論争の中で明白に看取された方法でもあった。[10]それは歴史派経済学特有の視点であった。今やドイツとそれを取り巻く大戦後の歴史的状況は、アンシアン・レジームの解体と資本主義の形成が課題であったリストやヒルデブラントの時代はもとより、古典的帝国主義の段階におけるドイツ資本主義の現実と発展傾向が論点となった新歴史学派の時代状況とも大きく異なっていた。第一次大戦後の論者達は、こうした段階的歴史的状況の相違を明確に認識しており、むしろその自覚に基づいて大戦後のドイツの資本主義とそれを取り巻く世界的状況の段階的解明に取り組んだのである。社会政策学会やリスト協会で議論された資本主義の構造転化や広域経済論・アウタルキー論は上のことを最もよく表わしている。それはとりもなおさずリストの経済学的認識に基づいて、現実の資本主義をリスト的段階との対比と関連において考察することにほかならない。経済発展段階論、国内市場・農業問題に関わるリストの経済学上の認識に立つならば、現実のヨーロッパ資本主義の歴史的状況は、リストの時代の「入口」であった問題のまさに「出口」における問題にほかならない。これが一九二〇年代における同時代人の歴史的認識であった。「リスト・ルネッサンス」[11]は、学説史上のリスト研究の面においてばかりでなく、リスト経済学の現状分析への適用においても、切実な要請と結びついていたのである。

(5)　上のような経済学的認識は、それと関わる政策論を通じて不可避的に現実の社会的政治的状況に関係する。リストやヒルデブラントがその経済政策的立場を通じてアンシアン・レジームの解体と資本主義社会への移行、三月革命前夜と革命期の社会的政治的過程に直接関与したように、また一九、二〇世紀交の新歴史学派の学者がその政策思想によって帝国主義期の深刻な社会的対立に深く関わったように、第一次大戦後の歴史学派は、大戦と大戦後の内外の激しい社会的政治的対抗の中から登場してくるナチズムとナチス体制に無関係ではありえなかった。

そこにおいてこれまで指摘されてきたようにゾムバルトら一部学者のナチズムへの傾斜が問題となることはもちろんである。しかし学派の大勢はナチスを支持せず、むしろレーデラーらの社会民主主義者と同様にナチズムに対して対抗的ですらあった。こうした立場の相違は、資本主義の構造転化の認識と不可分に結びつくアウタルキー論の中で、それに対する政策論的立場の違いとして表面化してくる。ナチスの圧力による社会政策学会の解散、主要学者の職場からの排除、亡命、逮捕の現実は、ドイツ歴史学派の文字通りの解体に結びつくが、同時にそれはこの学会とその中心をなした学派の支配的部分が、ナチズムと対立的であったことを示している。学派とその組織的基盤の解体がナチス政権の手で半ば強制的に行なわれねばならなかったという事実は、逆説的ではあるが、「第一次大戦後」の歴史派経済学の存在とその意義を表現していると言ってよいだろう。

2　リスト協会・社会政策学会の動向とナチス体制

第一次大戦後の歴史派経済学の学派としての活動は、大戦前と同様に社会政策学会の組織を基盤にしていたが、それと併行して、リスト全集の編纂や現状分析に取り組んだリスト協会とも密接な関連を有していた。二つの組織は構成メンバーの点で重なり、また、ナチス政権の下で解体する点でも共通しているので、まず両組織の活動状況の概要を見ておこう。

(1) リスト協会

リスト協会[12]は一九二五年九月に設立された。発足当時の会長は、シュピートホフ、副会長はF・レンツ、また書記は正がザリーン、副がE・v・ベッケラートで、事務局の中心ザリーンをキール大学教授で世界経済海運研究所長のハルムスが支えた。しかし二カ月後には、副会長・副書記が廃止され、シュピートホフ（会長）、ザリーン（書記）にくわえて、経理責任者K・ゲーザー〔ドイツ民主党所属・シュトットガルト統計局長〕、およびベッケラート、レンツ、H・オンケン〔ベルリン大学〕、ハルムス、W・ナッセ〔外務省〕、F・E・M・ゼーミッシュ〔ライヒ会計局長〕各理事という構成をとることになった。シュピートホフが退任した後、会長の後任に請われたゾムバルトはそれを辞退し、自身に代ってv・ゴットルを推したが、協会側は採用せず、結局ハルムスが一九二七年会長に就任した。会員は一九二六年末に二五〇人であったが、一九二八年には八〇〇人に、さらに一九三一年には一二〇〇人を超えた。

協会の最大の仕事はリスト全集の編纂と刊行にあり、一九二七年から三五年にかけて一〇巻一二冊からなる全集が出版された。全集の編纂事業と併行して協会は、List-Studien の刊行、さらに関税同盟史史料集の編纂（H. Oncken/F. E. Sämisch [Hrsg.], Vorgeschichte und Begründung des deutschen Zollvereins, 3 Bde., Berlin 1934）[13]などリストに関わる出版事業を行なったが、同時に、リストの業績に関連させて、現実の政策に対する認識根拠をえるための集会を企画したことも重要である。一九二七年一〇月の「交通問題」をテーマとする会議に続いて、「賠償問題」をめぐる会議（一九二八年六月、一一月）が開催されたが、協会理事を除くその主な参加者は次の通りであった。

F. Baade, H. v Beckerath, M. Bonn, G. Colm, K. Diehl, C. Eckert, W. Eucken, F. Eulenburg, A. Feiler, Gottl-Ottlilienfeld, Ed. Heimann, H. Herkner, R. Hilferding, O. Jeidels, G. Krupp v. Bohlen u. Halbach, W. Lautenbach, E. Lederer, H. Luther, W. Röpke, H. Schacht, M. Sering, C. F. v. Siemens, H. Sieveking, P. Silverberg, W. Sombart, F. Thyssen, E. Wagemann, K. Wiedenfeld,　等々

上記のリストからわかるように、参加者は実に多様で、後述の社会政策学会の場合と同様、歴史学派の第三世代、オイケンやレプケらの新進の学者、ヒルファーディングやレーデラーらの社会民主主義者が同じ場所で相互に意見を交えたばかりでなく、首相ルター、ライヒスバンクのシャハト、経済省のラウテンバッハなどの政府側高官やジーメンス、クルップ、テュッセンなど有力重工業の関係者も加わっていた。

「資本形成と租税制度」に関する会議（一九二九年一〇月）の後、「富くじ」についての小会議を経て、協会は一九三一年に「恐慌における経済政策」をテーマに非公開会議を開いた後、一九三三年二月に「農業問題」会議を開催して[14]翌三四年七月に解散する。最後の会議となった「農業問題」に関する集会は、深刻な経済不況の下での農業政策のあり方を、世界経済と国民経済の問題との関連で検討するために、政権を掌握したナチス党との間の緊迫した状況の中で、報告者や参会者への予想される圧迫を考慮しつつ慎重に準備され、開催された。そこではとりわけ「東部救済」や「アウタルキー」の問題をめぐって見解が鋭く対立した。それはまたナチスの政策の評価にも関連せざるをえなかった。[15]

会議の報告集『ドイツ農業政策——国内・対外経済政策との関連で——』[16]は、F・ベックマン〔ボン・ポペンドルフ農業大学教授〕、ハルムス、T・ブリンクマン〔同上〕、W・ヘンケルマン〔同上〕、H・ベンテ〔キール大学〕、ザリーンの編集により一九三三年にリスト協会の叢書の第五巻として刊行された。内容は、ドイツ農業の位置と農業政

策の形成、ドイツ農業政策とドイツ経済の有機的促進、および補巻（外国の農業・農業政策）からなっており、理事会メンバーのほか、F. Baade, A. Batocki, M. J. Bonn, C. Brinkmann, F. Burgdörfer, G. Colm, F. Eulenburg, A. Münzinger, H. Sybel ほか八〇名を超す論者が寄稿した。

リスト協会は、以上からもわかるように、ハルムス、ザリーン、E・v・ベッケラートら、後述の社会政策学会でも活躍する歴史学派の学者を中心に、ワイマール共和国政府側の援助の下に運営されていた。協会の活動に対する協力者は、オイレンブルクやエッカートをはじめとする歴史学派所属の学者、社会政策学会のそれぞれ有力な会員でもある、ヒルファーディングらの社会民主主義者とオイケンらの新進の学者、それに共和国政府高官および財界・農業関係者など、多彩であった。また協会理事と協力者の見解も多様であった。後述するように現状認識と政策論で考えを異にし、むしろ対立的でさえあったハルムスとザリーンとが強い協力関係にあったことからもわかるように、協会は、社会政策学会と同様、かなり自由で開放的な組織だったといえる。

ナチズムに対する協会の立場はそれに相応して慎重であり懐疑的であった。一九三〇年、ナチス党への大衆的支持の拡大という現実に対して、ライヒ首相ルターの要請を受けて、協会は同党の経済政策とその目標を科学的に検討する会議の開催を計画し、ベッケラートらを中心に問題の取り上げ方を検討したが、結局実現にいたらなかった。(17) その際に示されたナチズムへの学問的関心は、批判的な立場からのそれでこそあれ、決してナチス同調的な観点からではなかった。こうした慎重な対応は農業問題会議に際しても見られ、結局協会は一九三四年七月に解散を余儀なくされる。(18)

(2) 社会政策学会

社会政策学会の会長は、シュモラーの後任として、H・ヘルクナー（在任期間一九一七～一九二九年、以下同じ）、エッカート（一九二九～一九三二年）、ゾムバルト（一九三二～一九三五年）と続き、C・v・ディーツェ（一九三五～一九三六年）で終わる。学会は、第一次大戦後の大会においては、独澳経済関係・社会化問題（一九一九年）、国家学研究の改善（一九二〇年）、社会政策の将来（一九二二年）、階級闘争・商業政策・通貨問題（一九二四年）、世界経済の Krisis と構造転化・西欧の過剰人口・租税問題（一九二六年）、資本主義の転換・対外借款・信用と景気変動（一九二八年）、社会政策の基礎と限界・ドイツ農業危機・都市居住問題（一九三〇年）、そして最後にドイツと世界恐慌をテーマに取り上げた。

大会の議題の内容はこのように多様であったが、それらの中で特に一九二六年大会（ウィーン）の「世界経済の Krisis」、一九二八年大会（チュリッヒ）の「資本主義の転換」および一九三二年大会（ドレスデン）の「ドイツと世界恐慌」は、第一次大戦後の資本主義とその世界体制の転換およびその中におけるヨーロッパ、特にドイツの位置を問題にする点で共通していた。論議は学会の討議の枠をこえて広がり、K・ブラントのいうようにあたかも「資本主義論争」（Kapitalismusdebatte）(19)の形をとって展開していった。

「世界経済の Krisis と構造転化」（一九二六年）に関してはハルムスとオイレンブルクが主報告を行ない、ヒルファーディング、R・シュラー（一八七〇～一九七二年）、レーデラーほかが討論に参加した。「資本主義の転換」（一九二八年）をめぐる大会の主報告者は、ゾムバルトとエッカートで、ザリーン、シュルツェ・ゲーファニッツ、K・ディール、A・ヴェーバー、レーデラーらが討論者となった。最後の大会の論題、「ドイツと世界恐慌」に対しては、M・ザイツェヴ、コルム、v・ディーツェ、レーデラーが報告を行ない、ゼーリンク、A・ルストウ、オイケンほかが討議に加わった。

社会政策学会における「資本主義論争」は、上述のように、ハルムス、オイレンブルク、ヴェーバー、エッカート、ゼーリンク、ゾムバルト、ザリーン、ディーツェ等々の歴史学派の学者を中心に、ヒルファーディングやレーデラーらの社会民主主義の立場に立つ論者、それにオイケン、コルム、レプケらの第二次大戦後に活躍する新進の経済学者を主たる論者としてくり広げられたのである。

これらの議論を通じて資本主義の現状認識と将来の発展可能性をめぐって見解の対立が次第に明確となるにいたった。それは何よりも「晩期資本主義」論に基づきアウタルキー化政策を提起するゾムバルトに対する、ハルムスやオイレンブルク、オイケン、レーデラーらの反論として現われた。一九三二年大会は後者の立場が学会の中で圧倒的に優勢な位置にあることを示したのであって、のちにゾムバルトが指摘したように、[20]当時の学会はまさに「自由主義的社会民主主義的」な色彩を色濃く有していたのである。

ナチス時代に入って二年、一九三五年六月の総会で会長ゾムバルトは、多様な世界観に立った公然たる論議の時代が去り、議論ではなく決断、「指導者原理に基づく直接的な途」の時代が到来したことを――それを歓迎しつつ――指摘し、学会の解散を提案した。これに対して会員の多くは学会の存続を望み、ゾムバルト提案は退けられ、v・ディーツェが会長に就任する。しかしその後ナチス党および政府より圧力がかかり、ナチス党員学者の加入、ヴィスケマン（不可の時はブロイアア）の会長およびv・ツヴィディネック・ジュデンホルストの名誉会長の就任の要求などがあったことから、一九三六年四月、学会の解散が理事会より提案され承認された。こうして六〇年に及ぶ社会政策学会の活動は幕を閉じることになった。

上のことからもわかるように社会政策学会の内部においても、ゾムバルトのようにナチズムに傾いたり、またナチス党員になったゴットルやその弟子のリスト研究者ヴィスケマンのようにナチス体制に同調する学者も少なくなかった。[21]しかし、歴史学派の大勢はむしろ批判的ないし対立的であった。ナチス党政権がこの組織に介入し、解散を強要せねばならなかったという事情は、学会とその立場がナチスに対立する現実的な力として少なからぬ意義を持っていたことを示している。学派の主力学者の個々の事例について見ると、エッカート（第三代会長）はケルン大学学長の地位を任期満了前に解かれ、A・ヴェーバーも教授退職を強制され、ゾムバルトの論敵オイレンブルクは教授職を追われたのち、ゲシュタポに逮捕され獄死する。ナチス世襲農場法に反対した農政学の大家ゼーリンクはナチス政府の食糧・農業大臣ダレ（Darré）により厳しい弾圧を受け、またリスト研究者F・レンツとA・ゾムマーも職を失う。ナチス体制の厳しい状況下で、密かにE・v・ベッケラート、ディーツェ（最後の会長）、オイケンらはフライブルク/Br. に集まり（「ベッケラート・サークル」）、ナチス倒潰後を考えた「自由で社会的な経済秩序」を立案する。(22) こうした動きも、ドイツ歴史学派の上記のような経過の中で捉えられよう。われわれは戦後西ドイツのいわゆる社会的市場経済論の指導的な論者となるオイケンとレプケが第一次大戦後の社会政策学会やリスト協会において新進の学者として論陣を張り、歴史学派の組織的拠点の解体局面に関わったことを知ったが、上のことは彼らと学派とのこうした関係がナチス体制下においても何らかの形で続けられていたことを示している。そのような意味では、フライブルク派を中心とする戦後西ドイツの経済学とそれに基づく戦後経済改革とに対して、歴史学派はある種の関係を有することになるのである。(23)

3　資本主義の構造転化・危機の認識

第一次大戦後のいわゆる全般的な危機の下でヨーロッパ経済は内的編成の点でも、またそれを取り巻く世界的環境においても戦前と著しく異なった様相を呈する。ヨーロッパ資本主義の内的外的条件の変化、戦前資本主義との対比における新局面の全体的な理解と資本主義の今後の発展の可能性をめぐる論争は、社会政策学会においては、一九二六年大会における「世界経済の Krisis」をもって始まり、「資本主義の転化」をテーマとする一九二八年大会で全面的に展開される。(24)

(1) 世界経済の Krisis に関する認識

一九二六年大会において主報告者ハルムスは、「世界経済の構造転化（Strukturwandlung）」の現実に注目する。彼は共通のテーマの「世界経済の Krisis」における“Krisis”の意味を、周期的な「恐慌」としてばかりでなく、世界経済の編成上の変化（＝構造変化）による混乱＝危機として捉える。彼は、エネルギー経済の変化（石油使用・水力発電・暖房技術向上）、鉄・非鉄金属・ゴム・人造染料・農産物等生産における立地変化、輸送・交通手段の発展、等々と並んで国民経済とその相互関係における変化として、国家理念と結びついた国民的生産力の発展、原料・食料生産国の「工業化」、モノカルチャー経済の後退、キー産業の発展、等の事実に注目し、これを世界経済の構造変化として認識する。彼はそれを大戦前のヨーロッパ資本主義を中心とする国際的分業関係（ヨーロッパ＝工業、アジア・アフリカ・南米等＝農業・原料生産）の解体として捉え、経済的不況は単なる「恐慌《クリーシス》」ではなく、このような構造的要因によるのであって、それはヨーロッパ経済の危機《クリーシス》を意味する。こうした国民経済とその世界的関連におけるアウタルキー化と、旧来の構造の解体に対して、彼は、再度の戦争を回避するために、国際間の利益連帯と諸個別経済間の世界的な協業が必要であると主張した。

もう一人の報告者オイレンブルクは、大戦後の傾向として、一方では①国民国家形成・強化、国家の経済への関与の強まりという国家主義の動向と、他方では②資本・信用上の国際的関連、国際協定あるいは政治的連帯等の形をとった諸国民連携（国際的連帯）の動きという、二つの対立する動向があることを指摘する。戦後の世界貿易の特徴として彼もヨーロッパの比重の低下とアメリカ・東アジアの地位の上昇とに注目する。しかし同時に彼は実質購買力の後退、資本形成の停滞、東欧分離、通貨混乱等々をヨーロッパ資本主義の地位低下の原因とみなし、それに対しては、関税政策ではなく、産業保護を中心とする国家の多面的な政策（「行政的保護主義」）が有効であるとする。

オイレンブルクも旧農業国や新興国における生産諸力の発達と国民経済の形成（「地球の新たな工業化」）の事実を重視するが、これを旧工業国の発展への障害としてではなく、新しい国際分業関係の創出の条件として積極的に評価する。新興国の工業化は旧工業国からの生産手段の調達を必要とし、また工業化に伴う富の増大は同じく旧工業に対して良質の消費財の需要を拡大することにより、旧工業国のより高次の発展を促進することになると考え、ハルムスとは異なって、より楽観的な見通しを提示した。したがって資本主義の課題はそのような新しい国際分業関係の創出のために、国際主義・国際連帯をつくり出すことであり、その結果、国民主義と国際主義は相互に規定し合う両極を構成することが可能になると、主張した。

以上の議論に対して、シュラーとレーデラーらは、経済の組織化・集中化、自由競争の排除ないし制限、その結果としての価格メカニズムの変質と恐慌からの回復の困難性を問題にした。

(2)　W・ゾムバルト「晩期資本主義」をめぐる論争

一九二八年大会における中心テーマ「資本主義の転換」（Wandlung des Kapitalismus）に関して全体的な問題を提示したのはゾムバルトであった。その基調報告において、ゾムバルトは戦後資本主義の転換をほぼ次のように捉えた。

①資本主義の地域的変化

旧資本主義国の資本蓄積の鈍化と資本不足の傾向に対して、アジア・アフリカをはじめとして資本主義は全世界に拡延している。農業民族の工業化により、ヨーロッパ資本主義の工業製品輸出は鈍化し、また新興国における農業物需要拡大によって旧工業国の農産物輸入は後退し、農産物自給の必要性が増大する。こうして全体としてアウタルキー化の傾向と世界経済的関連の縮小が生じる。

②資本主義の形態転化

外的な様相を見ると、資本集中・経営集積が進展し（カルテル・コンツェルン）、資本に対する労働者・職員層、大経営に対する小経営、生産者に対する消費者、大株主に対する小株主のそれぞれ従属が進んでおり、全体として金融寡頭制の傾向が見られる。内的形態について見ると、(a)経済的意識の合理化と「資本主義精神」（非合理主義と合理主義、投機と計算性、企業家精神と市民精神との緊張としてのそれ）の後退、つまり情報・知識に基づく企業経営と企業家能力の後退、配当固定化・余剰の自己投資等による利潤追求意欲の減退が、また(b)経営の官僚制化やカルテル化による自己規制、労働保護・価格統制等の国家的企業統制、経営評議会・労働組合・賃金協定による企業拘束などの現象が進行しつつある。こうして(c)市場メカニズムの排除（カルテル・労働組合・国家・自治体による）、景気循環の消滅、資本蓄積の減退、技術進歩の緩慢化等、経済過程が変質している。

③資本主義的分野が後退しつつあるのに対して、手工業・農業における前資本主義的様式は存続し、他方、半官半民企業、国営・自治体経営、協同組合などの資本家なき「ポスト資本主義的」（nachkapitalistisch）な経済制度が広がっている。

これまでの支配的な経済体制が終期を迎えつつあり、新しい経済体制が展開し始めたこの時期を、ゾムバルトは「晩期資本主義」（Spätkapitalismus）と名づけた(25)。

ゾムバルトの資本主義構造転化論をめぐる議論においては、現段階を「個人的資本主義」（Individualkapitalismus）から「社会資本主義」（Sozialkapitalismus）、さらに「計画経済」（Planwirtschaft）への移行として捉えるザリーンがこれに賛意を表明し、今や経済が優位にあった時代が終焉し、精神的政治的諸力が重要な位置を占めるに至ったと主張した。だが、エッカート、ヴェーバー、K・ディールらの歴史学派の大勢（およびレーデラー）は、ゾムバルトの晩期資本主義論に批判的であった。

エッカートは、大戦後のヨーロッパ（特にドイツ）資本主義が国家社会主義的（staatssozialistisch）な要素を混在させており、大戦前の資本主義とは異なる様相を呈していることを認めた上で、しかし、にもかかわらず資本主義的であることには変わりはないとする。利潤追求意欲、投機的非合理的可能性を残した資本主義の精神は健在であり、また資本主義企業の形態転化は明白だとしても発展そのものは否定されないし、経済への国家干渉、労働者の経営参加も、資本主義の本質を変えるものとはいえない。資本制的蓄積は合理化過程を促進し、私的企業に対する拘束、カルテル化・結合はこうした過程の所産であって、国家介入と私経済的結合の下での「規制された競争」（geregelter Wettbewerb）によって資本主義的企業はよりよく能力を発揮しうると指摘する。またヨーロッパ外の工業化に関しては彼は、それをヨーロッパ資本主義の存立基盤の縮小としてではなく、むしろ機械などの生産手段や新たな消費財に対する需要の拡大を通じて、資本主義を発展させる条件となりうると考えた。

資本主義の構造転化に関する問題は、社会政策学会の大会会場での討議の範囲を越えて、広く論議されるにいたったが、論者の中心にあったのは歴史学派の学者であった。そこで問題とされたのは第一次大戦後のヨーロッパ資本主義とそれを取り巻く世界的諸条件の特質、とりわけ大戦前と対比した場合のその変化であり、その歴史的段階的な位置づけであった。資本主義の新局面を過大に評価し、その最終段階として捉えるか、それともその変質と転化を認めつつ、それを資本主義のより高次の発展に結びつけるかはともあれ、歴史学派の第三世代が問題にしたのはレッセルフェールの終焉後における資本主義の全体的構造的特質であり、その歴史的段階的認識であった。資本主義の経済学的認識の方法として、このような把握の仕方は、歴史学派がこれまで特徴としてきたものであり、戦争とその敗北、革命と労働運動の高揚という深刻な状況を背景にして、彼らの経済学的認識は、大戦前の新歴史学派の学者とは比較にならないほど、深い危機意識と結びついていた。

4　アウタルキー化・広域経済圏に関する議論

新興国の工業化と経済的ナショナリズム、旧資本主義国のブロック化、国家の経済介入、等の動向を背景にして、世界経済依存からの自立と経済的自給をめざすアウタルキー化論が経済学の分野においてばかりでなく、政治的にも大きく問題となるのは、とりわけ一九二九年世界恐慌以降においてであった。それは広域経済圏論や農業政策論と密接な関連において議論されるが、しかし、その内容は、上述した資本主義の構造変化と段階認識の問題に不可分に結びついていた。アウタルキー化論の中心的な主張者はゾムバルトであって、この問題は、そのゾムバルトによって「自由主義的社会民主主義的」性格を指摘された一九三二年の社会政策学会において、また、F・リスト協会の刊行物（「ドイツ農業政策」）や「農業問題」会議（一九三三年）においてさまざまな観点から論ぜられることになった。

(1)　アウタルキー化論――ゾムバルト・ザリーン――

ゾムバルトは、すでに第一次大戦前において、工業生産の発展に伴って工業製品の輸出比率は低下するという見解を表明していたが、[26] 彼のアウタルキー化に関する認識は社会政策学会（一九二八年）における晩期資本主義論、さらに「資本主義の将来」（一九三二年）[27] によって具体化された。

アウタルキー化論は、まず旧農業国ないし新興国の工業化に注目する。その結果として一方では、農産物の当該国での消費拡大、したがって工業国に対するそれらの国からの農産物輸出の減少が、他方では旧工業国の旧農業国への工業製品の輸出の減少が生じることになる、と考える。これに対して発展した工業国では人口が減少傾向に転じ、しかも農業生産力は上昇しているので（マルサス法則の逆転）、食料自給の可能性は増大している。また世界的には、一九世紀的な市場経済と国際分業体制が衰え、代わってイギリスの帝国ブロック化に見られるような閉じられた経済ブロックが形成されつつある。そこでドイツにおいても、そのような状況によって不要になった工業の輸出能力を転換し、食料・原料の自国生産の拡大に結びつける必要が生ずる。こうして「再農業化」（Reagrarisierung）の政策が重要となる。

それは農・工の内部的均衡と内部市場の重点化を意味するが、その場合、内部市場は一国的規模ではなく、広域的でなければならず、特に東南ヨーロッパを含めた広域経済圏（Großraumwirtschaft）が構想される。アウタルキー化は、自由主義的経済の解体と拘束的経済への移行を背景にして、経済に対する国家的介入と計画的政策によって初めて実現されることになる。ゾムバルトはこのように把えた。

ザリーン[28]も戦時・戦後における旧農業国の工業化と世界的な反資本主義の動向（特に資本主義国での労働運動とアジアのナショナリズム）に見られる「ヨーロッパ的市民的世界秩序」への対抗、資本主義国における独占・半独占的団体による高価格メカニズム等の新しい状況を重視し、そこに一九世紀的システムの危機を見る。世界経済においては、イングランド銀行を支柱としアメリカの協力によって維持されてきた金本位制による世界的経済体制が、イギリス帝国の崩壊とともに衰退し、今や世界経済の一体化に代わって、閉鎖的な経済ブロックが形成されつつある。イギリスの支配とイギリス思想の支配的な時代は過去のものとなった。こうして、国家による経済の新しい方向づけが不可避となり、今や工業の振興ではなく農業の促進が、また世界経済ではなく、内部市場の重点化が行なわれねばならなくなっている、とザリーンは述べる。

自由貿易の前提となっていた内外市場での自由競争の原則は崩れ、計画的潮流が今日的な現象となっており、それとともに個人主義の時代から共同体的結合の時代へと世界史的な転換が現実の問題となっている。このような状況の下では自由貿易への復帰は困難であり、ドイツに残された道は自国の可能な限りの世界経済からの自律であり、とりわけ食糧の確保である。それは完全なアウタルキーを意味するものではなく、世界経済との関連は存続する。しかし、今や工業優位の国家から農・工・商国家へと転換し、自己の勢力圏を経済圏として確保した上で、自経済圏の諸力を可能な限り発展させることが課題となる。こうして政治的権力的な状況がかつてなく重要な意味をもつようになる。ザリーンは以上のように理解した。

(2) アウタルキー化論批判——オイレンブルク——

アウタルキー化問題は一九三二年、「ドイツと世界経済」をテーマとする社会政策学会最後の大会(ドレスデン)で取り上げられ、ディーツェとレーデラーが主報告を行ない、ゼーリンク、オイケン、レプケ、ジーフェキンク等々が議論に加わった。アウタルキー化論に対する論者の見解は決して一様ではなかったが、ドイツにおける工業の重要性と工業化した国々との経済関係の決定的な意義を指摘しつつ、アウタルキー化論、東南ヨーロッパ広域経済圏論の非現実性を問題にし、それとの闘いの必要性を主張するレーデラーの批判的立場や、自由主義的政策理念を重視するオイケンらの慎重論が優勢を占めた。学会会長の地位にあってこの年『資本主義の将来』を著わしてアウタルキー化を主張したゾムバルトにとっては、学会のこの「自由主義的社会民主主義的」雰囲気は決して好ましいものではなかったのである。

しかし、歴史学派の学者の中でアウタルキー論について批判的な立場から最も詳細に論じたのはオイレンブルクであった。彼は、工業発展に伴う工業製品の輸出比率低下を主張するゾムバルトの所説を批判するとともに、一九三二年、『広域経済とアウタルキー』において、またリスト協会の『ドイツ農業政策』の論文「アウタルキーと農業保護」の中で、アウタルキー化論・広域経済化論を経済学的に詳細に検討し、その問題点を指摘した(29)。

オイレンブルクはアウタルキーや広域経済という言葉が十分な検討なしにスローガンとして流布している状況に対

して、これを経済学的観点から客観的に把握する必要性を説く。彼は、これまで主張された各種の広域経済論とその意義を検討し、その目的が経済的自給の強化、多面的生産、域内分業の編成、内部市場での販路確保、それによる商業政策上の力の確保にあるとする。オイレンブルクは、広域経済の条件として土地、土着産業の発展、交通、そして販売に対する域内の消費と購買力（工業と都市の発展）、文化・言語の統一性、統一的な経済政策、ダイナミズムと発展可能性を挙げる。その上でヨーロッパにおける統合はＵＳＡに対比した場合、政治的文化的前提をはじめ条件の多くを欠き困難であると主張する。

ドイツにとっては工業的発展の現状、農業の比重低下、内地植民の限界等から、食料・原料の対外依存は不可避的であり、国内自給の可能性は著しく小さい。また工業製品の販売にとって国内市場には限界があり、むしろ工業諸国間の国際的分業が必要である。これまでもドイツの工業製品の輸出の五分の三以上が工業国向けであったことを想起せねばならない。ドイツにとっては農業的な東南ヨーロッパとの関係以上に西欧・海外との関連こそが重要であって、広域経済はドイツ資本主義にとって最も遠い所にある。

もとより諸外国の閉鎖的保護主義的傾向は否定できない。しかしドイツは外国からの輸入を不可避とし、また対独輸出国はドイツ品の購買力をそれによって得ている。国際間の資本取引は、商品取引の世界的関連と結びつきつつ、国際的な循環を形づくっており、障害があるとしてもこれを停止できない。また、農業国の工業化は生産手段の購入を必要とし、旧工業国の製品輸出における消費財から生産財への重点移行をもたらすが、これは決してヨーロッパの世界経済的関連の後退を意味しない。むしろ、工業国にとってより重要なことは、農業的な新興国との結合、それの包摂と「再農業化」ではなく、工業化しつつある新興国、したがって東南ヨーロッパではなくロシアとの関係である。

こうして世界経済的関連は障害はあるが今後も増大し、アウタルキーの実現の可能性はない。商業政策はこうした長期的観点に立って構想されねばならない、とオイレンブルクは指摘する。

(3) F・リスト問題

以上の議論は、F・リストの学説の現代への適用と解釈に結びつけられ、それによって一九世紀前半のリストの時代、さらに一九、二〇世紀交の時期と現代との段階的関連が問題とされることになった。

①熱帯諸国の工業化の可能性

リストは経済発展の段階として未開、農業、農・工、農・工・商の各状態を考えたが、その際、工業の発達、したがって農・工段階、農・工・商段階への移行は温帯諸国が最も適しており、熱帯諸国は自然的に見て農業には最適であるが、工業力の発展という点では不利であり、工業は温帯諸国に依存しなければならない。こうして、温帯諸国と熱帯諸国との世界的な分業関係と諸力の結合が生ずる、と考えた。ところが上述したように資本主義構造転化・アウタルキー化の議論において核心的な位置を占めたのは農業国の工業化、地球の工業化、有色資本主義の認識であった。この認識はいうまでもなくリストの考えと相容れないものであり、リストの学説はこの点に関する限り――ハルムスの見解が示すように――誤りとして理解された。

しかし、農業国の工業化が旧工業国のそれと同じ形態をとるか否かについては意見は分かれた。ハルムスやゾムバルトは上述したように、両者の工業化に区別を設けず、両者の関係を競合的ないし対立的とし、それら相互の世界的な分業の消滅、一九世紀的な国際分業関係の解体としてそれを捉えた。これに対してオイレンブルクに代表される見方は、新興国の工業化の現状を消費財部門を中心とするごく一部の工業に限定された現象とみなし、それは旧工業国に対する生産手段の需要を生み出すもの、両者はそれによって新たな分業関係に編成されうると考えた。

②農・工・商段階と現段階

リストの経済発展段階論を前提とした場合、現段階はいかなる状況にあり、またいかなる政策をとるのが適当か。この問題は、一九、二〇世紀交の「農・工国家」論争の中ですでに立ち入って論ぜられたが、今や資本主義の世界的編成の転換ないし解体が論ぜられる第一次大戦後において、この問題はかつてなく深刻な意味を与えられた。

現在の状況を「ドイツ経済政策の転換点」とするザリーンの先の立論は、リスト全集刊行の当事者のそれにふさわしく、このリスト的問題と密接に結びついて展開された(30)。ザリーンによれば、リスト的段階論における農・工・商段階への移行は、イギリスは一八四〇年代半ばに、ドイツは一八七〇年代中頃にそれを果たし、今や両国とスイス・ベルギーは、リストの予想しなかった「晩期段階」(Spätstufe)に移行した。国際的には、現在、農・工・商段階の国々、その前段階の農・工段階の国々、そして「晩期段階」の国々が併存している状況にある。

この間、イギリスは、農・工・商状態から工商状態に移行した。しかしこの国はその後工業的に独・米に凌駕され、ロンドン金融市場の世界的位置を背景にして金融的利害が工業に対して優位に立ち、工・商国家から「開放的商業国家」に移行し、均衡的な国民経済は解体した。しかし世界大戦とその後の過程でこの体制は障害に直面し、イギリスは今や関税制度の採用と「工・商国家」への回帰を試みつつあり、伝統的な自由主義を捨てて、自由貿易による世界経済の再編ではなく、自帝国を経済圏として編成しようとしている。ザリーンは、リストの経済発展段階論において最先進国として扱われたイギリスのその後の発展をこのように総括した上で、ドイツがイギリスを模範として工・商国家、さらに商業国家へと、対外依存への途を強めることは適当ではなく、また、条件を欠いているとする。

農・工・商国家から開放的商業国家への移行の内的必然性が存在せず、イギリスも工業保護に回帰している今日、ドイツが世界を自由貿易に復帰させる可能性はなく、残された道は世界市場からの可能な限りの自律（とりわけ食料のそれ）以外にない。リストは工業育成による国民経済の強化を説いたが、工業の過剰な発展はドイツ経済の過度な世界経済依存をつくり出した。今や育成と保護は農業に向けられるべきであり、それによって国民経済の新しい関係をつくり出さねばならない。以上のようにザリーンは理解した。

これに対してオイレンブルクは上述したように工業的発展の優位と食料自給の困難性を指摘し、農業の拡大＝再農業化を批判した。彼は購買力・所得の重要性を指摘し、リストを引用しつつ[31]工業的都市的な発展こそがその上昇をもたらすと述べ、それを農業国の発展のあり方にも適用しつつ、農業国の工業化は購買力の上昇と結びつき、旧工業国の工業製品の需要を拡大するものとした。したがって彼はリストの段階論における農・工・商状態と、そのような国相互間の関係および工業化した旧農業国との間の新たな国際的分業関係の意義を認め、この段階での手段としてリストの見解通り自由貿易を適切と考えた。

③農・工関係と内部市場

アウタルキー化や再農業化あるいは購買力の問題は内部市場とそこでの農工関係、さらに農業経営のあり方など、リストの提起した問題に密接に関連する。上述したザリーンやオイレンブルクの議論だけでなく、ディーツェやゼーリンクらの見解にもこれらの問題が取り上げられていたが、上の問題をリストの学説に関連させて正面から論じたのはＰ・ブラームシュテット[32]であった。

ブラームシュテットは、工業的発展が農業を支え、農業生産力と工業力との相互作用が形成されることを重視したリストの学説に注目する。リストは工業の発展の出発点（「入口」）に立っていたが、今やその発展の「出口」にわれわれは位置している。工業的発展と世界商業に関わるリストの展望は現実化したが、一〇〇年前にリストが見た市場の広がりは、その後の発展を経て、今や相対的に縮小し、イギリス世界市場システムの解体とアウタルキー化の中で内部市場が注目され、リストがかつて提起した国民経済における農工関係の相互的関連の問題が再び登場してきている、とブラームシュテットは捉えた。彼は統計データを駆使して内部市場の経済的関連における工業的地域の果たす主導的な役割を明らかにし、工業的地域の状況が国内的関連を通じて農業生産に間接的に作用すると指摘し、工業に対する農業の作用を重視する考えに対して、工業の促進が農業の発展をもたらすというリストの考えの妥当性を確認する。

この論点はさらに農業生産の担い手としての農業経営の形態、つまり大農場経営か中小農民的経営かの問題や、東部ドイツへの移民、ユンカー的土地所有の分割と農民的経営の創出、農村地域における工業的発展、等のリストの学説に関わる問題に関連するが、ここでは以上の指摘にとどめたい。

おわりに

第一次大戦後における資本主義の危機とその性格、資本主義の現状認識と今後の発展可能性に関しては、同じ頃、マルクス主義におけるE・ヴァルガやN・ブハーリンらの危機論争や、社会国家論・組織資本主義論をめぐる論争が存在したことは知られている。本章で検討した歴史学派の論争は、第一次大戦後の資本主義の現状把握と将来の可能性を問題にする点でこのマルクス主義の論争と共通する。しかも資本主義の構造転化とアウタルキー化に関する議論の基礎には、マルクス主義者とは方向は異なるが、資本主義の危機ないし動揺について、他のブルジョア経済学にはない深刻な認識が存在した。その際論争の核心をなした問題は、第一次大戦前、特に一九世紀の資本主義とその世界的体制の変質と転化であり、そのようなものとしての戦後資本主義の歴史的段階的認識であった。それは国民経済とそれを支える国際的関係、それに対応した国民経済の内的編成と、特にその歴史的認識の問題であった。そのような視点は、リストに始まり新歴史学派を経て第一次大戦後に継承された歴史派経済学特有の方法にほかならなかった。

歴史学派第三世代の分析はこの観点に立って、「レッセ・フェールの終焉」後の資本主義をともかくも段階的総体的に捉えることができたのであり、それは経済学上の成果として、評価に値するものといってよいだろう。

資本主義の転換の認識に裏づけられたアウタルキー化論・広域経済圏論は、それへの批判とともに、政策論としていやおうなしに現実の政策過程とそれをめぐる政治的社会的対抗に関わることになる。ワイマール体制とナチズムの台頭、共和制の解体とナチス体制への移行との関連がそれである。学派の創始者リストやヒルデブラントらが三月革命前夜から革命期にいたる中で、アンシアン・レジームの解体と自由主義的なブルジョア社会への移行に積極的に関与したのに対して、歴史学派の第三世代は、そのブルジョア社会の動揺とブルジョア自由主義の危機の局面に関係することになったのである。

第一次大戦後の歴史学派の主流的立場は、その際、資本主義の変質と転換を資本制の発展可能性と結びつけて捉え、国際分業関係の発展の観点から、アウタルキー化論や広域経済論に対して反対ないし慎重の立場をとったが、それは現実の政治的関係においては、アウタルキー体制を志向するナチス党との対立に結びついた。社会政策学会やリスト協会の半ば強制的な解散、ナチスによる主流派学者の弾圧はこうした自由主義的な立場とナチス体制との対立が、論争当事者の予測を上回って深刻であったことを示した。

歴史学派がその後のドイツの経済学の展開にいかなる影響を与えたか、特にオイケン、レプケ、コルムら若手学者の学説にいかに継承されたかは今後の研究によりたいが、そのような後代への影響はあるとしても、歴史派経済学はここに最終的に終焉したとすることが出来るだろう。もとよりゾムバルトやゴットル、その弟子ヴィスケマンのように一部の学者はナチス期に影響力を強め、ナチス思想と多くを共有し、体制に積極的に関与した。学説史においては、ヴィスケマン編『ドイツ経済学の途』（一九三七年）[33]に見られるように、民族主義、ナショナリズム、国家主義、広域経済圏論等々、リストや歴史学派の学説のある部分を「ドイツ的」に解釈し、それを「新しい経済学」に結びつける試みもなされた。

学説のこうした「ドイツ的」解釈――それがいかに一面的であったとしても――がどのようにこの時代の現実分析に結びつき、ナチス期の経済政策に関連したか、ナチス体制のイデオロギーとしていかなる役割を果たしたかはそれ自体重要な課題であり、さらにそれは、より広く、ナチズムと学派の学説との思想史上の関連、学派のそのような意味での特殊ドイツ的性格を問う問題に関連する。ヴィスケマンらの「ドイツ的」解釈が、ナチズムのイデオロギーとしてドイツ史の現実に関与し、身をもって特殊ドイツ的な過程を担ったとすれば、しばしば「ドイツ史の特殊な途」と結びつけられるナチズムとこの「ドイツ的」に解釈された学派との関連はまさに直接的であり現実的といえるからである。

しかしナチス思想との関連で、リストや歴史学派の学説とその解釈史おけるこのような部分がいかに注目されるとしても、このことと学派の学説とその展開の経済学史上の全体像とは別であり、両者が適切に区別されなければならないことはいうまでもない。ヴィスケマンらの「ドイツ的」な解釈は、第一次大戦後の資本主義の段階的構造的な認識に関わる学派の経済学的な活動のまさに排除と否定と一体となっていた。学派におけるナチスへの関連を過大に評価することにより、学派の全体的な流れに関して、ナチス的ないし「特殊ドイツ的」性格を強調すべきでないことは論を俟たない。(34)

（1） 大河内一男編『経済学説全集5』（歴史学派の形成と展開）、河出書房、一九五六年、第四章（大河内一男）、二三七頁。
（2） 遊部久蔵・小林昇・杉原四郎・古沢友吉編『講座　経済学史V』（歴史派経済学と近代経済学）同文舘、一九七七年、第一章歴史学派（小林昇）四三～四四頁（『小林昇経済学史著作集』Ⅷ、未来社、一九七九年、三九～四〇頁）。
（3） 同前、二〇～二一頁（同前著作集、一二頁）。
（4） 同前、四二頁（同前著作集、三八頁）。

（5） *Schriften des Vereins für Sozialpolitik*（以下 *Schr. d. VfSP*), Bd. 187. Verhandlungen des Vereins für Sozialpolitik in Dresden an 28. u. 29. Sep. 1932, S. 4.

（6） E. Salin, "The Social Sciences as Disciplines (Germany)", in : *Encyclopaedia of Social Sciences*, vol. I, New York, 1930 (1937), p. 260. また大河内一男『独逸社会政策思想史』下巻（同著作集、第二巻、青林書院新社、一九七〇年〔三刷〕）、第三篇第五章をも参照。

（7） 住谷一彦「Grundriß der Sozialökonomik の編纂者としてのマックス・ヴェーバー」大塚久雄・安藤英治・内田芳明・住谷一彦『マックス・ヴェーバー研究』岩波書店、一九六五年。

（8） 大戦後における価値自由論争に関しては、さし当たって、榊原巌『社会科学としてのドイツ経済学研究』平凡社、一九六三年〔三刷〕、跋、参照。

（9） 小林昇、前掲書、第一章第二・三節（前掲著作集、一六頁以下）。

（10） 田村信一『ドイツ経済政策思想史研究』未来社、一九八五年、また、同『グスタフ・シュモラー研究』御茶の水書房、一九九三年、をも参照。

（11） 小林昇「『全集』以後のリスト研究」前掲著作集、Ⅷ。

（12） リスト協会については H. Brügelmann, *Politische Ökonomie in kritischen Jahren. Die Friedrich List-Gesellschaft E. V. von 1925 - 1935*, Tübingen 1956. また、小林昇「リスト文献とリスト文庫」前掲著作集、Ⅷ、二八二頁以下、参照。

（13） Brügelmann, *a. a. O.*, S. 37 - 67. 小林、同前、および前掲注（11）の論文、一〇八頁、参照。

（14） Brügelmann, *a. a. O.* 協会は、一九三一年会議以外の会議については報告集を刊行している（但し、「賠償問題」と「農業問題」のみ筆者閲覧）。なお、最近、一九三一年会議についてもボルヒャルトらにより記録が公にされた。K. Borchardt/ H. O. Schütz (Hrsg.), *Wirtschaftspolitik in der Krise* (Monographie der List-Gesellschaft E. V., NF. Bd. 13), Baden-Baden 1991.

（15） A. *a. O.*, S. 139–168.

（16） *Deutsche Agrarpolitik im Rahmen der inneren und äußeren Wirtschaftspolitik*, Berlin 1932.

（17） Brügelmann, *a. a. O.*, S. 120–131.

（18） T・リハは協会の目的を、O・シュパンの「真の国家」の方向と結びつく政策形成に影響を与えるために、「同じ考えを持った保守的な経済学者、実業家、官僚、政治指導者を組織することであった」としているが、適当とはいえない。T. Riha, *German Political Economy : the History of an Alternative Economics*, Bradford, 1985, p. 227. 原田哲史・田村信一・内田博訳『ドイツ政治経済学』ミネルヴァ書房、一九九二年、四〇二頁。資本主義転化に関するこの議論は戦前日本にも紹介され、いわゆる統制経済論に影響を与えた。柳澤治「戦前日本の統制経済論とドイツ経済思想」『思想』第九二一号、二〇〇一年二月。

(19) K. Brandt, *Geschichte der deutschen Volkswirtschaftslehre*, Bd. 2, Freiburg i. Br. 1993, S. 397‐402.

(20) *Geschichte des Vereins für Sozialpolitik 1872‐1932* (*Schr. d. VfSP*, Bd. 188), Berlin 1939, S. 283.

(21) W. Krause, *Wirtschaftstheorie unter dem Hakenkreuz*, Berlin 1969, S. 70ff, 116.

(22) C. Blumenberg-Lampe, *Die wirtschaftspolitische Programm der "Freiburger Kreise". Entwurf einer freiheitlich-sozialen Nachkriegswirtschaft. Nationalökonomen gegen Nationalsozialismus*, Berlin 1973. 柳澤治「ドイツにおける戦後改革と資本主義の転換」田中豊治・柳沢治・小林純・松野尾裕編『近代世界の変容』リブロポート、一九九一年、八〇頁以下、参照。

(23) 学説の方法・内容上の連関については改めて検討されなければならない。

(24) *Schr. d. VfSP*, Bd. 172, Bd. 175. この問題については、柳澤治『ドイツ中小ブルジョアジーの史的分析』岩波書店、一九八九年、Ⅲ1参照。なお、星野中氏の御教示により、次の論文を知った。以下の叙述全体に関連するので参照願いたい。M. A. Landesmann, "Views on economic crisis, international economic relations, and trade policy in inter-war Germany"『経済学雑誌』第八八巻二～三号、一九八七年 ; H. Hoshino, Comment : "Export pessimism" in inter-war Japan, 同上。

(25) Cf. M. Appel, *Werner Sombart-Historiker und Theoretiker des modernen Kapitalismus*, Marburg 1992, S. 231f. ; J. Backhaus (ed.), *Werner Sombart* (*1863‐1941*). *Social Scientist*, Vol. II, Marburg, 1996, S. 170‐173.

(26) W. Sombart, *Die deutsche Volkswirtschaft im 19. Jahrhundert*, 3. Aufl., Berlin 1913, S. 370f.

(27) Ders., *Die Zukunft des Kapitallismus*, Berlin 1932. 鈴木晃訳『資本主義の将来』(『世界大思想全集』八六) 春秋社、一九三三年。

(28) Ed. Salin, "Von den Wandlungen der Weltwirtschaft in der Nachkriegszeit", in : *Weltwirtschaftliches Archiv*, 35. Bd. (1932 I) ; ders., "Am Wendepunkt der deutschen Wirtschaftspolitik", in : *Deutsche Agrarpolitik*, T. 2.

(29) F. Eulenburg, *Großraumwirtschaft und Autarkie*, Jena 1932 ; ders., "Autarkie und Agrarschutz, Theoretische Möglichkeiten und Grenzen ihrer Verwirklichung", in : *Deutsche Agrarpolitik*, T. 2.

(30) Salin, "Am Wendepunkt der deutschen Wirtschaftspolitik", S. 691–699.

(31) Eulenburg, *op. cit.*, S. 19, 32, 44.

(32) P. Bramstedt, "Die Trauschbeziehungen von Landwirtschaft und Industrie – Probleme des Binnenmarktes", in : *Deutsche Agrarpolitik*, 特に S. 413–416, 448–450.

(33) E. Wiskemann/H. Lütke (Hrsg.), *Der Weg der deutschen Volkswirtschaftslehre, ihre Schöpfer und Gestalten im 19. Jh.*, Berlin 1937, 金子弘訳『独逸経済学の道』日本評論社、一九四三年。

(34) この時期の状況に関する同時代日本人学者の認識については、高島善哉『経済社会学の根本問題――経済社会学者としてのスミスとリスト――』日本評論社、一九四一年、大河内一男『スミスとリスト――経済倫理と経済理論――』同、一九四三年、参照。戦後日本の経済学史研究に大きな影響を与えた上記の古典的な研究が、同時代のドイツの学問状況に対する批判的検討を内容としていたこと、その際ともに「スミスとリスト」を問題にしなければならなかったことは興味深い。それらの関連を理解するためには、高島や大河内らの学史的研究を同時代の日本の状況の中で捉え、それ自体を全体的な経済学史の中に位置づける作業を必要とする。それはまた、戦後日本の学史研究の意義の理解のためにも（したがってわれわれ自身の位置の確認にとっても）少なからず意味のある作業といえるのではないだろうか。柳澤治「戦時期日本における経済倫理の問題（下）」『思想』第九三六号、二〇〇二年四月、参照。

第5章　ドイツの戦後経済改革とその国際的関連——「新しい経済秩序」の創出——

はじめに

第二次大戦後の東西ドイツにおいては、周知のように、政治機構をはじめ各分野でさまざまな改革が行なわれたが、本章はこのようなドイツ社会の全般的な改革の一局面をなす経済面での改革を取り上げ、西ドイツを軸にしながらその歴史的意義を考察するとともに、それを同時代のヨーロッパの改革の一環として捉えようとするものである。

まずここで問題とする「戦後経済改革」の理解に関して予め筆者の観点について説明しておこう。

①戦後改革は、西ドイツの場合、連合国占領軍による占領政策として始まった。それは軍事的なナチス体制の解体とドイツ社会の民主化を目的としており、経済上の改革も、軍事的ナチス的な経済体制とそれを生み出した歴史的諸条件の解体を目的とするものであった。だがモーゲンソー・プランに代表される非ナチス化・非軍事化・非重工業化・分権化に関する占領政策は、一九四六年以降東西緊張の高まりの中で大きく転換する。ドイツ経済の改革も、その中で修正されることになるが、しかし、改革は変更を施されつつ続けられ、ドイツ連邦共和国が成立して（一九四九年）、間接的な占領体制へ移行し、さらにそれが終了した後も、ドイツ人によって続けられた。こうしてともかく

も戦前とは異なったドイツ資本主義の新しい経済秩序が生み出されることになった。これまでの研究は「戦後経済改革」を主として占領政策に限定し、その転換をもって終わりとみなしてきたが、本章はこれまでの理解[1]とは異なり、占領政策として始まった改革が修正されながら制度化され、新秩序として確定される長期的な過程として捉えることにする。われわれは、それを通じて、戦後改革を単に占領政策として外から与えられたものとしてではなく、それに対してまたそれをめぐって展開する、ドイツ人自身による、ドイツ内部での政策構想の対立と、諸利害の対抗を背景とする、内在的主体的な改革過程として理解することが出来ると思われるからである。このことは「外から」の圧力の下で実施された「改革」を問題にする時にはいかなる場合にも採用されるべき基本的な観点ということができる。

②戦前・戦時経済体制の解体に関わる改革は、貨幣・金融制度を含めた各分野に及んだが、しかしここでは占領政策として提起されていた軍事的ナチス的経済体制の基礎に関する改革をとり上げ、そのうち、特に大土地所有（東部ドイツ）の解体と過度経済集中・カルテルの解体、それにアウタルキー的体制の解体を加えた、三つの「解体」に注目する[2]。旧体制の否定と「解体」に関わるこの改革のうち、第一のそれは東部ドイツのソ連占領地域を中心に実施され、また後二者は西ドイツにおいて修正を受けながら、競争制限禁止法（一九五七年）によるカルテル禁止、ヨーロッパ的国際的自由貿易体制への編入（ガット加入〔一九五一年〕、欧州経済共同体〔ＥＥＣ、一九五八年〕）などに帰結した。それらはまさに戦後西ドイツ経済の秩序と枠組をつくり出す基本的な条件となったのである[3]。

③西ドイツにおけるこの改革過程はドイツ経済の「復興」（Rekonstruktion）の過程に重なり、またそれと密接に関連する。その場合「非軍事化」・「非ナチ化」・「非集中化」・「非カルテル化」という「非」の接頭語を伴う、「解体」を内容とする改革は、戦争直後の食料・衣料・住宅等消費財および各種生産財の窮迫状況からの脱出、経済的復興・再建の課題としばしば対立し[4]、国際的緊張の高まる中で、それらの占領政策は転換を余儀なくされた。こうして戦前体制の「解体」の内容は大幅に修正され[5]、改革は長期化した[6]。しかし、戦後西ドイツの経済的「復興」を戦前へ

の単なる復帰ないし復古たらしめず、経済再建を同時に「新しい秩序」[7]の形成過程たらしめたものは、復興と再建のための政策それ自体ではなく、むしろそれとは部分的に対立した戦前体制の「解体」に関わる改革であった。本章が戦後経済改革として通貨改革など、経済復興、さらには後の経済成長に直接結びつく諸改革ではなく、軍事的ナチス的体制の骨格の解体に関運する改革を重視した理由はこの点にある。

1　「一九四五年」の連続・非連続をめぐる論争と経済改革の評価

ドイツの戦後改革期に関する実証研究は今日さまざまな形で進められている。[8]戦後西ドイツ社会の前提条件として、すでに戦時期にナチス体制や伝統的社会の実質上の解体が始まっていたことを重視する最新の研究[9]はそうした新しい流れに沿った成果といえる。戦後史のこのような新しい実証研究が示すように、「一九四五年」の第二次大戦終了・ナチス体制崩壊を画期とするドイツ史の連続と断絶に関する歴史的評価の問題は――「一九四五年」を「ゼロ年」とするかどうかはともあれ――依然として歴史学の大きな課題の一つとなっている。

「一九四五年」をドイツ史の最も重要な切れ目ないし断絶とする代表的な見解は、C・シュタイン／H・A・ヴィンクラー編の『ドイツ史の転換点　一八四八―一九四五年』（一九八四年）[10]に示される。ヴィンクラーらの断絶説は、「一九四五年」を近代社会の西欧的発展と区別される「ドイツの特殊な発展」という「過去」が終わり、典型的な西欧社会への移行が始まる年と見るのであるが、その際本書の諸論文のうち特に重要なのはJ・コッカ（Kocka）の論文「一九四五年――新しい始まりか復古か――」である。コッカは、「一九四五年」以降における「過去」の残存と現在への連続面を慎重に留意しながら、しかし、ユンカー階級の消滅、軍国主義の終焉、エリート層の交代、小市民層の近代化、その他の伝統的な関係の解体、基本法、国際関係の変化とドイツ分裂等による、「過去」との断続面を重視している。その際、特に注目すべき点は、東エルベのユンカー階級の消滅が断絶面の第一に掲げられていることである。コッカは東部ドイツのユンカー階級がこれまで支配階級を構成し、ドイツ社会の民主化を阻害し、ナチズムを勝利させる本質的な要因となったことに注目し、その消滅こそまさに典型的な西欧型社会へのドイツの移行の第一の要因と考えたのである。

「一九四五年」を一八四八年の三月革命の挫折以降のプロイセン・ドイツ的な発展の終焉、西欧型近代社会への移行として捉える断絶説ないし非連続説に対して、連続説はナチス体制を単に特殊ドイツ的な途に結びつけるのではなく、資本主義それ自体の問題として理解するとともに、他方戦後改革を「外から」の改革、「外から」の「再建」＝「アメリカ化」として捉えようとする。その上で「非ナチ化」・「非軍事化」・「非集中化」・「民主化」などのこうした改革（四つのD）が挫折したことを重視し、ナチスを生んだ経済的社会的諸条件と権威主義的構造は戦後の西ドイツにおいてなお存続すると指摘する。[11] それでは資本主義経済の歴史的展開という観点から見た時、「一九四五年」を画期とする連続・非連続はいかに理解されているのだろうか。

上の相異なる二つの見解のうち、ナチズムと資本主義的発展との関連を重視し、改革を「外から」の政策、「非ナチ化」等の挫折として捉える連続説は、「一九四五年」を挟む前後における資本主義経済の連続性を強調することになる。それではこれに対して「一九四五年」をナチス体制にいたるドイツ社会史の特殊な途の終焉と見る断続説の場合はどうか。実はこの断絶説も「一九四五年」を画期とする「経済構造の基本的変化」については否定的であり、「資本主義的連続性」(kapitalistische Kontinuität) が重視されていることが注意されなければならない。[12] つまり連続説も断絶説も、資本主義経済の歴史的展開という点に関してはともに連続面を重視し、そこに何らかの転換を見ないのである。いうまでもなく戦後の西ドイツにおいて資本主義が基本的に継続したこと、また、その経済面の改革が内外の要因によって多くの点で挫折したことは否定することの出来ない事実である。しかし、それでは戦後の経済体制は単純に旧い体制の「復古」とそのような意味での「再建」でしかなかったのか。ドイツ資本主義の構造に関して、戦前と戦後との間に非連続面ないし断絶面は全く存在しなかったのであろうか。われわれにはそのようには思われないのである。

2　ナチス経済体制の解体と戦後改革

軍事的ナチス的経済体制を支えた諸条件の解体に関しては、「はじめに」で指摘したように、とりわけ①東部ドイツのユンカー的大土地所有制・大農場制の解体、②過度経済集中の排除・非カルテル化および③アウタルキー的体制の解体について見ることが必要である。

(1)　東部ドイツにおける土地改革

第二帝政以来のドイツ社会史を特徴づけ、ワイマール共和制の解体とナチス勝利の歴史的条件の一つとなった保守主義の中心的な担い手ユンカー階級の経済的基盤は、東エルベの大土地所有制・大農場制にあった。この東部ドイツは、連合国側占領地域である西ドイツに対して、ソ連占領地域をなし、ドイツ民主共和国を構成することになるが、一九九〇年にはドイツ連邦共和国（西ドイツ）に統合される。東部ドイツにおける土地改革は、ソ連占領政策として実施され、一〇〇ha以上の大経営が無償で没収され（約七千農場・二六〇万ha）、五分の一が公有地に、残余が五ha未満の零細農・農村労働者（約五〇万世帯）に配分された[13]。先に紹介したように断絶説（コッカ）は、東エルベのユンカー階級の消滅がもった歴史的意義を強調した。この観点から見れば土地改革はまさにそのユンカー階級の経済的基盤を解体させ、その再生を不可能にした、その意味ではドイツ史の断絶面に直接結びつく経済改革として評価さるべきであった。そして一九九〇年のドイツ統合によってその意義は改めて確認された。ユンカー的大土地所有制・大農場制の解体は、単に階級としてのユンカーの消滅に結びつくばかりでなく、それは東部ドイツの農村地域を規定していた経済的社会的関係の解体に、したがってまた東エルベの農業生産を重要な構成要素としていた戦前ドイツ資本主義の全体的な構造の転換に導いたのである。

東部ドイツのユンカー的土地所有・大農場制はいうまでもなく、一九世紀はじめのシュタイン・ハルデンベルク改革を起点にしてつくり出されたものであり、いわゆる「プロシア型」の発展の所産であった。したがって東部ドイツの土地改革は、単に戦前ドイツ資本主義の構造の解体にとどまらず、一九世紀初頭以来の農業のプロイセン的な近代化の帰結に対して、さらにその担い手たるユンカー階級と大ブルジョアジーとの連携が問題とされたドイツ資本主義の歴史的展開過程に対して、大きな転換を迫るものであった。東部ドイツの土地改革はそのような意味で、ドイツ経済史の大きな切れ目をつくり出し、「経済構造の基本的変化」に結びつく画期的な経済改革であったのである。

(2) 過度経済集中の排除・非カルテル化

経済の「非軍事化」を目的として、占領軍によって計画された特定分野の生産停止ないし制限、工場施設の撤去と賠償としての引渡しなどの措置が、連合国占領軍の下にあった西ドイツにおいては、内外の情勢から大幅に削減されたり中止されたりしたことは周知の事実である。[14] 同様のことはカルテル・シンジケート・トラスト等独占的結合体として現われる「経済力の過度な集中」(übermässige Konzentration der Wirtschaftskräfte) の排除と経済の分散化についても該当した。計画されたコンツェルンの解体 (Entflechtung) は、一九四六、七年のトルーマン・ドクトリン以降の占領政策の転換によって、大幅に縮小されたからである。しかしながらわれわれは、同時に、化学工業の巨大コンツェルン・IGファルベンや合同製鋼等製鉄・鉄鋼コンツェルン、コンメルツバンク・ドイツ銀行およびドレスデン銀行の三大銀行が解組され（一九四八〜一九五〇年）、またカルテルが原則的に禁止された事実に注目しなければならない。重化学工業がドイツ資本主義の最重要部門をなし、独占形成の基軸を形づくってきた歴史過程を考えると、それはまさに画期的な出来事だったといえる。

コンツェルン解組と非カルテル化を中心とする経済力の過度集中の排除の問題は、その後、競争制限禁止法（＝独占禁止法）の制定（一九五七年）によって決着を見た。確かにこの制定過程はドイツ連邦共和国の成立、間接的占領期およびその後に及ぶ長期間を要し、しかも当初の理念はその中で大幅に骨抜きにされた。K・ボルヒャルトは指摘している。「経済的諸団体の要求が配慮されることがますます多くなり、一九五七年七月二七日に法律が施行された時にはもともとの理念はほとんど認めることができなかった。その結果はそもそも誰をも満足させるものでなかった。あるものはこの法律を余りにも無力と考え、他のものはそこに経済的自由への容赦ない介入を見た[15]」。しかし、ボルヒャルトのこの指摘は逆に戦後西ドイツにおける独占規制の制度化の過程の重要性を物語るものである[16]。

(a)まず独占規制に関わる立法過程は、単に占領政策としてアメリカ等「外から」要請されたものとしてばかりでなく、同時にそれは独占政策をめぐる西ドイツ内部の諸政策構想の対抗過程でもあったことがそこから明らかになるからである。しかもその対立はその決着までに一〇年余を必要とするほど複雑であった。当初独占問題に関しては、社会民主主義の立場に立った「社会化」路線が一方に存在し、それへの対抗として、W・オイケン（Eucken）やW・レプケ（Röpke）らの独占解体論と、経済団体の現状維持的な立場とが存在した。法制過程は第一の社会民主主義的な「社会化」路線を排除しながら[17]、後二者の対抗と妥協として展開したのである。われわれはドイツの独占禁止法（競争制限禁止法）が単に外的な占領政策としてではなく、このような内部的な対立過程を通じて結実したことを重視する。

(b)第二に立法化にあたって「経済諸団体」の立場と対立するような「もともとの理念」が当初存在したことである。その理念に大きな影響を与えたのは、雑誌『年報オルド――経済・社会の秩序――』(W・オイケン/F・ベーム編集)[18]を中心とする上述の有力経済学者オイケンやレプケらの構想(いわゆるオルド自由主義 Ordoliberalismus)であった。それは、単にカルテル形態の独占を禁止するだけでなく、独占的な経済的実体(巨大企業)そのものの禁止・解体ないし弱体化を目標にしていた。フランス占領地区においてオイケンの名で発表された覚え書(一九四七年一月)は、経済的な「権力体」の防止・解体または弱体化に関して、単なるその「弊害」についてではなく、そのような「経済的権力体」(カルテル・シンジケート、またコンツェルン・トラスト、さらに市場競争を左右しうる個別企業)それ自体との闘いの必要性を指摘していた。[19]

レプケは自由放任主義を否定し、公正な競争秩序に基づく市場経済の実現のために、競争の枠組み、そのルールを監視する機関と、市場の自由への干渉=市場政策(「自由主義的な国家干渉」)が必要であると主張した。徹底した反独占政策はその基本となるものであり、独占の存続・監視ではなく、その廃止によって独占資本主義・巨大資本主義に代わる中産的資本主義・分散的資本主義を創出することが重要とされた。[20] オルド的なこの反独占思想は、一九四九年に経済庁長官L・エアハルト(のちの経済相)に提出された競争制限防止法に関するいわゆるヨステン委員会案(Josten-Entwurf)の基本的な立場に影響を与えることになった。それが「もともとの理念」であった。

(c)だがこの「理念」は後退を余儀なくされた。その理由は厳重なカルテル禁止と経済権力形成阻止のための集中抑制、さらに国家的政策による独占体の解組(独占監督局設置)というこの構想が、集中排除措置に関する責任は軍政府に留保されるという、連合国側の二国管理委員会の覚え書の趣旨に反するものとされ、結局法制化はカルテルとカルテル類似の組織に関する禁止に限定されることになった。つまり理念の「骨抜き」は連合国側からまず行なわれた。その際このカルテル規制については、一九四八年三月の「国際貿易機関のためのハバナ憲章」の基本原則に立脚することが要請された。[21]

(d)こうして当初の「理念」は「ハバナ憲章」の基準にまで後退し、西ドイツの独禁法はトラスト等経済力集中体の排除の原則を除外した、カルテル原則禁止にとどまることになる。しかしながらそれは、立法をカルテルの「濫用」禁止に限定しようとする財界にとっては経済的自由への介入と受け止められるほどの大きな転換でもあったのである。それはカルテル的組織を戦争経済に編成したナチス経済体制の解体に結びついただけでなく、さらに第一次大戦前後以降のカルテルの展開（一九一〇年六七〇、一九二五年二五〇〇、一九三〇年三〇〇〇）とそれを重要な特徴とする戦前ドイツ資本主義の大きな転換を意味したのである。それはまさにコッカらが評価をためらった「経済構造の基本的変化」に属するものであった。

この過程は「オルド的自由主義」(Ordoliberalismus）の挫折と「新自由主義」(Neoliberalismus）の勝利、前者から後者への移行として理解される。[22] 戦後西ドイツの経済政策を特徴づける「社会的市場経済」(Soziale Marktwirtschaft）の形成過程[23]は独占規制に関するこのような転換を含んでいたのであり、その結果は、カルテル禁止の原則を前提とする、またそれ故に促進される資本の蓄積過程とトラスト・コンツェルン形態の「経済的権力体」の形成であった。こうして通貨改革とその後の経済復興・経済成長を背景にして、西ドイツでは、戦前のカルテル的独占形態に代わって、競争原理に立脚したアメリカ型「寡占型」が展開することになった。[24]

このような転換に対して占領軍、特にアメリカの意向が強く作用したことは事実であり、[25] V・ベルクハーンが指摘するように「寡占型」への移行をもって「アメリカ化」とすることは一面の正しさを含んでいる。オルド的な反独占構想に対して、法案作成に際してアメリカが準備した「ハバナ憲章」のカルテル原則禁止の条項の適用を迫ったことはそのことを如実に示している（ただしアメリカはこの憲章を批准しなかった）。しかしドイツにおけるカルテル問題への取組みはすでにワイマール期に始まっており、ナチス期においてもカルテルの統制はナチス的な「公益」の原則からしても重要な課題であった[26]。戦後の独占問題に関する「社会化」構想やオルド的反独占論もこのような戦前からの独占規制論の展開の中で理解されねばならない。つまり戦後西ドイツの競争制限禁止法とその帰結は単純に「アメリカ化」として特徴づけるべきではなく、それ以上にドイツ内部の独占規制をめぐる対立・抗争過程の一つの所産という面を重視する必要があるといえよう。それと同時にわれわれは、西ドイツの独占規制が、「国際貿易機構」(ITO)のための「ハバナ憲章」や、さらにヨーロッパ石炭鉄鋼共同体やヨーロッパ経済共同体というグローバルなまたヨーロッパ的な国際的関連からも大きな影響を受けていたことに注意しなければならない。つまりカルテル形態の独占に対する規制は、戦後の国際貿易の自由化、ヨーロッパ域内商業の自由化とも密接に関連して問題とされたのであって、そうした意味での外的国際的影響についてはのちに述べることにしたい。

(3) アウタルキー的経済体制の解体と国際的関連

ナチス経済体制の特質をなすアウタルキー的広域経済は、戦後、ドイツの領土縮小・領土分割とによって事実上その基盤が解体するが、戦前、特にナチス期を特徴づけた輸入制限・量的割当制、為替管理等による貿易規制、二国間取引・双務主義・差別主義等の除去は、一九四九年から一九五〇年代中頃にかけて実施された[27]。

周知のように世界恐慌以降主要資本主義国は関税障壁や輸入割当制・為替管理など貿易制限を拡大・強化したのであるが、ドイツでは、輸出によって支払いうる以上には外国品を輸入せずという原則に立って、量的割合制・外貨割当制などの双務主義・差別主義が著しく強化され、アウタルキー的な広域経済体制がつくり出された。戦後におけるこうした貿易制限の除去と貿易自由化は次の二つの国際的関連の中で進められた。

①ヨーロッパ的関連

一九四八年にマーシャルプランによる米国援助の受入・調整のために設立された欧州経済協力機構(Organization

for European Economic Cooperation, OEEC）は、ヨーロッパの経済協力の促進のために、輸入割当制等貿易制限の漸次的廃止、関税引下げをも目標にしており、一九五〇年にOEEC理事会で設立された欧州決済同盟（European Payments Union, EPU）に支えられて、ヨーロッパ内商業の自由化を促進した。西ドイツは、アメリカ占領軍によって、一般的最恵国条項、関税率引下げ、差別主義・優遇措置の廃止を求められており、それを背景にOEECとの関わりの中で貿易の自由化が進められ（一九四九年一〇月OEEC加入）、一九五二年一月には五四％の輸入が自由化され、同年八月には自由化率は八〇％に、翌五三年には九三％にまで拡大した(28)。西独と西ヨーロッパ諸国との自由な貿易関係は一九五八年のヨーロッパ経済共同体（European Economic Community, EEC）の発足によって基本的に確定する。

②グローバルな国際的関連

世界貿易と雇用拡大、貿易障壁の除去ないし緩和、そのための国際貿易機構（ITO）の設置を目的とした「ハバナ憲章」（Havana Charter：一九四七年〔草案〕／四八年）は提唱国アメリカはじめ主要国の批准が得られなかったが、一九四七年一〇月ジュネーヴで協定された「関税と貿易に関する一般協定」（General Agreement on Tariffs and Trade, GATT：ガット）は、上記「憲章」草案を継承し、非差別の原則に立ち、全体的な最恵国待遇を通じて関税引下げと多角的貿易の拡大を目標とした（当初は二三カ国が加盟）。一九五〇年に加入が認められた西ドイツは翌五一年正式メンバーとなり、それを通じて国際的な貿易関係に編入されることになった。

以上のように、ヨーロッパ的並びに国際的な関連と枠組みの中でナチス的なアウタルキー的体制が解体し、自由主義的な貿易体制がつくり出されたのであるが、それは単に戦前のアウタルキー的特質の解体にとどまらず、ビスマルク関税（一八七九年）以来ドイツ経済史を特徴づけてきた「保護主義的な伝統」（アーベルスハウザー）の断絶をも意味していたのである。

「一九四五年」を画期とするこの転換に際してアメリカの対独ないし対ヨーロッパ政策が重要な役割を演じたことはいうまでもないが、しかしアウタルキー的政策に対する批判はすでに戦前ドイツにおいてかなり広く存在していた事実にも注意する必要があるだろう。当時経済学の分野では、社会政策学会を中心にして資本主義の構造転化に関する議論が活発に闘わされていたが、その中でアウタルキー化をめざす政策志向は、国際協調を重視するレーデラー、オイケン、レプケ、F・オイレンブルクらから厳しく批判された。ナチス政権の下で社会政策学会は解散を余儀なくされ、また上記の論者も亡命・逮捕等苛酷な事情を強いられるが、こうした戦前の議論が、レプケやオイケンらを通じて戦後の転換に何らかの影響を与えたと見ることは決して不自然ではないだろう。(29) つまりアウタルキー的体制の解体も単に占領政策ないし「外から」の圧力によるのではなく、ドイツ内部の主体的条件によって支えられていたのである。

(4) 貿易障害の除去とカルテル的取引の排除との内的関連

以上、〔1〕ユンカー的大土地所有の解体、〔2〕過度経済集中の排除・非カルテル化および〔3〕アウタルキー的経済体制の解体について見てきたが、そのうちの〔1〕は主としてソ連占領地域＝東部ドイツにおける改革であって、西ドイツにとってはさし当たっては消極的な意味しかもたなかったのに対して、〔2〕と〔3〕は、まさに連合国側占領地域の西部ドイツ・ドイツ連邦共和国における改革であって、戦後の西ドイツ資本主義を方向づける積極的な意味を備えていた。この二つの戦後改革は西ドイツの市場経済のあり方に関連しており、しかも両者は相互に結びついていた。

周知のようにカルテルの形成は保護関税等の貿易規制による外国の競争の排除、それによる国内市場保護によって促進された。また国際市場においては、カルテルは国内における特別利潤を背景にダンピングを通じて販路を拡大したり、あるいは国際的なカルテル協定によって世界市場を支配することが出来た。カルテルと保護主義的貿易体制とは不可分の関係にあったのである。第二次大戦後における国際貿易の促進をめざすグローバルなあるいはヨーロッパ的な動向の中で、貿易障害の除去とカルテル等の制限的取引慣行の排除ないし緩和が一体となって求められたのはそのような事情による(30)。

ドイツの競争制限防止法の原則は、連合国側の指示により、上述のように貿易障害の除去を第一の目的とする国際貿易機構（ITO）憲章（ハバナ憲章）にもとづいてつくられた。そしてこの憲章は上記の理由から、自由な国際商品取引を阻害する商慣行の抑制と同時に、制限的取引慣行＝カルテル的協定の除去に関わる原則を含んでいた。また、戦後の上述したヨーロッパ的な機構についても同じことが該当した。ヨーロッパ石炭鉄鋼共同体（European Coal and Steel Community, ECSC：一九五一年四月仏・西独・伊・オランダ・ベルギー・ルクセンブルクが調印、五二年九月実施）やヨーロッパ経済共同体（一九五七年三月ローマ条約により上記六カ国間で成立、五八年一月発足）に示されるように、貿易障壁の除去と制限的取引慣行（カルテル）の排除とは結びついて示された。西ドイツにとってこれらヨーロッパ的国際的経済関係への編入は、戦前アウタルキー的保護主義の解体とともに、カルテル的な競争制限的活動に対するヨーロッパ的な抑制体制への参加をも意味したのである。

(5)「ドイツ問題」の特殊性と一般性

西ドイツの戦後経済改革は以上見てきたように、戦前ナチス的経済体制の解体にとって重要な意味を有していたばかりでなく、さらに一九世紀以来のドイツ資本主義の歴史的な発展にとっても大きな転換をもたらした。

東部ドイツの大土地所有制の消滅・解体（(1)）は、一九世紀初頭のシュタイン・ハルデンベルク改革を起点とするプロシア型の進化とその帰結、ドイツ資本主義の型を規定してきた「ユンケル経済の支配」の消滅・解体を意味した。その「解体」は、ソ連の占領政策と社会主義的なドイツ民主共和国によって実施された。他方西ドイツ（ドイツ連邦共和国）の資本主義経済にとっては、ユンカー的大土地所有の支配的であった東部ドイツの分離（したがって西独にとっては「消滅」）それ自体がすでに重要な転換を意味することになった。しかし一九九〇年の東西ドイツ再統合によって、再度東部ドイツを包摂した新しいドイツ連邦共和国は、「一九四五年」によるユンカー階級とその経済的基礎の「消滅」を、単なる分離としてではなく、「解体」と、「解体」による「消滅」として、したがって本来の意味合において知ることになった。「一九四五年」は、まさにドイツ資本主義の類型に関わる転換点であったのであり、ドイツ経済史上の最大の非連続面はこの点にあったということが出来る。

それに対して、過度経済集中の排除・非カルテル化（〔2〕）とアウタルキー的体制の解体（〔3〕）とは、ドイツ資本主義の独占体制に関わる問題であった。金融資本の早期的形成、カルテルの顕著な展開および保護主義的伝統は、多くの点でドイツ経済の独自性を示すものであった。しかし、それらの特徴は、同時に、ドイツ以外の資本主義にも多かれ少かれ共通する段階的な現象でもあった。それ故、ドイツの戦後改革は——ナチス経済体制がそうであったように——ドイツ特有の問題と資本主義経済に共通する問題とが絡み合って提起されていたということが出来る。つまり、ナチス的軍事的体制の否定という敗戦国（西）ドイツの戦後改革の問題は、単純に「ドイツ問題」としてばかりでなく、その中にファシズムの形をとらなかったヨーロッパ（およびアメリカ）の資本主義にも共通する問題を含んでいたのである。ナチス的軍事的経済体制の解体に関わる占領政策とその後の改革過程を複雑にしたのは、単に東西緊張という国際的状況ばかりでなく、「ドイツ問題」が包摂するこの共通性の難問であった。こうして「一九四五年」は、ドイツだけの特殊的な問題ではなくなり、他の西ヨーロッパ諸国の資本主義に対しても転換を迫ることになる。「ドイツ問題」としての戦後経済改革（〔2〕・〔3〕）が、連合国側の占領政策としてばかりでなく、よりグローバルに西ヨーロッパ的ないしアメリカ的な国際的な関連の中で、欧米各国との共通の枠組みの形成過程として、具体的な形を与えられたのはそのことと密接に関連する。

3　ヨーロッパの戦後改革としての西ドイツ改革——まとめにかえて——

戦後改革に関する最近の日本の西洋経済史研究は、第二次大戦後に単に敗戦・占領国ドイツだけでなく、西欧の多くの国でそれぞれ経済改革が進められた事実を重視している[31]。このような研究動向を考慮しつつ、ドイツの上述した経済改革をヨーロッパの全体的な動きの中で捉えて見ると、次のように要約することが出来る。

まず、東部ドイツを中心とする大土地所有の解体についていえば、類似の土地改革は、ポーランド・ハンガリー・チェコスロヴァキアで実施され、東部ドイツのそれはこうした東欧の改革の一部をなした。それは重要工業の国有化ないし国家的統制と併行しつつ、社会主義的変革の一環として実施されたのであって、こうした東欧の社会主義化は東西緊張の深化と結びついて、西ドイツを含めた西欧の改革のあり方に影響を与えた。

カルテル等の資本集中・独占問題に対する西独の改革は、東西ヨーロッパ対立のこの現実を背景に、またそれへの対応として、国有化・社会化の構想を排除しつつ進められたが、独占問題に対する政策的対応は、ドイツだけでなく、他の西欧諸国でも何らかの形で実施された。イギリスにおける銀行・航空・石炭・交通・電気・ガス・鉄鋼などの国有化（nationalization, 1946–51）の大半は、独占（自然的独占）問題への対応という意味を有しており[32]、フランスにおける戦後の国有化についても私的独占の問題に対する対応という側面が存在していたことが指摘されている[33]。このような部分的な国有化に対して、私的独占や制限的取引慣行に対する法的規制は、戦後の西ヨーロッパ各国に共通する問題であった。C・D・エドワーズが the burst of post-war legislation と表現したように[34]、制限的取引や独占に対する立法は、戦後、イギリス（一九四八年、五六年）、フランス（一九五三年）、デンマーク（一九四九年）、スウエーデン（一九四六年）、ノルウェー（一九五三年）、オランダ（一九五八年）等、多くの国々で実施された(35)。

制限的取引慣行の規制に関するイギリスの取組みは戦時中から始まっており、労働党や保守党若手を中心とする「独占問題」（monopoly problem）への取組みを背景にして、一九四三年H・ゲイツケル（Gaitskell）とG・C・アレン（Allen）によって、私的独占の規制に関する覚え書きが作成された。国際貿易機構（ＩＴＯ）をめぐる英・米間の協議、そこでのアメリカの圧力など内外の状況を背景にして、イギリスが取引制限的慣行に関する立法に踏み切ったのは一九四八年であった。ゲイツケル＝アレンの覚え書きに基づくこの法律は、一九五三年の改正を経て、一九五六年制限的取引慣行法（Restrictive Trade Practices Act）として強化された(36)。

その際注目すべきことはイギリスのカルテル規制立法が国際貿易機構（ＩＴＯ）憲章＝ハバナ憲章をめぐる協議によって促進されたことである。ＩＴＯ憲章は各国が署名を行なったが、主唱国アメリカにおいて批准されるに至らなかった。しかしそこで示されたカルテル的取引慣行規制に対する要請は、ＩＴＯ憲章に基づくガットおよびマーシャルプランによる経済協力協定によって強められ、イギリスの立法化を促進したのである(37)。ＩＴＯ憲章とその協議は、イギリスに対してばかりでなく、憲章に署名した他の西欧諸国に対しても影響を与え、ＩＴＯを想定したカルテル規制を準備させることになり、上述した各国の立法化は、それを一つの土台にして進められた(38)。占領政策の影響の下で西ドイツの競争制限防止法が、ハバナ憲章の基準に基づいて制定されたことは上述したが、ＩＴＯ憲章は別の意味で西欧各国に影響を与えていたのである。

ＩＴＯ草案に基づくガットにおいても制限的な取引慣行の規制が問題となるが、しかし、あまり大きな役割を果たさなかった。これに対して欧州石炭鉄鋼共同体（ＥＣＳＣ）、続いて欧州経済共同体（ＥＥＣ）は、上述したように、ドイツを含めた西欧加盟国の国際的なカルテル規制として少なからず重要な意味を有した。石炭・鉄鋼業の分野に関わるＥＣＳＣ条約は、一時的局地的な価格引下げ等の不公正競争、売手による差別的慣行、また価格固定化、市場・

生産物・顧客等の割当など競争を阻害ないし制限する協定、等を禁止ないし規制した。[39] ＥＣＳＣにおける制限的取引慣行の問題は、関税や量的規制、補助金・特別賦課金等による貿易障壁の問題に比してその位置は二義的でしかなかったが、しかし、それはカルテル等制限的取引に関する最初の国際的措置であり、しかもＥＣＳＣが対象とした石炭・鉄鋼業がカルテルや各種統制の多く見られる産業部門であったことから、その意義は決して小さくなかった。

欧州経済共同体（ＥＥＣ）は、競争原則の観点に立って、私的制限協定、同業組合による規制的な活動や決定、支配的企業による経済力等について規制を行なった。カルテルに関しては、共同市場において、加盟国の取引に影響を与え、かつ自由競争を阻害・制限するような協定、決定などが禁じられた（但し、生産分配の改善、技術進歩等に役立つ協定は例外とされた）。また、一つまたは複数の企業が共同市場において自巳の支配的地位を濫用することも禁止された。[40]

カルテル等の制限的取引の排除に関する国際的対応は、上述したことからも明らかなように、国際経済の障害の除去と自由化のための国際的な動向と密接に関連し、またその一環をなしていた。各国のカルテル規制立法の準備過程に影響を与えたＩＴＯ憲章は、アメリカによる「世界貿易と雇用拡大」のための提案とそれをめぐる英米間協議（一九四五年）、これに基づく国連の経済社会理事会による貿易雇用会議の召集決定を経て、ロンドンでの準備的会議（一九四六年一〇月）に続くジュネーブ会議（一九四七年四月）でその草案が作成され、一九四八年三月ハバナ会議において五三カ国によって調印されたものであって、所得と有効需要の持続的拡大、そのための生産・消費・商品交換の増加と均衡拡張的な世界経済、低開発国の工業的発展の援助、生産的投資のための資本の国際移動、等と並んで、関税その他の貿易障壁の削減を目的に掲げた。貿易割当制の漸次的削減、最恵国待遇の拡大、同一生産物同一関税率、価格差別廃止、関税引下げなど、貿易規制の除去ないし緩和は、戦後世界の最重要課題の一つであって、この問題はアウタルキー的なナチス経済体制についてだけではなく、戦前同じようにブロック化と保護主義化を進めた英米はじめ連合国側経済にも共通するものであった。周知のようにオッタワ協定（一九三二年）によって連邦内の貿易に特恵制度を適用し、連邦諸地域を閉鎖的な広域経済圏としたイギリスに典型的に示されるように、保護主義的傾向とブロック化は世界恐慌後の主要資本主義国に共通の現象であり、第二次大戦はそれらブロック間の対立という面を有していたからである。

確かに戦後における貿易障壁の除去と自由通商原則による国際的多角貿易への移行は必ずしもスムーズには進まなかった。世界貿易機構（ＩＴＯ）憲章は提唱国アメリカをはじめ各国で批准されず挫折し、また一九四七年ジュネーブ協定によって成立した「関税と貿易に関する一般協定」（ガット、米英仏はじめ二三カ国）は、ＩＴＯ草案を継承し、関税やその他の貿易障壁の除去を目的としたが、多くの例外規定を含み、急速な貿易自由化には結びつかなかった。しかし、ガットが国際貿易の開放的な環境をつくり出したことは否定できず、その後、それは戦前的なブロック経済あるいは差別主義的な保護主義体制への復帰を阻止する国際的枠組みとして重要な役割を果たすことになったのである。(41)

ガットに示されるグローバルな国際的関連に比して、欧州経済協力機構（ＯＥＥＣ）、欧州石炭鉄鋼共同体（ＥＣＳＣ）および欧州経済共同体（ＥＥＣ）などのヨーロッパ的枠組みが、西欧諸国の戦前的貿易体制の解体に対して有した意義はより顕著であった。最近の研究が明らかにしているように、そこにはヨーロッパの貿易自由化を世界的な多角的貿易体制への復帰に結びつける米・ベルギー・オランダ的な立場と、地域主義的なヨーロッパ経済統合を重視するフランス的な方向という可能性が存在し、「独仏和解」を前提とする後者の方向が貫かれることになるのであるが、(42)ともあれこうしたヨーロッパ的ないし世界的な国際的枠組みの形成は、ドイツにとってばかりでなく、フランスはじめ西欧諸国にとっても戦前的貿易体制の重要な転換をもたらしたのである。(43)

ＩＴＯ憲章およびブレトンウッズ協定（一九四四年、国際通貨基金〔ＩＭＦ〕／国際復興開発銀行〔ＩＢＲＤ〕）

に代表されるように、国際的経済関係の障壁の除去のための推進力となったのはアメリカであった。しかし、国際的経済協力に対する関心はヨーロッパ内部にもすでに戦前から存在した。特に、第一次世界大戦によって大きな痛手を蒙ったフランスとドイツでは、独仏協調を軸にしたヨーロッパ経済統合をめざす動きが、戦前にかなりの展開を示していた。オーストリアの政治学者クーデンホーフェ・カレルギー（Coudenhove-Kalergi）によって設立された「汎ヨーロッパ連盟」（一九二三年）をきっかけに各地でヨーロッパの経済的ないし政治的統合を目的とする国境を越えた運動が組織された。ドイツでは、東南ヨーロッパ諸国との経済関係の強化と広域経済圏形成をめざす「中欧」構想に対して、独仏の協調と国際連盟を重視するこうした動向は政治家だけでなく、経済界、政党、さらにはホワイトカラーや労働組合の中にも支持者を見出した。(44) またルシュールを中心とする独仏中軸のヨーロッパ統合構想、国際連盟やジュネーヴ関税会議でのブリアンらの独仏協調への働きかけ等、フランスにおいても同じような動きが見られた。(45) 戦後における貿易障壁の除去と開放的な国際経済関係の創出は、アメリカからの外的な圧力と並んで、このような戦前・戦時・戦後を貫くヨーロッパ諸国内部での展開、諸構想の対立・抗争過程によってその具体的な形態が与えられることになったのである。(46)

保護主義的差別主義的貿易体制の解体と開放的な国際経済体制の創出に関わるこの国際的連携が、カルテル的結合を中心とする独占ないし制限的活動の排除を同時に問題としていたことは先に述べた通りである。戦前資本主義を特徴づけていたブロック経済とカルテル的独占の解体は、両者相互に密接に関連する問題として、また、西欧資本主義の共通の課題として提示されていたのであって、戦前経済体制の解体を課題とする西ドイツの戦後経済改革と転換は同時に、このようなヨーロッパ的な資本主義体制の転換の重要な一局面を形づくっていたのである。改革によってつくり出されたドイツの「新しい経済秩序」は同時にヨーロッパの「新しい経済秩序」を構成するものであった。

「一九四五年」を画期とするヨーロッパ資本主義の転換は、東西緊張関係を背景に、またそれと密接に関連しつつ、各国内部、また国際間の複雑な対立・抗争過程として、多くの例外的な部分を残しつつ十数年の歳月をかけて実現する。カルテル的結合を中心とする独占規制と自由通商原則に立った国際的貿易体制への転換は、戦前とは異なる競争的市場経済と寡占的な資本主義の展開を生み出すことになるが、その際、同時にこの転換が「例外的」部分をその中に包摂し、それによって制約されていたことに留意しなければならない。農業部門や中小経営に関わる分野がそれである。農業問題と中小経営問題は、戦前ヨーロッパ諸国において同じように共通に問題とされており、その深刻な状況は戦前各国資本主義の経済体制を規定する重要な要因をなしていた。この問題が、戦後の転換に際して、いかに処理されるかはいうまでもなく重要な課題であり、しかも、独占的経済支配の下で、非独占分野として過当競争に直面していたこれらの分野はこれまで見てきた独占規制と国際経済のあり方に密接に関連していた。競争的市場経済への戦後的転換にとって制約的条件とされたさまざまな「例外的」部分は、まさにこの問題の戦後的対応を示すものであって、転換への「制約」は、それ自体が意義を有しつつ、その転換の内容を規定するものであり、「例外」は、単なる「例外」としてではなく、それ自体戦後ヨーロッパ資本主義を特徴づける重要性を含んでいた。今後の課題としてこのことを附記したい。

(1) 戸原四郎「西ドイツにおける戦後改革」東京大学社会科学研究所編『戦後改革』二、東京大学出版会、一九七四年、は今日もなお本テーマに関する基本的文献である。戸原論文の分析は主として連合国の占領政策に向けられており、この観点は他の研究者にも継承されているといってよいだろう。アメリカの占領政策とその転換については、特に眞鍋俊二『アメリカのドイツ占領政策』法律文化社、一九八九年、参照。

(2) 民族主義的拡張主義と結びついたアウタルキー的広域経済は、ナチス体制の重要な特徴をなすが、その解体それ自体は、占領政策の具体的な課題となってはいない。しかし、一方でのドイツの領土削減と分割、他方、国際貿易の自由化をめざすブレトンウッズ会議(一九四四年)や国際貿易機構(International Trade Organization)の構想(一九四七、八年)などの動向を背景とするアメリカの対独政策、またそれに対するドイツ側対応の中に事実上それが意図されていたといえる。Cf. W.

Abelshauser, *Wirtschaftsgeschichte der Bundesrepublik Deutschland 1945–1980*, Frankfurt/M. 1983, S. 153, 酒井昌美訳『現代ドイツ経済論』朝日出版社、一九九四年、二〇四頁以下。当時、「ドイツ問題」の課題として、精神的革命、政治的革命および経済的社会的革命の「三重革命」を提起していたW・レプケは、経済面における改革としてカルテル・独占の規制と工業分散化・中小経営の発展、農民的経営の強化、合理的な景気政策等々と並んで、アウタルキーの克服を提示していた。W. Röpke, *Die deutsche Frage*, 3. Aufl., Erlenbach-Zürich 1948, S. 320f. また、ders., *Civitas Humana. Grundfragen der Gesellschafts- und Wirtschaftsreform*, 3 Aufl., Erlenbach-Zürich 1949, 喜多村浩訳『ヒューマニズムの経済学』勁草書房、第二刷、一九六二年。

（3）改革の期間として、ここでは一九四五年から一九五七、八年にいたる一二、三年間を考える。フランス革命が九年間、ナポレオン民法典制定まで含めば一五年であったことを考えれば西ドイツ改革の一二、三年間は決して特別に長期とはいえないだろう。

（4）たとえば、W. Fischer, “Bergbau, Industrie und Handwerk 1914–1970”, in: H. Aubin/W. Zorn（Hrsg.）, *Handbuch der Deutschen Wirtshafts- und Sozialgeschichte*, Bd. 2, Stuttgart 1976, S. 833.

（5）これまでの研究は「経済再建」を、占領政策の「転換」と関連させてきたが、そのこと自体は全く正しい。しかし、戦後改革はその場合もっぱら占領政策と同置され、その「転換」は事実上改革の終焉と同じ意味で捉えられることが多い。こうして「戦後改革」と「経済復興」とは、相互に切離され、戦後経済史は前者から後者への移行として捉えられる。たとえば「占領政策の転換と経済の再建」戸原四郎・加藤栄一編『現代のドイツ経済』有斐閣、一九九二年、第一章（戸原四郎）、「戦後改革と経済復興」原輝史・工藤章編『現代ヨーロッパ経済史』同、一九九六年、第三章（古内博行）に見られる「と」はその意味である。本章では、それとは異なり、占領政策として始まった戦後改革が「転換」を経過しつつ、「経済復興」の中でいかに具体化し、戦後経済の「新しい秩序」（Neuordnung）にいかに結びつくかを問題とする。

（6）D. Petzina, “Neuordnung und Rekonstruktion der westdeutschen Wirtschaft 1945–1952”, in : *Vierteljahresheft für Zeitgeschichte*, 24. Jg. 1976. ペッチーナはこの時期に、西独の社会・経済の長期的な土台となった経済制度、経済主体の基本権、経済的対外関係の秩序の枠組みが基本的に決定されたとし、経済再建問題の解決の「ドイツ的な途」に注目する。

（7）このことは次に述べるドイツ史の特殊性、その連続と断絶の問題と密接に関する。Petzina, a. a. O., S. 324の指摘をも参照。

（8） 廣田功・永岑三千輝「ヨーロッパの戦後改革」社会経済史学会編『社会経済史学の課題と展望』有斐閣、一九九二年、のドイツの部分（永岑）参照。

（9） 永岑三千輝「ドイツにおける戦後改革」『土地制度史学』第一三五号、一九九二年、同「ドイツ経済再建の人間的社会的基礎」廣田功・森建資編著『戦後再建期のヨーロッパ経済』日本経済評論社、一九九八年。また、H. Woller, "Germany in Transition from Stalingrad（1943）to Currency Reform（1948）", in: M. Ermarth（ed.）, *America and the Shaping of German Society 1945–1955*, Oxford/Providence, 1993.

（10） C. Stein/H. A. Winkler（Hrsg.）, *Wendepunkte deutscher Geschichte 1848–1945*, Frankfurt/M. 1984, 末川清他訳『ドイツ史の転換点』晃洋書房、一九九二年。

（11） W. D. Narr/D. Thränhardt（Hrsg.）, *Die Bundesrepublik Deutschland*, Königstein/Ts. 1979 ; L. Niethammer, u. a.（Hrsg.）, *Bürgerliche Gesellschaft in Deutschland*, Frankfurt/M. 1990. Cf. K. -J. Ruhl（Hrsg.）, *Neubeginn und Restauration*, 3, Aufl., München 1989.

（12） J. Kocka, "1945 : Neubeginn oder Restauration?" in : Stein/Winkler（Hrsg.）, *a. a. O.*, S. 152, 邦訳一九三頁。この考え方は、資本主義とファシズムとの関連を消極的に捉える見方に対応する。

（13） 戸原、前掲論文、参照。また土地改革は連合国側地域でも部分的に実施されたが（但し有償没収）、イギリス占領地区については、G. J. Trittel, *Die Bodenreform in der Britischen Zone 1945–1949*, Stuttgart 1975, を参照。

（14） 戸原、前掲論文、真鍋、前掲書、K. Borchardt, "Die Bundesrepublik Deutschland", in: G. Stolper/K. Häuser/K. Borchardt, *Deutsche Wirtschaft seit 1870*, Tübingen 1960.

（15） Borchardt, a. a. O., S. 288.

（16） R. Blum, *Soziale Marktwirtschaft. Wirtschaftspolitik zwischen Neoliberalismus und Ordoliberalismus*, Tübingen 1969 ; V. Berghahn, *Unternehmer und Politik in der Bundesrepublik*, Frankfurt/M. 1985 ; 高橋岩和『ドイツ競争制限禁止法の成立と構造』三省堂、一九九七年、等。なお、柳澤治「ドイツにおける戦後改革と資本主義の転換——独占規制を中心に——」田中豊治他編『近代世界の変容』リブロポート、一九九一年、をも参照。

（17） この事実を特に問題とするのは——上述の連続説ばかりでなく——J・コッカである（A. a. O.)

(18)　*Ordo. Jahrbuch für die Ordnung von Wirtschaft und Gesellschaft*, Bd. 1, 1948. 編集協力者はC・v・ディーツェ、F・A・ハイエク、F・A・ルッツ、W・レプケ、A・ルュストウ。なお、オイケン、ベーム、ディーツェは戦時期にフライブルク／Br. で秘かにナチス崩壊後の「自由で社会的な経済秩序」の構想を練っていた。C. Blumenberg-Lampe (Bearb.), *Der Weg in die Soziale Marktwirtschaft*, Stuttgart 1986.

(19)　E. Günther, "Entwurf eines deutschen Gesetzes gegen Wettbewerbsbeschränkungen", in: *Wirtschaft und Wettbewerb*, Jg. 1, 1951, Anlage 1；柳澤、前掲論文、八〇頁以下。オルド自由主義の競争秩序思想については、高橋、前掲書、七〇頁以下、参照。

(20)　Röpke, *a. a. O.* レプケについては藤本建夫「レプケ(1)～(5)」『甲南経済学論集』第三一巻二、三、第三八巻一、二、四各号、一九九〇～一九九七年、参照。

(21)　E. Günther, "Die geistige Grundlagen des sogenanntes Josten-Entwurfs", in : H. Sauermann/E.-J. Mestmacker (Hrsg.), *Wirtschaftsordnung und Staatsverfassung*, Tübingen 1975. 高橋、前掲書、第二章。

(22)　Blum, *a. a. O.*, S. 281ff.

(23)　手塚真「ミュラー＝アルマックの『社会的市場経済』論」住谷一彦・和田強編『歴史への視線――大塚史学とその時代』日本経済評論社、一九九八年。

(24)　Berghahn, *a. a. O.*

(25)　高橋、前掲書、第三章、参照。

(26)　永岑三千輝「ナチス体制下の戦後構想とドイツ資本主義の組織化」権上康男他編『二〇世紀資本主義の生成』東京大学出版会、一九九六年、をも参照。

(27)　G. Ehmann, *Entwicklung und Erfolg der westdeutschen Außenhandelsliberalisierung*, Nürnberg 1958.

(28)　*A. a. O.*, S. 39ff. また、W. Fischer (Hrsg.), *Währungsreform und Soziale Marktwirtschaft. Erfahrungen und Perspektiven nach 40 Jahren*, Berlin 1989, における H.-D. Smeets と H. Schmieding の論文をも参照。

(29)　柳澤治「第一次大戦後における歴史派経済学と政策論」住谷一彦・八木紀一郎編『歴史学派の世界』日本経済評論社、一九九八年（本書第4章収録）、小林純「エミール・レーデラーの位置をめぐって」同上。

（30） C. D. Edwards, *Control of Cartels and Monopolies. An International Comparison*, New York, 1967, pp. 232ff.

（31） 特に廣田功『現代フランスの史的形成』東京大学出版会、一九九四年、終章、および廣田・森編著、前掲書、参照。

（32） R. Millward, "The 1940s nationalizations in Britain: means to an end or the means of production?" in : *The Economic History Review*, Vol. 50, No. 2, 1997.

（33） 原輝史『フランス資本主義』日本経済評論社、一九八六年、第七章。

（34） Edwards, *op. cit.*

（35） たとえば、イギリスについては、T. Freyer, *Regulating Big Business*, Cambridge and others, 1992.

（36） Freyer, *op. cit.*, chapter 7.

（37） H. Mercer, *Constructing a Competitive Order*, Cambridge, 1995, p. 98.

（38） Edwards, *op. cit.*, p. 231.

（39） *Ibid.*, chapter XV. また小島健「ヨーロッパ石炭鉄鋼共同体の誕生」『土地制度史学』第一三四号、一九九二年、一一頁以下、石山幸彦「ヨーロッパ石炭鉄鋼共同体のカルテル規制（一九五二～一九五四年）」同上、第一四八号、一九九五年、廣田功「フランスの近代化政策とヨーロッパ統合」廣田・森編著、前掲書、一五六頁以下。

（40） Edwards, *op. cit.*, chapter XVI.

（41） D. A. Irwin, "The GATT's contribution to economic recovery in post-war Western Europe", in : B. Eichengreen (ed.), Europe's Post-War Recovery, Cambridge, 1995, p. 147.

（42） 廣田、前掲書、三九九頁以下、同「フランスの近代化政策とヨーロッパ統合」廣田・森編著、前掲書、参照。

（43） 貿易政策史の全体的な展開から見ると、ヨーロッパにおける自由貿易体制の時代は一八六〇年から一八七九年の二〇年足らずの期間でしかなく、したがって一九世紀以来のヨーロッパ貿易政策史を全体として特徴づけていたのは保護主義であったということも出来る。自由通商原則に基づく第二次大戦後の西側貿易体制は、その意味でヨーロッパの貿易政策史のかつてない転換といっても過言ではないだろう。P. Bairoch, "European trade policy, 1815-1914", in : *The Cambridge Economic History of Europe*, Vol. VIII, New York and others, 1989.

（44） 柳澤治「ドイツ資本主義の展開と市場構造」諸田實他『ドイツ経済の歴史的空間』昭和堂、一九九四年、一四七頁以下

（本書第2章収録）
(45) 廣田、前掲書、一八四頁以下。また、藤瀬浩司編『世界大不況と国際連盟』名古屋大学出版会、一九九四年、を参照。
(46) 戦後フランスにおける統合政策と近代化政策の関連、ヨーロッパ統合をめぐる対米・英・独関係の複雑な過程については、廣田、前掲論文、参照。

第Ⅱ部　「近代の転換」と「近代への転換」

第6章　ヨーロッパ史の転換点としての一八四八年革命
——阪上孝編『一八四八・国家装置と民衆』をめぐって——

はじめに

一八四八年のヨーロッパ各地の変革運動や社会的政治的過程、またその帰結を、ヨーロッパ史全体の中で、あるいはヨーロッパ諸国の各国史・地域史の中で捉えるという問題は、ヨーロッパ史に取り組む多くの歴史家の関心を集めてきた重要な課題であった。かつて雑誌『思想』（六四五号、一九七八年三月）は「一八四八年」を「近代社会の転換点」として特集したが、この「一八四八年」は、一方では確かに「近代社会の転換点」の局面をもつが、同時に他方で「近代社会への転換点」としての側面をむしろより多く有していた。この両局面は相互に絡みあって「一八四八年のヨーロッパ」の全体的かつ具体的な過程を形づくるのであるが、しかしそのあり方はヨーロッパの国・地域によって著しく異なっていたのである。しかもこの「一八四八年革命」は「挫折」という帰結を有した。この帰結が上の二重の意味の「転換」に特有の内容を与え、それが「現代史」に展開していくことになるのである。その意味でも「一八四八年革命」は、「イギリス革命」や「フランス大革命」の場合と異なって、ヨーロッパ史研究者の、国別・地域別あるいは問題別・時代別の専門領域を越えた、共通のテーマとなりうるのである。

阪上孝編『一八四八・国家装置と民衆』(ミネルヴァ書房、一九八五年)は一八四八年に「ヨーロッパが経験した、社会の深部にまで達する質的転換」の検討をめざす共同研究の成果であり、良知力編『〔共同研究〕一八四八年革命』(大月書店、一九七九年)、前掲の『思想』特集、河野健二『現代史の幕あけ――ヨーロッパ一八四八年――』(岩波書店、一九八二年)、良知力『一八四八年の社会史――ウィーンをめぐって――』(影書房、一九八六年)、増谷英樹『ビラの中の革命』(東京大学出版会、一九八七年)ほかと並ぶ「一八四八年」への取組みの一つであった。

この書物は、「一八四八年革命は、きわめて短時日のうちにヨーロッパ大陸全体を席捲した最初の革命であった。それはたしかに革命派の抱いた壮大な企図からすれば惨憺たる結果しかもたらさなかったけれど、ヨーロッパ諸国の政治・社会構造にとって重大な転換点であった」という認識に立って、「政治制度、都市秩序、教育などさまざまな領域」における「転換」を検討し、ヨーロッパが「一八四八年を経過することによって、確実に現代史への分水嶺を越えた」ゆえんを示すことを意図している(「はしがき」)。この観点から本書に編集された論文は、「序章」およびⅠ～Ⅳの四部にそれぞれ配置される。そのうちⅠは主として「工業化」に伴う都市、特に首都の警察・衛生等の「秩序」の問題を都市の変革運動との関連で検討した諸論文からなり、Ⅱ・Ⅲはともにフランスを対象として、Ⅱは宗教・教育について一八四八年の諸問題を明らかにし、Ⅲは二月革命の政治過程と「民衆」との関連を問題にしたものである。最後のⅣはイタリア、ドイツ(人)、ロシアの一八四八年に関わる問題を対象としている。

「一八四八年」をヨーロッパ史の「重大な転換点」、「現代史への分水嶺」と捉える本書は、ヨーロッパの一八四八年革命に関する重要な論点を提示しており、ここではそのいくつかを紹介し、その意義を考えてみることにしたい。

1　「工業化」と都市(首都)革命の問題

一八四八年の革命は、まず都市、特に首都の革命として始まる。それは都市（首都）における「中小商工業者の支持」に支えられた「政治的・社会的要求をかかげた反政府運動」の形態をとっている。「都市民衆」のデモや「農民蜂起」によって政府は後退し、革命が勝利する。しかし間もなく既成保守勢力が態勢を建直し、他方革命派内部で穏健派と急進派との分裂と対立が深まり、革命は下降線をたどり始める。主導権は穏健派と既存保守勢力の手中に帰し急進派の蜂起を圧服して秩序が回復する。本書「序章」で阪上孝氏はこの革命の「複合革命」としての「共通のリズム」をこのように指摘する。

そこにおいて都市、特にパリ、ベルリン、ウィーンの首都の革命は一貫して重要な位置を占めるが、その際、この革命をフランス革命と異ならせる最も重要な条件が「工業化」にほかならなかった。「工業化」、特に「機械の導入」が「民衆世界」にもたらした変化こそ一八四八年革命をフランス革命から「乖離」させる決定的要因となる。そして「工業化」による労働力の集積と「民衆」の社会生活の変化は――本書の場合――何よりも大都市（首都）において「都市秩序」の解体・編成替として現われてくるのであって、大都市の革命はさし当たってまずこの観点から把握される。Ⅰの阪上孝「工業化と都市の秩序」、川越修「『革命』と『安寧秩序』――一八四八年ベルリンの市民軍をめぐって――」、見市雅俊「衛生経済のロマンス――チャドウィック衛生改革の新しい解釈――」および富永茂樹「統計と衛生――社会調査史試論――」は概してこのような観点に立ってあるいはそれとの関連で叙述されており、さらに、同様の視点は、Ⅲの谷川稔「二月革命と『カトリシスム』」および上村祥二「二月革命と初等教育」、その他の論文においても、多かれ少なかれ考慮されている。その意味でこの点は本書全体のモチーフの一つになっているといってよい。以下でこの問題を検討してみよう。

(1)「工業化」と都市最下層民・犯罪者——一八四八年革命との関連——

Iの冒頭・阪上論文は、一八四八年革命をフランス革命から「乖離」させる「工業化」に注目し、それによる「民衆」の生活の変化をパリの都市秩序の解体・警察機構の転換との関連で検討する。それは、パリを中心とするフランス二月革命に最大のウェイトを置く本書全体にとって序論的な位置を占めている。阪上氏はその際「工業化」がもたらした都市の「社会問題」の中で、パリへの人口流入と日雇い労働者・行商人・屑拾いなどの都市貧困層、さらには犯罪者などの都市下層民——「危険な階級」——の形成とその貧困問題、犯罪・騒擾の増加を重視する。それはこの時代の人々の秩序意識に作用し、パリの警察制度とその機能に重要な役割を果たした。氏はこのように指摘する。

「工業化」とこのような「社会問題」との結びつきが七月王政期のカトリックの司教たちの批判的な現状認識の中に存在したことは谷川論文が示す所であり、さらにそれは「リベラリズム」の認識とも共通し(Ⅲ小林清一「二月革命とフランス保守主義」)、また「教育」の問題とも密接に関連した(前掲、上村論文)。

このような同時代的認識に立ち入って分析を行なったのが富永論文である。A・-M・ゲリー、L・-R・ヴィレルメ、H・-A・フレジエらの「社会調査」に関する氏の検討から「社会秩序の弛緩」についての当時の理解の具体的な内容を知ることが出来る。「危険な階級」(フレジエ)は「社会の最下層に属する貧しい階級から出てきた『あらゆるたぐいの犯罪者』」であり、これら「社会の最下層」と「犯罪者」とその集住する「地区」の形成が当時の「社会問題」の重要な部分をなしていたことがわかる。

同時に富永論文は、同時代人が「労働者」を「相対的に裕福で良俗を保っている層」と「それより貧しくしたがって危険な階級を産出する母胎となる層」(「悪質階級」)に分け、後者が賭博師、売春婦、浮浪者から強盗・殺人の犯人にいたる「危険な階級」を産み出す母胎となると捉えたことを明らかにする。

これらの都市下層民がパリだけでなく、ほかの地域、たとえばドイツ（オーストリア）でも「貧民」とか「プロレタリアート」として呼称され、「手工業職人」や「工場労働者」と区別された社会的存在であったことについては良知力氏の指摘がすでにある（同「一八四八年にとってプロレタリアートとは何か」前掲『思想』）。手工業的小経営・マニュファクチュアに雇われている労働者（雇職人）や工場の熟練労働者が、同時代人によって最下層の社会層と区別されていたこと、そしてこの区分が、「貧困」・「犯罪」・「騒擾」の現実を背景にして、「労働者」の主力をも含む都市住民とこれらの都市最下層民との間の社会的緊張と結びついていたことが重視されている。

それでは、このことと一八四八年の都市革命とはいかなる関係にあるのだろうか。本書のI、特に阪上・富永両論文は、一八四八年の郡市パリの革命をあたかもこのような最下層民の革命として、「危険な階級」の「犯罪」と「騒擾」の延長として捉えているかのようである。「四八年とは、それまで社会調査において、生理的・道徳的な病いに結びつけられ、あるいは秩序の混乱の象徴とされてきた社会層の、社会全体に向けての反逆であった」（富永論文、一四七頁）という指摘はこのことを端的に表わしている。このような一八四八年革命理解は、決して本書特有のものではなく、良知力氏はじめわが国の一八四八年研究の一つの潮流となっている。しかしこの革命は本当にこのような内容のものであったのだろうか。

(2)　革命の担い手としての「労働者」

一八四八年の都市革命が都市下層民——「危険な階級」——の「社会」への「反逆」だけのものでないことは、パリに関する本書Ⅲの田中正人（「共和主義と第二共和政」）・高木勇夫（「二月革命と普通選挙」）両氏の論考が、またベルリンについては川越論文が明白に示している。「序章」では阪上氏自身が「中小商工業者」の役割について指摘しており、同様の事実は上記の諸論文でも言及されている。

これらの論文が都市革命の担い手として重視するのはむしろ「労働者」――「民衆」の「中核」――である。田中論文によると当時の「労働者」の形態は次の通りであった。⑴小規模な作業場で手工業生産に従事する労働者、⑵機械制生産に携わる工場の労働者、⑶工事現場で働く労働者。そこでは特に熟練・技能をもつ「アルティザン的労働者」が高い割合を示しており、一八四八年のパリの革命ではこの種の「労働者」は特に重要な役割を示した。田中氏は、二月革命の中で成立した「労働者のための政府委員会」（「リュクサンブール委員会」）が、職能ごとにパリ全体をカヴァーする労働者組織、「コルポラシオン」を一つの重要な基礎にしており、そこで組織された「労働者」が印刷工、仕立工、製靴工、馬具工など熟練度を求められる職種の「労働者」であったと指摘する。

ベルリンでも似たような状況にあった。かつて増谷英樹氏は前掲『思想』特集に寄せた論文（「『三月革命』期における労働者運動の一側面」）の中で、三月蜂起の死亡者の九〇％が「労働者」であったとし、その内訳から「手工業職人」が最大であったことを明らかにした（この種の「労働者」の重要性はベルリンの「ストライキ運動」でも示される。川越修「一八四八年革命期ベルリンにおけるストライキ運動」『経済学論叢』第三一巻一・二号、同『ベルリン 王都の近代』ミネルヴァ書房、一九八八年、収録）。

一八四八年の都市革命に都市最下層民が加わり一定の役割を演じたこと、そしてそれが「労働者」運動の一部をなすばかりでなく、同時代人がそれを「労働者」運動の代表とみなしたことは事実であろう。しかし一八四八年の革命は以上の二、三の事実が示すように、決して都市最下層民だけの「反逆」ではなかったし、「危険な階級」の「犯罪」・「騒擾」の延長線上でのみ捉えられるものでなかった。むしろそこで最も重要な役割を果たす「労働者」とは、同時代人によってそれらから区別された手工業的労働者であったのである。

そうであるとすれば、一八四八年をフランス革命から「乖離」させる「工業化」はこの種の伝統的な「労働者」層に対していかなる影響を与えたか。彼らの運動は「雇主」といかなる関係にあったのであろうか。それは一七八九年の革命の「民衆運動」といかなる点で異なり、いかなる共通点を有していたか。本書は残念ながらこの問題に対して明解な解答を与えてくれない。

本書は一八四八年をもっぱら「現代史」への転換点という側面から、したがってまた一七八九年との共通面よりその相違点という側面から捉えようとする点に特徴をもっているが、この特徴は同時に一七八九年との連続性ないし共通性の軽視という問題点と結びついている（したがってまた「近代社会の転換」と同時に問題となる「近代社会への転換」も、さらにまた後者の「挫折」による伝統的諸関係の「現代」への編入も本書の枠組みからはずされている）。上に示した二、三の事実は一八四八年の「労働者」の主力をなす手工業的労働者・雇職人の歴史的な存在形態と「工業化」の中でのその変質を本格的に分析する必要性を示している。そしてこのことが同時に「工業化」を最下層民の増加、「犯罪」・「騒擾」の増大としか結びつけない同時代人の認識に対するより客観的な検討を含むことになるのはもちろんである。またこのような手工業的労働者を含めた「労働者」の経済史的分析によって、広い意味の「社会問題」・「貧困問題」の内容も明らかになるであろうし、都市下層民と手工業的労働者との関係も――一方における「貧民」・「プロレタリア」・「危険な階級」と他方における「社会」・「市民」といった同時代的認識をそのまま受容した表面的な区分ではなく、その内的関連が――示されることになるのではなかろうか。

(3)「中小商工業者」の問題

G・リューデは、フランスの一八四八年革命（特に「六月蜂起」）を一七八九年革命に対比させつつ、両者の間の相違点として「労働者」の主導性と工場で働く「労働者」の参加をあげるとともに、しかし同時に両革命の間に強い共通点があったことをも認めている。「一七八九年と一八四八年六月の群集の間の類似性」として彼は「小消費者と小生産者による古い社会的抗議の形態」を示唆し、この事件で有罪とされたものの職業を検討し留保を付した上で、

「小親方、商店主、それに独立手工業者（independent craftsmen）が賃労働者（wage earners）より多く、それは恐らく二対一の割合であった」と推定している（G. Rudé, *The Crowd in History. A Study of Popular Disturbances in France and England, 1730–1848*, New York / London / Sydney, 1964, p. 176, 古賀秀男・志垣嘉夫・西嶋幸右訳『歴史における群衆』法律文化社、一九八二年、二一七頁以下）。

都市革命が「中小商工業者」の「支持」を得ていたことを本書もまた否定しない。パリの革命については、田中論文が「小アトリエ主」や「小商店主」、さらには「産業家・銀行家」の参加を指摘し、フランスの地方の「普通選挙」における「中小ブルジョア」の動向については高木論文が興味深い事実を紹介している。さらにまた小林清一氏の「二月革命とフランス保守主義」は「リベラリズム」・「穏健共和派」と「中産階級」の結びつきを重視している。

このように革命の担い手ないし支持者として、あるいは「リベラリスム」ないし「保守主義」を支える社会層として、「中小商工業者」や中小ブルジョアジーは著しく重要な役割を演じたのである。だが、本書ではこの社会層に対する立ち入った分析が残念ながらほとんどない。それは本書が「民衆」の「中核」を「労働者層」としている（「序章」七頁以下）ことによるが、まさにこの「労働者層」の主力をなす手工業的アトリエ的労働者の存在形態の理解のためにも、さらにまた特に「労働者」と「中小商工業者」との革命過程における関係のあり方の把握のためにも、この社会層についての立ち入った説明が必要であった。

阪上氏は一八四八年における「労働者層」と「中小商工業者」との間の関係についてその「隔壁」の強まりを重視した。それは「ブルジョアジー」対「労働者」の対立が顕在化した「転換点」としてのこの革命の特徴とも関連する（マルクス、シュタイン、マイスナーの「二月革命」理解に関する谷口健治「ドイツから見た二月革命」をも参照）。しかし「労働者」と「中小商工業者」との関係が、その「隔壁」にもかかわらず決して単純でなかったことは、この革命の「転換点」を象徴するパリ六月蜂起に、「中小商工業者」の参加が見られたというリューデの指摘や、「ストライキの指導者である仕立工グリニョンの「パンフレット」が彼らの「雇主」を自分たちの敵対者としていなかったという事実からもわかる（田中論文）。

川越論文はベルリンの「市民軍」について両者の関係の複雑なあり方を問題にした。すなわち「市民軍」と「労働者」との対立は決して単純ではなく、その実態は「工業化の始動に伴う社会変動の影響を受けて動揺する手工業層相互の対立という側面が強かった」と指摘している。さらに、「機械工」の「市民軍」への参加、逆に手工業者の中にも自らを「労働者」として意識するものなどの事実が見られ、「『労働者』内部にも『市民』層との多様な相互関係が存在」しえたのである。

それではこれらの階級ないし社会層は何を求めていたのだろうか。「工業化」とその「社会的変化」の中で「労働者層」や「中小商工業者」の「日常生活」にとって最大の問題の一つは社会的経済的問題であり、狭義の政治的要求もそれと無関係ではなかったはずである。そしてこの両者の革命過程における複雑な関係もこのような社会的経済的問題を無視しては考えられなかった。本書は残念ながらこの点をほとんど全く明らかにしない。「当時の大陸諸国の工業生産の大部分は手工業によってになわれていた。しかしこの手工業は単に伝統的存在であるだけでなく、工場制や機械制の工業の補完的産物でもあり、その意味で総過程としての工業化にふくめて考えることが適切であろう」と「序章」で述べられているが、その分析が欠けているのである。

2　都市革命と国家装置・イデオロギー装置

「国家装置」は通常、国家の各種の技術的・経済的、政治的・イデオロギー的な諸機能・諸制度や、また行政・官僚制・軍隊等の幹部（国家の職員）を意味する。本書が問題にする「国家装置」は、主として国家の組織された抑圧制度としての警察制度と、それに衛生・教育などの社会的・文化的諸機能である。それらは「工業化の進行と政治的安定とを同時に満足させる仕方での管理」の問題として、しかも「都市秩序の日常的保持」のための装置として重視され、その意味でここで問題となる国家の諸機能は直接的な抑圧機能としてのそれだけではなく、人々の「相互理解」を前提とする「日常的秩序」の維持のためのそれであり、また前者から後者への移行であった。一八四八年革命はまさにこのような転換の前提条件をつくり出し、その転換を推進する画期である。それを「工業化」に伴う「都市の秩序」の大きな変化の局面から把握しようとする点に本書の特徴があり、そして一八四八年革命の研究史上におけるユニークな意義がある。

(1) パリとベルリン

パリの二月革命の中で登場した「調停の警察」はこのような警察制度の転換にとって著しく重要な意味をもつ。Ⅰの阪上論文は、パリの七月王政期の市民兵理念に立った「国民衛兵」が、「工業化」による社会的分化の拡大に伴って次第に支配的党派の「抑圧装置」に変質してゆき、都市下層民・貧困層の「騒擾」ないし「犯罪」への対策として、彼らに対する「道徳化・規律化」と「民衆の日常生活の監視と規律化」の装置となっていくとともに、「軍隊」、「憲兵隊」がそれへの対応として新たに登場してくる事実を明らかにする。二月革命の中で出現した「調停の警察」はこのような直接的な「監視」と「規律化」に対して「ブルジョアと民衆の相互理解と相互信頼を通じて日常的秩序の維持に貢献する」ことを目的としたものであり、その意味で画期的であった。阪上氏は七月王政期から一八四八年革命にいたるこの過程を具体的に跡づけ、旧権力の解体と革命権力の成立を、旧権力の拠点たるパリにおける権力のかかる「装置」の解体と転換という革命の核心的問題に結びつけて明らかにする。阪上論文は川越論文とともに、旧権力の解体と革命権力の成立の問題にとって最大の問題である「組織された抑圧装置」の転換に意欲的に取り組んだ貴重な成果といえる。

パリの「調停の警察」は、ベルリンの「市民軍」と同様に、革命の挫折とともに解体する。しかし、この「民衆の日常生活」の「管理」の「装置」としての警察制度の必要性は革命後も存続するのであって、「ブルジョアジーの日常生活の次元でのヘゲモニーの確立」はその具体化によって実現すると阪上氏は指摘する。

以上の興味深い論点に対してここでは本格的な論評を行なうことはできない。しかし二点だけ気がついた問題を出しておくことにしたい。その一つは「都市の秩序」の解体が、すでに指摘したように、「工業化」による「社会問題」、特に都市最下層民の形成とその「犯罪」・「騒擾」とにもっぱら結びつけられた点の問題である。その場合、都市に流入してきた貧困な下層民とそれ以外の都市住民（＝「社会」）とが単純に対置され、「国家装置」は、ただ両者の関係に関わる問題としてのみ、あるいは少なくともそれを中心にして、位置づけられている。「国家装置」のあり方の転換にとってこの問題が当時重要な意味をもったであろうことは本書Iから理解できる。だがその評価は過大と思われる。二月革命は先に整理したように「中小ブルジョアジー」と手工業的労働者という「社会」そのものの主要な構成員を重要な担い手としていたのであって、「ブルジョアジー」にとっての「国家装置」は、まさにこれらの革命の担い手としての社会層・階級との関係の問題を無視しては考えられないからである。

第二の問題は、「国家装置」の「管理」として本書は「労働力」の「管理」を中心に考え、しかもこれを「生産の場である工場」と「労働力の再生産の場である家庭と学校」の二つの「場」に区分しながら、もっぱら後者に限定して把握しようとする点である。その場合、「民衆」たる「労働者」は都市で「日常生活」を営む個人にバラバラにされており、国家との関係はもっぱら「家庭と学校」で営まれる「日常生活」の秩序に関する警察・衛生・教育の問題に限定されてしまうからである。「労働力」は何よりも「生産の場である工場」や作業場の社会的諸関係の中で再生産されるのであって、「国家装置」の問題もこのような社会的諸関係の歴史的なあり方を無視しては一面的となるであろう。「国家装置」のさまざまな内容と「民衆」が組み込まれている社会的諸関係のあり方、そして両者の関連の問題への言及なしに「国家」と「労働者」の「家庭」・「学校」とを直接的に対置することは一面的な理解といってよいだろう。このことは旧い社会的諸関係の変革が国家権力の転換と結びついて提起されていた一八四八年のヨーロッパ諸国・諸地域の問題を考える時一層そのように感ぜられる。

ベルリンの「市民軍」についての川越論文はこの「市民軍」が「中小の商工業主」と「小手工業者」を中心とする「下層市民層」とに分化しており、さらにそこに「労働者」すらも参加していた事実を明らかにした。しかしこの論文の一層重要な点は「市民軍」が「革命」の「軍隊」であると同時に「安寧秩序」をも求めており、そのことからそれが次第に秩序維持機関として警察化の一途をたどるにいたった点を明らかにしたことである。「市民軍」の解体後、ベルリンの警察機構は再編されるとともに、消防制度の設置、上水道整備等の「都市近代化」が進められるが、それはもはや単たる「旧体制への復古」ではなく、「新たな装い」の下での「近代化」であったと氏は指摘する。

読者はそこに一八四八年の革命の「意図せざる帰結」と同時に、革命に参加した「市民」の「安寧秩序」への志向との連続面をも考えることが出来るのであって、革命後の「国家装置」と「民衆」の「合意」との関連の問題の解明に対する示唆を読みとることが出来る。だが同時にこの論文においても「民衆」がいかなる社会的諸関係に編成されており、プロイセン国家がそれといかなる関係にあったか、人々はそれをいかに変えようとしていたのか、「安寧秩序」で守られるべき社会的諸関係は何であったのか、についての言及を欠いており、「国家装置」が当該社会の社会的経済的諸関係なしに「民衆」に関係づけられるという問題点を免れることができなかった。そしてこの問題は一八四八年革命における「国家装置」の問題をそもそも「国家」の問題を抜きにして「都市の秩序」に限定することが出来るのかという本質的な疑問に導く。「国家装置」の問題は、「首都」だけでなくそれ以外の都市とさらに農村を包括する「国家」を前提とし、そこでの社会的諸関係と社会的諸階級の編成およびそれらと国家権力との関連という基本的な問題に関わるばかりでない。本書の「序章」でフランス革命と「乖離」する一八四八年革命の特質とされたドイツやイタリア等の「国民国家の形成」という特有の問題も「国家装置」の問題と関連しよう。これらの問題がパリやベルリンやウィーンだけで決して解決されない問題であることは論を俟たない。

(2)　ロンドン

一八四八年にパリ・ベルリン・ウィーンなどヨーロッパ大陸諸国の首都では革命が起きたのに、イギリスの首都ロンドンでは何故起きなかったか。G・リューデのこの問いは一八四八年のヨーロッパを問題にする時当然発せられる問題である。チャドウィックの衛生改革論とその現実化を明らかにした見市論文はこの問題に関連するものと考えられる。見市氏はこの時期のロンドンの「衛生」の問題が上・下水道を中心とする都市の諸問題を内容とし、さらに「都市改造」計画という住民の全般的な問題に関連するばかりでなく、最終的には「都市と農村との関係の問題」にまで帰着すると指摘し、そこに今日のエコロジーに通ずる要素を見出そうとしている。

「工業化と都市の問題」という本書Iの全体的なテーマに即して見れば、「民衆の日常生活」に深く関わる「衛生」と「都市改造」の問題が都市・農村関係の問題への広がりを展望しつつここに示されていると見るべきであり、これらの問題が現実の政策上の具体的な問題として人々の意識にのぼるまでに至っている点にイギリスの先進性を看取できる。イギリスはまさに自由主義的改革の時代を迎えていたのであるが、それでは「民衆」に対する巧みな「管理」がロンドンにおける革命の不成立の原因だったのだろうか。

W・ランジャー（Langer）の「一八四八年都市革命のパターン」（The Pattern of Urban Revolution 1848, in : *French Society and Culture since the Old Regime*, ed. by E. M. Acomb and M. L. Brown, New York, 1966. 但しここでは H. Stuke u. W. Forstmam (Hrsg.), Die europäischen Revolution vom 1848, Königstein/Ts 1979, 所収の独語

訳を使用）はまさにそのような仕方で理解した。彼はこの時期のヨーロッパの首都の「騒擾」を不安定な「初期工業化」による一連の問題、すなわち農村労働者の都市流入による人口増加と都市住宅問題の発生、それによる社会的緊張の高まりの関連の中で捉え、その結果「騒擾防止」の措置が重要となると指摘する。彼はこのような措置としてロシアに見られる「抑圧」に対比して、イギリスの「譲歩」を積極的に捉え、「モッブ」の社会的運動に対するロンドンの警察制度の充実と巧みな対応を重視し、そこに革命不発の要因を見ている。

見市氏がこのような考えに対していかなる立場にあるかはわからない。氏の論文はチャドウィックに限定されていて、この点については特に言及がないからである。しかしながら、ランジャーの理解は本書のIの立場と酷似しており、氏のこの問題に関する見方も恐らくそれに近いと見ることができよう。しかしながらこの問題の解明のためには、本来、この時期のロンドンのブルジョアと労働者との社会的関係、労働者運動と中小市民層との関係、経済的問題と政治的問題との関連等の諸問題への言及が必要となろう。その意味でG・リューデのランジャーとは全く対照的な接近方法が参照されるべきであろう（G. Rudé, "Why was there no revolution in England in 1830 or 1848 ?" in : *Studien über die Revolution*, hrsg. von M. Kossok, Berlin 1969. 但しここでは、Stuke 等編の前掲論文集所収のドイツ語訳によった）。

3　宗教（カトリシスム）と教育・学校の問題

宗教・教会および教育・学校のあり方は一八四八年革命の重要問題の一つであった。本書II（谷川論文・上村論文）はフランスでのこの問題について正面から取り組んでいる。谷川論文は革命に参加した「民衆」の宗教的色彩の強さに注目し、カトリックと革命運動の結びつきの背景に、教会が七月革命で公的な政治的機能を奪われていたためかえって教義の精神主義的解釈に立った体制批判が可能になったこと、また信者の脱キリスト教化の進行を七月王政の金権的風潮が促進するのではないかという聖職者の危機感が存在した事情を指摘している。他方で、サン・シモン主義をはじめとするアソシアシオニスムにはもともと福音主義と結びついた世俗宗教的性格が存在していたので、教会主流派と民主派カトリック、それにアソシアシオニスム諸潮流の「多少とも友好的」な併存状況がつくり出されることになったのである。

だが「共和派」とカトリックとは、初等教育の義務・無償・世俗化をめざす「カルノー法」が六月に議会に提出されると対立関係に入る。後者はこの法案に反発し、ティエールらの保守的自由主義者はこれと同盟し、この法案は廃棄されて、一八五〇年には教会の求める「自由化」を事実上実現する「ファルー法」が成立する。

谷川論文はこのようにカトリックの動向を国家との関係でその独自な位置を問題とするとともに、それを単に教会・聖職者の問題とするのではなく、「民衆」の社会的運動とその宗教的色彩との関連で捉える点に特徴をもっている。この視点は、カトリック（さらに広くキリスト教）が重要な政治的画期にそれぞれ独自な意義と役割を果たすヨーロッパ近・現代史の関連問題を解明していく際に重要な意味をもつといえよう。

谷川氏は同時に公教育制度に対する教会の強い関心を重視し、これを教会のもつ「イデオロギー装置」としての側面に結びつける。近代国家における公教育体制への教会の「適応能力」とそれによって実現される教会の独自なイデオロギー的機能が、「市民教育の民衆レベルへの浸透による『積極的統合』」を求める「近代ブルジョワ国家のイデオロギー装置」の方向性との間に独自な緊張関係をつくり出していたことがここに示されており、一八四八年以降のヨーロッパ史の中で教会がもつ独特のイデオロギー的機能を検討していく際の重要な示唆を提示している。

学校と教会の関係の問題は三月革命期のドイツでも重要な争点となっており、たとえばプロイセン議会にはこの問題に関して農村から大量の請願書が寄せられた。一八四八年革命の重要な争点であるこの教育・学校問題について上村論文は二月革命のフランスの状況に関する興味深い内容を明らかにする。初等教育の改革の問題はそこにおいて「保守的リベラリズム」、「共和主義者」および「労働者」のそれぞれの立場から捉えられており、しかもそれらが教育内容と関連づけられている点にこの論文の特徴がある。氏は、初等教育の内容において「家庭の尊重と男女の任務分担、労働と進歩」というモラルが重視され、このブルジョア的モラルが一八四八年の初等教育において勝利した点を重視する。つまりここでは教会（カトリック）の志向する教育上の方向性と国家のイデオロギー的装置としての学校教育との重なり合いが強調されることになり、両者の対立面にも着目する谷川氏と微妙な違いをつくり出しているように見える。

4　二月革命と共和主義・保守主義

一八四八年革命の起点となりヨーロッパ全体の変革運動の動向に直接的ないし間接的に強い影響を与えたフランスの二月革命の具体的な過程は本書Ⅲの諸論文で示される。田中論文（前出）は、そこにおける共和主義の特質をその担い手と運動に注目しつつ、七月王政崩壊から臨時政府樹立にいたる政治過程の中で検討したものであり、また高木論文（前出）は四月総選挙の過程と「名望家」の勝利を取り扱っている。そして「保守主義」・「保守的リベラリスト」に焦点をあてた小林論文は議会制リベラリズムの意義と限界を問うている。これに対して西川長夫氏の論文「一八四八年革命とフランスの農民」は農村の独自な問題を取り上げており、上記三論文とは少し異なった位置にある。ここでは西川論文を除く上記三論文を取り上げるが、その論点はすでに問題にしたことと重なるのでごく簡単に扱うこととする。

すでに繰り返し述べたように一八四八年革命をフランス革命から区分する決定的なメルクマールは「労働者」の自

律的な運動の開始であった。田中論文はこのような「労働者」の独自な思想の特質を共和主義と、「アソシアシオン」による「不平等」除去の思想との結合に見る。この「アソシアシオン」の考えは「労働者のうちに共和主義が浸透する論理的前提」となっており、その意義は、「労働者」が「協同組織」＝「職能団体」を結成し、それを通じて自らを「労働し、生産する『有用な階級』」として確立させる点にある。革命によって成立した臨時政府は生存権・労働権・結社権を承認し、「国立作業場」を設立するとともに、ルイ・ブランを議長とする「労働者のための政府委員会」（「リュクサンブール委員会」）を組織する。この委員会の代議員は「職能団体」から選出されることになり、「コルポラシオン」の形成がそれによって促された。このような「コルポラシオン」の一層の展開に対するルイ・ブランらの対応、「労働権」を慈善の一つとしてしかみないマリらの動きの中で、「民衆の分解」が生じ、国民衛兵の秩序志向が全体の方向を秩序維持＝保守へと傾かせることになる。「六月蜂起」への過程を田中論文はこのように説明している。

すでに見たように、この革命で重要な役割を演じる「労働者」の主軸となり、「アソシアシオン」思想の担い手となったのは手工業的職種の労働者であった。「序章」でも指摘されていたようにこの時期には手工業的職種に広汎に中小経営が展開しており、その下で働くこの種の「労働者」は伝統的な雇職人としての性格を多分に維持し、「親方」へ上昇する可能性を有していたものと推定される。だとするとこれらの「労働者」が自らを「労働し、生産する『有用な階級』」と考える時その歴史的性格はいかなるものであったか。田中氏はこの点について特に立ち入った説明を行なっていないが、この種の「労働者」がヨーロッパ各地でなお一般的であり、しかも社会的運動の重要な担い手として活躍したことを考えるとこの点の吟味が欲しかった（たとえばドイツでも西南・中部ドイツを中心に「反独占」・「連邦インヌンク制」の実現を求めるこの種の「労働者」の運動が展開し、民主派の運動と重なり合った）。

それでは「アソシアシオン」思想の担い手たる「労働者」と「中小商工業者」との関係はいかなるものであったか。

「労働者」と「ブルジョワ」の対立とそれはいかに重なるのか。田中・高木・小林三論文はすべてこの問題に関連している。その際、田中論文については共和主義の担い手として「小アトリエ主」・「小商店主」あるいは中小の「産業家・銀行家」が含まれるのか否かが問題となるだろう。高木論文についても「中小ブルジョワ」の「普通選挙」に対する具体的な対応のあり方の問題がさし当たって興味深い論点となろう。小林論文は「秩序と自由と財産」の原理に立つ「議会制リベラリスム」が「社会主義」のイデオロギー形態をとる「デモクラシー」との対抗の中で「袋小路」に入りこみ「保守から反動」に向かう過程を示す。それではこの議会制自由主義の社会的基盤はどこにあったのかが問題となろう。小林論文はこのような「議会主義的リベラリスム」への「大衆」の「失望と反感」を背景にして、ルイ・ナポレオンが「現実の物質的保障」をてこにして「人民」をその「権力基盤」に編成していく点を重視するとともに、その後一八六〇年代にこの「リベラリスム」が再生し第三共和政の保守共和主義に引きつがれるという展望を提示している。このように「議会主義的リベラリスム」はさまざまな意味で二月革命からその後のフランス政治史の中で重要な役割を演じることになるのであるが、その際それを支えた「中産階級」の実態がいかなるものであり、「人民」や「大衆」といかなる関係にあったのか、が今後の大きな論点となるであろう。

5　一八四八年革命と農民

本書のすべての論文が小ブルジョアを考察の対象から事実上はずしたのに対して、西川論文はまさに小生産者たる「農民」を真正面から取り上げる。西川氏は「一八四八年当時、フランスの人口の四分の三は農村人口であった。全人口の七五%を占めるにもかかわらず、人びとは農民の立場にたって政治や歴史を考えようとはしなかった」と指摘し、農民を「無知」と「反動」として捉える研究史の見方に対して、「大都市中心の歴史観を、農民の側に視座をすえることによって幾分でも修正」しようとする方向を提示している。

農村は一八四六、四七年の農業危機とそれに続く経済危機で大きな打撃を受け、各地で騒動が相次いだが、一八四八年二月のパリの革命をさし当たって「外部の革命」として受け止めた。農村では山林騒動、共同体的諸権利の回復、農業労働者賃金引上要求、高利貸攻撃などそれぞれ異なった内容の運動が広がるが、それは決して「四八年精神」といった「政治的理念」に基づくものではなく、むしろ「その不満の多くは、農民の既得権を奪い搾取と抑圧を次第に強化してきた《ブルジョワ》と中央の権力にたいするもの」であった。

臨時政府の「四五サンチーム付加税」に対する農村の反税闘争は、このような農村への配慮を欠く中央に対立した農村諸階層の一致した運動として展開される。ルイ・ブランの「社会的共和国」に対する農民の反発も単なる「保守化」というよりも、むしろそれが「農民にとって無縁な存在」であり、「農民を徴税の対象としか考えない中央政府とその手先」という認識から出てくるものであった。六月事件以降「左翼急進派」（モンターニュ派）が地方都市・農村に浸透しえたことは農民を単純な保守主義と結びつけることからは説明できないのであって、以上のような農村の特有な状況を考慮しなければならない。一八五一年一二月のクーデターに対する農民の大規模な反乱の複雑な意味とその多様な方向性はまさにこの点に関連していた。西川氏は、これに関わる諸見解を検討した上で、この反乱がさまざまな「要素」と「方向性」とをもつこと、そこにむしろ積極的な意味が存在することを重視する。氏は「このあいまいな性格にむしろ積極的な意味」を見出し、「四八年二月とそれ以後の闘争と政治過程を通じて、たしかに農民は政治的に目ざめていった」ことを強調する。その際モンターニュ派の果たした役割が無視できないが、その場合、農民の政治化が農民の国民的統合と一致し、「都市文明」に対する「農民の根源的な否定の力」を弱める作用をもったのではないかと推測する。

フランスの農民（運動）についてのこの論文は深い洞察に支えられており、そこで提示された観点はフランス以外のヨーロッパ諸地域の、さらには一八四八年だけでなくさまざまな時代の農民とその社会的運動の理解にとっても参照さるべきものとなっている。特に一つの社会的運動の性格を単純に「革命的」か「反動的」かの基準だけで評価するのではなく、むしろその運動がその中に包蔵するさまざまな要素と方向性を重視し、この運動をとりまく歴史的な諸条件との関連で位置づけてゆくという観点、また社会的運動の行動面に現われたその具体的な動きのみに注意を向けるのではなく、運動の担い手たち（この場合農民）がその中で求めた要求の内容にまで立ち入って分析する方法は、社会的運動の分析方法としては当然のことではあるが、改めて評価されねばならない。

一八四八年のヨーロッパでは各地で農村住民の社会的運動が展開されたが、西川論文はわれわれにフランスの農民（運動）がヨーロッパの他の地域、特にドイツのそれと基本的な点で異なった内容であったことを示している。というのはドイツの場合、特に中部ドイツからシュレージエンにかけての広い地域では、農村住民の直接的ないし間接的な変革運動が展開したが、その特徴は、何よりも封建的諸負担の廃棄、共同体的諸権利の問題、それに封建的諸関係の「上から」の廃止の仕方の問題に重点が置かれていた点にあった。一八四八年のヨーロッパ革命はフランス以外においては封建的諸関係の変革の問題を最も基本的な柱の一つとしていたのであり、それは何よりも農村の運動に最も具体的に表現されていたのである。

6 「近代社会の転換」と「近代社会への転換」

本書序章で編者阪上氏は「一八四八年の諸革命は規定しにくい革命、あえていえば《すわりの悪い》革命である」と述べている。氏はそれを革命に「賭けられたもの」と「革命の現実的結果」との間の「齟齬」として説明しているが、まさにこの「齟齬」の大きさが最も重要な意味をもってくるのが英仏以外のヨーロッパ諸国・諸地域であった。

そしてこの「齟齬」が社会史の基本問題の一つとして「現代史」に流れ込み、その規定要因の一つとして作用しつづけるのがまさにこの地域であった。

一八四八年においてこのような「齟齬」が最も大きく問題となり、それ故フランス以外の《すわりの悪い》ヨーロッパ諸地域に本書が割り当てた部分は極端にわずかである。川越論文は「ベルリン」のそれも「市民軍」に限定されており、「ドイツ革命」の全体的状況に対してはほんの一部分でしかない。谷口健治氏の「ドイツから見た二月革命」は「ドイツ」の問題というより、「ドイツ人」の「二月革命論」であって決して「三月革命論」ではない。これに対してロシアは革命の「外側」にあった。松原広志氏の「ロシア専制派と革命」はその副題にあるように「ロシアとヨーロッパ」の視点に立って、ロシアの専制擁護派のこの革命の受け止めかたを問題にし、「たんに革命の勃発によってではなく、まさに革命をもその歩みの一部とする歴史」をもつ「西欧」を否定し、「ロシアと西欧」との間にある「原理的断絶」をみる認識を明らかにしている。

それではこのような革命の「外側」にある東のロシアと革命の起点である西のフランスとの間にある中・東ヨーロッパの広大な地域の「一八四八年」は何であり、そこにおける「齟齬」は何であったのだろうか。本書は残念ながらこの一番《すわりの悪い》、それ故に最も興味深い部分の「齟齬」の意味を問わないでそのままにした。しかし村上信一郎氏の論考「マッツィーニの敵」はその空白をイタリアについて埋める貴重な役割を果たしている。この論文は、イタリアにおける民族統一論と連邦論との対立を、マッツィーニと連邦論者との間の思想史上の対立を中心に検討したもので、一八四八年に「国民国家」の実現、国家統一が重要な問題となっていた事実を明らかにしている。村上論文は同じ国民的統一が最大の問題の一つとなったドイツ（・オーストリア）との比較、そこで重要な影響力をもったF・リストの理論とマッツィーニの統一論との対比、等の問題に貴重な示唆を与えるのであるが、この論文が指摘するもう一つの重要な論点は、このような統一問題が決してそれだけで出されていたのではなく、「自由」の問題と、伝統的社会の「社会革命」と結びついていたという事実である。

旧体制の変革、伝統的諸関係の変革の問題は、大革命の中でそれを基本的に解決したフランスを除く、ヨーロッパのほとんどすべての地域にとって一八四八年革命の基本問題であったのである。つまりそこでは「近代社会の転換」だけでなく、むしろそれ以上に「近代社会への転換」が問題になっていたのである。いうまでもなくそれは「フランス革命」との「乖離」ではなく、それとの共通性の問題を意味する。これらの地域の「一八四八年」は、「近代社会への転換」が「近代社会の転換」と重なり合い関連し合って現実化し、そしてそれ故にまたそこから生じる「齟齬」も複雑な内容をもつことになったのである。「現代史への分水嶺」(「はしがき」)はこのような特有な「転換」と「齟齬」をもって形づくられていたのであって、その意味で本書の一八四八年論がフランス大革命との共通面を事実上切り落し、一七八九年と一八四八年との「乖離」を一面的に評価する時、読者は、「一八四八年のヨーロッパ」があまりにフランスに傾斜してしまった《すわりの悪さ》と同時に、「近代社会への転換」の局面を欠いた「近代社会の転換」という「齟齬」を感じないわけにはいかないのである。本書のこの問題性こそ今後の「一八四八年」研究の最大の課題として受け止められるべきものと考えられる。

第7章　ブルジョア革命論とドイツ史の特殊性の問題

はじめに

今日ではすでに古典的な研究となった『市民革命の構造』（御茶の水書房、初版、一九五〇年、増補版、一九六六年）の著者、故高橋幸八郎氏はこの書物の序の中で、ヨーロッパ社会の歴史的発展と、特に西欧の市民革命に関する日本の歴史学者の関心・その分析方法の特徴に関して次のように記した。

われわれ自身は、しかし、近代市民社会＝資本主義生産そのものの存在によってのみでなく、同時にその未発展によって、いい換えるならば封建的諸関係の存続によって苦しめられている。われわれにとっては、一七八九年もまた決して他人事ではない。われわれ自身の社会における変革過程の現実こそ、いわばわれわれの歴史的感覚の唯一の保証であり、西ヨーロッパにおいて既に全き過去に属する市民革命の本質理解は、そのような実践的課題を、少くとも『普遍的解放』allgemine Befreiung の一環として現実に負わされているわれわれにおいて、却ってよりよくなしうるところではあるまいか。われわれは、西ヨーロッパで一世紀も以前に提起され解決された歴史的経験を、われわれ自身の社会的実践のうちに、世界史の法則として直接確認しようとしている。死者、生者を捉う。逆にまた、生者、死者を蘇らすのである。Le vif saisit le mort！（傍点は原文）。

「封建制から資本制への移行」に関するM・ドッブやP・スウィージーらの理解に対して、日本資本主義論争以来の日本の社会科学のもつ時代的な先駆性と問題認識の方法的長所への衿持に支えられつつ、高橋氏がこのことを記したのは一九五〇年のことであった。そしてこの歴史認識は、一九二〇年代・三〇年代のあの日本資本主義論争が問題とした、日本資本主義・日本社会の歴史的構造とその解体の現実そのものに自覚的に結びつけられていた。「農地改革」をはじめとする「戦後改革」こそ、『市民革命の構造』の著者にとって、さらに広く同時代の歴史家にとって、「われわれ自身の社会における変革過程の現実」の核心的問題であり、「実践的課題」であったのである。(1)

ドイツにおいてドイツ社会史とその特殊性（「特殊な途」Sonderweg, peculiarities）へ関心が高まり、それに関する批判的歴史分析がドイツ人歴史家たちによって本格的に開始されたのは、日本において、上のような歴史認識と結びついた、日本資本主義、日本社会の歴史的発展の構造的特質（比喩的にいえば日本の「特殊な途」）への関心と、それとの対比でのヨーロッパ史研究、特に封建制から資本制への移行、市民革命の比較史的研究が、あたかも潮の退くがごとく急速に後退していった一九七〇年代においてであった。H・-U・ヴェーラー（Wehler）、J・コッカ（Kocka）、H・A・ヴィンクラー（Winkler）らをはじめとするすぐれた歴史家たちによるドイツ社会史の特殊性の批判的検討、イギリス・フランスとの対比におけるその伝統的前近代的特質の解明の成果は、わが国に広く紹介されており、周知のことである。(2)しかしその歴史分析が、ドイツ史の「特殊な途」（Sonderweg, peculiarities）をめぐる国際的論争の形をとるにいたったのは、D・ブラックボーン／G・イリー『ドイツ歴史叙述の神話——一八四八年の失敗したブルジョア革命——』（D. Blackbourn / G. Eley, *Mythen deutscher Geschichtsschreibung. Die gescheiterte bürgerliche Revolution um 1848*, Frankfurt. a. M. / Berlin / Wien 1980）(3)が刊行され、ヴェーラーらの歴史把握に対する彼らの批判が公にされ、続いてそれに対してドイツの歴史家たちから反論が出されるにいたってからであった。

この論争については松本彰氏による立ち入った紹介と論評がなされている。[4] その中でも指摘されているように、この論争は、何よりも一九世紀ドイツ社会史の歴史的性格、ナチズム、さらに戦後西ドイツへのその関連を中心的な論点にしながら、ドイツとイギリスとの比較、ブルジョア社会の確立、等々さまざまな重要な問題をそこに含んでいたところに特徴があった。その中で「ブルジョア革命」の問題は、単にそれらと並ぶ重要な争点であったばかりでなく、それらのいずれにも関連する最も基本的な問題であった。

「経済と政治、そしてイデオロギーまでを展望して『近代化』の比較を行うためにはそれらの関係をどのようなものとしてとらえるか、理論的検討が必要であり、『近代化』、『ブルジョア革命』など、最も基本的な概念の再検討も必要であろう」という松本氏の指摘はその意味でまことに適切と思われる。本章は、ヴェーラーらのドイツ社会史把握を厳しく批判したブラックボーン（ロンドン大学）・イリー（ミシガン大学）の「ブルジョア革命」論を取り上げ、その内容と問題点を検討するとともに、この論争の意義を考察するものである。

1　ブラックボーン／イリーのブルジョア革命論

ドイツ語で書かれたブラックボーン／イリーの前掲『ドイツ歴史叙述の神話』は、「失敗した一八四八年のブルジョア革命」を副題としていた。その後大幅な改訂の上英語版として公にされた同じ両著者の書物『ドイツ史の特殊性』[5] は、この副題に代えて、「一九世紀ドイツのブルジョア社会と政治」を附している。しかし、ドイツ語版で副題とされるまでに重視された一八四八年の挫折したブルジョア革命の位置、さらにはより一般的にブルジョア革命論の重要性は、英語版においても少しも変更されてないといってよいだろう。

「失敗した一八四八年のブルジョア革命」の問題、あるいは「ドイツにおけるブルジョア革命の不成功」の問題は、ドイツ社会のその後の発展の例外性、西ヨーロッパのその他の国々（イギリスやフランス）からの相違と結びつけられてきた。「ドイツがブルジョア革命を一九世紀にもたなかったという理解は、ドイツの過去についての一般的理解を形づくってきた」。本書の著者イリーはドイツ社会史の西欧と異なる特異性を強調する見解を批判するに当って、まずこの「失敗したブルジョア革命」（failed bourgeois revolution）を問題にしなければならなかった[6]。それはさし当たっては、ドイツの「一八四八年の革命」、つまり三月革命とその「失敗」およびその帰結の評価の問題に関わっていた。しかし、批判者は、この「ドイツ」の「ブルジョア革命」の歴史的性格の理解の問題を、より一般的な「ブルジョア革命」の概念規定と結びつける。その上でそのブルジョア革命理解に基づいて、ドイツのそれが検討され、把握された。それではブルジョア革命はいかに理解されたか。

(1)　まずイリーは、ブルジョア革命を「特殊な立憲的・自由民主主義的な支配形態の必然的な採用」と結びつけられるべきでないとする。それに代えて重視されるのが「社会におけるブルジョア支配の諸条件」である。ブルジョア革命の概念は「政治的自由主義は力によって獲得された」という見方から自由にならなければならない、とイリーはいう。それは「より柔軟に『ブルジョア時代の開始』、つまり『産業資本主義の自由な展開のための法的政治的枠組みの成功的創出』」と定義され直されねばならない[7]」。

この定義はブラックボーンにも共通する。両者の執筆になる英語版の序論ではこのように規定される。「その〔ブルジョアジーの〕現実的な実力は、……資本制生産様式と、市民社会や、所有関係、法秩序、社会的生活、等々の領域に根ざしていた。これらこそ恐らく『ブルジョア革命』のラベルにより適切な意味で値する[8]」。

以上のようにブルジョア革命は、その結果ないし帰結の観点から、しかも、「産業資本主義」、資本制生産様式の自由な発展の「法的・政治的枠組み」の創出、として理解される。

(2)　このような観点に立つならばブルジョア革命は、短期的な政治的現象、「政治的騒音と狂暴のエピソード」ではなく、「長期的な変化」(long-term transformation)[9]となり、ドイツにもブルジョア革命が存在したことになる。否、その後のドイツ資本主義の急速な発展、その法制的・政治的枠組みの整備からみれば、ドイツにおいてこそブルジョア革命が典型的に行なわれたという結論も導き出せよう。

(3)　この観点は、「経済と社会における静か《サイレント》なブルジョア革命[10]」、つまり漸次的変化の過程と、同時にまた「上からの革命」の決定的な重視につながる。イリーは、ブルジョア革命をこのように理解すれば一八六〇年代と一八七〇年代の間の「上からの革命の過程」をブルジョア革命のドイツ的な特殊形態とみる十分な理由が存在する、と述べる[11]。

(4)　このように見るならば「ブルジョアジー―自由主義―民主主義」の連鎖そのものが問題となる[12]。ブルジョアジーは元来自由主義や民主主義の本来的担い手たることが出来なかった。「反抗したブルジョアジーがその階級的利害を崇高な自由主義的民主主義の綱領の形で見事に実現するというようなブルジョア革命観は神話である」とイリーは断言する[13]。それ故、そのような神話に基づいて「ブルジョアジー自らが遂行した一連の変革」をブルジョア革命とするならば、それは誤った見方ということになる。

以上のブルジョア革命理解がもつ問題点と意義について検討する前に、イリーらが依拠したG・S・ジョーンズのブルジョア革命論について見ておこう。

2　G・S・ジョーンズのブルジョア革命理解

ブラックボーン／イリーは、G・S・ジョーンズ(Jones)のブルジョア革命把握から基本的な点で影響を受けていた。彼らのブルジョア革命の概念内容である「産業資本主義の自由な発展のための法的政治的枠組みの成功的創出」は、まさにこのジョーンズの言葉そのものであった。そして彼らはその説明のために、「ブルジョアの勝利は、明確かつ一貫した世界観をもった階級主体の自覚的勝利というよりは、所有関係の特殊な形態と生産手段コントロールの特殊な形態の全般的勝利とみなさるべきである」というジョーンズの言葉をそのまま引用した。ジョーンズのブルジョア革命理解は、ブラックボーンとイリーのブルジョア革命理解を規定し、それを通じて彼らのドイツ社会史理解に本質的に影響を与えているのである。ジョーンズの両者の見解への影響はそれだけにとどまらなかった。それは、自由主義の規定、手工業者層・農民層など小ブルジョアや労働者と大ブルジョアジーとの関係のあり方についての理解など、重要な論点に及んでいた。そこで以下、彼の立論の関連する論点について要約しておこう。

ブラックボーンとイリーに影響を与えることになったジョーンズの見解は、[14] E・ホブズボーム『資本の時代 一八四八―一八七五』[15] への論評として、ホブズボームの見解の受容と批判として展開されたものである。

(1) ジョーンズはまずホブズボームの「ブルジョアの世界」についての見解を積極的に評価する。ブルジョアはそこにおいては、名望家、名士として、単に自立的であるばかりでなく、同時に優越したもの、弱者に対してある種の権力をもちうる存在でなければならなかった。ブルジョア思想は、勤勉と努力による個人の社会的上昇の可能性とその能力を重視するが、現実にはブルジョア的な社会秩序に対する見方や行動様式は平等主義的観点とはほど遠く、異なっていた。ホブズボームはその際当時のブルジョア家族における自由と権威との緊張的並存関係、そのような意識の社会への拡延、家庭での家族・サーバント観の工場内労働者観への影響、などに注目するが、資本主義確立期とブルジョアの権威主義的傾向に関するこのような把握をジョーンズは積極的に受け止める。

ブルジョアは、また、政治への民衆の参加を好まず、自身の圧力団体を通じる影響の行使を重視した。彼らは社会的にはボーイスカウトや商工会議所やフリーメーソン等の組織的結合、婚姻による結びつきを重くみた。家族的企業や小規模なパートナーシップの支配的な当時にあっては、結婚は資本の確保、企業の連続性の維持のためにも重要な条件となっていた。家庭内サーバントの増加、美術展覧会、オペラハウス、鉱泉湯治、郊外住宅の建設、なども「ブルジョアの世界」の特徴的現象だった。ジョーンズは、ホブズボームのこのような指摘を一定の条件の下でほぼ全面的に承認する（そしてこのような理解は、ブラックボーンとイリーにも影響を与えている）。

(2)　しかし、ジョーンズは、一九世紀中葉のブルジョア支配の性格と形態に関してはホブズボームの見解を批判する。ジョーンズはまず、一九世紀中葉を自由主義的資本主義の黄金時代と認めた上で、この自由主義を、競争的私的企業の発展に対する内的外的障害の除去、土地を含めた商品の自由な市場、法の前の平等、教会と国家の分離、適切な商法、出生ではなく能力の重視、代議政体への一定の参加、とみなし、それがヨーロッパおよびアメリカで勝利したと捉えた。その上でジョーンズは、当時のブルジョアジーが、ホブズボームのいうような意味での、公式の意味での政治的支配階級でなかったと捉える。同時に彼はホブズボームが運動におけるブルジョアジーのへゲモニーと政策決定におけるその影響力の増大に注目したことを重視する。ホブズボームは、ブルジョアが直接的政治行動によってではなく、世界資本主義の全般的な展開を通じてそのへゲモニーを確立したこと、技術的発展と産業資本主義の経済的実力がブルジョア思考のへゲモニーと行動のブルジョア的規範へ転化したことに注目していた。ジョーンズは、へゲモニー論の適用としてブルジョア支配をこのように捉える見方を承認した上で、ホブズボームによるその分析の不十分さを問題とする。

ホブズボームの場合、まず、ブルジョアの範疇があまりに同質的・包括的すぎる点が問題であり、資本家、職業グループ、知識人、芸術家、プチブルの間の分裂や地域的な分裂を考慮すべきであると述べる。さらにホブズボームの「ブルジョアの世界」論が、ブルジョアのイデオロギーや生活様式のレベルにとどまっており、階級としてのその政治的規定性について分析が行なわれていない点も問題点だと指摘する。

国家は決してそれが行なう階級的利害とは同一ではない。ジョーンズは、資本制国家を、政治的分野の構造が資本主義的生産関係の再生産と両立できるような国家形態とみなす。その場合、国家の立法・行政・抑圧装置がブルジョア出身のものによって占められている度合はさまざまであり、それ自体は二義的な意味しかもたない。この時期のブルジョアは、むしろ、そのような意味での国家の支配のために闘おうとはしなかったとさえいえる。イデオロギー的には、それは、法の支配、代議政体、能力への開かれた途の問題であった。

ジョーンズは以上のような見方に立って、ホブズボームに見られるような、一方でのブルジョアのヘゲモニーと、他方でのブルジョア支配階級の可能性という並列論が、両者の結合的関連の含意に結びつく「危険性」を問題とする。この「あいまいさ」が「ブルジョア革命」の意味の「誤解」に結びついたとするのである。つまり、ブルジョアのヘゲモニーは、必ずしもその公式的な政治的支配を要件とせず、「異なった手段によるブルジョア革命の継続」によって実現可能と考えるのである。

⑶　ジョーンズはこうして、ブルジョアの勝利を明確かつ一貫した世界観にもとづく階級主体の自覚的勝利としてではなく、所有関係の特殊形態と生産手段コントロールの特殊形態の全般的勝利と捉えた。この観点に立つ時、ドイツとイタリアの統一および明治維新はブルジョア革命の通常の形態とみなされるのであって、革命を行なうブルジョアジーの欠如の故に明治維新をブルジョア革命としないホブズボームとの見解の相違が明白にされる。

⑷　ブルジョアは――ジョーンズによると――一八四八年の革命を欲していたのではなく、せいぜい革命の不本意な参加者でしかなかった。蜂起の火種と燃料とは、雇職人や手工業者、都市や農村の窮迫した小生産者の不満によって供給された。一八四八年の革命は失敗に終わったが、その後の二〇年間に、穏健自由主義はほとんどいたる所で勝利し、産業資本主義の自由な展開に適切な枠組みをつくり出した。このようにブルジョア革命を資本主義的所有関係の自由な発展が保証される法制的政治的枠組みの整備として理解すれば、ブルジョア革命はブルジョアジーの直接的な仕事である必然性はなくなる。こうして一八六〇年代は一八四八年の多様な方向をもった蜂起よりも、より成功した、決定的なブルジョア革命の一〇年間とみなすことが出来る。

ジョーンズは、この点に関連して、ブルジョアジーと小生産者・賃労働者との対立、工業化の進展の度合に応じた対立関係の地域的相違、特に工業化の遅れた地域での両者の乖離と弱さ、等に関する興味深い示唆を行なっているが、ここでは彼のブルジョア革命理解だけを取り上げる。

ジョーンズのブルジョア革命理解は、上述したように、ホブズボームの「ブルジョアの世界」論、特にブルジョアのヘゲモニー論の検討の中で形成された。そしてその理解が、ホブズボームの「ブルジョアの世界」論への積極的評価の部分と一緒になって、ブラックボーンとイリーに継承され、ドイツ社会史に適用されたのである。われわれはそれによってドイツ社会史の特徴をめぐる論争が、英米の歴史家を含めた国際的論争の形をとるにいたったこと、またその方法や概念、それに基づく歴史認識の点でイギリス史の論争と内容的に結びつくことになったことに注意しなければならない(16)。

前近代的諸要素の残存が一九、二〇世紀においてもなお問題となりえたドイツは、ブルジョア革命の問題をはるか昔に処理し終えた国々の歴史家にとっては、その国の歴史学の成果に基づくブルジョア革命の理論的概念的ないし方法的帰結を適用し、検討する恰好の場となったのである。ともあれブラックボーンとイリーのドイツ社会史に関する論争的研究は、ドイツにおけるドイツ語の歴史学の成果とそこでの論争を内容的に国際的関連の下におくきっかけをつくったものとして高く評価されなければならない。

この論争は、同じくブルジョア革命が重要な国際的論点となった一九五〇年代のドッブ＝スウィージー＝高橋論争と異なっていた。ということは、ここでは争点の中心が単に封建制から資本制への移行にではなく、その帰結と現代社会への関連の問題におかれていたからである。ブルジョア革命の問題は第二帝政、古典的帝国主義、第一次大戦、革命、ファシズム、第二次大戦と戦後改革、という一連の政治的社会的現象と結びつけられていたのである。

3 問題点の検討と一八四八年のドイツ革命

(1) イリーは英語版の『ドイツ史の特殊性』の中で、自身の「ブルジョア革命」把握がもつ問題点を自覚しつつ、次のように述べている。「もっともイギリス革命やフランス革命のような特殊な政治的出来事を、それに先行し、それらを形づくり、大幅に規定した社会的変化の長期的過程に関連させる基本的な難問はなお残っている。長期的意味《エポック》での『ブルジョア革命』の強調は因果関係問題からの後退を意味するが、それが強いほど重大な弱点が拡大する」(17)。この指摘は、ドイツ語版の彼らの書物に対する厳しい論評の経過ののちに、彼らが自覚した自身の問題性を適切かつ率直に表現している。彼らのブルジョア革命理解は、まさに革命過程そのもの、またその前提条件のあり方への接近ではなく、それからの後退と結びついていた。彼らのブルジョア革命理解は何よりもその帰結や結果の意味、その後の発展の仕方の理解に力点があったのである。

もとよりブルジョア革命の帰結・結果の意義の問題は、革命の全体的把握の基本的問題の一つである。そもそもヴェーラーの『ドイツ帝国　一八七一—一九一八年』に代表されるドイツ社会史研究は、全体として、一八四八年の三月革命の帰結、その挫折の事実を前提にし、それがその後のこの国の社会史に与えた意味を問題にしていた。つまり批判者も批判されるものも、ともに、革命の帰結・結果の評価を重視した点で共通していたのである。

しかし「ブルジョア革命」を問題にする以上、そのような帰結は革命の過程そのものを無視して論ずることはできない。ブラックボーンとイリーにはそこに重大な問題点が存在した。それは彼らのブルジョア革命の規定の仕方、「資本主義的生産関係の自由な再生産のための適切な法制的・政治的枠組み」というジョーンズ的規定に帰因していた。

①まず最初に確認しなければならないことは、ブルジョア革命がなければ資本主義は発達しない、ということにはならないということである。一八四八年のドイツ革命の挫折は、決して資本制の発展の否定とは結びつかない。ヴェーラーらの社会史研究においても、三月革命後のドイツにおける資本主義の発達は前提となっている。問題はその発展の仕方、特質、その中でそれが展開するドイツ社会の全体的構造のあり方の評価にあった。ブラックボーンとイリーの著書の積極的な意味は、ドイツ社会史の独自性、イギリスやフランスとの対比におけるその違いを強く指摘するヴェーラーらの研究に対して、資本主義的発展を決定的に重視し、そこでのブルジョアジーの影響力、規定力の貫徹を重く見て、イギリスやフランスとの共通性を強調した点であった。この点はドイツ社会史の「特殊性」をより具体的に分析していく上で前提となる認識である。

②それは第二帝政期におけるブルジョア的発展の度合、程度に関わる問題であって、ブルジョア革命の本質に直接関連する問題ではなかった。イリーらのブルジョア革命の規定は、しかし一八四八年の革命そのものの分析ないし検討からではなく、第二帝政における資本主義的発展を重視するという理解の方から引き出されてきたといえよう。それに最も適合的なブルジョア革命概念がジョーンズのそれだったのである。ここに彼らのブルジョア革命理解の転倒性がある。

③ヴェーラーらに代表されるドイツの歴史家たちが問題にしたのは、ドイツ社会史における前近代的要素、資本制以前、とりわけ封建制的要素の残存であった。それは単にブルジョア的発展やブルジョアジーの支配の問題にとどまらず、それと並存し、そのあり方に一定の影響を及ぼす歴史的諸条件の問題であり、それらを含めた機構的構造的な問題を意味していた。そしてそのような問題こそドイツ史におけるブルジョア革命の失敗・挫折の意味にほかならなかった。ところが、ブラックボーンとイリーが採用したブルジョア革命の規定は、肝心かなめのこの問題の把握をはじめから排除していた。「産業資本の展開を妨げないような法制的政治的枠組みの創出」の問題ではなく、「産業資本

の展開」と並んで存在し、その発展のあり方にさまざまな形で影響を与えるような、前近代的な歴史的諸条件、諸要素、そのような関連の下で行なわれるドイツ資本主義発展の特質、そのようなものとしてのドイツ社会の全機構――それこそが問題であった。ジョーンズ的規定は、イギリスやフランスと異なる、前近代性を残した歴史的発展と、それとの関連で初めて現実の問題となる「失敗したブルジョア革命」を適切に理解することが出来なかった。ブルジョア革命の歴史的問題が、逆説的にも、それが行なわれなかった社会、それが失敗した社会においてこそ、現実的な――高橋幸八郎氏の言葉を用いれば「実践的課題」として――意味を与えられてきたことを考えると、このことはまことに致命的な問題点といえよう。(18)

④このように考えると、ブルジョア革命は、ジョーンズらのように革命後におけるブルジョア的発展、その法制的政治的枠組みの整備というような一般的な「結果」から捉えるのではなく、「革命」それ自体に注目し、まず第一に、アンシアン・レジームとその経済的社会的基礎の変革と結びつけられねばならない。しかし、その場合にも、われわれは単にそのような「課題」の実現の有無、あり方だけではなく、同時にブルジョア革命がそのような問題をめぐる、それぞれの利害と意図をもった諸階級・諸階層の対立・抗争過程そのものであったことを忘れてはならない。このことは一八四八年のドイツ革命のように「失敗したブルジョア革命」の場合に特に注意されねばならない。この場合、封建的絶対主義的諸関係の根底的変革は行なわれなかったり、せいぜい不徹底にしかなされなかったからであり、革命の結果（「所得」）は著しくわずかだったからである。歴史家の関心が、革命の過程それ自体、かかる帰結を生み出した革命それ自体の特質に向かわずに、その課題の政策的制度的実現の仕方に集中したのはそのためだった。革命そのものでなくその課題の実現をブルジョア革命論の主要問題とするこの一面的な見方は、F・エンゲルス『ドイツ農民戦争』第三版序文にみられ、旧東ドイツの経済史家、H・モテック(19)は、それに基づいて市民革命論を組み立てたし、わが国のドイツ社会経済史研究における一時期のブルジョア革命論(20)にも明白にその傾向が存在した。

(2)　ブラックボーン/イリーのブルジョア革命理解の第二の問題点は、ブルジョア革命を「自由主義的諸制度や代議的共和主義的制度」の政治的実現という見方から引き離すと同時に、政治的変革過程におけるブルジョアジーの位置と役割、そこでの「非ブルジョア的諸階層の反抗」の意味、そして両者の関係についての理解が不十分な点にあった。これらの点についての両者の先行研究に対する批判ないし論点整理は、慎重さを欠き、一面的であった。以下このことについて説明しよう。

①ブラックボーン/イリーは、ブルジョアジーと自由主義・民主主義との結びつきに疑問を提示し、ブルジョアジーの政治的非活動性、妥協的ないし保守的傾向を指摘しつつ、他方で、都市の手工業者・小ブルジョア、農村の自立的小生産者、労働者の民主主義的運動の担い手としての役割を強調した。この把握はブルジョアジーとこの「非ブルジョア的諸階層」との間の対立関係の重視に結びつく。だが他方で両者は、このような関係を「工業化」の進展の度合と結びつけ、ブルジョアジーの発展の後れの度合が強いほど、「市民」と「小市民」との間隔が小さくなり、両者の結合がみられたと指摘する。

彼らは、その指摘に盛られた諸論点の相互の連関、特に前半と後半との内的関係について明確な説明を行なっていないが、それらの問題はこれまでの市民革命史研究がまさに問題としてきたことであった。すなわち革命の中での「市民」と「非市民的要素」の結合と対立の関係は、V・ファレンティンに代表される戦前のすぐれた三月革命史研究が指摘したことであり、ヴェーラーらの社会史研究の成果とほとんど同じ頃現われた、一連の豊かな三月革命史研究の中心問題の一つはそこにあったとさえいえる。(21) 問題は、その場合、より進んだ論点、つまり、「市民的勢力」と「非市民的要素」との革命過程におけるそれぞれ独自なあり方、その運動の内容と方向性、そして両者の関係の結合から対立への推転とその歴史的条件の問題であった。そこに古典的ブルジョア革命と一八四八年のドイツ革命との間の共通性と相違点が、したがってまた後者の独自性の理解を解明する糸口があった。問題の革命の失敗という帰結は、その場合、単に革命の課題の実現の度合の低さの問題としてではなく、革命の開始・経過を含めた革命過程の内容と推移の特質との内的連関において捉えることが可能となる。(22)

②このような把握の仕方は、ブルジョア革命におけるそれぞれの独自な利害・要求と結びついた諸階級・諸階層の自立的運動の存在とその相互関連を重視する必要性と結びつく。高橋幸八郎氏はじめ日本のフランス革命史研究に大きな影響を与えたG・ルフェーブル『一七八九年——フランス革命史序論』(23)のように、フランス革命を「アリストクラートの革命」、「ブルジョアの革命」、「民衆の革命」、「農民の革命」の連続的複合的革命過程として捉える方法は、当然ながらドイツ革命の分析に参考にされる必要があった。

その際、アンシアン・レジームを変革するそれぞれの社会的動きが、その担い手たちの利害の独自性と関連しつつ、独自な方向と内容を有した点に注意しなければならない。その場合、特に「非市民的諸階層」の方向が、自由なブルジョア的発展にあったとは必ずしもいえず、逆にそれと対立的な要求を展開することは当然ありうることであった。ブラックボーン／イリーがこの点に注目したのは正しかった。しかし、彼ら（特にイリー）は、それをブルジョア革命の全体的理解の中に適切に位置づけることが出来なかった。

その理由は、ブルジョア革命を最も基本的なアンシアン・レジームの変革という否定的契機において捉えることが出来ず、もっぱらその帰結としてのブルジョア的発展としか結びつけなかったこと（「非市民的階層」と革命の「課題」との「対立」だけが強調されることになる）、そして逆にブルジョアジーを絶対主義の自由主義的民主主義的変革から切り離したこと（つまり、ブルジョアジーの政治的変革からの「隔離」）、の二点による。つまり彼らが自らの主張のために採用した方法と観点が、彼らの積極的な内容の展開を制約してしまったのである。

③「『ブルジョア革命』は、自身の階級的利害により集団的に行動しつつ、封建的あるいは『前工業的』支配階級との直接的対決を行なった、ブルジョア自身の実力行使の一連の変化を意味する」——イリーはこのような定義こそ

研究《ヒストリオグラフィー》史から引き出せるブルジョア革命理解だと考え、上述したように、その批判に全力を注いだ。だが、一八四八年ドイツ革命史に関する研究史は、かつて一度でもこのような単純な「定義」を行なったことがなかった。しかしながらこれまでの研究が「市民層」の動向に最大限の注意を向け、革命史叙述の主要部分にそれを据えてきたことは事実であった。それはいうまでもなくアンシアン・レジームの変革過程に彼らが間違いなく参加し、革命期の行政・立法に、したがって革命過程の政治的主導部分に、ともかくも関与したという事実にもとづいていた。歴史家はまさにそれ故にこの「市民層」の動向、自由派・民主派への分裂、それと「民衆」との関連に最大の関心を向けてきたのであった。イリーらが重視したブルジョアジーの限界もまたその分裂についても、その中で明白に示されていた。「ブルジョアジー—自由主義—議会主義—民主主義」の「つながり《チェーン》」への疑問ではなく、彼らは、本来、その「つながり《チェーン》」の内容と仕方をこそ問題にすべきであった。

④このことは「市民層」と「非市民的要素」との関係を、三月革命の場合にも、単に対立的とするのではなく、その結合的側面にも注意を向けることを要請する。それはいうまでもなくアンシアン・レジームの打倒という問題での共通の利害に基づく、直接あるいは間接、意図的あるいは事実上の結合的関係であって、一八四八年のドイツ革命と古典的ブルジョア革命との共通面を形づくるものであった。

両要素の対立面を強調するイリーらの見解は「一八四八年の失敗した革命」がその中にもっていたフランス革命的要素を見落すことになったばかりでない(24)。それはイリーらが問題にするこの対立関係それ自体の歴史的意味、つまり両要素の結合から対立への推転の世界史意味の理解を困難にするものであった。ここに革命を「帰結」や「結果」のあり方からのみ捉える歴史観の重大な問題性があった(25)。

一八四八年のドイツ革命の中にフランス革命的要素を見ることは、もっぱらその「失敗」の「帰結」からドイツ社会史の西欧と異る特殊性を導き出し、その規定性の圧倒的優位を強調する見方に対しても、あるいはそれへの批判として「上からの革命」を強調する観点に対しても、一定の修正を求めることにつながる。一八四八年におけるフランス革命的要素が、ドイツ内部の一定の歴史的条件と結びつき、それに基礎をもっていたことを考慮すれば、そのような西欧的要素がその後のドイツ社会史を規定するもう一つの要因となったと考えることができるからである。[26] ブラックボーンとイリーは、ドイツ社会史の特殊性を決定的に重視するヴェーラーらの社会史の把握に対して、西欧との共通性を強調した。それ自体は正しいこの問題提起は、しかし、そもそも「上からの革命」によってのみ説明されるべきではなく、三月革命の中で現実化したような西欧的発展の局面と諸要素のその後の展開、革命の「失敗」にもかかわらず（正しくいえばそのような「失敗」を帰結するほどの段階に達した）、その後に継承されたそのような発展の問題として検討さるべきであった。ドイツ社会史の「特殊性」の問題は、そうすることによって、単に西欧からの乖離としてだけではなく、同時に西欧的発展のドイツ的形態としても理解されうるものとなるからである。

おわりに ——ドイツ史の特殊性と「現在」——

ブラックボーンとイリーのブルジョア革命論は、以上のように、基本的な点で重大な難点をもっていた。それは彼らが本来意図した第二帝政期ドイツ社会史の批判的検討というそれ自体興味深い作業に制約を与えた。彼らの英語版書物が、ドイツ語版書物の副題とした「一八四八年の失敗したブルジョア革命」に代えて、「一九世紀ドイツのブルジョア社会と政治」を副題としたことは、恐らくこのような問題性の自覚と反省によるものと思われる。

彼らの意図は、英語版書物の序論に一層明確に記されているように、第一次大戦前ドイツにおけるブルジョア的発展の強力な展開、ブルジョアの分裂、農民・小ブルジョアおよび労働者の「下からの圧力」(pressure from below) を基本的に重視し、帝政期の政治的社会的動向をそれへの対応として捉えることにより、「前工業的」、「伝統的」諸要素の規定性と結びつけて捉えるドイツ社会史の特殊性理解に対して、それをよりイギリス的西欧的共通性において把握しようとした点にあった。そのような認識を通じて、彼らが目標としたことは、ナチス支配と第一次大戦前の状況との連続性を展望しようとした点であった。ヴェーラーらが、ナチズムと第二帝政との連続性を、ドイツ社会史の西欧からの乖離という特殊性で把握しようとしたのに対して、彼らは、ブルジョアの分裂、左翼へのブルジョアの敵対、宗教的分裂、農民・小ブルの社会的・政治的動向[27]、急進的ナショナリズム、それへの対応とデマゴギー、等の諸局面での共通性を重視し、そこに「ドイツ資本主義のドイツファシズムへの関連」を、金融資本や独占資本の支配とは別の意味で、捉えようとしたのである。

彼らはこのように「連続性」の有無ではなく、そのあり方を問題にしようとした。それによって彼らが問題にしようとしたのは、ナチス解体後の戦後西ドイツ社会の歴史的性格であった。「伝統的」・「前工業的」エリートの政治的支配という第二帝政からナチズムへの連続面が第三帝国の崩壊・一九四五年の敗北によって終了し、「一九四五年」が「ゼロ時」あるいは「ゼロ年」となってドイツ社会が本来の西欧的な発展を歩み出すという考え方に対して、むしろ第二帝政―戦後の連続性、ブルジョア的発展の連続性をみようというのがブラックボーンらの観点であった。それは「ドイツの過去」の問題を「ドイツの現在」の問題への手がかりとして考えるという立場と結びつく。「ゼロ年」論は「解放機能」(emancipating function)をもっていたのであり、「過去と現在」との結びつきの理解を制約する怖れを含んでおり、同様に「特殊な途」論は、現在的問題を単なる「非近代的過去の残滓」にしかねない弱さを潜ませている。したがって、「一八四八年から一九四五年までのドイツ史」を単に第三帝国で終わる「一方通行」とするのではなく、「新しい戦後の出発」へ道をひらく議論が必要だ、というのが彼らの趣旨であった[28]。

だがわれわれにとって特に重要な点は、「一九四五年」の大きな変化――それを「ゼロ年」とするかはともあれ――にもかかわらず、ヴェーラーらの「特殊な途」論が、一九七〇年代においてなお「過去」の問題を「現在」の問題として論じていること、そしてブラックボーンらが問題にしているのが、さし当たって議論の有無ではなくその仕方であったことである。われわれは、かつて高橋幸八郎氏らの歴史家が「一七八九年もまた決して他人事ではない」とし、それを「われわれ自身」の「現実」の問題と結びつけたように、ドイツの「特殊な途」論争への欧米の参加者たちが、それを彼ら自身の「現在」に関連させていること、しかも、その問題が、日本の歴史家にとってはあたかも「他人事」に感ぜられ、もはや「われわれの歴史的感覚の唯一の保証」として受け止められなくなった一九七〇年代以降に、それが国際的論争の形をとるにいたったことを重視しなければならない。

そこには、松本彰氏が指摘したように「『ドイツとは何か』、特にその民族と国家の関係が自らにとっても国際的にも鋭く問われているからこそ『ドイツの特殊性』が鋭く問題にされた[29]」という事情の存在が問題となるだろう。その場合、われわれは戦後の問題を「過去」との「連続性」の問題として論じなければならない、一九四五年（「ゼロ年」）のあり方、そこでの「過去」との断絶のあり方に注意する必要があるだろう。W・D・ナル（Narr）とD・トレンハルト（Thränhardt）は、その編著『ドイツ連邦共和国』（一九七九年）の序論で、ヴェーラーの特殊性問題に言及しつつ、「しかし今日この二つの局面（非民主主義的権威主義的性格と、工業化と政治的民主化の乖離）については最早問題がなくなったようにみえる。戦後は事実上終わったかのごとくである。連邦共和国は西欧的資本主義諸国のブロックの中に組み込まれ、特殊な発展はしたがって原則的に克服されたかのようにみえる[30]」とした上で、この国の「正常性」の実体を問い直している。そのような問いを生む大きな理由が戦後改革の不徹底性であった。「非武装化」（Demilitarisierung）、「非カルテル化」（Dekartellisierung）、「非ナチ化」（Denazifizierung）および「民主化」（Demokratisierung）の「四つのD」の挫折と「復古」はそれを端的に表わしていた。その結果としての戦前からの現在への連続性を「非近代的過去の残滓」とみるか、それをすぐれてブルジョア的発展の歴史的特質と結びつけるか、はともあれ、そこでの問題が戦後改革のあり方、それを通じての戦前と戦後の連続性のあり方、にあること、そしてそれが何よりも「現在」の問題として論ぜられている点に注意しなければならない。

そして、それは決して「他人事」ではない。「一八四八年」も「一九一八・一九年」ももつことがなかった日本の場合、歴史的発展の「特殊性」の問題はドイツとは比較にならないほど大きな度合と異なった形で戦後に持ちこされ、資本主義の現代的形態と結びついて、われわれ自身の社会を規定しているからである。そしてこの日本的「特殊性」の問題は今、かつてない形で表面化している。それは高橋氏のいう「われわれ自身の変革過程の現実」の「限界」とその「結果」に対する歴史的評価の問題であり、同時にまた戦後日本社会における日本的「特殊性」と現代資本主義との結合と融合のあり方を問うことでもある。戦前・戦後の連続と断絶の問題の解明はわれわれにとってまさに焦眉の課題となっているのである。

ブラックボーンとイリーは、彼らのドイツ語版著書に対するヴェーラーらの激しい批判ののちに公にされた英語版書物の中で、「一九六〇年代と一九七〇年代の『批判的』歴史家たちがその時間を浪費したなどとは思わない。われわれは、もしハンス・ウルリヒ・ヴェーラーが存在しなかったら、彼を生み出す必要があっただろうとさえ考えている。……もし歴史家が二つの陣営に振り分けられるとしたら、われわれは、それ故、この基本問題について、われわれが批判的に検討した見解の持主と同じ陣営に属することになる」と述べている。論争者たちのおかれている深刻な「現在」の状況への自覚と歴史意識がそこに示されている。[31]そしてわれわれにとってもこのことは大変重要なことと思われる。

（1）高橋氏のこの認識はその後も機会あるごとに表明された。同『近代化の比較史的研究』岩波書店、一九八三年、所収の論文、特に第二部Ⅲ、Ⅵ、参照。

（2）ここでは H.-U. Wehler, *Das Deutsche Kaiserreich 1871–1918*, Göttingen 1973, が、大野英二・肥前榮一訳『ドイツ帝国一八七一―一九一八年』未来社、一九八三年、として訳出されたことを代表的事例としてあげておく。その意義については。

同訳書、大野英二「訳者あとがき」、同『現代ドイツ社会史研究序説』岩波書店、一九八二年、第五、六章、参照。

（3）この書物は、望田幸男氏によって、『現代歴史叙述の神話――ドイツとイギリス――』晃洋書房、一九八三年、として訳出された。著者やこの書物をめぐる動向については、同訳書に収められた、望田幸男「『比較史の方法』私論――『解説』にかえて――」および「訳者あとがき」参照。

（4）松本彰「『ドイツの特殊な道』論争と比較史の方法」『歴史学研究』第五四三号、一九八五年。

（5）D. Blackbourn / G. Eley, *The Peculiarities of German History. Bourgeois Society and Politics in Nineteenth-Century Germany,* Oxford / New York, 1984.（以下 Peculialities と略す）。

（6）*Ibid.,* Introduction, p. 51. etc. ; Dies., Mythen deutscher Geschichtsschreibung. Die gescheiterte bürgerliche Revolution um 1848, Frankfurt a. M. / Berlin / Wien 1980（以下、Mythen と略す）, S. 7, 訳、三頁。

（7）*Ibid.,* p. 83 ; Mythen, S. 29, 訳、三七頁。

（8）*Ibid.,* p. 16.

（9）*Ibid.*

（10）*Ibid.,* p. 17.

（11）*Ibid.,* p. 144 ; Mythen, S. 54, 訳、七七頁。

（12）*Ibid.,* p. 16.

（13）*Ibid.,* p. 144 ; Mythen, S. 54, 訳、七七頁。

（14）G. Stedman Jones, "Society and politics at the beginnings of the world economy", in : *Cambridge Journal of Economics,* 1977, 1.

（15）Eric Hobsbawm, *The Age of Capital 1845–1875,* London, 1975. 柳父圀近・長野聡・荒関めぐみ訳『資本の世界』（Ⅰ）、松尾太郎・山崎清訳同（Ⅱ）、みすず書房、一九八一、八二年。

（16）R・J・エヴァンスも論争に加わった。Richard J. Evans, *Rethinking German History. Nineteenth-Century Germany and the Origins of the Third Reich,* London, 1987.

（17）Blackbourn / Ely, *Peculiarities,* p. 88.

(18)　松本彰氏は、イリーの議論の「経済主義」的傾向を批判しつつ、「ブルジョア革命は本来、民主主義化と深く関った概念であり、『上からの革命』はその民主主義＝ブルジョア革命を経ない資本主義化であったからこそ、その『特殊性』が政治体制とかかわる構造的特質として問題とされた」と適切に指摘している。同、前掲論文、一〇頁。但し、「経済主義」といっても、イリーの場合、封建的諸関係の解体、特に土地所有に関わる経済史的問題への顧慮を一切欠いており、著しく部分的である。

(19)　Hans Mottek, *Wirtschaftsgeschichte Deutschlands. Ein Grundriß*, Bd. II, Berlin 1964. 一九六九年改訂版の邦訳、大島隆雄訳『ドイツ経済史一七八九―一八七一年』大月書店、一九八〇年。筆者はかつてこのモテックの市民革命論を問題にしたことがあった。柳澤「ドイツ三月革命における変革運動」岡田与好編『近代革命の研究』下巻、東京大学出版会、一九七三年、四六頁。「古典的ブルジョア革命の主要課題」を「資本主義の完全な展開を阻止していた決定的障害を除去すること」とするH・モテックの見解が、ブラックボーンやイリーの見解に著しく近い、否、ほとんど同じといってよい点に注意すべきである。

(20)　その論点整理と問題点については、肥前榮一『ドイツ経済政策史序説――プロイセン的進化の史的構造――』未来社、一九七三年、序章一を参照。

(21)　柳澤治「ドイツ革命（一八四八―四九年）と市民層の分裂」『思想』六一三号、一九七五年（同『ドイツ中小ブルジョアジーの史的分析』岩波書店、一九八二年、V・二）。

(22)　同『ドイツ三月革命の研究』岩波書店、一九七四年。

(23)　高橋幸八郎・柴田三千雄・遅塚忠躬訳『一七八九年』岩波書店、一九七五年。

(24)　この点については、柳澤治「ヨーロッパ史の転換点としての一八四八年革命」『歴史学研究』第五五八号、一九八六年（本書第Ⅱ部第6章に収録）、参照。

(25)　イリーらが批判の対象とした、シュトゥルマーの三月革命理解はこの点で同じような欠陥を有している。同「三月革命期ドイツの小ブルジョアとその社会的意識」『思想』六四五号、一九七八年（前掲『ドイツ中小ブルジョアジーの史的分析』に収録）。

(26)　この点で、三月革命の基礎過程を「資本（＝産業資本）対封建的土地所有、という市民革命の根本課題の規定に従って現れ、ついで、革命の過程のうちに、世界史の法則性に貫かれつつ、右の対抗は、ともに市民的進化〔＝資本主義化〕を志す、二つの形態の発展を主導する各階級の、力関係の対抗に転化する」とする、松田智雄氏の規定も、新たな観点から検討される必要があろう。松田智雄『新編「近代」の史的構造論』ぺりかん社、一九六八年、一一一頁。なお、三月革命の挫折という帰結の決定的重視の上に展開されるヴェーラーのドイツ社会史研究がこのような局面をいかに評価するかは興味深いところである。

(27) ブラックボーンらの場合、ブルジョア、ブルジョア中間派（bourgeois middle）、資本（capital）、農民、手工業者、小生産者、等々の概念規定やそれらの相互の関連が明確でない。

(28) Blackbourn / Ely, *Peculiarities*, p. 34.

(29) 松本、前掲論文、六頁。

(30) Wolf-Dieter Narr / Dietrich Thränhardt (Hrsg.), *Die Bundesrepublik Deutschland. Entstehung, Entwicklung, Struktur* (*Neue Wissenschaftliche Bibliothek*), Königstein / Ts. 1979, Einleitung.

(31) Blackbourn / Ely, *Peculiarities*, p. 32.

第8章　三月革命期における農村民の変革意識——プロイセンの場合——

はじめに

近・現代ドイツ社会経済史の大きな特徴の一つは東部ドイツにおける歴史的発展の独自性にある。ユンカー的大土地所有・大農場制を生み出した東部ドイツのプロイセン的発展は、ドイツ社会史の特殊性を規定する最大の要因となった。歴史的発展のこの独自性は、旧体制の解体と近代的形態への移行の中で集約的につくり出される。それではこのような発展の基盤となった東部ドイツの人々はこの転換をいかに捉え、またその中でいかなる動向を示したか。本章は旧体制の解体と近代社会への歴史的な転換における最大の画期である一八四八・四九年の三月革命期を取り上げ、東部ドイツ・プロイセンの農村住民の動向をプロイセン議会への広範な請願活動に焦点を合わせて分析し、封建制から資本制への移行におけるこの地域の農村住民の変革意識の内容を経済史的に明らかにするものである。

筆者は旧著『ドイツ三月革命の研究』（岩波書店、一九七四年）において一八四八・四九年のドイツ革命の中でフランクフルト・アム・マインの統一国民議会に向けられたドイツ各地の農村民の請願運動を中心に取り扱い、その経済史的意義を考察したことがあった。幸いなことに同書の三月革命理解はさまざまな形で論評を受ける機会に恵まれ[1]、

最近においても山井敏章氏から立ち入った批評を得ることができた。(2)

筆者は上記書物を公にしたあと、そこでは十分に検討できなかったプロイセン東部諸州について、ベルリンのプロイセン議会（＝憲法制定議会）に宛てて各地の住民が送った膨大な請願書の一覧を分析し、その成果を当時勤めていた東京都立大学の雑誌に発表した。この論文は、上記拙著の内容を補充し、また同書への当時の数々の批評を参考にして考えを深めた成果でもあったが、発表の場が大学の紀要であったためか、十分な論評を加えることがないまま今日にいたった。そこでこのたびの書物作成に際し、原論文の「はしがき」を書き直し、また本文の一部を修正・圧縮した上で、しかし、内容はほとんど原型のまま採録して、改めて批判と教示を乞うた次第である。

三月革命期東部ドイツの農村民の変革運動に関しては、旧著に先だって末川清氏のすぐれた業績が存在した。(3) 旧著はこの先駆的研究を前提にしつつ、プロイセン議会への請願活動をも考慮しながら著者なりの分析を試み、自らの考えを提示したものであったが、その東部ドイツの農民運動に関する旧著の理解を先の山井氏は次のように位置づけている。(4)「北・北東ドイツの情況はこれとは異なる。この地域では、農民解放は革命前夜にはほぼ最終段階に入っており、この結果、領主特権の廃棄に関わる問題は、革命期における農村の運動の主要な対象とはならなかった。むしろここでは、農業における資本主義的発展の結果として、農村住民内部の『階級差』、『階級対立』がすでに鮮明になっていた。実際、この地の蜂起を担ったのは農村下層民であり、彼らの闘争は、領主のみならず農民をも含む『富者』一般を標的とした。柳澤が『農民革命』の事例としてとりあげたシュレージエンは、プロイセン諸州のうち唯一農民解放が遅滞した地域であり、農民・下層民が一体となって反封建闘争を展開したこの地の運動は、北ドイツでは例外に属するのである」。

山井氏のこの指摘は重要である。なぜならばたとえば最新のドイツ史入門書(5)に見られるように三月革命期の農民の動向の理解として次のような旧式の認識が今なお残されているからである。農民運動はこの場合著しく一面的に捉えられ、またその地域としてザクセンやシュレージェンの重要地域が除外されている。「ところで、革命初期の成功を基底の部分で支えたのは、農村部では領主の居城前で、都市部では集会所や市庁舎前で気勢をあげた民衆であった。まず農村地域では、なお封建領主的権利を有していた世襲領主に対し、残存する封建的賦課の撤廃を求めて農民の一揆が発生した。ことに頻発したのはバーデンのオーデンヴァルト、シュヴァルツヴァルトのほか、ヘッセンやテューリンゲンなどで、これは一六世紀に農民戦争が発生した地域とほぼ一致していたが、こうした蜂起は要求が満たされるやほとんど終息してしまった」。

本章はプロイセン東部諸州を対象とし東部ドイツのこの広範な地域における農村住民の変革運動を、旧著とは異なった形でより深く考察しようとするものである。その中で示される農村住民の変革運動の歴史像は、山井氏の先の理解と部分的に重なりながらも、しかし、それとかなり大きなずれを示すことになる。読者はシュレージエン地方が東部ドイツの単なる一「事例」ではなく、農民運動がドイツで最も広く展開した最重要地域であったこと、そのシュレージエンを含め東部ドイツの農村住民の変革運動が氏の指摘以上にはるかに複雑で多様な内容をもっていたことを理解されるであろう。

本章はそれを農村民のプロイセン議会への請願運動を通じて解明した。いうまでもなく請願活動は、領主やその居城への直接的な威圧的行動、暴力的な威嚇や破壊、とは異なった変革運動の形態をなす。山井氏をはじめ多くの歴史家が強調するように(6)、地元支配者に対する暴力・強力を伴った農村民の直接的な行動は革命運動の重要な要素である。しかしそれはより平和的な請願活動の意義を否定するものではない。この行動形態は一見目立たないが、しかし直接的な行動とは異なった、すぐれた意味での変革運動であり、旧体制の変革にとってはある点でより本質的な意義を有していたのである。以下その理由を述べよう。

第一に請願行動はプロイセン革命の最重要拠点であるベルリンの議会に向けられている点である。議会は、旧体制の変革と新体制のために基本法を含め新立法を審議・制定する最も重要な現場であった。請願活動はそのことを認識し、かつそれに対して行なう意思表示であり、要請であったのである。領主館への焼打等の行動が局地的分散的であったのに対して、それは変革過程の中心部への働きかけであり、その意味で革命全体への関連を事実上自覚した政治行動であった。議会は各地から寄せられた膨大な数の請願書のそれぞれの内容の要点を記録し、かつ審議に付した。議会もまた請願者たちを無視できなかったのである。プロイセンの村々の住民の意思は、遠く隔たった首都ベルリンの革命の中心点に結びつき、立法の内容と方向に、積極的にであれ消極的にであれ、影響を与える可能性を有していたのである。

第二に、請願活動は、地元支配勢力への直接的な対決に比べれば、相対的に穏健で、より多くの住民が採用しやすい行動様式であった。直接的な反領主闘争が一部地方に限られ、局地的分散的であったのに対して、請願行動は、そのため多くの村落、百万人をこえる住民を包摂した広範囲の展開を示すことになった。プロイセン議会の議事録の一覧表は都市や村落、身分や階層、個人や団体などを付した各種の請願一万余を記録しており、その発信地はシュレージエン州・ザクセン州・ブランデンブルク州の各地をはじめ、プロイセン全土に及んでいる。請願による要求の呈示、苦情の訴えは、すでに述べたように、憲法制定議会の存在を前提にし、それによる現状の変革と改善への期待を意味していた。地域的な広がりの点で、また行動へ参加者の数の多さの点で、この請願活動はプロイセンの三月革命と議会を支える広いすそ野をもった基盤でもあったのである。東部ドイツの変革運動はこのことによって王都ベルリンや一部地域に限られない、大きな広がりと多数の住民を包摂することになったのである。

第三に一見穏健にみえるこの請願活動は、その地域の支配的状況を深部から揺り動かす重大な方向性をもっていた。請願にいたる人々の動きについてみるとおよそ以下のような経過をたどったものと推察される(7)。まず農村各地住民への革命状況に関するベルリン等の変革中心地からの情報の到達、ついで請願書作成のための住民集会と討議、参加者の意見対立・その調整、請願内容の決定、起草、読上げ、ベルリンへの送付委託、送付者・仲介者との連絡、到着の確認、今後への協議、等々である。それは旧支配者にとって、住民の多数が加わった、既存の秩序を動揺させる異常な出来ごと、すなわち騒擾であって、グーツヘル等のその地域の支配勢力の足許を揺るがす重大な事件であった。そして恐らくその行動を通じて住民の社会的意識は変化し、ベルリンの議会との、したがって革命との関係が自覚されることになる。

第四にそれは請願書の内容と密接に関連している。請願内容は現状への苦情とその変更に関わる要求事項が中心であり、いずれにしても旧来の状況や関係の変更を目的としている。その場合農村地域からの請願はたいていそれぞれの村落・主体ごとに要求内容を異にしており、請願内容の地域的な統一性がみられることは稀であった。請願書のこのような多様性は請願地の状況と住民の置かれた事情の独自性を反映するものであり、その内容の現実性を物語っている。それは請願者たる住民自身の身近かな状況の改善と、それに関わるその地域の既存の社会的・経済的関係の修正ないし排除を目的としているのである。現実の状況と結びついた社会的関係についての認識、その問題性の住民自身の自覚によって支えられたこの請願行動は、住民が生活しているその地域の旧来の社会的政治的関係を内側から、そして深部から動揺させる方向性を備えていたのである。

第五に次の点も重要である。プロイセン議会宛請願書一覧はたいてい請願書の仲介人の議員名を明記している。それは各々の請願行動が地元出身ないし関連の議員、あるいは政党・政治的組織と関係していたことを物語るものといえよう。彼らは、おそらく請願書の作成を助け、またベルリンへのその送付を手伝い、また革命情勢に関する情報の伝達などに携わったものと思われる。住民集会の指導やそこでの演説、村民への個別的接触等を通じて、彼らは農村住民の伝統的な思考を変化させ、逆に住民の側から影響を受けることになったものと予想される。彼らは三月革命の拠点＝立法議会と各地域の住民の行動とを結びつけるパイプであったのであり、請願活動はそのような関連をつくり出し、強化する軸となったものと推測できる。
以上からわかるように請願行動は三月革命期の変革運動において著しく重要な位置を占めていたのである。

1 農民運動の理解をめぐって

(1) 農民層の「保守的性格」と「変革性」

まず農民層や農村住民の社会的動向に関するこれまでの理解についてみることにしよう。われわれはまずM・ヴェーバーの指摘に注目しなければならない。

〔ヴェーバーの理解〕

ヴェーバーの考えは、ヴェーバー自身が編集に関与した『社会経済学講座』(Grundriß der Sozialökonomik) 第三巻に所収された『経済と社会』Wirtschaft und Gesellschaft (ここではJohannes Winckelmann 編の *Studienausgabe*, Köln / Berlin 1964 を使用)「諸階層、諸階級および宗教」(GdS., Kap. IV, §8, Studienausgabe Kap. V, §7.)、『宗教社会学論集』およびその他に示されている。それはまず次のように要約される。

(1) 農民の生活の特徴は、自然への強力な繋縛、有機的過程と自然現象への強い従属関係にあり、経済的にも、その営みを自らの力で合理的な方向に編成してゆく傾向が最も少ない(8)。

(2) したがってまた農民は、伝統主義と深く結びついており、宗教的には、合理的倫理的な運動の担い手となることは全くないか、否定的であり、仮にそうなる場合があっても、全く例外的である。この社会層の特徴は、本来、呪術と結びついた宗教意識にあり、「天乞い」や「精霊的呪術」あるいは「儀式」にある。[9]

(3)　経済生活が自然過程に強く規定されている農民層は、「合理的な労働」に基づき、「労働が目的・手段および結果の成否の間の関連をほぼ見透させ」ることのできる都市市民層（＝手工業者層）とは異なっている。後者は「実践的な合理主義」の担い手となる大きな可能性をもち、その宗教的立場も多様で、「救済の追求はまさしくこの社会層にとくに強く根を下ろしていた」[10]のである。

だが、ヴェーバーは、農民層の合理的倫理的な運動への志向を、また社会的（宗教的）変革過程への参加の志向を完全に否定したわけではなかった。彼は、一方で農民の上のような特徴を強調する反面で、それが弱まる「例外的」なケースにも留意していた。農民層が伝統的な意識から抜け出て、合理的な志向を示す可能性について、こういっている。「農民が宗教信仰の共同の担い手になるのは、通常、内的（国家財政的あるいはグルントヘル的）なもしくは外的（政治的）な勢力によって、彼らが奴隷化やプロレタリア化の危機に曝されるときにすぎない」[11]。だが、それも限定的であった。すなわち農民層の意識はもっぱら社会的経済的存在の諸条件に向けられているという点である。宗教的要求との結びつきはそれとの関連において、また既存の倫理的な宗教意識を土台にして初めて成り立つことができたのである。[12]また、社会経済的問題についても、この社会層の意識は「近代的合理主義」の発展のためというより、むしろこれと対抗し、共同体との関連で、農業共産主義と結びつく傾向がみられた。[13]

このように、ヴェーバーは、まず農民の社会的存在の危機＝隷属化・プロレタリア化の危機を、農民の意識の転換、そして社会的変革過程、特に、社会経済的諸関係の変革（但し近代的合理主義との対立＝農業共産主義への傾向）への参加の条件とする。ところがヴェーバーは他方で次のようにも述べていた。「農民一揆も、他のすべての革命と同じく革命者の地位がもっとも不利であったときには、すなわち、いま問題としている場合でいえば、農民の地位がもっと圧迫されているときには、まったくおこらず、むしろ、これと反対に、農民がすでにある程度の自覚心をもつにいたった場合に、農民一揆は起ってくるからである」[14]と。つまり農民運動の条件として彼は農民の間における自覚的意識の一定程度の発展と、そのための農民層の経済的社会的発展とが必要であると指摘する。それは農民の生活と農民が編成されている共同体のなかに計算の要素が浸透すること、[15]歴史的には、都市（経済）との市場的関係と農村内部への商品経済の浸透によって、伝統的諸関係＝社会的意識形態が変化し、農民層の社会的経済的問題への自覚が高まってくる過程に対応していると考えられる。そうだとすれば「プロレタリア化」の問題は、こうした市場経済の展開とその中で生じてくる農村住民の階層分化との関連をも考慮に入れて、捉え直されねばならなくなる。

〔アルプレヒトの見解〕

上記の『社会経済学講座』[16]においてこの問題に関して最も重要な論文を公にしたのはG・アルプレヒト（Albrecht）であった。アルプレヒトは、農民層と伝統主義との結びつきの面に注目し、これを農民層の「本来的な、ある意味で超歴史的な本質」として規定する。すなわち、

(1) 労働主体＝農民と、労働の客観的対象＝それ自体自然の一部をなす土地との関係、およびこれを土台として営まれる農業生産過程の自然過程との結びつきは、農民の行動様式・意識をあらゆる点で規定している。それは、「土地は自身の一部」とまで考えられる自己の土地への固執、政治的行政的区画への無関心、郷土愛・祖国愛といった農民の一般的な特徴をつくり出す。経済的には農民は「基抵において保守的」であって、近代的合理主義に抵抗しつつ伝統的な生活・生産様式に固執する。自然過程に強く規定された経済生活と結びつく伝統固執的生活・生産様式とその思考様式とは、自己の存立基盤が脅かされるにいたるまで不変である。

(2) かかる特徴は、一方では、農民的経営が家族的協業に依存している限り、同時に農民家族の構成員全体に共通するものである。したがってそれはまた親から子へと世代的にも継承されてゆく。他方、かかる特徴を共有する

農村住民は、農村外からの、したがって都市からの、また他の社会層からの思想、行動に対して、対抗的ないし防禦的となる。農民のかかる保守的傾向は、外面的には、農民居住地の住宅様式、衣装、用具、その他さまざまな生活様式や言語、習慣・習俗、などにおける伝統的性格となって現われてくる。(17)

(3)　したがって、農民層は、政治的・社会的にも本質的に保守的ないし反動的であって、その結果国家権力の存立・維持の最も重要な基盤として機能するばかりでなく、他の社会層の動揺・分裂に対抗する最も強力な対抗勢力となる。

(4)　農民層のこの規定性は、歴史上、農民を担い手として革命運動が展開したという事実によって、修正されることにならない。すなわち、彼らの革命的行動は――ドイツ農民戦争期、フランス大革命、一八三〇年、一八四八年のドイツ、ロシア革命のいずれの場合も――本来、決して思想的・政治的関係の変革を目的としたのではない。それは、彼ら自身の、生活改善、負担の軽減、経済的従属からの解放等を目的とした、社会的経済的改革を志向するだけのものであって、社会的・政治的変革の理念はほとんど問題にならなかった。しかも、この場合、農民たちの要求や願望は、しばしば「旧い時代の状態に対する想い出」を根拠に提示されており、したがって「反動的」な特徴を帯びることになる。(18)

(5)　農民のこうした本質は、農業生産、特に農民的経営がなお以前と変わらぬ意義を保っているワイマール期にいたるまで、一貫してみられる。だがその意味の大きさは変化した。その画期は、かかる本質を支えていた諸条件、つまり農民の自然経済的特徴、共同体的諸関係、封建的支配従属関係の解体をもたらした「農民解放」であった。以後、農民の解放と自立、市場経済の展開の中で、農民経済の合理化が少しずつ進展する。しかし合理主義の条件である封建的束縛の変革への志向性は、決して「農民の中から出てこない」のであった。「農民は自分自身では新しい時代、新しい経済制度の扉を開くことはなかった……。農民を封建的緊縛から解放する事業や改革の担い手は、農民自身では決してなく、一八世紀の思想、つまり自然法と重農主義の考えをもった人々であった」[19]。アルプレヒトの上の認識は多くの点でヴェーバーのそれと重なる。農民の伝統・慣習との結びつき、また経済的社会的な保守的傾向は歴史上しばしば見られた現象であり、アルプレヒトの見解は、その限りで農民層のもつ社会的性格のある側面を正しく捉えていたといえよう。このことはつとにリール（W. H. Riehl）[20]が指摘していた所であった。農民の伝統主義との結びつきは、こうして社会的政治的な保守主義と関連させつつ、「本質」にまで高められた。もちろん、アルプレヒトも、かかる伝統主義の解体を全面的に排除したわけではなかった。彼も市場経済の発達をその条件として捉え、その画期として「農民解放」を重視した。しかしそれは「外から」そして「上から」与えられたものであった。そしてアルプレヒトの場合、ヴェーバーが指摘したような農民層の地位の向上と自覚の可能性は全く除外された。農民層の自発的ないし内在的方向性は否定され、外的な契機だけが強調された。ヴェーバー的な意味での農民の自覚に結びつくと思われる農民経済と市場経済の関わりの歴史過程の意義はそれ故ほとんど全く考慮されることがなかった。このような認識は、F・ルトゲ[21]や、H・ハウスホーファー[22]ら戦後の歴史家に引き継がれているように思われる[23]。

勿論、アルプレヒトは、農民の変革運動の存在を否定したわけでは決してなかった。しかし彼によれば、農民の社会的運動は、①精神的な変革、政治的変革をめざしたことはなく、②せいぜい自身の経済生活の改善に関わる社会的経済的改革を志向するだけにとどまり、③しかもこの場合、農民の観点は復古的であり、反動的であるという特質をもっていたのである。

この理解は、ヴェーバーのそれとよく似ている。農民の伝統主義的・保守的性格と同様、この指摘も、農民運動のもつある側面を正しく捉えているといってもよいだろう。そしてこの見方もその後の研究に継承された。農民にとって最大の問題は、国家権力の変革や政治的な改革ではなくて、グルントヘル的・シュタンデスヘル的特権の廃棄にあった。農民は国家と対立したのではなく、逆にそれとの直接的関係をつくり出そうとした、とする見解[24]は上の理解から展開されたものといえよう。

しかしわれわれはこうした認識を単純に鵜呑みにするのではなく、その意味と問題性を慎重に吟味し、農民運動がもつ多様な内容と方向性とを自身の目で確かめる必要がある。たとえば、封建社会における封建的土地所有の意義の問題がそれである。すでにみたように、アルプレヒトの場合、農民の社会的性格はもっぱら農業生産の自然的制約性から説明されるだけであって、農民層の社会的存在を規定する歴史的諸条件、とりわけ封建的土地所有、領主・農民関係はほとんど問題とされなかった。そのことは「農民解放」の意義の評価と矛盾するのであるが[25]、それはともあれ、もし農民層の社会的経済的要求が、封建的土地所有の変革に関わり、自身の「身近かな経済生活」のあり方に密接に関係するならば、農民を担い手とするその変革運動は、むしろその特質の故にかえって重要な意義をもつことになる。それは封建制から資本制への移行の時期においては、封建社会の機構的変革に関わるすぐれて歴史前進的な機能を果たすことになるのである。

(2)　移行期における農民運動の意義

L・M・ハルトマン（Hartmann）は、この問題について、アルプレヒトとは異なった立場から指摘する。「まさに自然経済の時代に由来する束縛からの解放が、まだなお果たされうる余地が残っている限りは、農民運動は進歩的であり、場合によっては革命的であった。しかし、それはやがて、保守的な要因へ、資本主義の発展から生ずる革命的運動に対する阻害として作用するものに転化する[26]」と。

ハルトマンの場合、農民の社会的運動の意味は、歴史的過程の移行に対応して階段的に推移するものとされた。中世以来の封建的束縛がまだ残され、それからの解放が問題となる段階においては、農民の変革運動は、「進歩的」ないし「革命的」な意味を担うが、しかし、そういった課題が実現された後には、同じ社会層の社会的性格は、「保守的」なものへと推転すると。

ここには、封建的土地所有のブルジョア的変革過程、とりわけその画期たるブルジョア革命における農民層の変革運動に対する正しい理解が与えられているばかりでなく、封建制の廃止の実現とともに明確化する農民層の保守的傾向も明示されている。

ハルトマンのこの見解は、封建制から資本制への移行期についてすぐれた成果を積み重ねてきた日本の社会経済史研究の農民運動史理解に共通するものがある。

先にみたように、アルプレヒトの見解は、ヴェーバーが指摘したような農村における商品経済の発達や農民経営と市場経済との結びつきに伴う農民層の社会的意識の変化の可能性に関して認識を欠いていた。そのために農民の旧い社会的意識の解体過程と、それを前提とし、またそれを推進させる彼らの変革運動のもつダイナミズムを把握することができなかった。だがこの問題こそ、日本の社会経済史研究がこれまで、まさに最大の力点をおいてきた課題であった。共同体、局地的市場圏、および中産的生産層の形成と分解についての大塚久雄氏の研究は、それに直接関係する。(27) 封建制から資本制への移行過程における農民運動の意義を強調する高橋幸八郎氏の見解も基本的には大塚氏のそれと同じ把握から導き出されている。ブルジョア革命の基礎過程は、その場合「封建的土地所有と産業資本との基本的対立関係およびその対抗関係を基抵として、その上に・またその周辺に・集結された社会諸勢力＝諸階級による政治的決済、すなわち国家権力把握のためのたたかいの過程」であり、かかる視点に立つとき、農業＝土地問題はブルジョア革命の「核心」をなすのであり、西ヨーロッパの場合、「農民革命は、封建的土地所有の体系を全面的・全機構的に排除し、その限り絶対王政の諸規範を剰すところなく払底せしめる(28)」ものとして決定的な意義が与えられたのである。

農村における商品経済の発達と農民的経営の発展＝分解の過程は、共同体的諸関係の解体と、イデオロギー的には封建的伝統主義的観念の解体の方向性を内に含んでいる。かかる過程を前提にして遂行される農民の反封建闘争＝「農民革命」は、歴史前進的なものとして位置づけられる。しかし、市民革命ののち、同じこの農民層は保守的階層に転化することになる。

農民層の社会的性格の歴史的段階的移行は、フランス革命とその後の過程で最も典型的に示される。高橋幸八郎氏はこう指摘していた。「革命によって自らを封建的規範から解き放ち、ナポレオン一世のヨーロッパ反封建戦争の支柱〔＝『ナポレオン的』所有形態〕となった若々しい土地所有農民は、しかし、やがて時代の経過とともに、この自由な独立土地所有農民を豊かな土壌として新しい飛躍をとげる一九世紀の近代資本主義の発展そのものによって破滅するまでに貧血し、この『分割地』農民は、いまや資本主義のより自由でより急速な発展の阻止的条件に転化されることになるであろう。そこに人は、ナポレオン三世のもとに見られるような、近代的に豊富な社会関係の形成に自らを対置して、従来の旧慣と分割地に保守的に固執するところの小生産者＝農民反動 réaction を指摘することが出来る」[29]、と。

ここに示されているのは、農民＝分割農民の資本主義的発展に対立する反動＝小生産者的反動である。それは資本主義の革変に対する反動＝反プロレタリア的反動というハルトマンの指摘する側面を含んでいる[30]。

ともあれ農民層の社会的性格の歴史的変化は、基本的には、封建的土地所有とその解体、それをつくり出す農村の商品経済と農民層分解に密接に結びついて理解されていた。フランス革命の場合――高橋氏によれば――「ひろく農民層は、そのうちに資本と賃労働との対立的契機を内包しながらも、ともかくも封建的土地所有にそのものとして対立した限り、本格的には未分解であり、逆にいえば、封建的土地所有規範の未解体こそが農民層の経過的統一――端初的統一――の媒介者なのであ[31]」ったのであり、したがって「封建制の外皮の除去」がなされ、「農民層の自由な分解」が進行することになると、やがて、分割地農は小生産者の立場からこれに反抗するようになるのである。では、以上のごとき理解に立つとき、先に提示した農民の政治的無関心性・王政への忠誠・共同体的「復古」主義の傾向はいかに理解されるか。すなわち、

(1) 封建的土地所有の廃棄のために革命運動を展開した農民層は国家権力の変革と新しい政治体制についていかなる観念を有していたか、特に打倒さるべき絶対王制に対する意識はどうであったか。

(2) 封建的土地所有の変革過程に際して共同体的諸権利について農民層はいかに認識し、それは封建的土地所有の変革の運動にいかに作用したか。「旧い権利」の復活の要求は単なる「反動」なのか。

(3) 封建的土地所有の解体のあり方の違いによって、農民層の社会的運動に地域的差異は生じなかったか。

(3) ドイツの場合の問題性

本章は、「はじめに」で述べたように三月革命期のプロイセン東部諸州の農民の社会的経済的な要求をとりあげ、これを地域的に考察して、封建制から資本制への移行過程におけるその意義を把握することを目的としている。「三月革命」は「フランス革命」から半世紀以上も経過しており、内外の状況はこの間に大きく変化していた。「三月革命期」の歴史的意義についてはすでに旧著で論じたが[32]、この時期のドイツの農民運動のあり方を複雑にし、フランス革命期のそれとの相違をつくり出した要因は、ドイツでは封建的土地所有がすでに「上から」の改革を通じて廃止されつつあった事実である。シュタイン＝ハルデンベルクの改革以降、「有償方式」に基づく「農民解放」の過程が、農民層の一定部分を封建的関係から解放したこと[33]は重要であり、またそれが三月革命期の農民層の社会的意識や運動のあり方に大きく作用したことは否定できない。以下のような見方が生まれるのもそのような事情を背景にしてである。

(1)　農民蜂起は、「農民解放」の遅れた後進地域で起きており、したがって、この場合、農民層の目標はグーツヘルやシュタンデスヘルの領主的関係の変革にこそあれ、決して「農民解放」政策のあり方に向けられたのではない。それは、むしろ逆に、かかる解放過程の「遅れ」に向けられており、農民層はかかる解放を通じて国家との直接的関係をつくり出そうとした、と。[34]

この論点をもう少し深めると、次のような見解になる。

(2)　「中途半端なままにとどまっていた農民解放を最後まで推し進めようと」したのは——たとえばシュレージエンの場合——農民上層部・村長であり、しかも彼らは革命の指導的役割を担っていた。[35]

(3)　これに対して、「農村中産階層と農村労働者階層との間」におり、未だ「解放」されていない農民層は、「社会的混乱と社会的不満の担い手」であったが、「未来なのか過去なのかいずれを向いているのか判別しかねる諸要求を掲げつつ、過渡期の分裂菌となって社会秩序を破壊した」。[36]

以上の三点は微妙に関連している。(1)の場合、農民層とその運動は国家権力に対して対立関係にはない。農民層は、むしろ王政の支持者として、国家との直接的関係をつくり出すために領主＝グーツヘルと対抗するのであって、農民層と国家＝王政の関係は親和的関係におかれる。農民解放政策はかかる関係をつくり出す政策なのであり、農民層は、この政策の徹底と促進を求めたのだということになる。果たして現実にそうだったのか。「農民解放」に対する農民層の要求はいかなるものであり、農民の利害にとって国家の政策はどのような意味をもっていたのか。

(2)と(3)は、農民運動を農民層の分化の事実に結びつける限り興味深い視点を提示している。だが農民上層部・村長らは実際に「農民解放」を最後まで推進することを求めていたのか。また「農村中産階層」や「農村労働者階層」の要求はどのようなものであり、その中間の農民層は何を求めたのか。そもそも下層農民の運動が、未来と過去の「いずれを向いているのか判別しかねる諸要求」と結びつけられたり、「社会的秩序を破壊」した、というだけでは問題の解決には全くなっていない。そのような評価は下層民の運動をあたかも攪乱要因として排除したり過小評価に導いたりするだけである。この場合にも、農民運動の理解は、事実上は(1)と同じことに帰結することになろう。

われわれは、むしろ逆に「社会的秩序」の「破壊」に関与したという下層民の要求内容を重視し、その意義を確定してゆくことが必要である。このことはいうまでもなく農民運動の担い手とその内的分裂の問題に関連する。[37] 下層民の要求はどこまで上層農民と共通し、どの点で異なっていたのか。研究史上「復古的」[38]、「反動的」とされてきた、農民層——とりわけ「プロレタリア化」（M・ヴェーバー）に直面する貧農層——の要求とは、一体どのような内容をもち、またその本質は何であったのか。

最後に以上の論点に直接関わる問題点として、これまでも指摘されてきたドイツ農民運動の地域的限界性の問題がある。すなわち、「反封建の農民運動の一般性の欠如」[39] に関わる問題で、これは、先の問題に関係させるならば、「農民解放」の進展した地域→農民蜂起欠如、「遅滞した（後進）地帯」→農民運動展開、という広く流布した理解と結びつく。しかしこの図式はどこまで適当なのであろうか。農民解放の「遅滞」は発展の「後進性」を意味するのだろうか。この問題は、運動が激しく展開した地域のみでなく、それが存在しなかったといわれる「農民解放」の進展した地域をも含めた、農民層の動向に関する全地域的な把握を必要とする。これまでの研究は、農民運動の地方分散性[40] に対応して、地方史的な限界を超えることができなかったが[41]、本章は、東部プロイセン全域について可能な限り全体的に見ていくことにしたい[42]。

2　対象の限定

「プロイセン議会」の議事録（Stenographische Berichte über die Verhandlungen der zur Vereinbarung der preußischen Staats-Verfassung berufenen Versammlung. Beilage zum Preußischen Staats-Anzeiger, Berlin 1848）は、その中に「国民議会に届け出のあった請願一覧」（Nachweisung der bei der National-Versammlung eingegangenen Petitionen, 以下「請願一覧」と略す）を含んでいる。「プロイセン議会」は、一八四八年五月二二日に開催され同年一二月に解散されるにいたったが、この間に同議会宛に提出された請願書や訴状は、実に尨大な数にのぼった。上記の「請願一覧」は、一から一万二三一一までの通し番号をつけられた請願を掲載しているが、これが議会開催中に提出された請願のすべてかどうかは疑問がある。むしろ、「議事録」の記載の仕方からみると、この「請願一覧」は、同年一〇月一六日の第七六回会議までに議会に届けられたものだけを記録したものと考えた方が妥当のようである[43]。それ以降二カ月足らずの間の請願書は恐らく事務処理が行なわれなかったのであろう。そうだとすると、一万二三〇〇余のこの請願は、同議会開催以来、五カ月に満たない期間に提出されたことになるのであるが、これを「議事録」にしたがって月日順にみると表８－１のようになる。

表８－１

期　間	番　号	数	１日平均
５月22日～６月７日（17日間）	1～ 1,010	1,010	59
６月８日～７月７日（30日間）	1,011～ 4,825	3,815	127
７月８日～７月24日（17日間）	4,826～ 5,945	1,120	65
７月25日～９月14日（52日間）	5,946～ 9,823	3,878	74
９月15日～10月15日（31日間）	9,824～12,311	2,488	80

「請願一覧」は、いくつかの例外を除いて[44]請願書ごとに通し番号を附しており、それぞれ、(a)請願者たる個人、団体、村や町、集会の名称（個人の場合にはその職業ないし身分、居住地も附記されている）、(b)請願の仲介を行なった議会代議員の名前（それがない場合も少なくない）、(c)請願内容の簡単な要旨・項目を示している。同一の村・都市から、請願者ないし時期を異にして提出された請願は、それぞれ別の番号が附せられている[45]。

内容的にみるならば、議会開催以降八月の終り頃までの約六九〇〇の請願と、その後の約二カ月約五四〇〇のそれとの間に相違がみられる。すなわち、前者の場合は、主要な問題は、社会経済上の問題と政治的行政的問題とであったのに対して、後者において特に目立つ問題は、学校と教会との関係、より正確には、教会と学校とを分離するという議会の決定に関して、プロイセン各地の村・教区から寄せられた圧倒的な数の抗議と、数の点ではずっと少い議会決議支持の意見表明とである。請願書数で最も多いのは、社会的経済的問題に関するものである。そのうち都市の営業者、特に手工業者とその団体からの営業制度に関する訴えや提案も少なくないが、しかし圧倒的部分は、封建的諸関係にかかわる農村からの請願であって、それだけでも約五四〇〇にも達している。これに比して憲法、選挙制、議会制、基本的人権に関する請願、したがって狭義の政治上の諸問題についてのそれは数の上ではずっと少なく、学校・教会に関する諸願の数をも下回っている。[46]

本章の対象は、以上のうち、数の最も多い社会経済上の問題に関する請願であり、とりわけ、農村からのそれである。政治的問題に関する請願は、農村住民から提出された請願に関わる限りで取り上げられる。農村から議会に向けられた学校・教会関係の問題のそれは、それ自体興味あるテーマではあるが、本章の対象の外においた。

ところで、プロイセン各地からベルリンに提出されたこの請願書の多くは、請願が出された地方と関わりのある議員を通じて、大ていはとりまとめられて、議会に提出された。「請願一覧」にはそのような場合、その仲介を行なった議員の名前が附されている。ここでは、原則としてこのような議員を通じてなされた請願だけを、数の少いポーゼン州を除くプロイセン東部諸州について、取り上げる。[47] その合計は三三五六になり、当該問題に関する全請願の三分の二弱となっている（したがって三分の一の請願は本章の分析から除外されている）。

3　地域的分布

(1)　仲介議員と請願書——その事例——

請願書を仲介したプロイセン議会の議員は、普通、一回ないし数回にわたって、活動を行なっている。たとえばブランデンブルク州についてその事例を一つを示しておこう。

Pohle 議員の場合――Brandenburg 州の Lausitz Guben 郡――（1775－1794）

(1) Schiedlow 村（Neuzelle 近郊）①共同地分割の促進 ②ラス所有地について所有権賦与の促進 ③領主館賦役の償却 ④階層税の軽減 ⑤建築用材・薪木・落木の用益権

(2) シュタンデスヘルシャフト領 Amlitz の諸村 ①領主的貢租・賦役の廃止 ②迅速な裁判 ③貴族との平等 ④所得税制 ⑤聖職者俸給制 ⑥夜警人給与支払いに対する領主の拠出義務

(3) Pohle 村 ①王有林にて必要に応じて藁を採取する権利の再認可 ②放牧権 ③償却協定の促進 ④王有林より公定価格にて建築・修理用材を採取する権利

(4) Fuhrmannsruh（Neuzelle 近郊）の選挙人 ①Wellmitz 所領の土地分割とその貸与 ②階層税の廃止 ③モルゲン数による一般地租制 ④Frankfurt より Guben にいたる道路建設 ⑤鉄道による貨物運輸の制限

(5) Beitsch 村 ①貴族・騎士領所有者との平等な地位 ②所得税制 ③狩猟権の廃止 ④各種貢租の廃止 ⑤裁判の改善 ⑥火災保険制の改善 ⑦高額給与・年金の引下げ

(6) Tzschernowitz 出身 Noack と Bach ①貢租の正当な配分 ②教会・牧師館・学校の建設に対する拠金義務に関する立法 ③村制令 ④牧師の選出制 ⑤狩猟権・領主裁判権の廃止 ⑥分離事業の促進

(7) Seitwann 村 ①一院制の採用 ②法の前における平等

(8) Groß-Gastrose 村 ①立法権を備えた代表制 ②これまでの租税・賦課の廃止 ③領主裁判権の廃止 ④グーツヘル警察権の廃止 ⑤国民の一般的武装 ⑥教会法の改正 ⑦自由な森林用益権・狩猟権 ⑧労働階層の賃金引上げ

所有数規模別分布（1849年）

300モルゲン	5～30モルゲン		5モルゲン以下		全所有数	
%	数	%	数	%	%	
33.27	21,489	28.82	24,677	33.10	74,566	4.17
49.91	34,987	21.13	40,307	24.33	165,659	9.25
47.97	27,190	29.08	18,083	19.34	93,532	5.22
33.23	36,635	26.85	50,827	37.25	136,439	7.62
17.40	92,882	37.15	110,040	44.02	249,989	13.97
20.80	57,274	32.72	79,345	45.34	175,006	9.77
21.98	68,096	32.65	92,579	44.39	208,552	11.66
6.78	181,669	26.48	455,835	66.42	686,275	38.34
20.67	520,222	29.06	871,693	48.70	1,790,018	100.00

(9)　同上　①森林用益権の復活　②堤防建設用杭木を王有林から公定価格にて調達すること

(10)　Jeßnitz 在ゲルトナー一一人　①地代の軽減　②自身による狩猟の容認

(11)　Buderose 村　①司祭館・その他の建築に対する経費配分の適正化　②階層税課税配分の改善　③償却の促進　④Wockscher Eck から Guben にいたる道路の存続

(12)　農民 K（Buderose）　①賦課・貢租の軽減　②コセーテンと同じ地位へ

(13)　Bresinchen 村　①適切な財産税あるいは地租の導入　②領主林での落木類の有償取得

(14)　Lahms 村　①貢租軽減　②償却賦役に対する Rente の軽減　③水害時における援助　④領主地の永小作化　⑤漁獲・狩猟の承認

(15)　Zültendorf 村　①木材公売制の廃止　②落木に対する権利の回復　③政府との無用な係争への苦情　④低当物件における印紙税の引下げ　⑤賦役償却協定の促進

(16)　Kuschern 村　①貢租・営業税の軽減　②水害の場合の援助　③落木の採取　④木材現物支給の中止　⑤漁獲・狩猟の自由　⑥賦役地代の軽減

表8－3　プロイセン王国農地

州　名	面積 マクデブルク・モルゲン	平均面積	600モルゲン以上		300～600モルゲン		30～
			数	%	数	%	数
ポンメルン	12,345,400	166	2,275	3.05	1,317	1.76	24,808
プロイセン	25,316,100	153	3,456	2.08	4,232	2.55	82,677
ポーゼン	11,529,800	123	2,445	2.61	956	1.00	44,852
ブランデンブルク	15,708,200	115	1,877	1.38	1,754	1.29	45,346
シュレージエン	15,940,300	64	2,323	0.93	1,241	0.50	43,503
ザクセン	9,899,100	56	835	0.48	1,153	0.66	36,399
ヴェストファーレン	7,907,600	38	594	0.29	1,447	0.69	45,836
ラインラント	10,468,800	15	886	0.13	1,362	0.19	46,523
合　計	109,115,300	61	14,691	0.82	13,462	0.75	369,944

⒄ Raßdorff 村　①貢租・賦課の軽減　②水害時の援助　③漁獲の自由

⒅ Pohsen 村　①償却裁定の停止と改訂　②自己の土地における狩猟の自由

⒆ Streichwitz 村　①一切の土地・牧草地の返還・分離前の状態の回復

⒇ Haaß 村および六カ村　①狩猟権の廃止　②領主裁判権・警察権の廃止

(2)　州別分布

表8－2は、議員を介して議会に提出された請願（以下特にことわらない限り請願書とはこの種のものをさす）を地域別にみたものであるが、この分布状況は当該問題に関する全請願書の提出の地域的分布をほぼそのまま表現しているとみてよいだろう。そこでこの時期の請願運動を、その件数の大小から判定すれば、上の表からひとまず次の二点を指摘することができる。（表8－3をも参照）

〔1〕請願行動の弱体であったのは、東西両プロイセン州、ポンメルンおよびポーゼンなど大土地所有の最も強固な農業地域と、反対に農民的土地所有が一般的で、しかもブルジョア的

表8－2　州別請願書数

West-u. Ostpreußen	120
Pommern	220
Posen	43
Brandenburg	500
Schlesien	2,054
Sachsen	388
Rheinland・Westphalen	81
計	3,425

発展が最も進んだラインラント（およびヴェストファーレン）とであった。しかし農民解放が進んだ前者においても三八〇以上の請願がベルリンに送られていることに注意が必要である。本章で取り扱うことができなかった、議員を仲介しなかった請願を含めるとその数は相当の数になるものと思われる。農民解放の進展は農民運動の展開を排除するものではないのである。

〔2〕これに対して請願行動が最も顕著な展開を示したのはシュレージエン州であり、これにブランデンブルク州とザクセン州が続いている。つまり、請願運動は、農民的土地所有と大土地所有が拮抗するか、あるいは前者が支配的である、工業的な発展（＝都市・農村工業）を伴ったプロイセン中央部一帯において展開したのである。

以下の分析では、上の諸州のうち、訴状の極端に少ないラインラント・ヴェストファーレンとポーゼンとを除くことにした。

4　「政治的問題」と農民層

(1)　地域的考察

すでにみたように、農村における社会的運動において、農民層は、国家権力の変革とか、広く国政に関する問題――「政治的問題」――には関心をもたなかったか、あるいはそれに対立的であった、というのがこれまでの見解であった。このような考え方に立てば、旧体制・旧権力の自由主義的ないし民主主義的変革が現実の問題となっている三月革命期においても、議会制・立憲制・基本的人権などに関わる問題は、農民層の認識の外に置かれることになるばかりでなく、むしろ、国王との直接的関係の創出こそが要求されたのだ、ということになる。

そこで今、上記「一覧」によりながら、それがどこまで正しいか、を考えてみよう。

〔ブランデンブルク〕

まずPohle議員が仲介した上掲の請願のなかには、「一院制」・「法の前の平等」を求める請願や、旧来の租税・賦課、領主裁判権、グーツヘル的警察権などの廃止等と併せて、「立法権を備えた国民議会」を求める要求、憲法草案に反対する（恐らくは「民主派」的立場からの）請願などが含まれていたことに気がつく。これらラウジッツからの要求と並んで、ノイマルクからは、常備軍・官僚の縮小を求める要求が二村から出されている。この場合にも、貢租軽減、木材競売と保護税の廃止、草地権の賦与、学校制度の改革などが同時に求められている。ラウジッツとノイマルクから出された上のいくつかの事例以外には、この地方の農民は、「政治的問題」に関心を示していない。だからといって逆にこの地方の農村民が、革命の結果つくり出された議会や内閣に積極的に反対し、これを否定しようとしたり、革命前の状態に復帰するよう求めたというわけではなかった。われわれは、そういった請願を「一覧」にみつけることはできなかった。政治的無関心と反革命・反動とは区別されねばならない。請願行動は革命の事実、議会の存在を前提とし、それに対して要求を行なうというすぐれて政治的な活動なのである。

〔シュレージエン州〕

シュレージエン州は、ザクセン州の場合と同様、「政治的問題」に対する農民層の関心がかなり強かった。「法の前の平等」・「集会の自由」・「言論・出版の自由」および「国民武装」（これは、常備軍の縮小の要求と結びつく）など、基本的人権の実現を求める請願は、Langenbielau-Reichenbach郡の三村、Frankenstein郡の三村、Trebnitz郡の三村、Neumarkt郡の二村、Löwenberg郡の一村、その他から提出されている。これらの要求は、たいていは、租税制の変革、財産税・所得税の採用、賦役・営業貢租・ラウデミエンの廃止とか官吏給与・年金予算の制限、救貧制度の改革、裁判制度、村制の改革、教会制度の改革などの要求と併せて提出されていた。

議会制度・立憲制については、フランケンシュタイン郡の一村と三選挙区から、領主貢租の廃止とともに「立憲王制」の希望が出され、ヴァルデンブルク郡の一選挙区から、世襲貴族制の廃止、王領地の特権の廃棄と併せて「一院制議会」のための請願、オーバー・シュレージエンの一村から、租税・裁判所・警察・村についての制度改革案とともに憲法問題への請願、ヒルシュベルク地方の三村の「国政、グルントヘルシャフトに対する村の関係に関する」請願、租税制度の改革、一切の封建的賦課などとともに憲法・関連立法について提案を行なう、シュトリーガウ Striegau 郡の二村の要求、「最も広い基盤に立つ憲法、軍人・官吏給与の改革および租税制度の改革」を求めるノイマルクト郡の村々の請願などが存在する。

基本的人権、議会制、憲法問題など政治的諸問題についての関心は、特に中部シュレジーエンに見出される。この場合、この問題が、税制、封建地代の変革などと結びついていた点は、ブランデンブルク州の場合と同様である。

〔ザクセン州〕

三月革命期の変革運動の重要な基盤の一つとなったこの地方では、農民層の政治的意識はさまざまな点で深まりを示している。特に法の前の平等、集会・結社の自由、言論・出版の自由、請願の自由など基本的人権に関わる要求や、憲法草案への批判、立法・行政に関する改革の要求などが、多数の村から提起されている。

たとえば、一村の「無制限の請願権、自由な結社・集会権、一院制の採用」の訴え、ミュヘルン Mücheln 一帯の住民による憲法草案反対の請願、「法の前における人と財産の自由と平等」についての、上の地域に近い村々の提案、「集会の権利、国民武装、教会の国家からの独立、陪審制度の採用および所得税の導入」を要求する Staßfurth の都市と農村の訴え、「国制、税制、村制および警察制度の制度・行政についての法律の改正の優先」を訴えるヴォルビス一帯の村々とその分村の請願、「真の立憲君主制的体制、営業の自由の確保」や「真の立憲国家形態、自由な裁判制度」の要求、その他である。

ポンメルンからは、わずかに、官吏給与引下げと二院制議会制度を求める訴え（同時にワイン税・奢侈税の採用、カトリック聖職者に対するプロテスタント系土地所有者のミサ貢租の廃止）をみるのみである。

(2)　農民層と政治体制の問題

以上のように、請願書一覧でみる限り、プロイセン東部諸州の場合、人間の権利や、政治体制の問題に直接関わる農村民の要求は、請願行動の展開の弱体であったプロイセン州やポンメルン州、それに保守的なアルトマルクではほとんど全くみられなかったのに対して、ラウジッツ、中部シュレージエンおよびザクセンにおいては、間違いなく存在していた。したがって、「時代を動かしている理念とか潮流に対する沈黙」（G. Albrecht）を、単純に農民層の一般的特質とすることはできない。もちろん、かかる政治的法制的な新しい理念や思想は、農村の「外から」、たいていは都市の革命関与者によって、農村住民の間に持ち込まれたのであろう。(48) だからといって、事態は少しも変わらない。われわれは、むしろ伝統主義と深い結びつきを示し、「外から」の要素に対して本来的に防禦の姿勢をとるという農民層が、(49)「外から」の作用に対して、これを受容し、請願行動にまで進む事実をこそ重視したいと思う。

その場合、政治的法律的諸問題に直接関わる農村住民の要求は、①集会・結社、請願、出版・言論の自由、法の前における平等、などの人間の基本権の実現と、②立憲制・議会制など政治体制に関する要求、そして③それらを規定する審議中の憲法草案についての態度、を内容としていた。ではその中で、特に②との関連で、これまでの研究で主張されてきた「国王への忠誠」なる農民層の特質はいかなる意味をもつか。まず第一に、農民層の政治的要求のなかで、王政を否定して共和制の実現を求めるものはない、という点に注意せねばならない。当該階層にとっては、むしろ、「共和制的でなく、立憲制的な国制を」(Lohe 村、貴族の廃止、領主裁判権の廃止、宗教活動の自由とともに)という請願こそ、その政治的方向性を示しているものといえよう。しかし共和制の否定は、決して革命の否定、国民主権の否定とは結びつかない。君主権の擁護を求めた訴えは、ブランデンブルクからわずか一件に過ぎず、それすら同時に「王有林からの燃料用材の低額での売却」を求めることによって事実上新体制に期待をかけているのである。旧体制の変革の事実に対立し、これを否定し、旧体制への復帰を求める、「反動的」なる政治的主張は農民層のなかから一切出されていない。むしろ、彼らは旧政治体制の変革の事実を承認した上で、たとえば、「最も広い基盤に立った立憲君主制」とか、もっと直截に「立憲君主制、自立した国家市民すべてによる自由な選挙から生まれる国民代表制を求める」要求(ブレスラウ郡 Steine 村・Lanisch 村)に示されるような、国民代表制を土台とした君主制を求めたのであった。

このような要求は、先の〔シュレージエン州〕と〔ザクセン州〕に掲げたもの以外にも存在する。たとえば、シュレージエン州からは、次のような請願が見出される。ノイマルクト郡:「将来の国家体制は、共和制的ではなく、立憲君主制であるように」という提案、「君主的立憲的国制および階層税の廃止」を求める訴え、「立憲君主制と、一切の領主貢租・給付からの解放」、「共和制でなく君主制を、簡素な法律、短い裁判を、欲する」、「立憲君主制、平等な法的地位を希望する」など。ヴァルデンブルク郡:「最も広い土台に立った立憲君主制と、領主裁判権の廃止」、「最広義における立憲君主制、給与・年金の減額」などの諸請願。フライブルク:「立憲君主制の確立、賦役償却協定の修正、一切の封建的賦課の廃止」など。

さらに、シュレージエンと境を接したラウジッツの地方からも、領主的賦課・貢租の廃止、工場に対する高率課税・土地所有に応じた平等課税、紡績機械の廃止・領主裁判権の廃止と併せて、それぞれ立憲君主制が要求されている。それればかりでなく、遠く東プロイセンの住民からも同じ政治的要求が出されている（4688）。

以上のごとき立場が、共和制の実現をめざす急進主義者の立場と相違することは疑うことはできないし、また、もし革命が後者の主導の下で一層進行し、王制の完全な廃止にまで展開するような状況が現われてきたとき、君主制の維持の立場から農民層がこれに対立し、「反動的」となる可能性は考えられることである。但し、その場合でもわれわれは次の二点を考慮しなければならないだろう。すなわち、まず第一に、すでに上の事例にみるように、農民層の政治的問題についての要求は、農村の社会的経済的生活についての変革の要求と結びついて提出されているのであるが、これまでの研究史が主張してきたように農民層にとってこの社会的経済的問題は、より重要な関心事であり、政治的問題も何よりもこのような視点から問題となってくるのだとすれば、仮に前者の問題の解決が君主制の廃棄と結びつけられるような状況においては、農村民の君主制支持は消え去るか、少なくとも大幅に後退し、「反動的」要因として作用しなくなるというより大きな可能性が生じてくる。第二に留意すべき点は、農民層のかかる政治的立場が、農村の「外から」、とりわけ特定の政治的グループの影響の下でつくり出されている点である。すでに末川清氏の一連の労作[50]が示すように、「民主派」の農村への働きかけは活発であり、その「民主派」の政治的立場が、プロイセンの場合、まさに立憲君主制にあったことを考えると、農村民の政治的意識は、革命の進展に伴うであろう「民主派」の政治的立場の変化に対応して、変化しうると考えられるからである[51]。

(3)　政治的・法制的要求と社会的経済的要求

われわれは、農村住民の政治的問題への関心が、ザクセン、ラウジッツ、中部シュレージエンにおいては、かなりの高まりを示していたことをみた。しかしそれを過大に評価してはならない。本書末尾の附表(1)はいくつかの重要な政治問題に直接的に関係した提案・訴えの主なものを「一覧」から抜き出したものであるが、その際積極的な意見表明は、主として都市に拠点をもった政治的組織、「協会」によって行なわれた。それに対比した時、農村からのこの種の請願は、相対的に少数であった。つまり、政治的法制的問題に直接関わる請願行動は、何といっても都市に基盤を置いた政治的組織を主要な担い手として展開されたのであって、農民層の運動は、この点に関する限り、あくまでも副次的な意味しかもたなかった。国家の政治的行政的機構の変革ないし改革という全体的問題については、農民層の社会的意識は、他の諸階層のそれに比して、遥かに小さく、弱かったのである。これに対して、農民層の関心は、これまでの研究が指摘してきたように、より多く、彼らの社会的経済的生活とその諸条件の変革ないし改善に直接に関係する問題に向けられていた。この点は、「一覧」において農村住民の行なった請願のうち社会的経済的問題が圧倒的な部分を占めていること、また「政治的問題」への要求も、彼らの場合、社会的経済的要求と併せて提出されているのが普通であること、からも確認される。その限りでは、この点についてのこれまでの見方は、上のような修正を付した上で、ひとまず妥当と評価できよう。それでは、この時期の農民層の政治的意識は総じて極端に低位で、先にみた事例は単なる例外であったのか。

プロイセン・ザクセンからテューリンゲンとザクセン王国に、さらにラウジッツからシュレージエンにいたる広範な地域は、一八四八～四九年の革命運動の重要な基盤をなしていた。ザクセン州ミュヘルン Müncheln からフランクフルト国民議会に向けられた一請願書はこう指摘していた。「民衆の興奮は、とりわけ農村において日ごとに高まり、村々の結束も、いたる所で、いよいよますます強まっている。封建的諸賦課の重圧からの土地所有の解放はすでに一般に保証されはした。しかし、それが即刻法律化されぬ場合には、農村民の間から公然たる大衆蜂起がまず確実に起こるであろう。……」「いたる所で、農民たちは、都市といい農村といい、互いに結んでこの封建的諸賦課に対して闘おうとしている。土地所有と人格の自由の原則は認められた、にもかかわらず今なお古めかしい陳腐な法律が残されており、それは国民の認められた基本権と対立し、抑圧を庇護しかつ擁護している。軍事的強力によってもまた司直の取調べをもってしても、賦課を負った国民を押さえることはできないであろう。その通り、封建的状態の迅速な廃棄以外には、またこの点に関する基本権の迅速な確定以外には、溢れ出た奔流をもとの河にひき戻し、破壊ではなく、国家における豊かさと力の広がりをもたらす方法はない。国民は待ち疲れ、そして今、再び、特権を手にしたのらくら連中が農民の労苦の成果を刈り取ろうとする秋が始まっている。封建的諸賦課の廃止を求める農村住民の請願は、国民議会に対して、各地から提出されている。今までのところそれらは聞きとげられていないのである。それどころかフランクフルトの国民議会は、封建的権利〔の廃止〕に関する基本権を他のどれにも優先して審議し、最終的に決着させようという提案を否決しさえした。数百万のドイツ人が封建的諸賦課の重みの下で呻吟するのをそのまま放置しておくつもりか。国民議会の代議員たちはこれ以上にもっと重要な仕事があるというのか」(52)。

農村住民にとって社会的経済的問題はまさに何にもまして重要な問題であり、三月革命の場合、その中心的な内容は、封建的諸関係の廃止とそのあり方にあった。その場合、かかる問題の解決は、最終的には法制的になされねばならず、一八四八年のドイツにおいては、これは基本的人権の確定に、したがって議会における憲法の審議に関わっていたのである。社会的経済的問題は、まさに議会の問題であり、憲法の、また広く立法＝行政の問題であった。つまりそれは「政治的問題」であったのであり、また農村住民はこのことを認識していたのである。請願行動が、「忠誠」の向けられるべき国王ではなく、革命の結果つくられた議会に向けられていること自体がこれを最もよく物語っている。プロイセンの夥しい数の村落、数千に及ぶ村々がこの請願行動に加わっているということは、そこに住む村民が、旧体制の解体と議会の開設・憲法審議の事実について、また、請願権が認められ、それに基づいて自分たちの「社会的経済的」要求を議会に提出しうる事実を知っていることを前提としている。そこには新しく生れた議会への期待が、したがってまた、革命の事実そのものへの承認がある。勿論、それは農村の「外から」くる影響による所が大きいであろう。だがそうだとすれば、一方では、かかる影響が、人口数十名の小村落を含めて、数千の村々に及ぶほどの、都市・農村の関係の密接さが、他方では、その経済生活の自然的制約からして伝統主義と結びつきやすく、「外から」の影響に対して「保守的」といわれる農村住民の、かかる影響を受容し、自ら請願行動を展開させたほどの、政治的意識の変化＝高まりの事実こそ重視されねばならないだろう。三月革命期の農村民の政治的意識は、今日われわれが想像する以上に高かったのである。(53)

5　農村民の社会的経済的要求(54)

(1)　プロイセン州

この地方は、すでに指摘したように、プロイセン東部諸州で請願行動が最も弱かった地域である。しかし東プロイセンの Ortelsburg 郡と、西プロイセンの Neustadt 郡とは例外であった。前者からは、二四の請願が Richter 議員を通じて、後者からは、六〇ものそれが Skiba 議員を通じて、それぞれベルリンに送られている。その他の地域からの請願は概して散発的である。以下断らない限り村名や個々の請願書番号は省略する。

東プロイセン

〔Ortelsburg 郡〕（請願書番号〔以下同じ〕2348－72）

特徴

(1)　請願主体について。村単位の請願は皆無で、すべてが「有志」によっている。その内訳は、アイゲンケトナー一一、ロスロイテ　二、農民　四、警官　一、市参事会　一、元軽歩兵　一、居酒屋主人　一、職業記載なし　一一、となっている。ここでは、ユンカー経営の下で働く「雇農」層が、農民その他と並んで、独自な請願を行なっている点が注目される。

⑵「雇農」の要求は、永小作に基づく耕地の譲渡にある。労働の給付に対して現物および貨幣の形態での賃金を受け取り、また農場主から住居、菜園地、耕地、放牧権などを与えられていたユンカー経営下の「半プロ層」が、労働条件の改善等の労働者としての要求ではなく、零細農業経営に結びつく利害を打ち出している点が重要である(55)。

⑶ 農民は、牧草地の引渡しないし貸与を求めている。これは農民解放過程の一環をなす共同地分割の実施に対する不満の表現と考えられよう。その他、フーフエ税引下げ。

⑷ 職業・身分無記載の「有志」は、永小作に基づく耕地の取得、各種租税の改革・裁判手数料の引下げ、貢租の簡素化、貢租の平等、賦役の軽減などを求めており、その実体は雇農あるいは下層農民層と推定される。

〔Gummbinnen 郡〕（4226ff., 7511ff.）

ロシアとの国境に近い Gummbinnen 郡に住む農村下層民もベルリンに要求を提出している。すなわち当地のコセーテンは、賦役代納金・Annehmergeld の廃止と、村の賦課および階層税の適切な配分を、ホイスラーは、王領地・教区所有地の委譲・永小作と薪・落木の採取、またローム土・砂取得のための村有地の委託、Annahmgeld の廃止および村賦課の軽減を要求した。また数名の「住民」が次のような要求を提出している。①皮剥ぎ特権の廃止　②王の狩猟特権の廃止　③学校制度について　④公共道路における架橋事業に際しての手・畜賦役の給付　⑤一八四二年一二月三一日の救貧法の廃止について　⑥教会・司祭問題について他の方法での調整の提案。

〔Heilsberg 郡〕（7218ff., 10381ff.）

農民たちは学校を教会から分離する提案に反対するとともに、ラウデミエンの廃止、夜警義務および土地検分の際の警備義務からの解放を求め、残された封建的特権の廃止を要求している。アイゲンケトナーたちは階層税の軽減を、また六村が貢租の軽減を要求しており、この地方における封建的諸関係の残存の事実と、これに対する農村住民の抵抗が窺える。共同地分割については、アイゲンケトナー（複数）から苦情が出されている。

〔Gerdauen 地方〕（8761–66）

この地の請願主体もアイゲンケトナーである。要求事項は、賦課・貢租の軽減、村有林における森林用役の貸与、村落用益権への参加承認、その他である。グーツヘルに対してアイゲンケトナーはなお封建的関係に置かれていたのである。

以上のほかにも、この地方から提出された請願は多数あったと推定されるが、議員名を欠いているため、これを確定できなかった。次の事例は、そのような請願のいくつかの事例である。もし地名を確定できれば、この地方からの請願数はさらに増えよう。「これまで支払っていた小作料のままでのその農地利用の延長」（一人）「貢租引下げ」（一人）「御料林における自由な放牧権の復活」（住民）「市有林における放牧権の承認」（農民）「重い負担の軽減」（村）「分離からの免除」（住民）「いくつかの賦課と貢租の軽減」（ケトナー・アインリーガー）「賦役からの解放」（有志）「救貧税・廃疾税の引上げ・その他いくつかの貢租への苦情」（住民）「聖職者への過大な貢租からの解放」（ケトナー）「農民保有地の土地貢租の軽減、階層税・分離経費・裁判費の軽減、一八四四～四五年の飢饉になされた扶助の廃止」（選挙人）等々。

西プロイセン

〔Neustadt 郡〕（206–65）

(1) 請願主体　村　四、村長　三、農民　三、コセーテン　一、小作人　三、ケトナー・アインリーガー　八、日雇　四、僕婢　二、村長・教師・教師会　三、村役場　一、選挙人　一〇、傷病兵　一、居酒屋主人　一、営業者　一、

道路管理人　一、住民　七、職・身分記載なし　六、その他　一

請願主体は多様だが、農民諸階層がそれぞれの要求を出している点、また雇農・日雇層の数が多いこと、村長・教師および選挙人の参加が注目される。

(2)　農民の要求は、「当村の農耕民と領主の領地との間にある契約の廃止」、「当人（＝請願者）の農民地の競売の取止め」および「当人の窮迫状態の改善」。だが数も少なく、封建地代についての苦情がないことから、「解放」事業がすでに進行し、農民層がこれに対して不満をもっていない、ということがわかる。

(3)　雇農・日雇・僕婢層の請願の数は多い。自由な牧草地用益権の賦与、あるいは広く「分離」以前に有していた諸権利の再賦与を求めている。東プロイセンの場合と同様、当該階層に不利益な共同地分割への抗議とみることができる。日雇層が、社会的法的状態の改善という一般的要求を提出しているのと異なり、雇農層は、ユンカー経営下の労働者としての立場から労働条件の改善を求めるというより、むしろ、「解放」前におけるより農民的な状態を回復する点に主眼があったとみてよいだろう。なお、僕婢は、自由な放牧権・肥料採取、賦役からの解放などを要求している。

(4)　選挙人・村長は、農民層、特に下層の利害を代弁していることが多い。彼らは、一方で、貢租の軽減ないし改革、国税の適正な配分、蘚苔や燃料の無償給付、薪木・落木採取権の回復など、封建的ないし国家的負担についての改革や、共同用益権の復活に関わる要求を打ち出すとともに、他方で「下層民」の社会的状態の改善を提案している。

(5)　「農民解放」の一環をなす共同地分割が農村下層民の抗議の対象となっていたと考えられることは上にみたが、さらに、封建地代の「調整」の仕方についても苦情が出されている。すなわち、「グーツヘルシャフトに対する彼らの関係について他の仕方での調整 anderweite Regulierung」を求める請願（233）、「貢租の他の方法での調整」のための提案（236）、（259）などがそれである。この場合、「他の方法」が、農村住民に不利な現行のそれでないこと、

「よりよい調整」であったこと、はいうまでもない。

以上に示されるように、三月革命期における東西両プロイセン州の農村民の請願行動の特徴は次のようであった。

一、運動の担い手は、アイゲンケトナーやアインリーガーなど零細農層、日雇、あるいは広く農村の下層窮迫層およびその利害を代弁する選挙人・村長たちであった。これに対して、本来の農民層は、自身の要求を提示してはいるが、先の社会層に比して遥かに数が少ない。したがってここでは、零細農・農村窮迫層＝社会的運動の担い手、本来的農民＝不参加、という大雑把な区分が可能である。その背景には農民解放過程の進行と、中・上層農民層の封建的束縛からの解放＝自由な土地所有者への転化、という事実が存在していたと考えるべきであろう。

二、下層農村民の社会的経済的要求の中心は、残存する封建的諸関係からの解放・旧来の租税体系の改革、また特に、土地の取得＝永小作化・共同体的諸権利の回復にあり、一方では、当該社会層の一部がまだなお封建的支配・従属関係に編成されたままであった事実が示されるとともに、他方では特に「上から」の解放が実現した地域においては、かかる解放過程、とりわけその一環をなす共同地分割が、これらの社会層に不利をもたらしたという事実が確認される。彼らの要求たる土地獲得＝永小作化、共同地用益権の復活は、その仕方次第で、ユンカー的土地所有＝経営とも、また後者の場合は農民的経営の利害とも対立する可能性を含んでいる。但し国王の直轄地、特に王有林が対象の場合は、国王との対立関係に結びつくということになろう。いずれにしても、抗議の焦点が、農民解放の一環をなす共同地分割の過程とその背後にある政策に向けられていたとみることもできよう。

三、ともあれユンカー的経営下における雇用関係・労働条件の改善の問題はまだ表面化していない。半プロ層の要求は、生産（生活）手段の獲得に向けられており、内容的には「プロレタリア的」というより「農民的」、「小生産者的」な方向性をもっている。

(2) ポンメルン州

Cöslin県のNeustettin・Flatow・Lauenburgなどの地方、Stettin県のUeckermünde・Pyritz両郡が、それぞれ議員を介して、要求を提出している。

〔Neustettin郡〕(5937-92の場合)

請願主体は、村　一七、農民　一〇、借地人　八、コセーテン　一、ビュトナー・アインリーガー　六、日雇　五、住民　二、その他　七、計五六である。プロイセン両州と異なり、村落Gemeinde（一請願につき複数の村の場合もあるが、一件として数える。以下同じ）が請願者として立ち現われている。しかし、農民各層がそれぞれ独自の要求を提出している点は、プロイセン州に近い。ではその内容は何か。

農民

グーツヘル的賦課租・同地代の廃止、貢租の軽減、道路建設労役からの解放など、対グーツヘル的関係をめぐる要求、ついで地租・階層税・王領地貢租の軽減など、対国王・旧権力との直接的関係の改善の訴えが多い。いずれにしても、旧い封建的諸関係の変革・旧租税収取関係の改革がここで中心的な問題となっていることに注意したい。ここから解放過程の遅れが窺えるが、しかしこれまで通りの「農民解放」の進捗を求める要求は一つとしてない。逆に共同地分割に際して蒙った不利益に対する苦情が二件出されている。

小作人

小作料の軽減（二件、以下同様）、グーツヘルへの賦課租の軽減（二）、小作地の所有地への転化（三）、牧草地・道路使用権縮小への苦情（一）が出されている。

ビュトナーほか

共同地用益権、とりわけ牧草地の復活と、拡大の要求、その制限への苦情が中心で、そのほかに、薪木、落木採取権の回復、貢租軽減、陶土税廃止などが要求されている。

日雇

一致して状態の改善を求めている。

村

グーツヘル・グルントヘル的賦課租の廃止、グーツヘル領からの地方税徴収、教会貢租・聖礼謝金の廃止ないし軽減、道路建設負担金廃止、学校納付金の軽減、など農村民の負担軽減を求める要求と並んで、耕地（所有）の拡大、グーツヘルによる農民的土地所有収奪の禁止、三〇〇モルゲンの森林地の村への賦与などの土地所有の拡大に関する要求、および「分離」の経費支払負担の軽減の訴え、その際の権利縮小への苦情、王有林の用益権の賦与・牧草地用益権の更新などに示される「分離」問題が中心をなす。その他、日雇労働者の状態改善、ビュトナーへの薪木採取・自由な放牧の容認など、農村下層民の要求に直接関わる要求も村の名前で提出されている(56)。

封建的諸負担が残存し、その変革が求められる反面で、解放事業の進行から生ずる諸問題に関わって、村民がグーツヘルや国家へ抗議ないし要求を行なっている点に留意したい。農民解放政策＝過程への苦情もある。「自分たちの先祖が住み、あるいはまた自分たちが保有していながら、Kussow のグーツヘルシャフトによって奪い取られた農民地の返還」を求める訴え（9847）、「償却協定の修正」を訴える農民たちのそれ（10754）、また「一一の農民経営を不当に放逐した農場主 Senf von Pilsach に対する苦情」（10755）にみることができる。

なお、この地方の村々のなかには、単に一回だけの請願にとどまらないで、その後もこれを繰り返す村落がいくつか存在した。たとえば、Pimow　三回、Eschenriege　二回、Wuchow　三回および Kussow　二回、のごとくである。〔Flatow〕（914–32）

この地方からの請願書群の特徴は、農村と並んで都市の手工業者・住民からの請願がみられる点である。手工業階層の存立を脅かす工場制の制限を求めるFlatow市手工業者たちの訴えや、郡令の廃止・郡議会制、賦役・貢租の廃止と平等原則に基づく一般地租の採用、既存商人の手にある商品一切についての行商の承認、などを求めるZempelburg市の住民の請願がそれである。しかし、数の点では農村の請願がずっと多い。

農村からの請願は、「学校貢租の平等な配分と、地代支払による土地の譲渡」を求めるアイゲンケトナーの要求以外はすべて村落の名をもって行なわれている。各村は、それぞれ二〜三の要求事項を提示し、その内容は村ごとに異なっている。

(1)封建的賦課・領主特権について

貢租の軽減、賦役地代の廃止ないし軽減、賃租ラウデミェン・保護税・教会への貢租等の廃止、裁判手数料の引下げ、学校貢租の平等分配、永小作料の軽減など。また狩猟権・領主裁判権の廃止。

(2)租税制等について

階層税の軽減ないし廃止、グーツヘルへの課税引上げ・平等な課税、国税の軽減、官吏給与の引下げ、聖職者への課税、ワイン、奢侈税の導入など。

(3)その他

郡制改革、二院制、学校制度の改革、村税の廃止、グーツ領主側からする学校への燃料供出、賃金引上げなど。

村の名によるこれらの要求の大半は、農村住民の農民部分の利害に結びつくものと考えられるが、しかし保護税の廃止や賃金引上げが含まれている場合もあり、下層農・労働者の利害が汲み取られたこともあった。総じて、この地方は、貢租収取を中心とするグーツヘル・農民関係がまだ根強く残されていたこと、三月革命期の農民の利害は、国家の租税制度の改革とともに、こういった旧い封建的関係の改変にあったこと、しかし封建制の全面的な廃棄は求められたかったこと、などが指摘できよう。

〔Lauenburg 郡〕

村落の名による請願はなく、農民、ビュトナー、借地人、第一次選挙人、その他によって要求が出されている（1721–30）。自身の牧草地の刈込の自由な処理と築堤の修理からの解放、旧漁業権の存続などが、求められている。他方、三人のアインゲントナーは、牧草地用益権と燃料材の復活を要求した。「かつて父が有していた、グーツヘルシャフトに没収された農場の所有権賦与」を求める訴え（1722）も提出されている。また日雇が二分の一農民農場と、没収された農地の返還を要求している。農民解放政策の直接ないし間接の結果に対する抗議がここに示されていると思われる。

別の村からの訴え（1836–40）：コセーテンが賦役の軽減を、開墾農が御料林からの苔類・落葉・肥料の採取と草地権の容認を求める一方で、職業記名なしの二人が、それぞれ、かつて認められていた草地権の賦与を求めたり、両親に対してグーツヘルが行なった不当な行為に対する苦情を申し出たりしている。また次のような請願を送った村もある。（1952–63）：「失った土地所有権の復活ないしその調査」、「土地所有権ないし永小作権および近隣森林における薪木・落木の自由な採取」の要求。土地所有・共同地用益権への関心はこの地域でも強い。「分離以前に認められていた燃料材の賦与」（農民たちを代表して村長とコセート）とか、「Badiboll 村にある農民的身分の再度の調整」という訴えにみられるように、農村民の利害と、農民解放過程との対立を示す事例もある。

Vietzig 地域（4231–55）

村　三、農民・半農民　二、永小作人　一、コセーテン　四、ビュトナー　二、アインリーガー　一、日雇　二、僕婢　一、住民　一、選挙人　四、職名なし　三農村下層民の独自な請願行動がここでも前面に強く現われている。①賦役の問題が多く「日雇労働者によってグーツヘルシャフトに給付される賦役と貢租の軽減」（選挙人）にみられるように、日雇層・下層農の賦課の残存が指摘される。しかしビュトナー、コセーテン、日雇などの農村下層民はその廃止でなく、軽減を求めている。②ついで、「父親がかつて有していた農民地の返還」（アインリーガーほか）、「土地所有権の賦与」（ビュトナー）など土地所有そのものに関わる要求が目立つ。③その他、グーツヘルの農村抑圧への抗議、グーツヘルへの地代の廃止ないし軽減、租税制度の改革、ほか。

この地の請願運動は、以上のように下層民を主な担い手としつつ、封建的関係の「改革」を主要な問題として掲げるとともに、土地所有の回復ないし賦与という問題をも提示した。また、狩猟・漁業特権の廃止、グーツヘル・農民関係調整の修正のための委員会結成、農村日雇労働者の状態改善などの請願（9059–62）も出され、「調整」の問題やユンカー経営下の農業労働者の問題が表面化していることがわかる。

〔Ueckermünde 郡〕（1033–46）

請願主体：村　四、村長　一、ビュトナー　五（うち一はコセーテンとともに）、アインリーガー　二（うち一はコセーテンとともに）、インストロイテ　一、住民　一

この地域でも、農村下層民の請願活動が顕著で、本来的農民のそれはない。農民層の分化と農民解放の進行とが住民の行動のあり方に関係していたものと考えられる。

内容：ほぼ一様に土地と、牧草地利用・藁採取など共同地用益権の賦与を要求した。他の地域の場合とほとんど全く同じである。村の名前で提出された要求は、保護税の廃止と階層税の適正な配分、木材用益権・土地賦与などであり、いずれも農村下層民の利害に直接関わるものである。下層民の利害に基づいた要求事項が、村の名において提示

されたことは、運動におけるこれらの階層の主導性を示すものといえよう。

〔Pyritz 郡〕(4490–4500)

請願主体の中心は村落(七件)で、農民、コセーテン、アインリーガーおよび住民、がそれぞれ一となっている。要求事項は、貢租の軽減(コセーテンの場合は廃止)と、村税をグーツヘルにも負担させることが中心で、いずれもグーツヘルに向けられている。封建的関係の全面的変革をめざすものではない。

のちに宰相ビスマルクを送り出すこのポンメルン州[57]は、プロイセン州と同様、領主=農民関係の「上から」の解体が、早くから進行し、「一八四八年には、隷役小作・定期小作のもとにある農民のはとんどが調整されている[58]」という状態にあった。共同地分割も同じように進行しており、プロイセン州(およびポーゼン州)と並んでこの地方は大土地所有の最も強力な地域となっていた。しかし五~三〇モルゲンの中・零細農および五モルゲン以下の半プロ層の数も決して少なくなく(それぞれ二万一〇〇〇および二万四〇〇〇で、全所有者数における比率は、それぞれ二八%および三三%、計六一%)、しかもそれらの多くは調整から除外されていた。

この地方の農村住民の請願行動は、二つに分けることができる。一つは、ケスリン県の Neustettin 郡や同県の Flatow 近辺地域のそれであり、もう一つは同県の Lauenburg 郡と Ueckermünde および Pyritz 両郡との場合である。前者の特徴は、本来的農民層と村ぐるみの請願運動が、零細耕作農民・日雇層の運動と並んで、またそれと絡み合いつつ、進行した点にあり、これに対して、後者の場合には、より多く農村下層民が行動の主力を占め、これに対して本来的農民層は独自の利害をほとんど提示せず、したがって一八四八年の運動に対して関心を示さない、という点である。前者にあっては、プロイセン王国の旧租税体系の改革と並んで、主要な問題は、グーツヘル・農民関係の変革ないし改変の問題であった。領主・農民関係の解体は、この場合、完了しておらず、農民の負う賦役義務の変革と、貢租の軽減とが求められたのである。これは農民解放の遅れを示唆するものではあるが、だからといってここで農村民が、かかる形での解放の促進を希望していた、と考えるのは適当ではない。農民の利益に反して遂行された調整と分離およびその結果は、明らかに農村民の抗議の焦点の一つを形づくっていたのであり、もし農民運動を単純に「農民解放」の促進の方向に結びつけると考えるならば、それは大きな誤解といわねばならない。

プロイセン州の場合と同様、零細農・日雇層は、ポンメルンにおいても独自の要求を提示しはじめていた。牧草地・森林の用益権の回復と旧所有地の回復に関する彼らの要求は解放過程への批判を意味するものであった。

(3)　ブランデンブルク州

〔Zauch-Belzig 郡〕(689–716)

村　一、村長(四〇カ村のそれを含む)五、フーフナー　一、コセーテン　二、ビュトナー　四(うち一は開墾農とともに)、アインリーガー　一、開墾農　二、ホイスラー　一、水車小屋主　一、居酒屋・旅籠　二、職名・身分名なし　三、Niemogk 市民・参事会員　一、手工業者　一、陶工　一、薬局　一

農民諸階層のなかでも、特に零細耕作農民・半プロ層からの独自の要求と村長の名による請願が目立つ。コセーテンとホイスラーとは賦課の不平等な配分を問題とし、前者はその調整を要求している。ビュトナー・開墾農は、貢租・賦役の軽減と、藁・落木・木材の採取権や、賦課の重圧からの救済を求めている。同じような要求は職名等記載のない有志からも提出されている。

特に興味深い事実は、同郡四〇カ村もの村長たちが、Rentamt への現物小作料の返還を求めている点である(同時に、農村聖職者の確定と一〇分の一税廃止)。保守的なブランデンブルク州でこのような急進的な要求が出されている事実に着目したい。

なお、その他の村長名の訴えは、貨幣小作料の廃止・現物給付への転換、街道労役の廃止、レーエンの廃止、森林用益権の回復、貢租引下げ、狩猟権の廃止、平等な課税などである。農村の手工業者・手労働者たちは、保護税の廃止、教会・学校への貢租軽減ないし廃止を求め、都市の市民たちは、手工業者の徹底的審査、手工業経営を都市に限定するよう要求している。

〔Jüterbogk 郡〕(2964－3014)

村　二五、コセーテン　五、(うち一はビュトナーとともに)、ビュトナー　七(うち一はアインリガーとともに)、ゲルトナー　一、ドレッシャー　二、ホイスラー　一、製粉工　二、居酒屋　一、市参事会員　二、仕立工イヌンク一、タール製造者　一、労働者　一、その他二

村落の名による請願と、零細農民からのそれとが顕著である。同一村落から村の名によるものと、下層民によるものとが同時に提出されている場合と、そうでない場合がある。たとえば、新たな租税・貢租制度の実施、分離等、についての提案が、村の名においてなされる一方で、同じ村のコセーテン・ビュトナーたちが、別に、貢租軽減を要求するといったごとくである。また同じ村の住民が個別の訴えを行なう場合もある。たとえば、領主の Drescher が森林用益権の復活を、ビュトナーが階層税のより適正な配分とより適正な分離を求め、コセーテンは分離問題について訴えを行なう、というようにである。

村落の名において出された要求事項は、封建的な賦課の廃止、賦役の廃止、貢租体系の改革など農民各層の封建的負担に関する問題と、進行中の分離問題およびその結果に関する要望(特に森林用益権の回復)が多い。この点で、下層農村民の利害と重なる。共同地分割については、「当地の分離協定の修正」(二村)のごとく、実施された分離への不満とその変更を求める要求がみられる。

〔Teltow郡〕（8015‐28）

村　二、村長　二、コセーテン　一、ビュトナー　三、水車小屋主・製粉業主　二、ほか　四

ここでも、特にビュトナーが、貢租の軽減ないし廃止と併せて、森林用益権を細民に認めるよう要求している。また分離については一ビュトーナーが、農民地の甚だしい縮小をもたらした「当地の分離事業」の調査を求めている。なお、製粉業者は、水車貢租からの解放を、また水車小屋主は、一大工親方が企画している蒸気製粉所に異議をとなえている。

〔Ruppin郡〕（1544‐78）（Kämpf議員仲介）

村　六（うち開墾村　一）、農民　三（うち一はコセーテンとともに）、ビュトナーほか　七（うち二はビュトナー村）、アインリーガー村、選挙人各　一、亜麻工、居酒屋、製粉業組合、醸造業主　各一、職名等なし　三：指物師組合、毛織工組合、鍛冶工組合　各一、親方数名、毛織工雇職人、大工雇職人組合、営業親方集会、商人、庭園師、日雇など　各一。

農民は旧来の土地貢租の据え置き、土地所有に応じた階層税、所得に応じた貢租の調整を求めている。これに対してビュトナー層は、御料林からの薪木・落木の採取、所得による貢租関係の調整、村税・村制の改革、一切の賦課・貢租の負担配分変更、など、共同地用益権と諸負担についての改革を要求している。村の名における請願の中心もここにある。

この地域の請願行動の特徴は、農村手工業者と都市住民とが運動に加わったことである。――農民は野獣の害の除去と同時に、農村における鍛冶強制の廃止を求め、また農村亜麻工が貢租の軽減を要求するという例は前者の場合で

ある。これに対して、Wusterhausen a. D 市の指物師組合は、大工職のもぐり営業の禁圧を、同市の何人かの親方は、商人・行商人が営む営業の制限を、Neu-ruppin 市の毛織工は、工場の制限を、同市の鍛冶工組合は、彼らが加工した商品と同一のものを商人や釘工たちが販売することを禁ずるよう、それぞれ求めている。親方と雇職人の関係の調整を求める雇職人、蜂の養育に関する法令の変更を訴える商人、外部の牛乳商人への課税を求める農民など、それぞれの独自の利害に立った請願もみられ、いろいろな主体が自らの経済的利害を主張していることがわかる。農村・都市における商品生産＝流通の新たな局面への移行に伴う諸問題が、旧権力の解体を契機に、旧来の政策体系＝制度の諸問題と結びついて提起されているのである。

このほかにも、ベルリンをとりまくミッテルマルクの農村地域・都市からも多くの請願が議会に向けられている。各種の業主からさまざまな要求が提出されたブランデンブルク市や Rhinow 地方、その他議員 Dr. Steinbeck の関連のある農村地域がそれである。

〔Königsberg 周辺〕（895-913）

村　八、開墾村、アインリーガー村、コセーテン村、各一　Gutsbesitzer　一、ビュトナー　一、新フライロイテ一、旅籠屋　一、参事会　一、釘工・指物師・仕立工組合（Küstrin 市）一、靴工（Zellin 市）一、教師群　一

請願行動は、主として村落単位でなされているが、アインリーガーやコセーテンが、村落の名で請願を行なっている点が興味深い。村落からは、租税制度の改革、営業制度の改革、木材競売の廃止、醸造業の制限、木材採取権の賦与など各種の要求事項が出されている。もちろん、貢租の軽減、村税の改革などの要求もみられる。アインリーガー村は、森林用益権の賦与、保護税からの解放、日雇賃金の引上げ、森林地の貸与、タバコ税の免除、村教会建設の促進を、コセーテン村は、貢租軽減、現物給付義務の適正な配分、漁業権の承認などを要求している。開墾村からも、

御料林での自由な放牧のほか、コセーテン村とほぼ同じような要求が出されている。貢租軽減の要求は、落木等の採取権の賦与のそれとともに、新フライロイテからも提出されている。(59) なお都市の請願書は「営業の自由の制限」を要求している。

〔Friedeberg・Marienthal〕（5651–69, 6575–86）

5651–69

村　九、ホイスラー　一、製粉業　一、職名等なし　一：Friedeberg 市の桶工、鍛冶工、仕立工、帽子工各組合各　一、Driesen 市の組合　一

6575–86

村　八、ビュトナー　一、ホイスラー　一、村役員　一、職名等なし　四

貢租について：その軽減、平等な負担、低廉な調整、保護税の廃止。
領主特権・その他対グーツヘル関係について：領主裁判権・狩猟権の廃止、グーツヘルによる道路等の修繕。
租税について：財産税の導入、下層民の租税軽減、救貧税への苦情、租税平等負担。
その他：分離での縮小への苦情、村の諸権利への参加（ホイスラー）、ほか。

ラウジッツ地方は、ブランデンブルク州のなかでもとりわけ活発な行動が展開された地方である。ここでは、Senftenburg, Kottbus 周辺を中心に見よう。

〔Senftenburg 周辺〕（3369–71, 3469–88, 5503f., 7875ff., 8912ff., 10551ff.）

村二〇、Amt-Landschaft Senftenburg 二五カ村（二度にわたって）、村長　一、コセーテン　一、ロボトゲルトナー　一、水車小屋主　三、世襲判事　一、教師　一、職名等なし　二、住民　一、ニーダー・ランジッツ諸都市の組合　一、Senftenburg 市　一

農村からの要求事項（但し、二五カ村のそれは別記）

(1) グーツヘルへの賦役廃止　二、貢租、賃租の軽減　各一、Anlage- u. Ackerzins の廃止　一、紡糸税・保護税の廃止　一

(2)　狩猟権の廃止　一、領主による学校・教会建設費負担　一

(3) 森林用益権の拡大　三

(4) 分離審理の修正　一一、償却審理の修正　七、賦役調整の修正　二

(5) 財産税制・所得税制の導入、地租軽減、道路・郡貢租の各軽減、均等な課税、各　一

(6) 学校・教会への負担金の軽減、裁判制度の改革、Land-Gemeinde-Ordnung の施行、Kreis-Städte-Ordnung の施行、学校制度の改革、各一、その他。

二五カ村の要求：国庫のための諸納付の廃止、河川管理人の俸給制度の廃止、Luskau の州救貧所への寄金廃止、一八〇六～四五年に軍用に供された馬についての要求など：教会・学校制度の改革、競売時における経費軽減、仲裁人所の拡張、その他。

製粉所主の要求：一八四五年営業法の改正、ニーダー・ラウジッツの水車に対する営業貢租についての条例改正、水車貢租の廃止など。

以上のように、ここでは、(1)村落単位での請願が多く、(2)内容的には分離と償却・調整の修正 Revision に対する要求が注目される。分離については、たとえば、「当地における分離審理の修正、所得税制の導入および学校・教会

負担金の他の仕方での調整」のごとくである。償却についての修正は、たとえば、「国庫に納入すべき償却資金の五分の一の免除」のように具体的な形をとることもあるが、普通は、「分離および償却協定の修正」のように償却と分離との修正は同時に要求されている。調整についても、たとえば「グーツヘルシャフトとの間に行なわれた調整と、共同地分割との修正」のごとく、その修正が要求されている。

上のような要求は、賦役・貢租の収取問題の比重の低さと相応しつつ、この地方における農民解放の状況を物語っている。しかし、みられる通り、農村民はまさにこの農民解放の現行のあり方に反対なのである。勿論、分離や償却・調整の「修正」は、農民解放政策＝過程に対する全面的な否定——たとえば、無償廃棄——を意味はしない。しかし農村民は、少ない負担での解放を要求しているのであって、それは現実に進行しつつある農民解放過程への批判以外の何ものでもないのである。

〔Kottbus 地方〕(757−809)

村　二〇、農民　二、ビュトナー　一、ホイスラー　三、アインヴォーナー　一、水車小屋主　一：Kottbus 市：毛織物仕上げ工、石積工、ろくろ工親方、製針工親方、亜麻職工、織工、各　一、車大工、仕立工、肉屋、錠前工・時計工の各組合、各　一、製本工組合、靴工、毛織工、大工、石工各雇職人、各　一、手労働者・日雇労働者　三・Peitz 市：靴工、毛織工、仕立工、パン工各組合　各　一、大工雇職人　一

農民：教会・教区への貢租の均等な賦課、教区・教会貢租の償却。ビュトナー：木材・藁等の賦与復活。ホイスラー[60]：貢租の軽減、保護税の廃止、係争中の分離の仕方の変更、村貢租の適正な配分。村落：貢租の軽減ないし償却(九)、狩猟規制の廃止(六)、木材・薪木・落木のグーツヘル領・王領の森林からの採取(六)、分離問題への苦情ないし修正(六)、租税の平等配分(六)、保護税・階層税の廃止、村貢租の平等配分、(各二)、その他、地租軽減、所

得税の採用、管区指導官の自由選出、高級官吏の俸給引下げ。

以上のように、ⓐ貢租の軽減、国税・村税の平等配分→グーツヘルへの課税による村民の負担軽減、下層民への保護税・階層税の廃止など、対グーツヘル、対政府関係における農村住民の負担の軽減ないし廃棄と、ⓑ森林用益権の承認およびそれと関係する分離問題と、大きく分けて二つの問題が焦点となっている。

なお、都市からの請願が多様であるのもこの請願群の特徴である。Kottbus 市の重要な産業であった毛織物工業についてみると、仕上工は、工場の雇用労働者をツンフト的修業を行なった仕上工に限定すること、労働時間の短縮と賃金引上げを訴え、また毛織工雇職人は、労働時間短縮、賃金引上げなどを求めているが、いずれも労働者としての立場からの要求である。賃金引上げは、靴工雇職人や日雇労働者からも出されているが、これらの場合、所得税の導入あるいは租税引下げなど国家の租税政策に関わる問題が提示されていることも併せて注意したい。「自分たちに許された労働が左官によって行なわれている」という石工の苦情、「週市において外部のろくろ工に比べて不利な立場におかれている」というろくろ工親方有志の抗議、「農村におけるもぐりの容認」についての亜麻織工の苦情、特権の更新とともに「もぐりの排除」を求める車大工や、都市・近郊との同一租税制採用と併せて「農村の肉屋の制限」を訴える肉屋組合の要求は、「農村の日雇労働者を都市から追放するよう」主張する労働者や雇職人の要求と同様、都市内部の諸工業、都市と農村、におけるそれぞれ旧い関係の変化、それに対応した商品生産=流通の新しい発展状況を示唆しているものといえよう。一八四五年営業法の廃止、新営業法の施行を求める錠前工・時計工合同組合、製本工組合成員有志や靴工・製針工の長老会の請願は、こういった事情を背景にしているといえよう。

以上のほかにも、貢租の廃止・償却ないし軽減、狩猟権の廃止、租税制の改革その他を求める村々の請願や、先に紹介した Guben 地方の村々の多様な要求などがあるが、ここでは繰り返さない。

ブランデンブルク州における農村民の社会的経済的要求はおよそ以上のような状況にあった。ミッテルマルクにおいては、Zauch-Belzig 郡、Jüterbogk-Lückenwalde 郡、Ruppin 郡、Teltow 郡、Kremmen 郡から、ノイマルクトの場合、Königsberg, Friedberg, Soldin の地域から、そしてラウジッツでは、Senftenburg, Kottbus, Luckau, Sorau, などの諸地域から、それぞれ請願書がベルリンに送られている。

ミッテルマルクの場合の特徴は、零細耕作農民等下層民が独自の要求を打ち出したのに対して、本来の農民層は、いくつかの例外を除いて、請願運動を展開していない点にある。したがってここは、一方で農村下層民の社会的運動への参加、他方で本来的農民層の保守化、という分化の傾向をひとまず確認することができる。しかし、同じこの地方で、同時に、村落・村長名義の請願が多数提出されていること、その場合、中・上層農民の社会的経済的利害が、下層民のそれ以上に貫かれているに違いないこと、を考えると、この地方の農民層が社会的変革過程におよそ無関心であったとか、反動的であったとかとする見方は誤りといってもよいだろう。

農村下層民の中心的要求は、賦役および特に貢租収取を基礎とする対グーツヘル関係の改革と、森林用益権を中心とする共同地用益権の回復とである。前者の場合、賦役については廃棄、高率貢租についてはその軽減を求めており、その限りで封建的関係の全面的変革ではなく、その手直しをもとめているにすぎない。しかし、だからといって彼らがグーツヘル層の利害と一体であったわけではもちろんない。両者が対立関係におかれていたことは断るまでもない。また共同地用益権の回復は「古い権利」の復活を意味し、かかる権利を解消した共同地分割＝分離の事実に対立する。「上から」の農民解放過程は、この面から問題とされているといってよい。分離の修正の要求はこのことをはっきりと示したものである。以上の事実は、ミッテルマルク以外の地域（ノイマルク、ラウジッツ、その他）の当該階層の請願行動にも該当するが、その場合こういった要求の方向が、労働者としての存在というより、むしろ小生産者のそれへ向けられていることに注意しなければならない。

村落・村長による請願の内容の中心は、賦役・貢租収取関係の廃止ないし改革と、森林用益権の回復（→分離の修正）および租税関係の改革である。Zauch-Belzig 郡の四〇カ村からは、当局が収取した現物小作料の返還を求める急進的な要求さえ出されている。アルトマルクからは、このほかに、狩猟権・領主警察権など封建的特権の廃棄や、王領地の細民への貸与が求められている。いずれにしても村落＝農民諸階層とグーツヘルとの対立関係は、ミッテルマルクおよびノイマルクの各地で、表面化していたということができる。さらに、階層税・地租を軸とする村民の要求は旧いプロイセン権力に対する農村民の利害関係のあり方＝対立関係を示すものであり、絶対主義的領邦体制とその財政的土台が、問題とされるにいたったことを示唆している。

ラウジッツの場合も、上とほぼ同じ特徴を示すが、この地方では、特に村落がより強く運動の担い手として登場してきていること、共同地分割と領主・農民関係の「上から」の解体の仕方＝過程との対立局面が一層明確化している点が特徴的であり、その点で隣接するシュレージエン（後述）に近いものとなっている。

(4) ザクセン州

マグデブルク県

〔Gardelegen 郡〕（5413－28）

村　七、村長　一、土地所有者　一、新農民　一、住民　二、居酒屋主　一、旧製粉業主　一：都市市民　一、手工業者　一

四村と二村村長の名で出された請願書は、封建的賦課、狩猟権および領主警察権の廃棄を求めた。また「王領地の細民への貸与、御料林における牧草地の分割」（一村）、燃料用木材の有料での採取、ホップ税負担からの解放ないし地租への転化（村）が要求されている。

〔Salzwedel 郡〕(7164–73)

村　一、村長　一、農民　二、開墾農　二、無産村民　一、選挙人　一：市参事会員　一、指物工　一

三カ村の請願：租税、グーツヘル的貢租および村貢租の過度な負担についての苦情、負担の正しい配分と軍馬調達に際して過大に支払われた納付金の返済。

村長：領主への賦役・貢租の廃止ないし軽減。

農民：㈠レーエン制について即時検討、特にラウデミエンと帰属法についての提案、㈡レーエン制の廃止、他人の土地における狩猟権の廃止、財産税導入を求める。

開墾農：㈠高率の階層税・村税への苦情、㈡同上、教区貢租・聖式謝礼の調整、耕地・牧草地の低額貸与、特定日の落木等採取承認などの要求。

無保有地住民：村税の軽減、特に学校税のそれ。

以上、封建的収取関係の変革と、租税・村税負担軽減、耕地・共同地用益権についての下層民の要求が特徴的である。

〔Stendal 地方〕(4672–85)

一つを除いて他はすべて村落の名において。

㈠　賦役代納金（三件）と小作料・賦役の廃止、貢租の平等配分。

㈡　森林用益権の承認・御料林の利用など。

㈢　分離への苦情。係争中の裁定の再開ないし農民的土地所有とその負担に関する諸関係の修正、ほか。

〔Jerichow 郡〕(304－322)

村　一三、村長　一、ビュトナー　一、ホイスラー　二、労働者　一、風車製粉業主　一

特徴

一、村落が主たる請願主体。農村下層民の独自要求もみられる。ビュトナー：御料林の燃料用木材・藁の採取権の再認。ホイスラー：社会的状態の改善、ホイスラーへの土地譲渡。

二、農民的負担の軽減、穀物貢租からの解放ないし償却、他の方法での調整、対グーツヘル地租・地代からの解放、建設賦役のほかの方法での調整、教会一〇分の一税の廃止、など。

三、建築用木材の用益権(四)、燃料用木材の採取の再認可

四、租税法改革(三)

〔Neuhaldensleben 郡〕(3388－410, 6258－62, 6656－82)

村　二二、Gutsbesitzer　一、農民　二、開墾農民　二、コセーテン　二(一はホイスラーとともに)、ホイスラー　二、日雇　一、選挙人　一、職名等なし　五、水車小屋主　二、製粉業主　四、Exkutoren　一、市民協会　一、手工業親方・小売商人　六、その他　二

特徴

一、村落による請願の多さと農村民各層による独自な要求。都市手工業者も請願。農村民の要求は以下の通り。農民：分離時の欺瞞への苦情、開墾農民：無用な溝に対する代替物、裁判費の返済、分離時の欺瞞に対する苦情(アインリーガーとともに)。コセーテン：永小作による分農場の耕地割譲(ホイスラーとともに)。ホイス

ラー：不当に告発を受けた木材盗伐についての訴え、建築業雇職人の農村での労働許可。日雇（二村）：相続人調停時の裁判手数料・印紙税の軽減。職名なし：一六カ村三三人――細民への王領地の小作地化、および教師・牧師の確定、分離時に失った教会・学校道路の再賦与、償却時不承認の五分の一控除の賦与、分離における欺瞞への苦情、ほか。水車小屋主・製粉業主：水車貢租の廃止。農村の手工業者（仕立工・大工）：分離における欺瞞についての苦情。

二、封建的賦課の廃止（二）、手賦役・畜耕賦役の調整、Dienstgeld、賦役の重すぎることへの苦情（各一）、聖式謝礼の廃止（二）、ほか。

三、グーツヘル的警察・領主裁判権の廃止（四）、狩猟権の廃止（三）

四、王領地・騎士領への平等課税（三）、地租・階層税の改革（各二）、所得税採用（一）など租税改革八件、自由な村制（四）、教師・牧師の自由な選択（二）

五、分離についての苦情（六）、領主農場・王領地からの耕地分与・小作化および牧草地の貸与（四）および細民の救済（二）

〔Calbe 郡〕（5767－5843）

村　二〇、村長　二、コセーテン　二（うち一はホイスラーとともに）、ホイスラー　二、住民　三、開墾農　一、選挙人　四、都市と農村（Staßfurt）一、Vorstadt　一、左官・大工・屋根師　一、大工、工賃仕立工、車大工、各一、居酒屋、馭者　各　一、手工業者　一、商人　一

特徴

一、村落の名による請願が最多。しかし、農民各層、小都市の手工業者の請願も少なくない。Staßfurt の都市と

農村とは共同して、集会権、国民武装、言論・出版の自由、学校の国家からの自立、裁判官の独立、陪審員裁判制導入、所得税の導入などの一致した要求を出している。さらに、多数の村落とその農村民各層・選挙人および小都市とが共通の要求を提示していることも注目される。農村間の相互関連を想定させる。これには二つのグループ（以下、二と三）がある。

二、土地賃租の軽減、賦役代納金の廃止、領主賦役の廃止、狩猟権の償却、国庫による堤防・河岸の保護——コセーテン五人、住民若干名、居酒屋、農民、村長、コセーテンとホイスラー、ベルンブルクの近郊市、ホイスラー、住民、各　一、選挙人　二、村落　七。

三、王領地の分割、小作地での馬鈴薯栽培の許可、鵞鳥飼育用牧草地の割譲、公定価格による木材伐採、薪木・落木採取、樹葉採取権、切株用益権、キャベツ・アザミの掘出し権、家畜放牧権の承認——ホイスラー　二、選挙人　一、Calbe a. d. S. 市の車大工　一、村落　一〇

四、都市手工業者の要求：工賃の引上げと、税制改革。

Micheln 村の民衆集会の要求事項（10494–98）

Micheln 村では、住民集会が開催された模様であり、大会の名前による請願が記録されている。①王領地の分割、②聖式謝礼の廃止と司祭の確定、③封建的賦課、Dienstgelder、小作料の廃棄、④学校の公立化と公費による自由教育、⑤学校の教会からの分離、を求めている。

メルゼブルク県

〔Delitzsch 郡〕（1958–63, 3490–95, 11698f.）Schulze-Delitzsch によって仲介された請願群。数が少ないので省略する。

〔Sangerhausen 郡〕（4327–45, 8508–20）

村　一五、農民　一、参事会　三（うち一は市議会員とともに）

主な要求事例

4327－45

㈠　封建的賦課の廃止（四）、各種賦役の廃止（六）、Lohns-Abgaben（二）、ほか（二）、計一四

㈡　領主警察権（四）・領主裁判権（四）の廃止、狩猟の自由（九）、領主による放牧権の廃止（四）、二二

㈢　地租の改革・軽減（四）、塩税廃止（二）、所得税採用（三）、税制改革一般（二）、その他（一）一二

㈣　賃租等の低額償却（三）、償却地代の廃棄（二）、森林放牧地に関する償却の取消し、分離権限の制限、領主地の分割（各一）

㈤　常備軍縮小（一）、学校・教会の確定（六）

以上のように、領主・農民関係の変革と租税制度の改革が中心。償却については、低率償却、償却地代の廃止などを求め、現行の仕方に対して反発している。

8508－14

村　五、選挙人　一、Einsasse　一

選挙人：領主貢租・賦役の廃止、領主放牧からの農民耕地の解放。

村：Deinstgelder とラウデミエンの廃止、実施された耕地分離の撤回。

五村：封建的賦役の廃止、狩猟権・漁獲権の行使、拾い木・落木等用益権の賦与。

Einsasse：封建的賦課と貢租の廃止

村：進行中の耕地分離の撤回。

村：隣接御料林での藁採取権の承認。

以上、領主・農民関係の変革と、耕地分離の撤回が求められている。

〔Querfurt郡〕（6606－11, 7208－10）

賦役農　二、家主　二、職名等なし　二、農村の営業者たち　一、Querfurt市のイヌンク（複数）一、Lodersleben市パン工、Bottendorfの同業者　一

賦役の調整・償却についての要求。同郡の農村の手工業者は、農村と都市の営業者の平等を、またQuerfurt市のイヌンクは、原料を第一の手から取得すること〔＝仲介商人排除〕と営業の自由の制限を求めている。

表8－4　Eckardtsberga郡

主な要求事項	
一切の封建的賦課の廃止	15
封建的賦課の軽減	6
賦役・同代納金（2）・LehnとZinsen（2）の廃止、Wächtergeld, Hufengeld, Straßenbau-Gelder, Schutzgeld, 領主地の廃止（各1）	8
領主裁判権の廃止・改革	3
狩猟権の廃止	6
階層税の廃止（2）、租税の軽減（3）、免税地への課税（3）、租税の平等配分（6）、財産税の導入（1）、営業税の改革（1）	15
村制改革（6）、営業制度の改革（2）、窮迫家族の救済（1）、同土地分与（2）、分離の中止（2）、ほか。	

〔Eckardtsberga郡〕[61]（2210－44, 9709ff., 10635ff.）――Bibra周辺――

村　三二、住民有志　四、住民　一、水車小屋主　二：左官・大工職人　一、石工　一、商人　一、参事会　一

特徴（表8－4参照）

一、請願主体は村が圧倒的に多い。封建的賦課の「軽減」の要求もあるが、大半は領主・農民関係の全面的変革と租税改革。

二、営業問題についての要求が農村から出されており、逆に、都市の住民が封建的諸賦課の廃止について提案している。

エアフルト県

〔Worbis 郡〕（1227–1265）

村　三三、郡全村　一、都市　一、選挙人　二、左官工　一

村落からの請願が多く、また郡全村署名の統一的な請願書も出されている。すべてが、国制、税制、村制、警察制などについての行政改革の優先を求めている。

〔Erfurt 郡・Nordhausen 郡〕（Baltzer, Krackrügge 両議員）

Erfurt 郡

村　七、選挙人　二、職名等なし　二、市民　二、Volksverein　一

主な要求項目

㈠ 封建的諸賦課の廃止（四、うち一は無償廃止）、各種賃租の廃止と、特権的裁判身分の廃止、狩猟権の廃止など。

㈡ 王領地等の分割・小作化（四）。

㈢ 政治的要求が村からも出されている。王室費の固定化、一院制、王領地・御料林の国有地化を希望。

Erfurt 市・同郡諸村（三四村）の住民（10629）[62]：所得税の導入とこれまでの消費税・営業税その他の廃棄――恐らくは周辺三四カ村の村民参加の下、住民集会が Erfurt 市で開かれたものと思われる。

Nordhausen 市・その周辺（3307–11, 9571, 10407f.）

織布工　二、ファブリカント　一、住民　一、選挙人　一、その他　二

織布工（数百人）：織布工の窮迫の除去についての諸提案。
ファブリカント（数名）：同上。
市・市民集会：国民議会のベーレンス提案回避への抗議、三月一八・一九両日の革命の称賛についての同提案の再度の採択。
村選挙人：村制・国制についての各種提案。
都市織布工親方代表：織布工の状態の改善・提案と要求。
住民数名：当地の分離協定の修正。
その他

〔Schleusingen 郡〕（2687－92, 12048－50）

Suhl 近辺

村　七、ズール市市民協会　一

(一)　賦役の廃止（二）、手賦役の軽減等（各一）　五
(二)　塩税の廃止（一）、累進所得税採用（一）、印紙税改革（二）、税制改革（三）　七
(三)　木材盗伐・森林犯の大赦（二）、木材の公定価格による販売（四）　六
(四)　王領地を農民に分与・永小作化（一）、機械制の制限（一）、国内亜麻工業振興（一）、村制について（三）、野獣根絶（一）　七

例　Heidersbach 村：機械制の制限、国内亜麻工業の振興、公定価格による木材販売、租税制、給与制、年金制の改革、木材盗伐犯の大赦

ザクセン州の農村民の請願運動は、以上のように大きな広がりを示している。マグデブルク県では、Stendal, Gardelegen, Jerichow 各郡、とりわけ Neuhaldensleben および Calbe 両郡において、メルゼブルク県では、Delitzsch, Sangershausen, Querfurt, Eckardtsberga 各郡で、エアフルト県では Weißensee, Worbis, Erfurt, Nordhausen 各郡でそれぞれ展開している。特に旧ザクセン領ではハルツ山塊を囲む諸地域、なかんずくその南部地方の住民が、都市・農村を問わず、広く請願行動を行なっている点は注目に値する。

プロイセン王国中保守的といわれるアルトマルクの農村からも、ベルリンの議会に向けて請願が送られている。のちにプロイセン史学の歴史家をして「狂った年 telles Jahr」といわせた根拠がここにある。この地方でも、各種の封建的賦課の廃止を中心とする領主・農民関係の変革と森林用益権の確保が農村民の要求の軸をなしていた。分離と償却も問題となっている。また下層民のために、王領地・領主農場の分与・永小作化、王有林の用益が広く求められていることもこの地方の特徴である。請願行動が特に活発なアルトマルクの南部地方――Neuhaldensleben と Calbe 両郡――では、領主・農民関係の変革と並んで、零細耕作農・半プロ層に対する王領地・領主農場の分割が特に強く求められている。またこの両郡の場合、農村からの要求とともに都市の手工業者層からも請願が行なわれている。

旧ザクセン領諸地域の農村民の要求内容も基本的には、マグデブルク県のそれと同じといってよいが、租税制度の改革の要求が、広く見出される点が注目される。請願行動のあり方についてみると、特に各郡、とりわけ Eckardtsberga 郡では、Neuhaldensleben ほかと同様都市の生産者も要求を出していること、また、Worbis 郡や Erfurt 郡の場合のように、明らかに、近隣村落相互の間に――Erfurt 郡の場合は都市が核となって――連携が生じていること、が注目される。マグデブルク県の Calbe 郡、Worbis 郡、Erfurt 郡、その他の農村から狭義の政治的要求が提出されているのは、上のような事情と無関係ではあるまい。

表8－5

手工業親方	27
同　雇職人・徒弟	18
農民各層	13
手労働・日雇・ホイスラー	31
左官・石工	8
教師・医師・商人・収納掛	8
その他	4
合　計	109

都市住民と農村住民の結合関係は、一方ではこの地方の中小都市の農村的性格、他方では農村における工業生産の展開という事実を背景にもつことによる場合もある。ザクセン州のEckardtsberga郡、特にBibra周辺の農村、小都市がそれである。農村からも商工業問題について要求が出され、他方都市からも封建的賦課の廃止が請願されるというこの地域は、民主派の拠点の一つであって、一八四八年一一月には、革命軍組織がつくられている。E. Neussは、同組織に参加して処罰されたものについて次のような職業を明らかにしている[63](表8－5参照)。

医師　二、肉屋親方　二、仕立工親方　二、工賃なめし親方　一、理髪師親方　一、靴工親方　四、大工親方　三、桶工親方　一、綱工親方　二、織工親方　一、亜麻織工　三、指物工親方　一、パン工親方　二、醸造業者息子　一、搾油工　一、居酒屋　二（以上、親方）

肉屋雇職人　二、ガラス工雇職人　一、仕立工雇職人　一、指物工雇職人　二、左官雇職人　七、靴工雇職人　一、錠前工雇職人　一、製粉工雇職人　二、左官　五、左官徒弟　一（以上　雇職人・徒弟）

農民　七、畜耕農　三、Hintersättler　一、村長　二（以上、農民各層）、手労働者　二〇、日雇労働者　二、煉瓦製造業　一、桶屋　二、商人　三、給仕　一、僕婢　五、石工　三　、錠前工　二、教会出納掛　一、ホイスラー　三

(5) シュレージエン州

シュレージエン州は、先行研究[64]も示すように、農村民の変革運動が最も活発に行なわれた地域であって、請願の数も3でみたようにプロイセン全体のなかで最も多い。この州は、農民解放が遅れ、また、農民の土地保有権が劣悪な

ポーランド・シュレージエンを除いて、領主・農民関係の解体が調整ではなく、償却によって行なわれた地域である。この事情が、この州の農村住民の要求内容にいかに反映しているかに注意しつつ、各地域ごとにみていこう。

〔Sprottau 郡〕（Herrmann 議員）

請願主体：村　三〇、農民　五、ゲルトナー　二（うち一はホイスラーとともに）、ホイスラー　四（うち一は水車小屋主とともに）、Herrmann 議員（同郡の名で）　一、居酒屋主、旅籠　各一、水車小屋主　五、市参事会　二、営業者　一

表8－6　Sprottau 郡

主な要求事項（但し農村からのもの・以下同じ）	
一切の封建的賦課の廃止	6
租税軽減	5
Renten の廃止ないし軽減	3
ラウデミエンの廃止	5
Dienstgeld, Zahlgelder, Wächtergeld, Verlösegeld, Ab-u. Aufzugsgeld, Auenzins, その他の廃止	10
狩猟権の廃止	7
領主裁判権の廃止	2
その他領主特権の廃止	2
森林用益権の賦与ないし更新	7
牧草地の用益の自由	3
償却協定の修正	12
低額償却の推進	1
草地権償却に対するより良い補償	5
共同地分割協定の修正	2
解放金二重支払部分の返還	1
農業立地法改正、その他	2
その他：課税の適正化、租税軽減、各2、収取されたラウデミエンその他の返還　2、出版の自由、州・郡議会への平等な代表派遣　各1、教会の建物・土地のプロテスタントへの引き渡し　2、ほか　3	

請願内容は上記表8－6のようになっている。そこからわかるように、①封建的賦課の廃棄ないし貢租軽減および領主特権の廃止と、②封建的諸賦課の償却と共同地分割についての協定の修正、とが農村民の要求の二つの柱をなしている。

請願主体は、村落が三〇で最も多いが、農民・下層民からの独自な要求が出されている。農民の要求は、「償却協定の修正、狩猟権の廃止」、「ラウデミエン義務の廃止、すでに決定された償却協定の破

棄」、ゲルトナー・ホイスラーのそれは、「グーツヘル・農民関係償却の修正」、「領主地代の廃棄」で、いずれも農民解放を問題としている。Sprottau 郡の村々を代表して議員 Herrmann 等が行なった請願はこの地方の農村民の利害を総括的に表現している。(65)「賦役償却・共同地分割の協定の修正ないし廃棄、保護税の廃棄、封建的賦課の廃止、領主草地権・狩猟権の廃止、領主裁判権の廃止」

表 8－7　Lüben 郡

主な要求事項	
グーツヘル的賦課の廃止	16
貢租の廃止（または軽減）	11
ランデミエンの廃止	15
保護税の廃止	5
その他対グーツヘル負担への苦情・要求	2
狩猟権の廃止	27
領主裁判権の廃止	22
その他領主特権廃止	1
償却の修正（ないし廃棄）	12
共同地分割の修正	3
租税の改革・平等課税	18
その他：自由な村制　18、機械・工場の制限　7、租税等についての労働階層配慮　4、農民信用制度の整備　2、木材採取権承認　2、没収地の返還、領主地の分割、国庫からの救済補助金支給、学校・教会関係、ほかについて　各 1	

〔Lüben 郡〕（3563－612）

村落　三七、開墾村　一、ホイスラー　一、製粉業者　二：毛織工・仕立工・パン工・指物師各組合それぞれ　一、大工・左官各雇職人　各　一、労働者　一、Garnsammler　一、下級官吏　一、裁判所書記会　一、選挙人集会　一

特徴（表8－7参照）

一、村落による請願が圧倒的に多数である。

二、グーツヘル的賦課・貢租、ラウデミエン、保護税など封建的諸負担および狩猟権・領主裁判権など領主特権の廃棄が最も重要な要求事項である。

三、領主・農民関係の「上から」の解体については、償却の修正ないし廃棄の要求が農村民の利害を示している。現行方式の償却を求める要求は皆無。償却の修正は過去に遡及される場合には、支払われた償却金――一時金であ

れ割賦金であれ——の返還を必然的に伴うことになる。

四、租税制度の改革の要求は、旧権力の租税体系と対立する。

五、機械制——特に紡績・織布機械——の制限が七カ村から要求されている。それはこの地方の農村工業の展開、小商品生産と機械制との対立関係を物語っている。これらの要求は、その他の要求（二–四）と併せて提起されている。たとえば、「グーツヘル的貢租、狩猟権、領主裁判権・同警察権の廃止、償却協定の修正、機械制の制限、租税政度の改革、等々[66]」

六、上記の諸要求とともに、村の名前で「労働階層」への配慮——たとえば租税や学校税の軽減、国庫による救済——が要求されている点も注目されねばならない。なお、ホイスラーの要求：自分たちの保有地に対して課せられている、賦役代納金、紡糸税の廃止。

〔Glogau 郡〕（1965–2021）

村　四七、ホイスラー　一、ゲルトナー　一、選挙人　五、製粉業主　二、職名等なし　一

グロガウ郡の請願数も多い。そのほとんどが村落からのものである。請願事項の内容は次のように整理できる。

㈠　グーツヘル的賦課の廃止

封建的賦課の廃止　一八、貢租廃止　一二、ラウデミエンの廃止　一〇、各種賃租廃止　四

㈡　領主特権の廃止

狩猟権・領主警察権の廃止（それぞれ一二、七）

㈢　村落関係

水利組合からの自由　一八、村制改革　一五

㈣ 租税制度・裁判制度の改革、所得税・財産税の導入（各四）、階層税・地租の改革（三）、租税の適正配分（五）、一般的に租税制度の改革（二〇）。

㈤ 賦役の償却の修正（三）、現行と異なる方法による調整（一）、分離の修正（一）。農民解放に批判的な要求は多くはない。

㈥ 日雇層の租税免除（一）、賃金引上げ（一）、細民への土地分与（特に教会領地）（二）など、農村下層民の利害のための要求も村の名において提出されている。

㈦ ゲルトナーの要求：森林・薬用益権の再許可、火災保険組合の定款の改正、小村落への教区地の分与・永小作化、聖式謝礼の軽減、教員給与の固定化。ホイスラー・インヴォーナー：状態の改善。

Steinau-Raudten 地方（2253－2306）

村　四〇、村長　一、土地所有者　一、居酒屋　一：肉屋、亜麻織工、指物工、漁師各組合、各　一、毛織工組合

二、教師　二、郵便局役人　一、裁判所下級吏員　一、市民　一

主な要求事項

㈠ 封建的賦課の廃棄　二七、貢租の廃止　八、ラウデミエンの廃止　六

㈡ 農民への狩猟権賦与　二七

㈢ 村制の改革　一二

㈣ 租税改革　二五、負担の適正化　六

㈤ 償却協定・同法令の修正　一一、共同地分割協定の修正　一二

㈥ 日雇の賃上げ引上げ　四、土地無所有者への国有地・王領地分割・貸与　一

㈦ 都市からの要求：営業の自由の制限

特徴：村落各による請願の数が大半を占めている。要求内容の特徴は封建的諸関係・旧租税体系の変革、農民解放過程への反発および日雇労働者のための賃金引上げ。

〔Grünberg 郡〕（Schöne 議員）

村　一五（うち一は同郡全村で）、農民的土地所有者　二、ゲルトナー　三（うち一はホイスラーとともに）、ホイスラー　四、開墾農　一、選挙人　一、ブドウ栽培農　一、居酒屋主　二、営業者　一、古参兵　一、職名等なし　一：Grünberg 市長老　二、市参事会員　一、暫定営業者会議　二、組合　二、自由思想者協会　二、住民　一、他。

特徴

一、村落名による請願が多数で、そのうち一はグルュンベルク郡全村のものである。下層民の独立の要求も少なくない。農民：割譲した土地に対する地租の廃止、その調整、領主警察権・同裁判権からの解放、土地割譲についての協定の修正。ゲルトナー：賦役代納金の廃止、階層税と地租の軽減、分離協定・償却協定の修正、暴力的行為に抗議（駁者・ホイスラーとともに）。ホイスラー：ラウデミエン・紡糸税等の廃止、地租、階層税の廃止、日賃金の引上げ。

二、封建的賦課・貢租一般の廃棄の請願が、わずかに二、ラウデミエンの廃止は六。領主の狩猟権の廃止（八）が主張されている点は他と同様である。

三、償却協定の修正（七）、分離の修正ないし苦情（六）など、農民解放過程に反発する請願と、階層税の軽減ないし改革（四）、租税の適正配分、地租の廃止（二）など、租税改革についての請願とが多くみられるのも他と同様である。ほかに教会領の取得、開墾地の分配　各　一。

四、都市からの要求は、営業の自由・工場・機械の制限。

〔Guhrau 郡〕（2430－78）

村　三八、土地所有者　一、自由ゲルトナー　一、王領地ゲルトナー　一、製粉業主　一、選挙人　二：陶工親方　一、桶工・指物工・車大工組合　一、その他　二

要求事項

㈠　貢租収取関係の改革（三五）に尽きるといってよい。その他は対グーツヘル関係についての提案（一一）、ラウミデエン廃止、村制改革（各　一）、など。

〔Jauer 郡〕（506－542）

村　二七、村長　一：指物工、毛皮工、陶工、馬具工、鍛冶工、の各組合、それぞれ　一、靴下編工、獣医、ろくろ工親方、ガラス工、パン工、各　一（以上いずれも Jauer 市）

要求事項

㈠　貢租・賃租・ラウデミエンの改革ないし廃止　七

㈡　農村住民の生活の改善について多数の提案二件（一七項目と二七項目）が、それぞれ七カ村・五カ村から出されているが、内容不明。

㈢　租税制・村制・学校制の改革　七

〔Striegau 郡〕（Wander 議員(67)）

村　二八、ビュトナー　一、議員（Wander）一、職名等なし　一：麻梳き工、Züchner-Meister、鍛冶工親方、桶

表8－8　Striegau郡

主な要求事項	
封建的賦課・貢租の改革 Reorganisation ないし廃止	18
ラウデミエンの廃止	11
土地賃租、その他貨幣地代の廃止	2
保護税の廃止	2
狩猟権・漁獲権の賦与	15
領主裁判権・警察権の廃止	3
村制改革	3
営業税・階層税・地租の廃止ないし軽減	6
租税制の改革	10
分離協定の修正	7
ホイスラー等への土地分与	3
工場・機械の制限	3
細民の状況改善・日賃金引上げ	5
政治的要求	3
その他（教会・学校関係について、他）	8

工組合、衣服商人、火酒醸造業主、居酒屋、その他、各　一（以上、主としてStriegau市）

特徴（表8－8参照）

一、村を単位とする請願が多い。内容豊富かつ多様。

二、ラウデミエンを含めた封建的諸負担および狩猟権の廃止。

三、分離についての苦情が出されているが、調整・償却に関してはなし。

四、グーツヘル・農民関係の解体と併せて、工場制の制限についての要求が出されている。

たとえば、Nieder-Stanowitz村〔家屋数　七三、人口　四四三人、分農場、製粉所、さらし工場、所在〕(68)の請願「工場制・機械制の制限、ラウデミエンの廃止、狩猟権の賦与、細民の状態の改善」。また「営業税・階層税の廃止、領主警察制の廃止、狩猟権の賦与、聖職者の確定、工場制の制限および村制についての提案」

五、零細耕作農・半プロ層への土地賦与、生活改善の要求が少なくないことに注意。たとえば「ラウデミエンおよび封建的貢租からの解放、ならびにインヴォーナーとホイスラーへの土地分与」、「細民に対する荒廃フーフェの分与、適正な課税、賦役の廃止、カトリック教会への貢租、貨幣による封建的賦課の廃止」

六、都市からの要求：営業の自由の制限（六）

〔Löwenberg郡〕（1855-907, 5401ff., 11791）

村　三二（うち、一四カ村　一件、六カ村　二、五カ村、

表8-9　Löwenberg郡

主な要求事項	
すべての封建的賦課の廃止	11
賦役の廃止	4
ラウデミエンの廃止	7
Grundzins, Natralzins 等廃止	10
領主裁判権の廃止	2
狩猟権その他特権廃止	10
村制の改革	7
租税制度の改革	7
その他：国民武装、国家財政の制限、常備軍縮小、教会改革、各3、ほか	

四カ村各　一、三カ村　二、二カ村　五)、Erbscholtisei-Besitzer　二、農民的土地所有者　一、村判事　二、居酒屋主　一、火酒醸造業主　二、製材所主　一、製粉業主　一、選挙人　二：参事会　一、組合長老　一、パン工、肉屋、製粉工、各組合、各　一、各種組合　四、旅籠　一、製紙業ファブリカント　一、職名等なし　一、教区　一

特徴（表8-9参照）

一、一切の封建的賦課の廃止という強い要求が多くみられる。

二、領主特権の廃止や税制改革と並んで、狭義の政治的要求が提出されている。民主派との関係が予想される。

三、最大一四カ村の請願をはじめ、請願行動が数カ村にわたり、共通の要求が出されている。それは運動の地域的結びつきを意味する。

四、醸造業主・製材業主・製粉業主など農村の商人・工業者が独自の利害から請願行動に参加している。

五、この地域は亜麻織物工業の中心の一つでかつて織工一揆にも加わった地域であるが、織工からの要求は特にみられない。

〔Goldberg-Haynau 郡〕（2054-76）

この請願群は、大部分が Haynau および Goldberg 両市の営業者からのもの。農村からはわずかに二件[69]。都市：時計工、靴工、毛織工、仕立工、肉屋、パン工、製粉工、指物・錠前工の各組合、靴下編工、大工・左官、画工、毛織物仕上げ工、同剪毛工、居酒屋主、醸造業主、製粉業主、ほか。——主要な要求事項＝営業の自由の制限（一六）

〔Schönau-Bunzlau 地方〕（2831-54, 6723-98）

村　七六、家屋所有者　一、ホイスラー　一、製粉業主　一、水車小屋主　一、住民　一、職名等なし　一：市参事会　一、肉屋、鍛冶・錠前・車大工、靴工、パン工、陶工の各組合　各一、毛織工組合　二、合同衣服加工業者組合　一、馭者　一、桶工　一、指物工・ガラス工・ろくろ工合同組合　一

特徴（表8-10参照）

一、村を単位とする請願がほとんどである。その数の大量さに注意。

二、賦役、各種貢租、ラウデミエンの廃止、狩猟権の廃止と、旧租税体系の改革という、対グーツヘル、対政府関係についての要求は、ニーダー・シュレージエンの他の地方と同様である。償却の修正等を求める要求はこれらに比べると少ないが、しかしその中には解放地代の廃止や領主に支払われた貨幣の返還などの徹底した要求がみられる点に留意しなければならない。

三、紡糸・織布業を中心とする農村工業の発達は、この地域の特徴であるが、それが要求の中に示されている。それは一八四四年の織工一揆との関連を想起させるが、機械制による小商品生産の解体の進行が推測される。その他、営業の自由の制限、織物の輸入禁止の要求もこれに関連する。たとえば、Birkenbrück村〔家屋一一三、人口六〇一人〕とHerrmannsdorf村〔家屋

表8-10　Schönau-Bunzlau 地方

主な要求事項	
封建的賦課の廃止	10
賦役の廃止	7
Grundzins, Silberzins, 一切の Zins の廃止	9
ラウデミエンの廃止	22
狩猟権の廃止	13
領主警察権・同裁判権、その他特権廃止	3
森林用益権の賦与	5
領主による草地等収奪への苦情・分離の修正	3
償却協定の修正・ラウデミエン償却金の返還・解放地代廃止	8
階層税・地租の廃止ないし改革	11
財産税導入・税制一般改革	6
紡糸・織布工業等商工業の振興、工場への課税ないし工場廃止・紡糸機械の停止	12

四九、人口二七七〕の請願「紡績機械の廃止ないし制限、毛・綿織物の輸入禁止」、「立憲君主制、工場への高率課税、地租の平等課税」、「一切の領主的賃租・ラウデミエンからの解放、紡糸・織布の振興」など。

四、民主的立憲的君主制、議員の自由な選挙、官吏の縮小、軍隊の憲法宣誓、国庫縮小、その他、さまざまな政治的要求がみられるのも特徴である。請願活動の活発さと広がりとともに運動の深まりをも示すものといえよう。この場合、それが社会的経済的変革の要求と結びついている点にも注意。

五、都市の手工業者の要求は農村の場合と同様実に多様である。営業の自由の制限（五）のほか、ツンフト的修業の必要性、旧営業条令の復活、蒸気力・水車・馬力による工場の制限ないし廃止（毛織物工業）、鉄製食器加工に反対、行商の禁止ないし制限、家具商店の廃止などの要求も、すべて営業の自由に対立する方向をもっている。このことは逆に、この地方における商品生産＝流通の発達の新たな状況を推定させるものである。

〔Hirschberg 郡〕（Elsner 議員）

この地域は、亜麻織物工業の最も盛んな地域の一つである。一八四八年三月には、Schönau 郡同様、農村での革命運動が最も早く（三月二一日）始まった。運動は行政的区画を越えて展開し、地域的な結びつきが見られる。エルスナー議員が請願書を仲介している。そのなかから、「一覧」三三六九‐八五の請願群をとりあげると次の通りである。

(1) Hirschberg 市の手工業者、大工、賃馬車馭者、シュレージエン州の仕立工、Warmbrunn のパン工、居酒屋主多数、のそれぞれ個別の請願――「営業の自由」の制限。

(2) 住民多数　当地で起きた暴行事件（＝革命、引用者。以下同じ）への参画者の大赦。

(3) 村（村名省略。以下同じ）①沈滞した商工業の振興、②賦役および封建的貢租の廃止、③狩猟・漁獲・草地についての（領主的）権利の廃止。

(4)　二村　①領主的貢租・賦課の廃止、②狩猟・漁獲・草地の（領主的）権利の廃止、③他の方法に基づく地租の調整。
(5)　村　①放牧権、木材・藁採取権の認可、②野獣害からの保護、③森林罰則法の改正。
(6)　村　①現行状況に対応したグーツヘル・農民関係の調整。
(7)　二村の農民たち　①グーツヘル的貢租・賦課の廃止、②狩猟権の廃止。
(8)　Lauban 郡の村々　①将来の憲法・法律についての希望と提案。
(9)　住民有志　①領主的賦課租の廃止、②裁判費用引下げ、③新しい村制令の施行。
(10)　シュレージエンの鉄道局職員　①労働事情の改善。
(11)　民主立憲協会ブレスラウ支部　①三月に倒れた自由の英雄の国民的認承。
(12)　ノイシュタットの民主立憲協会　①憲法草案に反対。

エルスナー議員は、その後、「新体制に対して向けられた最近の不信の排除、日雇労働者の状態の改善、ドイツ産業の振興、財産税・所得税の採用」を求めるリーゼンゲビルゲ四五村の大請願（Nr. 5222）、「ラウデミエンの廃止、狩猟の自由、封建的賦課の廃止」（一村）の要求、「領主狩猟権・保護税の廃止、領主貢租の軽減、憲法内閣草案に反対」（市参事会）の訴えを、さらに状況の改善を求める一村の労働者と二村の織布工のそれぞれの請願、四村の「新しい国制、村落と領主の関係」についての提案、ほかを仲介している。

〔Bolkenhagen 郡、特に Waldenburg 地方〕（Behnsch 議員）[70]

村　四一、永小作人・フーフェ農民　一、選挙人　二、住民　一、織布工　五：都市　二、選挙区　一、Friedland 民衆集会代表　一、Volksverein zu Wüstegiersdorf　一、郷土国防会　一、市民国防協会会長　一、学校

教師　一、地方官吏　一、パン工、靴下編工、各組合、各　一、漂白業者、靴工、Friedland市の「鍛冶工・錠前工・指物工・桶工・車大工・時計工」、熱帯産品商人、時計工、肉屋、指物工、各　一、営業協会　一、その他　四、

主な要求事項

㈠　封建的賦課の廃止（六）と貢租の廃止（六）とが中心で、ここではラウデミエンについてはわずかに一件。

㈡　領主裁判権（一四）はじめ、領主警察権（一二）、狩猟権（一二）、その他（七）の領主特権の廃棄の要求がここでは特に多い。

㈢　階層税（四）・営業税（二）の廃止、財産税導入（二）、税制一般の改革（五）など、旧租税収取体系の変革。

㈣　貢租・係争中の協定の停止　三

㈤　農村工業関係：織布業の振興（四）、織布工の状態改善（三）、織布工ツンフトの結成、紡糸学校の設置（各一）、営業の自由の制限、その他。織物工業に関する要求が多いことは、シュレージェン山岳地帯諸郡の農村に共通の特徴である。

㈥　一院制（二）、民主的立憲君主制（二）、憲法草案反対（二）、法の前の平等、年金・官吏給与引下げ（二）、学校を国制へ（九）、など狭義の政治的要求が多くみられる。この地域はHirschberg・Striegau・その他とともに民主派の基盤であった。

〔Schweidnitz 郡〕

2613-47, 11829f.（Röder 議員）

村　二一、Lehngutsbesitzer　一、農民　三、大ゲルトナー　一、ホイスラー　二、水車小屋主　一、騎士領主

一：市参事会・ろう商人　一、鍛冶工　一、手工業者　一、商人　一、居酒屋　一、永代判事　一

主な要求事項
(一) 封建的賦課・貢租の軽減　一二、同償却　二
(二) 狩猟権・漁獲権の廃止　六、領主裁判権の廃止　二
(三) 森林用益権の回復ないし賦与　一五
(四) 償却協定の修正（七）、賦役償却一時金の廃止、同軽減、低額償却（各一）など、償却問題についての苦情が目立つ。
(五) 階層別。フーフェ農民：賦役代納金を負う土地の低率償却の採用、木材・藁用益権の再認可、償却協定の修正、狩猟権の賦与、財産税の導入、小作料の軽減。大ゲルトナー：彼の賦課・貢租軽減。ホイスラー：森林用益権の継続、貢租・賦役の軽減

表8-11　Schweidnitz 郡〔5716-60ほか〕

主な要求事項	
封建的賦課の廃止	11
貢租・各種賃租の廃止	12
ラウデミエンの廃止	11
領主・農民関係の改革	8
同　　無償廃止	2
狩猟権の廃止	12
領主草地権の廃止	6
領主裁判権・免税権の廃止	3
落木・木材採取権について	3
階層税廃止・地租改革・税制改革	16
ホイスラー・労働者への土地貸与	2
賦役償却の修正	1

(六) 都市：営業の自由の制限
5716−60ほか（HeppcheとTeichmann両議員）
村　三四、開墾村　一、Heppche議員（村を代表）五、農民　二、分農、ドレッシュゲルトナー　一、アインヴォーナー　二：Der demokratisch-constitutionelle Verein zu Schweidnitz　一、工場主　一、手工業者　一、Freiburg市の、靴工、仕立工、錠前工・釘工、籠製造工、陶工各組合、居酒屋主　一、運送業者　一、醸造権者　一、教区　一
特徴（表8−11参照）
一、封建的賦課の廃止、貢租・賃租・ラウデミエンの廃止、狩猟権の廃止および租税改革。

二、領主・農民関係の無償廃止と「改革」。償却の修正は一件のみ。
三、政治的要求：立憲王政の確立、国勢・軍制・村制の改革、官吏給与引下げ、その他。たとえば「立憲王政の確立、償却協定の修正、封建的賦課の廃止、等々」（一村）。
四、農村下層民への土地貸与。
五、農民諸階層の要求。農民：彼の賦課と貢租の軽減、封建的賦課・租税特権の無償廃棄、地租関係の適正化。ドレッシュゲルトナー：領主への労働提供に対する耕地での補償、領主・農民関係の解体。アインヴォーナー：いわゆる細民への Pfarrwiedemuthen 貸与。
六、都市手工業者：営業の自由の制限。

〔Langenbielau-Reichenbach〕（2165–200）

村　二一、農民　一、ゲルトナー　一、織布工　四、織布工組合会長　一：毛織物剪毛工、婦人服仕立親方、肉屋・パン工組合、各　一、居酒屋・旅籠　二、製陶所　一、軍曹　一、領主裁判所下役人　一

主な要求事項

㈠封建的賦課の廃止　一五、賦役、同代納金、地代、マルクトグロッシェンなどの廃止　七
㈡狩猟権・領主警察権等の廃止、村制改革、租税政度改革などは散発的。
㈢機械の制限（二）・営業の自由の制限（四）、労働階層の状態改善（二）などの要求。この地域は四年前に織工一揆の発火点となった。村の織布工有志の請願「労働の不足の除去、労賃・僕婢賃金の引上げ」、農村毛織工組合会長・同時に村々の名による訴え「営業の自由の制限」、村の訴え「一切のグルトヘル的貢租および賦課の廃止、労働階層の状態の改善、機械制の制限」などが農村工業に関連する。織工一揆の発火点となった Peterswaldau

村からは「機械制度と営業の自由との制限」、また Langenbielau・Reichenbach の織布工たちも、同じような要求を出している。

㈣　基本的人権に関わる諸要求：法の前の平等（三）、集会の自由（二）、言論・出版の自由、信教の自由、国民武装（各一）。その他、官吏の給与引下げ、軍人・官吏予算の制限など。これらの要求は、単独で提出される場合と、他の要求と併せて出される場合とがある。後者の例、村「労働階層の状態の改善、営業者への適正課税、封建的賦課の廃止、軍人・官吏予算の制限、教会の国家からの分離」。

〔Frankenstein 郡〕（3414-47、10505ff.）

村　二九、ドレッシュゲルトナー　一、自由ゲルトナー　一、選挙人　二、選挙区　一、教区　一、教師　一、製籠工　一

主な要求事項

㈠　封建的賦課の廃止　八。個々の負担については、畜耕賦役の廃止・低額償却（各一）、手賦役の廃止（四）、ラウデミエンの廃止（三）、Grundzins（二）、Erbzins（一）、Zinsgetreide（一）、Dienstgeldern（二）、Jagd-u. Wächtergeld（一）、Abzugsgeld（一）、Schutzgeld（一）、Mühlgraben-Reiningungsgeld（一）、Renten（一）のそれぞれ廃止。

㈡　領主裁判権・警察権の廃止（三）、狩猟権、農民地での領主放牧権等の廃止（三）

㈢　階層税の廃止（五）、棚税の廃止（三）、地租等の改革（四）、所得・土地所有に応じた課税（五）、その他（四）、など租税政度の変革についての要求が多い。

㈣　分離への苦情（一）、ラウデミエン等の償却一時金・同年賦金の廃止（二）

㈤　法の前の平等、貴族・市民の平等な権利、自由な請願権、常備軍縮小、立憲君主制、などの政治的要求も出されている。

㈥　自由ゲルトナー：グーツヘル的賦課の廃止：ドレッシュゲルトナー：領主的緊縛の廃棄。

〔Nimptsch郡〕（2077–133, 7764ff）

村　五二、ホイスラー　一、水車小屋主　一、水車製粉業主　一：パン工組合　一、永代肉屋　一、居酒屋　一、職名等なし　一

特徴（表8–12参照）

表8–12　Nimptsch郡

主な要求事項	
一切の封建的賦課の廃止	25
貢租（Dominal-Abgaben）の廃止	33
ラウデミエンの廃止	19
Grunbzins, Schutzgeld 等の廃止	6
狩猟権の廃止	28
領主草地権の廃止、ほか	9
村制改革	14
裁判制度・警察制度の改革	6
平等・適正な課税（29）・税制改革（12）、ほか（3）	44
労働階層・ホイスラーの状態の改善（9）、機械の制限（5）（うち2が紡績機械について）、ホイスラー・日雇層への土地分与（7）、耕地・牧草地の分与（2）	

一、請願数が多い。請願主体のほとんどが村落。領主・農民関係の変革と旧租税体系の変革が農村民の要求の柱となっている。前者は償却の遅れを物語る[71]が、しかし、封建的賦課の廃止の要求は、「上から」の償却の促進希望には結びつかない。

二、機械の制限、労働階層の状態改善の要求は、農村における小商品生産の危機を物語る。

三、ホイスラーや日雇層の救済、特に土地分与の要求。

四、以上の要求は他の項目と一緒に提示されている。たとえばKittelau村〔家屋四九、人口二六六人〕「グーツヘルシャフトによる相応の村税負担、グーツヘルへの貢租の廃止、機械制の制限、植林の導入」、等々。

五、ホイスラー（同時に肉屋）：屠殺料等からの解放。

〔Breslau 郡〕（8700-26, 但し8702除く）[72]

村　一二、農民・土地所有者　二、ドレッシュゲルトナー　二、自由ゲルトナー　一、フライロイテ　一、旧農民

一、選挙人　三、第一次選挙人　一：居酒屋、村教師　一、旅籠＝仕立工　一

要求事項と特徴

一、封建的賦課の廃止　七、ラウデミエンの廃止　三

二、償却の修正（一〇）、共同地分割の修正（七）など、特に農民解放過程が問題の焦点となっている。たとえば、「共同地分割と償却についての審理の修正」のような村落やゲルトナー層の要求。下層民に対する荒廃フーフェの分与も要求されている。

表8-13　Militsch 郡

主な要求事項	
貢租の廃止	9
ラウデミエンの廃止	16
賦役の償却（5）ないし廃止（2）	7
Erb-u. Grundzins, Wächtergeld 等の廃止	7
狩猟権の廃止	7
領主裁判権の廃止	3
森林用益権の回復・復活	14
放牧権・その他旧権利の復活	8
税制改革・適正課税等	9
償却協定への苦情・同修正	13
強制的償却制の廃止	4
分離協定への苦情・修正、より良い補償・再調査、村落草地の返還、等々	14

〔Militsch 郡〕[73]（3649-703、6005-15）

村　五〇、開墾村　二、自由農民　一、インリーガー　一、水車小屋主　一、製粉業主　一、選挙人　一、職名等なし　一：都市

二、織布工組合　一、毛織工組合　一、居酒屋　一

特徴（表8-13参照）

一、村落の請願書は五〇を数えている。要求事項として貢租・ラウデミエンの廃止と賦役の償却。

二、過去の償却については多数の苦情が出され、その修正が求められている点に注意せねばならない。

三、森林用益権・放牧権の復活の要求は、分離協定への苦情・修正

表8－14　Trebnitz 郡

主な要求事項	
封建的賦課の廃止	33
ラウデミエンの廃止	23
手賦役、その他賦役の廃止	9
Grundzinsen の廃止（8）ないし軽減（3）	11
Wächtergeld の廃止	8
Getreidezins, Schutzgeld, Hirtensteuer, Zinshühner, Robotzins, 等々の廃止	10
狩猟権の廃止	21
森林用益権の復活・更新	12
村落牧草地の村への委譲	16
村の放牧地の利用	22
その他、旧い共同地用益権の返還	7
王有牧草地の利用・御料林からの木材供出、境界林の適正な分割	7
階層税の廃止（3）、地租軽減ないし適正配分（6）、所得税の導入、租税制度の改革（13）、その他	24
償却協定への抗議（7）、その修正（17）、補償（8）、償却一時金・地代の返還（3）	35
分離協定への苦情（5）、その補償（14）	19
無償で没収された土地の返還（3）、ラウデミエンの即時返還（13）、土地の返還（2）、村荒蕪地の返還、その他（1）	19
細民への土地低額貸与ないし分与（3）、ホイスラー・ゲルトナーの土地所有拡大（4）、領主地・農場の貸与ないし分与（特に細民へ）（5）、細民への牧草地貸与、ゲルトナーの償却地代廃止（各1）	14

と表裏一体の関係にある。それは、この地方の農村民にとって、償却の修正と並んで、最大の問題となっている。

四、自由農：賦役償却と新賦課への苦情。インリーガー：放牧権と森林用益権の再認可

〔Trebnitz〕（Iwand 議員）

村　一六九（内八は同一の諸村）、Erbscholtenbesitzer　一、農民　四、ドレッシュゲルトナー　五（かつてのそれを含む）、自由ゲルトナー　三、自由ホイスラー　一、水車小屋主　四、製粉業主　五、醸造業主　一、選挙人　一、職名等なし　一二：靴工、毛織工、大工、煙突工、居酒屋主、各　一、市民　二、Iwand 議員　一〇、その他　五

特徴（表8－14参照）

一、村落名の訴状一六九を中心とするトレプニッツ郡の請願数はシュレージェン全郡中最も多く、その内容は豊富かつ多様である。[74] 農民諸階層の要求は次の通りである。農民：償却協定の修正、国庫負担による埋蔵庫作製、償却と補償の修正、各種グーツヘル的賦課・貢租の無償廃棄、境遇への緊急の配慮ないし救済、一切の抑圧的賦課・

貢租の廃止、償却協定の修正。ドレッシュゲルトナー：地租の適正配分、予備的租税の廃止、行商の廃止、狩猟権の廃止、運搬工賃の引上げ、かつての菜園地刈取への代償としてグーツヘルシャフトからの耕地の分与、草地・家畜放牧権の喪失に対する耕地の補償、償却の修正（かつてのドレッシュゲルトナー）、賦役関係の廃止の際の欺瞞への苦情（同上）。自由ゲルトナー：ラウデミエン税の返済、地代支払への苦情。職名等なし：過去に支払われた償却一時金の返還、償却協定の修正と調整。水車小屋主・製粉親方：水車賃租による騎士領主の抑圧の廃止、グーツヘル・農民関係について実施された調整への苦情、水車賃租転換への苦情等々。

二、封建的諸賦課の廃止。領主狩猟権の廃止、租税制度の変革についてはほかの地域とほとんど異ならない。

三、農民解放過程についてこの地域ほど多様な抗議と要求が提示された地方はほかにない。これまで実施された償却に対する抗議と修正は、領主・農民関係の「上から」の解体の仕方に対して対立するものである。共同地用益権および共同地分割をめぐるグーツヘルと農民の対立関係も明白である。ここでは森林と牧草地が大きな問題となっているが、用益など旧い権利の復活をもとめる請願は、実施された共同地分割への苦情・修正要求と不可分の関係にある。

四、過去に給付されたラウデミエンや没収された土地の返還。

五、農村の水車小屋主の要求：水車貢租の軽減。

六、以上の要求は相互に結びついて提起されることが多い。事例：（村名省略）「細民の草地権・放牧権に対する領主側からの補償、草地の用益、森林用益権の更新、製粉業主の貢租からの解放」、「ドレッシュゲルトナーの償却協定の修正、森林用益」、「畜耕賦役に関して割譲した土地および同地について過分に支払われた地租の各返還。ホイスラーとドレシュゲルトナーへの耕地の分与、賦役償却地代の元本と利子の返済」、「司祭の地租負担、ラウデミエンの返還、村落草地の委譲、細民への領主耕地分与」、「領主警備税の廃止、領主地による村税負担、村落草地の自由な利用、領主地に併合された農民地の返還、地租の軽減およびラウデミエンの返還」、「一切の領主的賦役・貢租の廃止、ドレッシュゲルトナー・自由ゲルトナーへの耕地分与、償却協定の修正と租税政度の改革」、「償却の際に蒙った損害への補償、貨幣補償なしでの賦課からの解放」等々。

〔Neisse 郡[75]〕

1287－96, 6589－92

村　七、農民　一、ゲルトナー・ホイスラー　二、漂白工　一、Der constitutionelle Verein der Landbewohner in Neisser-Kreis 会員　二、Der katholische Central-Verein für religöise und kirchliche Freiheit in Breslau の会員　一、

ナイセ郡はオーバーシュレージェンに属するが償却による農民解放が実施された。

主な要求事項

㈠　各種封建的賦課からの解放　七、賦役からの解放　三、その他の賦課の廃止ないし軽減　七

㈡　機械制の制限　四、綿花への課税、営業の自由の廃止、償却賦役に対する償却地の返還、各　一
　事例：「機械制の制限、狩猟権・漁獲権の付与、封建的賦課および裁判賃租の廃止」（二村）

㈢　農民：賦役償却に対する補償地の返還、万一不可の場合、割譲耕地についての地租からの解放。ゲルトナー：各種封建的賦課からの解放（ホイスラーとともに）。貢租・賦課の軽減、封建的給付からの完全な解放。

2307－25

村　一七、農民　一、ゲルトナー　一

主な要求事項

㈠　一切の封建的賦課の廃止　一三、領主的貢租の廃止　五、ラウデミエンの廃止　三
㈡　狩猟権の廃止　一一、裁判・警察制度の改革　五
㈢　村制改革　一〇
㈣　租税政度の改革　一四
㈤　紡績機械の制限　六、営業の自由・機械の制限　三、営業制の改革　二、農民信用制度の設立　四。機械制への反撥（＝農村小商品生産の危機）と封建的賦課廃止の要求とが結合している。
事例：三村「機械制の制限による亜麻紡糸の振興、一切のグルンドヘル的貢租からの解放並びに租税法の改正」
㈥　各階層の要求。農民：すべての封建的賦課の廃止、租税制・警察制・村制の改革、狩猟権の賦与等。ゲルトナー等：一切の封建的賦課の廃止・領主裁判権の廃止・国税の軽減。

〔Wartenberg郡(76)〕（3166－223、6276－98）
村　六三、開墾村　一、農民・自由土地所有者　四、ホイスラー・アインリーガー　一、ドレッシュゲルトナー
二、自由ゲルトナー　一、フライロイテ（八人）一、グロッシャー　一、製粉業主　一、陶工親方　一
特徴（表8－15参照）
一、この郡も請願数は多くかつ多様である。大半は村落だが、農村民各層の独立の請願も見られる。農民等：森林内の藁・落木等の用益・放牧に対する補償、縮小された土地の返還、他の方法による租税調整。ドレッシュゲルトナー：自地の登記、賦役からの解放、森林内の藁・落木等用益・放牧に対する補償（フライロイテとともに）。自由ゲルトナー：木材・藁用益権に対する補償。　フライロイテ（八人）：放牧権に対する補償。ホイスラー・アインリーガー：ラウデミエンの廃止、その他の貢租の軽減。　製粉業主：製粉税の廃止、地代の軽減。

表8-15 Wartenberg 郡

主な要求事項	
封建的賦課の廃止	6
ラウデミエンの廃止	34
賦役（7）、Hofdienst（1）の廃止	8
Dienstrente（4）、Wächtergeld（2）の廃止	6
土地賃租の廃止（15）、償却（3）、軽減（4）	22
Naturalzins, Zinsgetreide（各1）、Zinsgeld（3）、Spinngeld（2）、Schutzgeld（1）等々の廃止	8
狩猟権の廃止	17
森林用益権の賦与・復活	10
同上　補償	5
家畜放牧権の賦与・復活（11）、補償（3）	14
旧権利の復活一般	5
家屋税の廃止（2）、地租の改革（3）、財産税・所得税の導入（各1）、租税の適正課税（3）、税制改革（2）、その他（3）	15
償却協定の修正（7）・苦情（1）・調査（1）、償却地代の軽減（1）、調整の修正（1）、割譲した土地への補償（2）、良質地の返還（2）、補償地の調査（1）	16
土地分与・土地の平等配分・領主地の貸与・ドレッシュゲルトナー保有地の承認・同保有地の所有地への転化・耕地・共同地用益権の移譲（各1）	5

二、ラウデミエン・土地賃租・手賦役など、各種封建的賦課の残存の事実。その廃止の要求。

三、狩猟権の廃止、および　四、租税改革。

五、償却、調整および共同分割に対する反発・その修正・原状への回復についての要求が多い。

〔Kreuzburg 郡〕[77]（Scholtissek 議員）

村　三七、開墾村　三、農民　七、開墾農　三、ロボートゲルトナー　四、シュタムゲルトナー　一、ホイスラー　二、ドレッシュゲルトナー（かつてのそれも含む）　一六、自由ゲルトナー　二、アインリーガー　二（うち一は日雇とともに）、細民、放牧ホイスラー各一、住民　二、職名等なし　三、水車小屋主　二、居酒屋主　六、その他　二

特徴（表8－16参照）

一、農村住民の各階層、特に零細耕作農の独自の要求が多い。農民：Brieg 市上級鉱山局による森林地没収に対する苦情、不利な協定について、協定の修正、ラウデミエンの廃止、領主貢租の廃止・旧放牧権の再承認、一切の封建的賦課の廃止、租税の適正な配分、状態の改善、ラウデミエンの廃止。ロボートゲルトナー：対領主労働・強制賦役の調整、領主賦課の軽減・土地所有権の賦与、各種賦課・貢租の廃止ないし軽減。ドレッシュゲルト

ナー：土地の分与と森林内の藁の賦与、諸賦課について領主への苦情、森林用益権・放牧権の復活、従来の保有地への所有権賦与、一八四一年に剥奪された地位の返還（かつてのドレッシュゲルトナー）、領主手賦役の償却、手賦役の廃止・所有権の保護、高率の賦課・貢租への苦情、同上・ラウデミエンの廃止、没収された農民地への補償、グーツヘル的賦課・貢租の廃止。フライゲルトナー：償却協定の修正、ラウデミエンの廃止。シュタムゲルトナー：償却協定への苦情。ホイスラー・アインリーガー・細民：賦役償却への苦情、償却元本・Silberzinsen の支払からの解放、ドレッシュゲルトナー身分の返還、市への永借地料の廃止。

二、領主・農民関係の解体の要求と、同時に過去の償却・調整が問題となっている。農民層、とりわけその下層部分に不利な形で実施された農民解放過程への下層農を中心とする反発が明白である。もとのドレッシュゲルトナーや農民の旧土地返還要求は、現存のグーツヘル的ないしユンカー的土地所有の部分的解体と結びつく。

表8-16　Kreuzburg 郡

主な要求事項	
封建的賦課の廃止（8）、軽減（2）、苦情（10）	20
貢租の軽減	4
ラウデミエンの廃止	7
賦役の廃止（4）、償却（5）	9
Grundzinsen（3）、Dominalzinsen（3）、Erbzins（1）の廃止	7
狩猟権（2）、領主裁判権（2）、領主警察権（4）の廃止	8
燃料用木材の自由な採取（6）、放牧権の復活（4）、落木等採取に関して縮小ないし剝奪された用益権の回復（6）	16
家屋税・階層税の廃止（2）・改正（2）、地租軽減（2）、同改革（4）、課税の適正化等（2）	12
償却協定への苦情（8）、償却額の軽減（1）、それからの解放（1）、協定の修正（5）、剝奪されたドレッシュゲルトナー保有地等の返還（7）	21
数モルゲンの土地分与（4）	4

〔Oppeln 郡〕（Bumbke 議員）

村　三〇、開墾村　一、農民　一、ゲルトナー四、ホイスラー　一一、アインゼッセン　一、細民　一：市参事会　一、織布工、肉屋各組合、各一、水夫　一、その他　一

主な要求事項

ラウデミエンの廃止　八、賦役（二）・賦役地代（三）・Dienstgelder（二）の廃止　七、貢租の廃止（一）・軽減（四）　五、放牧地の賦与・

返還等　九、　御料林等から燃料用木材の自由採取・同立入権の回復　二三、　領主地・王領地の分割貸与（七）・森林内地片の分与（四）　二一

特徴

一、村落および下層民による請願が中心。農民：森林用益権の賦与。ロボトゲルトナー：領主による不当な行為への苦情・賦役地代の軽減。ドレッシュゲルトナー：森林用益権の賦与、領主耕地の分割賦与（ホイスラーとともに）。ホイスラー：森林内地片の獲得、貢租の廃棄ないし軽減、賦役地代の廃止・森林用益権の更新ないし補償・ラウデミエンの廃止、森林用益の返還と彼らの貢租軽減、貢租の軽減・領主耕地の分与（二村とともに）、領主耕地分与。細民：領主地から数モルゲンの土地分与。

二、貢租収取関係を中心とする領主・農民関係の残存の事実。農民解放への苦情なし。

三、家畜の放牧・燃料木材の採取のための用益権の要求および領主地の分割等による土地分与・小作化が顕著な特徴。特に零細農のそれ。

〔Jezowa 地方〕（2135－64）

村　一六、農民　五、ロボートゲルトナー　一、ホイスラー　三、職名等なし　三、水車小屋製粉業者　一

特徴

一、大土地所有の一般的なポーランド・シュレージェンに属するこの地方における請願行動は他のシュレージェン各地に比して弱体である。とはいえ三〇近い請願書がベルリンに送られている。うち半数以上が村落であることに留意すべきである。封建的賦課はここではほとんど問題となっていない。わずかにラウデミエンの廃止（二）、賦役の廃止ないし償却（各一）、貢租軽減（三）のみ。調整に基づく農民解放の進展の結果がここに示されてい

るといえよう。

二、拾い木・落木の採取など森林用益権の賦与ないし復活（一五）、調整前に有していた耕地放牧の再許可（八）の要求が、農民・ロボートゲルトナー、村々から出されている。

三、償却協定の白紙還元（三）、ロボートゲルトナー保有地の賦与（一）、森林地の再賦与（二）、劣悪地への補償（三）などの要求は、明らかに解放過程を問題とするものであり、二の事実に対応している。

四、農村民各層の要求は次の通りである。農民：新租税台帳についての提案、放牧権の賦与、ラウデミエンの廃止・薪木等の賦与、地租の調整・ラウデミエン義務の廃止、森林分割地の返還、償却協定の白紙還元。ロボートゲルトナー：地租の調整、木材・藁採取、放牧権の承認。ホイスラー：父親の土地の返還、無償での森林地放牧、自由な落木・雑木採取・森林放牧、森林内藁採取の復活。

表8-17 Tost 郡

主な要求事項	
賦役の廃止	8
貢租の軽減	5
土地賃租、ラウデミエン、裁判賃租等の廃止	5
狩猟権賦与（3）、野獣害からの保護（1）；木材用益権・放牧権の賦与（4）；租税についての要求（3）	
グーツヘル・農民関係調整の修正（4）、償却協定の修正ないし廃棄（3）、グーツヘルに奪われた農民地の返還ほか（9）、同森林地の返還（1）	17
下層民の状況の改善	6

〔Tost 郡〕（Kiolbassa 議員[78]）

村 一一、農民 四（うち一は同寡婦）、ゲルトナー 五、ホイスラー 一、アインリーガー 二、未亡人 二、製粉業者 三、水車小屋主 一：居酒屋主 一、水夫 一、手工業者 一、アインヴォーナー 三、その他 一

特徴（表8－17参照）

一、請願数はあまり多くないが、農民諸階層と村の名ほぼ半々で要求が出されている。前者については次の通りである。農民：グーツヘルシャフトに没収された農民地の返還、グーツヘルシャフトによって縮小された森林地片の賦与、

自耕地に課せられた賦役の廃止・貢租の軽減、土地負担の償却の促進。ロボートゲルトナー：Tost の領主によって剥奪された地位の回復、自分たちの農民地のうち、グルントヘルシャフトによって奪われた部分についての裁判ないし補償、領主的賦課・その他義務の軽減（農民とともに）、グーツヘルシャフトによって剥奪された世襲ゲルトナー保有地の要求。農場管理人：グーツヘルシャフトに没収された農民地の返還。フライゲルトナー：状態の改善。ホイスラー：自耕地における狩猟権の賦与・地租の軽減。アインリーガー：傷病兵恩給の賦与・不当な保有地剥奪についての苦情。アインヴォーナー：これまで有してきたドレッシュゲルトナー地の返還。不当な保有地剥奪への苦情・賦役軽減。寡婦：かつての所有農家の返還。製粉工：水車税の軽減、木材・放牧用益権について領主との協定、所有地の縮小についての苦情。

二、封建的関係についての問題以上に、「上から」の改革の結果に対する抗議が中心。調整（償却）の修正と、特にまた調整により農民の手を離れた土地の返還の要求は、ユンカー的土地所有者の利害とはっきりと対立する。(79)

〔Beuthen 郡〕

この地方からは、Ober-Beuthen, Tarnowitz, Myslowitz および Georgenberg の諸都市と、村落・鉱山企業による大請願が出されている（章末の附表(2)参照）。

2611－36（Schön 議員）――Beuthen 市周辺――

村落　一五、開墾村　二、ホイスラー　四（うち一はアインリーガーとともに）、賦役義務住民　一、住民　一、裁判所　一、水車小屋主　一、居酒屋主　一

特徴

一、村および下層民による請願行動。ホイスラー：裁判賃租の廃止、王領地の分割・永小作貸与、階層税・家屋税の

廃止、郡道手賦役の軽減、階層税の廃止、大部分の刑務所の廃止。

二、Robotzinsen・Getreidezinsen・ラウデミエン、裁判賃租などについての要求はみられるが、しかし、数は少ない。総じて、封建的領主・農民関係の変革の問題は大きな意味をもたない。

三、これに対して、階層税の廃止を要求する請願が多い。

四、御料林での放牧・藁採取の復活をはじめとして、森林用益権への要求と、領主地・教会領地の分割・永小作化の要求が目立つ。

〔Pless 郡〕

4942–99, 6707ff., 7215ff.（Schön 議員）

村　三〇、Freischolzen 一、農民　七、八分の一フーフェ農民　一、ゲルトナー　四（うち二はホイスラーとともに）、ホイスラー　四、製粉業者　二、開墾村住民　一、居酒屋　一、職名等なし　五、選挙人　二、靴工　一、営業者　一、都市　一、その他　二

主な要求事項

㈠ 土地貢租・王領地貢租の廃止（五）、Robotzins（三）、Rosenrente, Erbpachtzins（各一）、Wächtergeld・Spinngeld（二）、ラウデミエン（二）等の廃止、賦役の低額償却　二、貢租の償却　一〇

㈡ 狩猟権の廃止　一〇、鉱山権賦与　二

㈢ 森林用益権（一一）および放牧地（権）（一一）の回復ないし賦与

㈣ 協定の修正　九、領主地に割譲ないし縮小された土地の回復　一六

農村民各層の要求

表8-18　Press-Nicolai 地方

主な要求事項	
領主地代の軽減	10
賦役（2）、ラウデミエン（2）からの解放	4
森林用益権の回復ないし賦与	14
同上償却への補償の修正・牧草地の没収による不正からの保護・自由な放牧、など	7
賦役の償却促進	4
賦役償却による窮状の除去（2）、償却利子からの解放（1）、ほか	3
縮小された土地の返還	10

農民：領主によって縮小された菜園の返還、縮小された土地の返還と貨幣地代の償却、領地によって縮小された耕地の返還。ゲルトナー：火災で焼けた家屋再建への補助あるいは貢租の免除（ホイスラーとともに）、土地賃租からの解放・領主に対する譲渡手数料支払からの解放、協定の修正。ホイスラー：階層税の軽減、土地賃租および手賦役義務の償却ないし軽減、土地賃租からの解放。農民・ゲルトナー・ホイスラー：償却協定の修正、ラウデミエンからの解放、狩猟権。職名等なし：縮小した耕地・池沼等々の再賦与、手賦役の低率償却

特徴

一、封建的賦課の廃止・領主狩猟権の廃止。

二、森林・放牧地用益権。

三、農民層を中心に、償却協定の修正と土地の返還が要求されている。つまり「上から」の解放への反発であり、それはユンカー的所有の部分的解体に結びつく可能性をもつ。

Pless-Nicolai（Mrozik 議員）

村　四一、土地所有者　一、アインリーガー　一、市民・職業者　一、水車小屋管理人　一、獣医　一、居酒屋主

一、職名等なし　四

特徴（表8－18参照）

一、四〇をこえる村落から請願がベルリンに向けられた。要求事項として森林用益権の復活と土地の返還が注目される。

二、貢租の軽減、賦役の廃止ないし償却。

次にオーバー・シュレージエンの穀倉地帯、オーデル河南西地域のGrottkau, Neisse（前出）、Neustadt, Leobschütz, Ratibor 諸郡のうち、特に、後三者についてみておこう。

〔Ratibor 郡〕（2527－83）

村　四九、農民　一、ゲルトナー・ホイスラー　二、水車小屋主　一、製粉業者　一：参事会　一、靴下織・同編工ツンフト　一

表8－19　Ratibor 郡

主な要求事項	
賦役の廃止　14、同償却　3	17
貢租の廃止　20、同軽減　4	24
Grundzins の廃止・軽減	9
Getreidezins、ラウデミエン、裁判賃租の廃止（各2）、教会貢租の廃止（5）、ほか。	
狩猟権の廃止	22
裁判制（23）、警察制（23）の改革	46
農場主も村税負担	9
領主の保護権の廃止	6
森林用益権の賦与ないし回復	9
放牧権の賦与ないし回復	3
地租の軽減　5、階層税の廃止　3、課税の適正化　3、租税改革　23、ほか（5）	39
賦役償却協定の修正　10、賦役償却の負担軽減　2、償却金の引下げ　1	13
共同地分割の修正	3
その他、工場・営業制度の改革　2、塩価格の引下げ　3、堤防令の廃止　2、国費による教師維持　3、常備軍縮小　1、など	

特徴（表8－19参照）

一、村が請願主体。数が多くまた一件当たりの要求は豊富かつ多様。

二、賦役・貢租収取関係・領主特権の変革。

三、租税改革。

四、賦役償却の修正は、償却金引下げ・負担軽減などにみられるように、農民に有利な仕方の提案である。

五、諸階層の要求　農民：封建的賦課の廃止、教区・学校に対する貢租の廃止、地租の軽減、狩猟権の賦与、裁判・警察行政の改革、領主

表8-20　Leobschütz 郡

主な要求事項	
各種賦課の廃止　10、同軽減　2、同苦情　4	16
領主的賃租（4）、Grundzins（1）、ラウデミエン（2）、賦役（1）、保護税（2）、などの廃止	10
狩猟権の廃止（4）、領主裁判権の廃止（1）、現行警察の廃止（11）、領主レーエン権廃止（2）、など領主特権の変革	18
階層税の廃止　12、同改革・軽減　6、地租の改革　3、同廃止　1、営業税・家屋税の廃止、各1、所得税の導入　7、税制改革一般　4、その他　2	37
割譲された土地の回復、グーツヘルによる権利剥奪への苦情、窮迫状況について（ホイスラー）、紡糸業の振興、同織布業について、営業の自由の制限、各1、その他　2	

庇護権の廃止。ゲルトナー・ホイスラー：賦役の廃止、狩猟権の自由な行使、グーツヘルシャフトを村税負担者へ　村：賦役償却協定の修正、租税の軽減、すべての封建的貢租および賦課の廃止、狩猟権および酒類小売営業権の賦与

〔Leobschütz 郡〕（2855－2913）

村　四二、農民　一、ゲルトナー・ホイスラー　一、ホイスラー一、インストロイテ　一、水車小屋主　一、製粉業者　一、選挙人一：綱工、錠前工、靴工、の各組合、各　一、織布工組合の長老、小親方、各　一、労働者　一、教師　一、職名等なし　一、匿名

二

特徴（表8－20参照）

一、領主・農民関係の変革についての要求。農民解放についての苦情はほとんどみられないが、それが現行償却方式の支持を意味しないことは勿論である。請願のもう一つの中心は、租税改革にある。

二、農村の繊維工業に関連する要求がみられる。水車小屋主は、対領主賃租・賦課、営業税・階層税の軽減を、また村有志は、織布業の振興、階層税の軽減、グーツヘル・農民関係の無償での廃棄を、さらに村民が村落の名で各種貢租・賦課の廃止と営業の自由の制限を、それぞれ求めたように、小商品生産者を含めた農村民と、グーツヘル支配、旧租税体系との対立的関係が見られる。

三、都市の手工業者の要求：営業の自由の制限

四、諸階層の利害　農民：階層税の一一・一二階級の廃止、地租の導入。ゲルトナー・ホイスラー：各種領主貢租・賦課への苦情。ホイスラー：窮迫状態の除去。労働者有志：将来の保証と改善、これまでの諸負担の軽減。村：階層税の廃棄と所得税制の導入、一切の対領主貢租の廃止。

〔Neustadt 郡〕（4697-4743）

村　三六、ゲルトナー　七（二はホイスラーとともに）、アインリーガー　一、住民　一、製粉業主　一、居酒屋主　一

表8-21　Neustadt 郡

主な要求事項	
封建的賦課の廃止　3、軽減　2、改革　2	7
賦役の廃止	7
貢租の廃止	5
ラウデミエンの廃止	7
賦役税（2）、各種賃租（3）、保護税（1）等の廃止	6
狩猟権の廃止　8、領主裁判権の廃止　3	11
放牧権の自由な行使	3
森林用益権の賦与ないし復活、補償	3
階層税廃止　7、地租の平等配分　4、同軽減　2、税制改革一般　5	18
グーツヘル的賦課の他の仕方での改革　4、償却地代の軽減ないし廃止　2、償却協定の修正　1、共同地分割の修正　1、森林用益権償却協定の修正・補償各1	10
機械制（2）・工場制（1）への制限、諸特権の廃止　2、棉花・綿製品への高率課税　1、官吏給与引下げ　3、下層民の状況改善　4	

特徴（表8-21参照）

一、三六の村落および零細土地保有農民による請願。ゲルトナー：賦役の廃止ないし償却（また村の名で、ラウデミエン・狩猟権・対領主貢租の廃止が要求されている）、グーツヘルシャフトに対する賦役のほかの仕方での調整（村名で類似の提案：対グーツヘルシャフト関係の別の仕方での調整 anderweite Regulierung ihrer Verhältnisse zur Gutsherrschaft が出されている）、賦役の廃止（二村）、賦役償却地代の廃止。ホイスラー：村賦役からの解放、放牧地の無制限な利用、階層税の廃止（同地からは村落の名で、ラウデミエン・ミ

カエル税・居酒屋権貢租・賦役・狩猟権等の廃止要求が出されている)、状態の改善要求(他村の下層民からも)。

二、封建的諸関係の最終的変革と租税改革。

三、領主・農民関係の「上から」の解体の仕方に対する反発がはっきりと示されている。

四、農村工業=小商品生産者の機械制・工場制への反発。それとほかの要求との結びつき。事例:「機械制の制限、綿花・綿製品への高率課税、階層税の軽減」、「ラウデミエンおよび対領主貢租からの解放、工場制・機械制の制限」。

まとめ

以上のように、シュレージエン州の請願行動は、ほとんどすべての郡において展開された。議員が仲介した請願群は、数の点でも、内容の豊富さの点でも、プロイセンのほかの地域をはるかに超えており、この地方が一八四八年の変革運動の最大の拠点の一つであったことを示している。ただポーランド・シュレージエンのRosenberg, Lüblitz両郡の請願の少なさが目に付く程度である。

請願主体の点では、村落によるものが、全シュレージエンを通じて圧倒的に多いが、しかし、本来的農民およびゲルトナー、ホイスラー、アインリーガーなど零細農の独自の請願行動も各地で見られ、特にオーバー・シュレージエンでは農村下層民の運動が顕著である。

農民解放に関連させれば、償却に基づいて領主・農民関係の解体が進んでいるブレスラウ県とリーグニッツ県――つまりミッテル・シュレージエンとニーダー・シュレージエン――の大部分やオペルン県Neiss郡に対比して、オーバー・シュレージエンの諸郡やブレスラウ県Wartenberg郡のように一八一一年以来調整によって農民解放が進められた地域では、零細農・日雇層の運動がより活発であった。

農村民の社会的経済的要求は、領主（グーツヘル）・農民関係の変革（＝封建地代の収取関係・領主特権の廃棄）および旧来の租税収取関係の改革を二つの柱としており、さらに、前者の関係の「上から」の解体の仕方とその結果、とりわけ共同地分割＝分離および賦役・貢租の調整・償却の過程が問題とされ、かかる過程の修正、原状への復帰が強く求められた。また、村落行政の問題、農村工業の問題、そしてこれと関連して、農村窮迫層の救済の問題も上の諸問題に劣らず重要な問題をなした。

農業諸立法の実施、とりわけ一八二一年の償却立法によって、領主・農民関係の解体はかなり進み、たとえば償却の数は、一八三八年までに三万七〇〇〇、一八四六年までには六万三〇〇〇に達した。本来の農民層の大半は、賦役収取関係から解放されはしたのであるが、しかし、領主・農民関係はなお多様な形で残されていた。すなわち、中・大農は、賦役、とりわけ畜耕賦役からは解放されたものの（もっともLeobschütz・Neisse両郡ではまだ実現されない）、個々には、その他の貢租・ラウデミエンの償却を行なっていないものも数多く存在した[80]。またゲルトナーやホイスラー層は、なお賦役の義務を負っていた。

H・ブライバー（Bleiber）は農民層の負う諸賦課を次のように分類している[81]。個々の農村民はその一部あるいはすべてを負担していた。

A　封建的賦課

(1)　残存賦役：領主館賦役（Hofetage）、収穫賦役（Erntetage）、水車溝清掃、紡糸賦役、領主地見張り、その他。

(2)　残存現物貢租：鶏貢租、穀物貢租。

(3)　各種貨幣貢租：相続貢租・土地貢租（Erb-u. Grundzins）、賦役・現物貢租の転化形態（裁判貢租、賦役代納金〔Robotgeld〕、Hofetagegeldern, 紡糸貢租〔Spinngelder〕、鶏地代〔Hühnerzins〕Freigelder, Silberzins）。

(4)　ラウデミエン、マルクグロシエン、Zählgelder, Jurisdiktionsgeld, その他。

B　償却地代（Ablösungsgelder）。

C　その他：庇護貢租（Schutzgeld）（アインリーガーが負担）と各種営業賃租（織布貢租〔Weberzins〕、水車貢租〔Mühlenzinsen〕、酒類小売貢租〔Schankzinsen〕、居酒屋貢租〔Kruggeld〕、火酒醸造貢租〔Branntbrennereizins〕ほか）。

D　村税（郡税）。

E　租税：地租（農民的土地所有者が評価収穫高の三四パーセントを月割で国王税務局に支払う義務で、騎士領主は相対的に低率→租税の適正負担の問題）、階層税（農村下層民には重圧）、家屋税。Neisse郡では、グーツヘルへの貢租を上回る大きさであったという。

「一覧」においては、これら各種の名称が挙げられている場合と、封建的諸賦課（Feudallasten u. Abgaben）として一括されている場合とがある。それでは、その大きさはどうか。Waldenburg郡Michelsdorfの例を示しておこう[82]。領主裁判権・領主警察権の下にあるこの村は、ラウデミエン・マルクグロッシェン（但し、償却件数一二）のほかに、次のような対領主義務を負っていた。Erb-, Grund-u. Freizins, Jagd-, Wachgeldern, Hühnergeld, Fuhr-u. Frontage, 亜麻紡糸等、Roßarbeit, Kalb zu sömmern, その他、貨幣に転化した負担、および賦役からの解放地代。その負担は表8－22の通りである。

表8－22

	人数	Taler	Silib. gr.	Pf.
農民	10	121	2	10
Großgärtner	16	87	19	10
Kleingärtner	16	26	6	
Dominialgütter in Mühlbach u. Heidelberg	27	132	22	6
Auenhäusler	31	58	24	4
Auszughäusler	12	12	22	
農民1人当りの負担				
a) Erb－u. Freizinsen	1R. Taler		2Silb. gr.	
b) Jagd－u. Wachgeld			27	
c) Flachs zu brechen u. zu spinnen			20	
d) Für Roßarbeit	9		6	
e) Für 3 alte Hühner			12	
f) Frontage u. Jätegeld			17	
g) Für ein Kalb zu sömmern			15	
合計	13		9	

うち、Robotzinsen〔b)～g)〕：12 Taler 7 S. gr.

農民層にとって、各種貨幣貢租の負担の大きさがどの程度であったかがここに示されているが、同時に、ラウデミエンと、各種国家租税——時には対グーツヘル給付を上回る——の納付も重い負担であった。ドイツ・シュレージエンでは、ラウデミエンは、三月前期における最大の貢租とされており、したがってまたこれはグーツヘル・グルントヘルにとっては最大の収取源となっていた。これは、本来、世襲保有権のある土地が売買された場合、その購入者が、購入後、裁判所手数料の他に、購入価格の一定の割合——大体一〇%——を領主に支払わねばならない義務で、このため、あらかじめその分だけ価格を引き下げて販売せねばならなかった。この義務は、プロイセンへの併合後は相続に際しても適用された(83)。土地価格の上昇に伴って、ラウデミエンによる領主の取分は増大していき、たとえば、Warmbrunn のシャフゴッチュ伯の場合——ブライバーによれば(84)——ラウデミエンとマルクゲルトの収入は年平均一万ターラーをこえたという。

以上のような対グーツヘル・グルントヘル負担および対国家諸負担と並んで、領主・農民関係を直接支える経済外的強制の法的拠点としての領主裁判権・領主警察権、イノシシなどの野獣の被害や領主による農民地での狩猟などを許し、農業生産に阻害的要因となっている領主狩猟特権、租税負担における優遇など、領主特権の変革は、当時の最も重要な問題の一つであった。

要するに、農民層は、個々の場合、半身は賦役から解放されながら（零細農民はなお負担）、他の半身は貢租収取を基軸とする領主・農民関係になお編成されていた。したがって旧グーツヘル層＝ユンカー層も一方では、賦役収取関係をかなりの程度まで消滅させながら、部分的にはなおそれを残存させていた。そして貢租収取関係については引き続きこれを維持していたのである。農民層も、その対立者も、ともにこのような二重の規定を受けていたため、農民の闘争は、それに対応してこのような二重の規定を受けた、半封建的な旧グーツヘル層＝ユンカー層との抗争として展開され、単に対領主闘争という意味にとどまらず、同時に、反ユンカー闘争という意味をもっていた。領主・農民関係の解体過程のかかるあり方（＝不徹底さ・緩慢さ）は、そもそも「プロシャ型」のブルジョア化に特徴的な現象にほかならないのであり、したがって、三月革命期の旧い封建的諸関係の変革の問題は、すでにそれ自体、「上から」の資本主義の進化のかかるあり方とそれがつくり出す「経過的」な生産関係の矛盾の現われであったのである。

領主・農民関係の「上から」の解体の仕方それ自体に対しては、とりわけ償却と分離の修正・原状の回復の要求となって現われた。オーバー・シュレージエンの場合、調整も問題とされている。賦役・各種貢租の償却に際して、グーツヘル・ユンカー層は、合計して土地八万九〇〇〇モルゲン、ライ麦地代年々三万七〇〇〇シェフェル、貨幣による年賦金一五万ターラー、一括支払金二四九万ターラーを取得した[85]。農民層は彼らの手を離れたこれらの価値を問題とし、その修正を求めたのである。さらに、償却と共同地分割に際して、領主の森林から燃料材を採取する権利、グーツヘルの休閑地での放牧権、等を失った農民層は、それらの復活を求めた。それは、償却の修正と同様、旧領主層によるこれらの資本への転化――「上から」のブルジョア化――の過程とは対立することになろう。

機械制・工場制の制限、あるいは広く営業の自由の制限の要求は、農村工業の展開した地域に数多く見出され、シュレージェンの農民運動を特徴づけている。これは解体に直面した小商品生産の立場からする抵抗にほかならないのであるが、これらの要求が、封建的諸関係・旧租税収取関係の変革と結びついて出されている点が重要である。そのような農村工業が村落の農民層の経済生活と不可分に結びつき、その解体が農民層の社会的再生産を動揺させかねなかったからである。反封建闘争が同時に対ユンカー闘争たらざるをえないことはすでにみたが、農村工業地帯においては、それは同時に工業における資本主義の発展に対抗する方向を伴っていた点が注目される。

農村住民のかかる反資本主義的方向は、一八四八年においては、社会主義的・共産主義的方向ではなく、小商品生産者ないし小生産者の立場と結びついている。これを生産力の発展に対する「反動」と規定することは正しいだろう。

しかし、それは、決して旧い封建的諸関係の再編・復活――「復古」――を意味しない。むしろ逆である。ここで問題となっているのは、領主・農民関係の変革→自由な農民層の形成の問題なのであり、それは農民的発展の方向を志向している。つまり「プロシャ型」発展＝資本主義の発展への対抗は、一八四八年のシュレージエン農村民の場合、社会主義・共産主義的立場ではなく、農民的小ブルジョア的発展への契機を含んだ小生産＝小商品生産の立場であったといえよう。

さて、シュレージエンの請願運動が何よりも村落を単位として行なわれたことはすでにみた通りである。村落を構成する、特に中・上層農民、および「シュレージエン農村民の本質的社会層」としてのゲルトナー層ならびにホイスラー層とは、それぞれ利害を相違させながら、しかし相互に共同しつつ行動した。それ故対立関係の基本的な構造は、村落＝農村民各層の、グーツヘル層＝ユンカー層・旧権力への対抗として現われる。村落の名による請願が、大ていの場合、複数の要求を含み、それらが農村民諸階層の個々の利害に基づくものであったことは、このことをよく示している。

同じこの事実は、同時に農村内の利害の分化と相違を示している。個々の階層に属する個人・グループが、数多く独自の要求を提示したことは、かかる分化と、恐らくは相互の対立、を示唆するものといえよう。にもかかわらずともかくも諸利害の共通性が表面に現われているのは、すでに指摘[86]されたように、農民解放過程の遅れによる領主・農民関係の広汎な残存という事実に基づいているとひとまずいってよい。各種の貢租とその収取体系の変革の要求は、シュレージエン各地で共通して数多く提起されていた。それは未解放のゲルトナー層・ホイスラー層からばかりでなく、むしろ、賦役制からは解放された本来的農民層から最も多く提示されていた。シュレージエンの農村の変革運動が、本来的農民を含め、農村民各層の共同的行動として展開し、この地がプロイセンのなかで運動が最も活発に展開した地域となった理由はそこにあるだろう。調整に基づいて農民解放がいち早く進んだオーバー・シュレージエンの大土地所有の一般的な地域で、請願行動の数が相対的に少なく、また運動の担い手として零細農がより前面に出ていることもこの点に関わっている。

だが農民層の反グーツヘル闘争は、そのまま農民解放の促進を目的とはしなかった。領主・農民関係の「改革」に基づく解体については、まさにこの同じ農民層が、それを問題とし、その仕方・その結果と対立した。つまり、問題は農民解放の遅れではないのである。農民解放そのものもまた問題とされていたのであった。むしろあたかも「上から」の農民解放を遅らせ、調整でなく償却によってしか改革を実施させないような、農民層の抵抗を支える、中小の農民的土地所有の強さと広がり、また各種の農民的経営の存立を可能にする商品経済の進展(87)にこそ本来の原因を求めるべきなのである。シュレージエンは、プロイセン東部諸州において、「農民解放が遅れた後進地帯」であったからではなく、「上から」の仕方での農民解放に多少でも抵抗できる各種の農民的経営のある程度の強さとそれに対応した市場経済の展開とを伴った「先進地帯」であったが故に、農民運動の拠点となりえた、と考えるべきなのである。機械制・工場制の制限、営業の自由の制限が、シュレージエンで最も多数提示されていること、それが都市だけでなく農村からも多く出されていることは、農村の社会的分業と小商品生産の広がり——と同時に限界——を示すものであることはいうまでもない。

おわりに

ドイツ三月革命期における東部ドイツの農村住民の請願行動とその経済史的内容を明らかにすることが本章の課題であった。ここで取り上げた請願は三三〇〇余であった。請願書一覧に記録されている一万二三〇〇余の請願のうち、社会的経済的問題に関する農村からの請願は、少なくとも五四〇〇とみられるから、なお約二〇〇〇のケースが残されている。したがって、ここで示した請願状況の地域的かつ量的分布は完全ではなく、したがって、地域と内容の空白は、作業の空白であるとしても、運動の空白であるとは限らない。念のため。

社会的経済的問題に関する農村からの請願約五四〇〇を、請願主体からみると、その内訳は、農民からの請願が約三四〇、コセーテン約四〇、ケトナー約五〇、ゲルトナー約一四〇、ビュトナー約八〇、ホイスラー約一二〇、アインリーガー約四〇、で、残りの大部分は村落（および村長、選挙人）によるもので、その数は四五〇〇になる。一カ村の人口を仮に平均二五〇人――請願の最も多いシュレージエン州では三〇〇~四〇〇人――とみると、請願行動に関係をもった農村民は、実に百万を遙かに上回る数になる。こうして数十万家族の村民が、革命の事実を知り、村の寄り合いを通じて要求を提示し、その実現を議会に期待したのである。

農村民の行動の仕方は、通常分散的・孤立的であり、ザクセン州やシュレージエン州の一部を除いて、一村落単位ないしせいぜい数カ村単位にすぎない。各請願の内容が重なりを示しつつ、しかも村ごとに異なり独自的であるということは上の事実に対応している。このことは、それぞれ事情を異にする個々の村落の成員が、自身の独自な利害を認識し、自覚するにいたったことを意味する。仮に行動のきっかけが外からあたえられたものであったとしても、その請願に盛り込まれた要求自体は農村民自身によって作成されたと考えられるのである。運動における統一性の欠如は、農村民の運動の固有の限界というより、むしろ農村民による利害の独自な認識＝自覚のあり方として理解されるべきであろう。

農民層の利害関心は多様である。しかし、それは何よりも社会的経済的諸問題に向けられており、狭義の政治上の諸問題についての意識は一般的に弱いといってよい。しかし、すでにみたように、いくつかの地域ではこの問題が要求に組み込まれていた。それは農民の意識を政治的課題からおよそ切り離して捉える通説への反証となろう。問題は運動の展開の度合いとその条件によるものと思われるが、そもそも狭義の政治的問題について農民が具体的な要求を示さなかったということは、政治体制への彼らの無関心を決して意味しない。請願者は、旧体制の解体と革命、議会開催の事実を周知していた。請願行動はその認識の上になされたすぐれて政治的な行動にほかならなかった。彼らは自らの利害の実現を議会に期待したのである。彼らの意識はすぐれて「政治的」であった。

ベルリンの議会に提出された農村からの要求・提案は、請願行動に直接関わった農村民の社会的経済的利害のあり方を示している。上記のようにそれは農民層が自ら認識したところのものである。議会への要求として示された社会的経済的利害は、同時にまた、請願行動に加わるまでいたらなかったものをも含めて、当段階におけるプロイセン農村民のそれを、かなりの程度までそのまま表現しているとみてよいであろう。

その内容は、封建制の解体とそのあり方に、とりわけ、農民解放の行なわれ方、その進捗状況に関係しており、それはまた地域ごとに大きく異なっていた。詳細は本論に示したが、それらを比較し、その要点だけを抜き出せばこうである。

(1) 両プロイセン州とポンメルン州の大部分およびブランデンブルク州の一部地域の場合、請願行動の重要な担い手は、零細耕作農・下層民であった。プロイセン州の場合はケトナーやアインリーガー、ポンメルンの場合は、コセーテン、アインリーガー、日雇である。農民層の要求件数はきわめて少ない。それはこの地域が、大土地所有の最も支配的な地方であり、農民的経営の比重が小さく、しかも上層農民は、改革によって領主・農民関係から解放されていた、という事情に対応しているとみてよい。しかし、本来的農民層が請願行動に一切無関係であったと考えることができない。農民はそれぞれ独立した請願で、あるいは村落(特に、ポンメルンの一部、ブランデンブルク・アルトマルク)の名で、自身の要求を提起しているからである。村落による請願は、これらの地方では、特に東部にいくほど少なくなり、請願行動はより多く一人ないし数名の個人の立場からなされているのが特徴的である。

(2) ザクセン州、特にその中南部、シュレージエン州およびブランデンブルク州(特にラウジッツ)では、村落単位の請願が顕著である。農民諸階層の独自の請願は、かなりの数に達しているが、村落のそれに比べれば少ない。但しオーバー・シュレージエンの大土地所有の支配的な地域では、ゲルトナー・ホイスラー層の行動がかなり顕著にみられた。つまり、中小の農民的土地所有の支配的な地域の運動は、村落組織によっており、その場合、本来的農民層は、零細農とともに、運動の基軸的な担い手となっていたと考えられる。

(3)　三月革命期の請願行動は、その主体のあり方からみて、大きくわけて上のように二つの地帯に区分できるが、これに対してポンメルン州の一部・ブランデンブルク州の大部分は、中間のタイプをなしている。

以上の諸地域のうち、運動の重点は(2)の地域にある。請願の数、地域的分布、そして請願内容の多様性と豊富さの点で、(2)の地域は(1)の地域を圧倒しているのである。革命の最大の拠点の一つザクセン王国とこれをはさんで、一方ではザクセン州、他方ではラウジッツからシュレージエン州にかけての一帯は、まさに農民運動の地域的広がりをはっきりと示しており、なかんずく、シュレージエン州はその最大の拠点をなしていた。この地域では周辺都市の手工業者や、ときには農村の手工業者もまた、同時に請願行動に加わっていた（ブランデンブルク州のミッテルマルクはその点でも二つのタイプの中間をなす）。ザクセン州南部、シュレージエン州の一部では、都市住民と農村住民との間に運動の連携すら成立していたのである。

それではプロイセン農村民の社会的経済的要求の中心は何であったか。封建的賦課の収取関係を軸とする領主（グーツヘル）・農民関係の変革と、旧領邦体制下の租税取関係の改革とは、プロイセン東部諸州に共通する問題であった。これは、農村民の一方は領主（グーツヘル）との、他方は旧領邦権力との、それぞれの対立関係を意味している。下層民を担い手とする東エルベの大土地所有の支配的地域——両プロイセン、ポンメルン——の場合には、これと並んで、運動の担い手たる零細農・下層民に特有の要求が前面に打ち出されてきている。耕地の獲得・永小作化と、森林用益権、草地権の賦与ないし復活の要求がそれである。これは、生産＝生活手段の保有ないし所有をめざす要求であり、小生産者の観点に立った利害にほかならない。その場合、これらの要求は、しばしば、かつて有していた土地ないし共同地用益権の回復ないし復活を内容と重なる。それは、農民解放過程、特に調整と分離（＝共同地分割）およびその結果への反発を意味する。いずれにしても、耕地と森林等用益権に対する農村窮迫層の要求は、ユンカー的・グーツヘル的所有、あるいは、王領地などの、部分的な解体に結びつくものである。この地域の農民・零細農民の間からは（特にポンメルン州の場合）、旧租税収取関係の改革と共同地用益権の回復（＝分離への反抗）とともに、各種の貢租の収取関係の変革が求められている。賦役から解放された農民層のかかる要求は、なお貢租の収取をつづけているユンカー的土地所有者と対立するものであるが、この場合、その変革の方向が、直ちにこれまでの仕方での解放の促進と結びつくものではないこと、逆に貢租の軽減、あるいは現行の改革とは異なった、農民に有利な方向が意図されていたことはいうまでもない。調整に対する抗議はこれを示すものである。

シュレージエン州・ザクセン州、およびブランデンブルク州（特にラウジッツ）の場合、貢租収取関係を中心とする領主・農民関係の変革が、旧租税体系の改革および共同地用益権の問題とともに、最も重要な問題となっている。それは改革によって賦役制からはすでに解放された農民層の利害と一体となっている。それは貢租収取関係になお足場を置いている半封建的な（旧）グーツヘル層＝ユンカー層に向けられている。旧い封建的収取関係の変革のための農民各層の要求は、現実の社会的対立関係においては、対グーツヘル闘争であると同時に対ユンカー闘争という形をとることになる。

旧い封建的諸関係の変革に対する農民層の要求は、かかる関係の従来通りの有償解放方式の促進ないし徹底とは決して結びつくことはなかった。逆である。領主・農民関係のこのような仕方による解体の仕方、これまで実施されてきた有償・調整の方法は、領主に有利な共同地分割の仕方（＝分離）とともに、農村住民の抗議の対象となっていた。彼らはその修正を、したがってユンカー層の手に移行し、その所有となった、耕地・共同地の一部の返還を強く要求していたのである。それ故、農民運動は、農民解放が遅れ、したがって旧いグーツヘル＝農民関係の残存した地域において展開し、その目的はあたかも中途にあるかかる改革の促進にあった、とする見解は全く妥当しないといってよい。

われわれは、これらの地方で農民運動が最も激しく展開した条件として、農民解放の遅れそのものではなく、領主・農民関係の「上から」のなしくずし的解体が遂行される、その土台にある農村民を取りまく歴史的構造＝諸条件そのもの、とりわけ農村住民の経済的・経営的な基礎と商品経済的関連、それをとりまく市場経済的条件――都市・農村の関係および農村工業の発達のあり方――にこそ求めるべきであると考える。領主・農民関係の「上から」の解体のあり方が、調整によるのか、償却に基づくのか、またこのような仕方に対して農民層がいかなる対応を示すかは、こういった諸条件によって強く影響されていると考えるべきではなかろうか。

ともあれ、この地域における農業・土地問題の焦点は、まさにプロイセン農民解放の政策とその実現過程のあり方そのものにあった。この場合かかる「上から」の進化の方向に対する農民各層の要求は、貢租収取関係を軸とする領主＝農民関係の最終的廃棄→農村民の自由な土地所有＝経営の実現、農民解放政策とその過程への反発→その結果の変更・修正、つまり中小の農民的土地所有＝経営の確保と強化・拡大にあったのであって、後者は、ユンカー的土地所有＝経営の形成過程に対立し、耕地・償却金の返還、共同地の返還を通じて、その解体――全面的ではないが――に結びつく可能性をもっていた。

「上から」の仕方であれとにかく資本主義の発展に対立する限り、確かにそれは「反動」であり「復古的」と性格づけることはできよう。だがそれが旧来の領主・農民関係の復活・再編と結びつくものでないことも明々白々である。それは逆に封建的諸関係の変革を第一の前提としているのであるから、上の「反動性」の方向性は、「上から」のブルジョア化とは基本的に異なり、むしろその部分的解体を条件とした、自由な中小農民的経営の形成ないしその拡大・強化、つまり農民的小ブルジョア的発展の方向と結びついていたのである。その意味で三月革命期の農業・土地問題は、基本的には、ブルジョア的発展の二つの途の対抗にほかならなかったのである。[88]

このようにプロシア型進化への反発は、ブルジョア社会の変革ではなく、中小農民的土地所有＝経営のより一般的な成立を意味するだけなのであるが、しかし、その要求がすでにユンカー経営の構成要因として機能している耕地、森林・牧草地および貨幣の農民層への返還と一体となる時、それはユンカー的土地所有＝経営の部分的解体に結びつく可能性をもつ。このことは一八四八年のブルジョアジーにとって、あたかもブルジョア的所有関係の変革として現象してくる。農村民のかかる要求と、ブルジョアジーの立場との対立、農民各層と議会＝政府との対立が生じてくる要因の一つはそこにあったのであり、それがまた一八四八年のドイツ革命を、フランス革命と相違させた点であった。[89]こうして三月革命期におけるブルジョア的発展の二つの途の対抗は、かかる対立関係を通じて、ブルジョア的発展のあり方に関わる対立という枠を超えて、資本主義か、反資本主義か、という形で現われることになる。この時点から、農業・土地問題の農民的解決の問題は、ブルジョアジーの解決し得ぬ領域に移行する。[90]ロシア革命的レーニン的状況がここから始まるといえよう。農村の小商品生産者が、都市のそれとともに、営業の自由の制限、機械制・工場制の制限を求めるとき、それは一層はっきりした形をとることになる。[91]

以上のように封建制の変革のための農村民の運動は、プロイセン的な農民解放の徹底や促進を求めたり、またそれによって自身を国王＝国家との直接的関係に編入させようとするものでも決してなかった。反対に、農民解放政策への反発は、農村民の政治的観念はどうであれ、旧権力との対立を示すものであった。しかし、それ以上に決定的であったのは、農村民の要求のもう一つの柱をなす租税改革の問題であった。これは、旧領邦権力の財政的機構の変革に関わるものであって、文字通り農村民と国家権力との対立関係の顕在化にほかならなかった。われわれは農村民の保守的傾向を不変のものとしてでなく傾向として認めた上で、にもかかわらずその基礎に社会的経済的対立関係が明白に存在したこと、またそれが政治的変革性に結びついたことを重視した。そこに旧国家権力＝国王ないし君主制に対する移行期の農村民の特質が存在した。その際社会的経済的問題を政治的認識の転換に結びつける強力な契機と方向づけが、都市の小ブルジョア・ブルジョアから与えられたとしても、その外的契機を受容し自らのものとする内的な条件が熟成していたことをわれわれは考慮しなければならない。農村住民の市場経済との関連、都市・農村関係を含めた農村地域における市場経済の展開こそが、旧体制変革に結びつく農村民の自覚的な行動を生む条件であったのである。シュレージエンとザクセンにおける農村民の変革運動の広がりはそのことを見事に示している(92)。

ドイツの場合、革命は失敗に終わる。しかし、本章が分析した東部ドイツのこのような農村民の変革運動は、明らかにフランス革命期のフランスの農民運動に共通する要素と方向性をその中に含んでいた。それは西欧的市民的な性格をもった志向性であり、三月革命の中で発現したこの要素とその条件は、革命の挫折後も、何らかの形で継承され、プロイセン的な「特殊な途」における西欧的共通性を構成することになるのである。

（1）拙著を含めた三月革命史の研究動向については、西川正雄編『ドイツ史研究入門』東京大学出版会、一九八四年、における増谷英樹氏（第Ⅱ部二）および大月誠氏（第Ⅲ部四）の叙述、望田幸男他編『西洋近現代史研究入門』名古屋大学出版会、一九九三、二〇〇一年、の望田幸男氏の整理をそれぞれ参照。なお、後出注（32）。

（2）馬場哲・小野塚知二編『西洋経済史学』東京大学出版会、二〇〇一年、の山井敏章氏執筆「3市民革命」の「ドイツ」、参照。

（3）末川清「三月革命における封建的賦課廃棄の運動――シュレージエン州を中心に――」『西洋史学』第三七号、一九五八年、ほか。同『近代ドイツの形成――「特有の道」の起点――』晃洋書房、一九九六年、第Ⅱ部Ⅲ・四。なお、前掲注（1）大月氏の整理も参照。

（4）山井、前掲論文、一〇二頁以下。なお、ザクセンに関しては、松尾展成『ザクセン農民解放運動史』御茶の水書房、二〇〇一年、および同書への筆者の書評（『社会経済史学』第六七巻五号、二〇〇二年）、参照。

（5）若尾祐司・井上茂子編著『近代ドイツの歴史』ミネルヴァ書房、二〇〇五年、第三章三・一八四八年の革命（丸畠宏太氏執筆）。

（6）山井、前掲論文、一〇三頁。

（7）松尾、前掲書、におけるザクセンの事例も参照。

（8）Max Weber, *Wirtschaft und Gesellschaft. Grundriß der verstehenden Soziologie, Studienausgabe* (hrsg. von Johannes Winckelmann), Köln / Berlin 1964, S. 368f., 英明訳「宗教倫理と現世」『世界の大思想　ウェーバー（宗教・社会論集）』河出書房、一九六八年。なお、内田芳明「経済と宗教――宗教倫理の階級的制約性の問題」大塚久雄・安藤英治・内田芳明・住谷一彦『マックス・ヴェーバー研究』岩波書店、一九六五年、を参照。

（9）同じような指摘は他のところにもみられる。たとえば、「農民たちは、その経済生活全体がそうであるように、特に自然に繋縛され、自然の威力に従属しているために、呪術（中略）に親しみやすい。したがって、こうした、どこにでもみられる原始的な形態の宗教意識への固着から農民たちを引き離すことのできるものは、ただ、他の社会層なり、あるいは奇蹟の力によって呪術者とみとめられた強力な預言者なりに発する、生活方式の激烈な変革以外にはありえなかった」。Max Weber, "Die Wirtschaftsethik der Weltreligion, Einleitung", in: *Gesammelte Aufsätze zur Religionssoziologie*, Bd. I, 5. Aufl. Tübingen 1963, S. 225, 大塚久雄・生松敬三訳『宗教社会学論選』みすず書房、一九七二年、六三頁。同様に、*Wirtschaft und Gesellschaft*, S. 711, 世良晃志郎訳『支配の社会学』二、五七八頁、をも参照。

（10）Weber, *a. a. O.*, Einleitung, S. 251, 256, 同上訳、五七頁、六四頁以下、参照。

（11）Ders., *Wirtschaft und Gesellschaft*, S. 368, 前掲英明訳、二一五頁。

（12）*A. a. O.*, S. 369.

（13）*A. a. O.*, S. 370, 英訳、二一七頁。

（14）Ders., *Wirtschaftsgeschichte*, S. 91, München / Leipzig 1924, 黒正巌・青山秀夫訳『一般経済史要論』上巻、岩波書店、一九五五年、二〇九頁。

（15）*A. a. O.*, S. 304, 同前訳、二四〇頁。

（16）Gerhard Albrecht, "Das deutsche Bauerntum im Zeitalter des Kapitalismus", in: *Grundriß der Sozialökonomik*, IX.

Abteilung, I. Teil : Die gesellschaftliche Schichtung im Kapitalismus, Tübingen 1926. 上記『社会経済学講座』とヴェーバーとの関連については、住谷一彦「Grundriß der Sozialökonomik の編集者としてのマックス・ヴェーバー」『思想』一九六三年一〇月号、同著『リストとヴェーバー』未来社、一九六九年、Ⅶ、参照。

(17) Albrecht, a. a. O.. 上述の本文行論参照。

(18) A. a. O., S. 39ff.

(19) A. a. O., S. 54.

(20) Wilhelm Heinrich Riehl の思想史的立場については、寺田光雄「ドイツ三月革命期の思想史的考察——W・H・リールの社会像——」『歴史学研究』第四一七号、一九七五年二月、二〇頁、および同「ドイツ近代化と秩序意識の転換」『社会思想史研究』創刊号、一九七七年、一二七頁以下、Heinz Haushofer, *Die deutsche Landwirtschaft im technischen Zeitalter*, 1. Auf., 1963, Ⅱ. 1, 三好正喜・祖田修訳『近代ドイツ農業史』未来社、一九七三年、一三一頁以下、参照。

(21) たとえば Friedrich Lütge, *Deutsche Sozial-und Wirtschaftsgeschichte*, 6. Aufl. Berlin u. a. 1966, 6. Kap. の叙述をみよ。

(22) Haushofer, *a. a. O.*, S. 123 u. 128, 前掲訳、一二三、一三三頁。

(23) 農業史研究の大家W・アーベルは、これまでとは全く逆に、農業生産の歴史的発展を商品経済との関連で「経済学」的に考察し、早くも「一三及び一四世紀にはすでに農民経営と荘園領主制とは市場販売と余剰生産を目的としていた」(W. Abel, *Agrarkrisen und Agrarkonjunktur*, 2. Auf., 1966, S. 18, 寺尾誠訳『農業恐慌と景気循環』未来社、一九七二年、二四頁)という視点に立って、農業生産・流通を明らかにしようとした。だがそれを阻害する共同体的関係や封建的土地所有の問題は事実上視野から後退し、ドイツ農民戦争はもとより、一般に領主農民関係の変革に関わる農民運動の問題は、また、そもそも封建制から資本制への移行に関わる構造上の問題は展開されなかった。こういった傾向は H. Aubin / W. Zorn (Hrsg.), *Handbuch der deutschen Wirtschafts-und Sozialgeschichte*, 1 und 2, Stuttgart 1971 u. 1976 の該当部分にもみられる。

(24) Haushofer, *a. a. O.*, S. 118f., 前掲訳、一一八頁。

(25) Albrecht, a. a. O., S. 51ff.

(26) Ludo Moritz Hartmann, "Zur Soziologie der Revolution", in : *Schriften der Deutschen Gesellschaft für Soziologie, I. Serie : Verhandlungen der Deutschen Soziologentage*, III. Band, Tübingen 1923, S. 34.

(27) 『大塚久雄著作集』I～VIII、岩波書店、の諸論文参照。

(28) 高橋幸八郎『市民革命の構造（増補版）』御茶の水書房、一九六六年、二二五頁以下。

(29) 高橋、前掲書、四三頁。

(30) ここで問題となっているのは、小生産者一般の社会的性格であって、農民だけに関わるものではない。両者の違いは、農業の場合、生産過程が、工業に比して、より多く自然的に制約されており、それ故に資本の蓄積過程が、また小生産の解体が、より緩慢にしか進行しなかったという点にある。

(31) 高橋、前掲書、四二頁。

(32) 柳澤治『ドイツ三月革命の研究』岩波書店、一九七四年。本書は坂井榮八郎（『史学雑誌』第八三編九号、一九七四年九月）、肥前榮一（『経済学論集』第四一巻二号、一九七五年七月）および藤瀬浩司（『社会科学研究』第二七巻一号、一九七五年）各氏はじめ、多くの論評に恵まれた。

(33) 特に藤瀬浩司『近代ドイツ農業の形成』御茶の水書房、一九六七年、参照。

(34) たとえば、Haushofer, *a. a. O.*, S. 118f., 前掲訳、一一八頁。

(35) R. Stadelmann, *Soziale und politische Geschichte der Revolution von 1848*, München 1948, S. 39, 大内宏一訳『一八四八年ドイツ革命史』創文社、一九七八年、三六頁。

(36) *A. a. O.*, S. 38, 同前訳、三六頁。

(37) Helmut Bleiber, "Zum Anteil der Landarbeiter an den Bewegungen der Dorfbevölkerung in der deutschen Revolution 1848/49", in : *Jahrbuch für Wirtschaftsgeschichte*, 1975/IV, 藤瀬、前掲書評、一〇九頁以下。

(38) 上記本文1(1)、また肥前、前掲書評、九一頁。

(39) 藤瀬、前掲書評、一〇九頁。

(40) 運動の地方分散性は、フランス革命はじめ、「農民革命」の本来的特徴であるから、それが統一的組織的方向をとらなかったことをもって、ドイツ「農民革命」の特殊性の一つとすることは妥当といえない。

(41) 柳澤、前掲書当該部分に掲げた文献を参照。

(42) なお、以下の研究をも参照。H. Bleiber, a. a. O.; *Bauern und Landarbeiter im Klassenkampf. Revolutionäre Traditionen*

der werktätigen Landbevölkerung im Bezirk Halle, hrsg. von Hans Hübner, Halle 1975 ; *Lage und Kampf der Landarbeiter im ostelbischen Preussen*, bearb. von H. Hübner u. H. Kathe, 2 Bde., Vaduz/Liechtenstein 1977. 邦語文献としては、一八世紀末・一九世紀初頭のプロイセンについて、及川順「プロイセン『農民解放』と農民運動〔Ⅰ〕〔Ⅱ〕」『山口経済学雑誌』第二三巻五・六号、一九七四年、第二四巻第一・二・三号、一九七五年：ザクセンについては、松尾展成「ザクセン『九月騒乱』期の同時代パンフレットにおける農業・土地問題　Ⅱ、完」『岡山大学経済学会雑誌』第九巻二号、一九七七年一〇月、同四号、一九七八年三月（同、前掲書、所収）。西北ドイツについて、藤田幸一郎「西北ドイツ農村における『社会問題』の展開」『商学論集』四六巻二号（同『近代ドイツ農村経済史』未来社、一九八四年、所収）など。

(43)　この一覧は巻末に附録として一括して印刷されているのであるが、同時に、同じものが、順番はそのままでいくつかに分けられて、本文中、特定の会議の記録のすぐ後に記載されもしている。つまり、後者は、次々に提出された訴えを一定の間隔をとってとりまとめ、それをそれぞれ、その時期の会議の議事録に分割して附していったものと考えるのが妥当と思われる。そうだとすると、本文のような推定が可能となる。

(44)　たとえば、同じ請願書に提示された要求事項をそれぞれ分離してそれぞれに番号を附した場合がそれであるが、これは全く例外的事例である。なお、二、三の欠番があるから、それを考慮せねばならないが、それらを一切差引いても、請願数は一万二二五〇を下廻ることはないだろう。

(45)　一八四八～四九年のプロイセンに関する史料の大部分は、旧ドイツ民主共和国のメルゼブルクの国立文書館に所収されていた。「プロイセン議会」宛の請願書の現物は――筆者の調べでは――カタログには記載されているものの、ごくわずかな例外を除いて存在しなかった。このわずかな例外については、すでにHübner, Bleiber および G. Becker らの分折や紹介がある。

(46)　もちろん、同じ請願の中でそれぞれの問題が同時に取り扱われている例は、決して少くない。後述参照。

(47)　「請願一覧」に記された、数千におよぶそれぞれの地名、特に村名が、どの地方に属するかをひとつ一つ確定することは事実上不可能である。本章でこのような方法をとったのは、こういった地名の確認の困難さの故でもあった。特定の議員が仲介した請願書群は、当該議員に関係のある特定の地方に属すると考えられるから、ある請願群の中で所在地のわからない村がある場合でも、それをその群のその他の請願と同じ地方に属すると判断して取り扱った。議員と請願書の番号・地域との相応関係については、本章の原論文、柳澤治「移行期におけるプロイセン農村民の社会的経済的利害」『経済と経済学』第四二号、一九七九年三月、附表(1)を参照。

(48) 上記のアルプレヒトの指摘を参照。

(49) Albrecht、a. a. O., S. 47.

(50) 特に、末川、前掲書、参照。

(51) 末川氏によって示された議会内における「民主派」と「自由派」の政治的立場の違いは、一院制か二院制か、憲法草案への反対（但し末期には憲法草案の支持・その実現をめざす）か賛成か、「三月」に倒れた死者の国民的栄誉賦与に関するベーレント提案をめぐる賛成か反対か、などをめぐって、農村民の間に立場の相違をつくり出したことは、本文の事例が示す通りである。ここにそれぞれの政治的党派と農村的基盤の対応関係をみることができよう。「一覧」において、各地の組織がこれらの問題点についてどのような立場をとったかについては、本章末尾の附表(1)を参照。

(52) Petition Nr 2927 (Bundesarchiv Frankfurt am Main).

(53) 革命の挫折後、反革命政府は農民層の社会的経済的要求を「上から」汲み取りつつ、「農民解放」を徹底させ、封建制の最終的解体を独自の仕方で促進し、農民層をその基盤に編成することに成功した。それに先だって農民層の期待に議会が応えなかったことによる農民層の自由主義ないし民主主義への失望というような事情があったものと考えられる。

(54) 以下、請願内容については、請願群ごとに、要求事項、問題別に分類し、数が多い場合には、それぞれについて数を付した。一請願の要求事項が多数にわたる場合が普通であるから、請願数と要求事項数とは一致しない。

(55) 農民解放過程については、藤瀬、前掲書、特に第二部第一章を、また、特に共同地分割については、同、二八七〜二九一頁、を参照されたい。

(56) 村の寄合いに参加しえないアインリーガー層が、村の請願と並んで独自に白身の請願を行なう場合も少なくなかった。その一例：諸賦課の軽減、「分離」費用支払負担の軽減を求めた Pielburg 村〔家屋数四〇、人口二九八人〕からは、それとは別に、同村のビュトナー・アインリーガーが共同地用益権に関する要求を提出している。

(57) 第二帝制期におけるポンメルンについては特に、大月誠「第二帝制期のポメルン州のユンカー的土地所有」龍谷大学『社会科学研究年報』第六号、を参照されたい。

(58) 藤瀬、前掲書、二七四頁。

(59) 王領地の土地分与・永小作を求める請願もあるがこの地域では例外的。

(60) このうち二件は二つの Brunschwig 村から。一九世紀初頭における両村の構成は、F. W. Bratring, *Statistisch-Topographische Beschreibung der gesamten Mark Brandenburg*, 3 Bde., Berlin 1804–1809, hrsg. von Otto Busch, S. 343. によれば次の通り。半農民　八、コセーテン　七三、ビュトナー 二二、アインリーガー 二二、亜麻工　一七、車大工　一、大工　二、製作所　一。

(61) この地域については、Erich Neuss, "Bäuerliche Aktionen in der Revolution von 1848/49", in : *Bauern und Landarbeiter im Klassenkampf*.

(62) この請願を仲介した Krackrügge 議員は民主派所属で、このほかに、Halle/S 市の九月九日の集会（11080）、Gemeinde 制等についての D'Ester-Waldeck 提案支持声明を行なった Schallenberg 市住民（11081）、同じ内容の Erfurt 市二〇一三人（11082）の各請願を取り次いでいる。なお、同人については、Herbert Peters, "Goswin Krackrügge", in : *Männer der Revolution von 1848*, hrsg. von Arbeitskreis Vorgeschichte und Geschichte der Revolution von 1848/49 (Redaktion, Karl Obermann u. a.), Berlin（Ost）1970, を参照。

(63) E, Neuss, a. a. O., S. 63.

(64) K. Reis, H. Bleiber, 末川清氏らの研究参照。

(65) H. Bleiber は、この郡を償却の大部分が革命後実施された地域に含めているが、問題が残ろう。Ders., *Zwischen Reform und Revolution*, Berlin 1966, S. 54.

(66) その他、3580–83の各村。

(67) 同議員は民主派所属。

(68) E. Huhn, Topographisch-statistisch-historisches Lexikon von Deutschland, 6 Bde., Leipzig 1846–1859. による。以下同様。

(69) この地域の農村では農民協会が結成されているのであるから、請願行動も本来ならば活発に行なわれたはずであるが、残念ながら把握しえなかった。K. Reis, *Agrarfrage und Agrarbewegung in Schlesien im Jahre 1848*, Breslau 1910, S. 88.

(70) 民主派所属、Reis, *a. a. O.*, S. 137.

（71）Bleiber, *a. a. O.*, S. 53.

（72）このほかにもまだ多数あると推定される。

（73）行政的には Liegnitz 県に属する。

（74）この興味ある地域の下層民の運動については、Bleiber, Zum Anteil der Landarbeiter an den Bewegungen der Dorfbevölkerung in der deutschen Revolution 1848/49, S. 75, 参照。

（75）行政的には Oppeln 県に含まれるが、農民解放の仕方では、調整によらず償却によるためミッテル・シュレージエンに近く、ここで取り上げることにした。この地域の下層民の騒擾（四月）については、Bleiber, a. a. O., S. 76.

（76）行政的には Breslau 県に属するが、経済史的には領主・農民関係の解体が調整によっている点でオーバー・シュレージエンに近い。

（77）この地域の騒擾については、Reis, *a. a. O.*, S. 131f. また、Bleiber, *Zwischen Reform und Revolution*, S. 21, 32, 46, をも参照。

（78）同議員は、ゲルトナー出身、なお Tost-Gleiwitz のゲルトナーの動向については、Reis, *a. a. O.*, 135, をみよ。

（79）この地方では、調整農民の多くが調整過程で土地を売却したりまた差し押えられ競売に附されたりしている。Bleiber, *a. a. O.*, S. 28.

（80）Bleiber, *a. a. O.*, S. 20.

（81）*A. a. O.*, S. 36ff.

（82）フランクフルト国民議会宛請願書（一八四八年七月一二日付）Nr. 1213, Bundesarchiv Frankfurt/M 所蔵。

（83）Bleiber, a. a. O., S. 32.

（84）*A. a. O.*, S. 34.

（85）*A. a. O.*, S. 25.

（86）藤瀬、前掲書、二七八頁。

（87）北条功『プロシャ型近代化の研究』御茶の水書房、二〇〇一年、参照。

（88）三月革命期ドイツ農民運動研究において高い水準を示す H. Bleiber の場合もこの点の認識が十分でないように思われる。彼は、プロシャ型の途が農民層の弱体化と結びつき、それが、土地の返還・償却金の返還、共同地用益権の回復などの農民の要求を広くつくり出す原因となると指摘する（たとえば、H. Bleiber, Bauern und Landarbeiter in der bürgerlich-demokratischen Revolution von 1848/49, in : *Zeitschrift für Geschichtswissenschaft*, H. 3, 1969, S. 306）。だが彼はこれをせいぜいかかる進化が農村にもたらした「ネガティヴな作用」への反発として捉える（a. a. O., S. 295, 306）だけにとどまり、これを資本主義発展の二つの途＝可能性の対抗としては捉えていない。一八四八／四九年の農民運動の意義・歴史的役割は、その運動が最終的には「社会的進歩の貫徹に当時最も強力に抵抗していた階級〔領主層〕を否定」した点にある（ders., Zum Anteil der Landarbeiter an den Bewegungen der Dorfbevölkerung in der deutschen Revolution 1848/49, S. 81）という常識的結論もこういった見方と結びつく。革命後の「改革」の一層の進行、「上から」のブルジョア化の一層の展開は、革命期のこういった「下から」の変革運動への対応にほかならなかった。

(89)　柳澤、前掲書、Ⅱ、第一章、Ⅲ、第二章、二。

(90)　三月革命とその後におけるマルクス・エンゲルスの当該問題に関する認識とその推移については、山之内靖『マルクス・エンゲルスの世界史像』未来社、一九六九年、特に第二部第三章、第三部第七章、を参照。

(91)　その諸契機については、柳澤治『ドイツ中小ブルジョアジーの史的分析』岩波書店、一九八九年、Ⅴの2・二、参照。

(92)　ここで問題にしている地域的ないし局地的な市場経済・商品経済についての筆者の理解に関しては、本書の第1章および第2章を参照されたい。それらは産業資本の形成に結びつくような教科書的な「局地的市場圏」・「地域的市場圏」とは異なった意味で用いられているので御留意願いたい。

プロイセン東部諸州請願発信地（郡庁所在地）
〔略図〕

ブランデンブルク（一部）・ザクセン両州からの請願（地名）

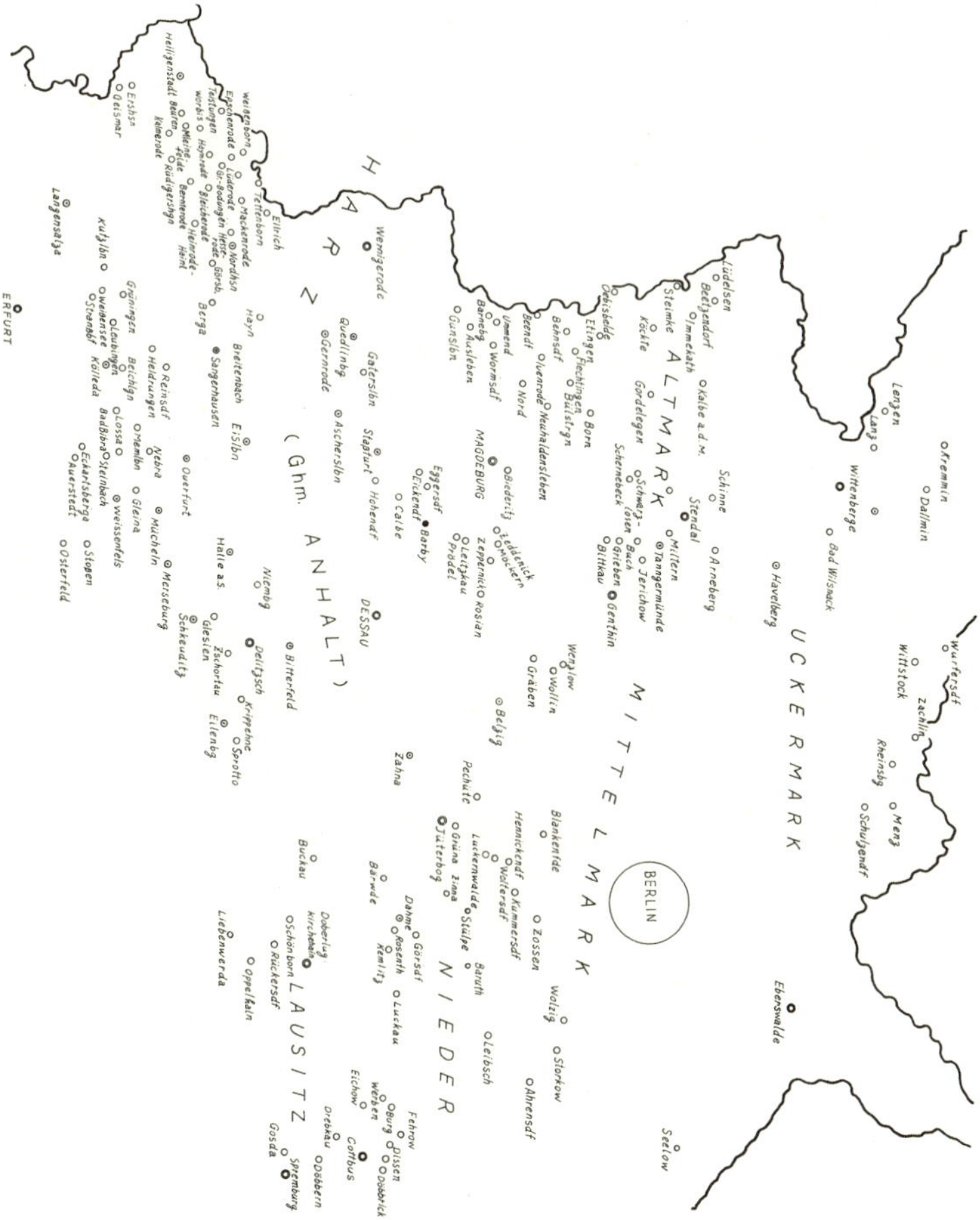

National-Parlamente ; Vertretung der deutschen und polnischen Sprache oder Unabhängigkeits-Erklärung des Slaventums wegen Unvereinbarkeit mit dem Deutschtum ; Polnnische Sprache der Richter, Lehrer und jeglicher Staats-Beamten in Gegenden, wo das polnische Sprach-Element vorherrscht ; Beseitigung der Grenzsperre gegen Polen, Galizien und Mähren, der weiteren Beeinträchtigung der Anwohner gesperrter Landgrenzen ; Armen-Patrimonium aus den gewaltsam säkularisierten Klostergütern, oder jene Güter selbst als Eigenthum der kathorischen Kirche, Fixierung der Accidenzien des Priesters und aller Kirchendiener ; Unabhängigkeit der Kirche und ihrer Schulen vom Staat mit allen Schulsfolgen ; Errichtung der etwa nötigen Staatsschulen ; Beseitigung der mißbräuchhlichen Verwendung des Knappschafts-und kathorischen Schulfonds, der Entziehung der Kirchen- und Schultaxe, der harten Dekrete zur Wegname kathorischer Kirchen ; Vorstände für die Kirchen-Verhältnisse der Bergleute ; würdige Feier der Sonnen-und Festtage ; Strengere Bestrafung der Diebe, Faullenzer und Landstricher ; Begnadung durch König bei gerichtlichen Beurteilungen, Belehrung über die Entfernung des Prinzens von Preußen.

4）共同地用益権

Gewährung von Rass-, Brenn-, und Bauholz, sowie Waldstreu aus Dominial-Forsten zum Bedarf des Ackerbesitzers ; Hütungs-und Weideplätze als Gemeingut.

5）その他各種経済的要求

Gewährung der vormals Hebe-und Dreschmetze ; Anspruch jedes Grundeigentümers auf die Ausbeute beim Bergbau innerhalb der Grenze seines Grund und Bodens ; Aufnahme des bäuerlichen Grundbesitzers in das landschaftliche Kreditsystem, event. Gründung einer Land-Rentenbank ; Aufstellung neuer Bergbaugesetze ; Aushebung der Ökonomie-Kommissionen; Abschaffung des Hütens der gutsherrlichen Schaafe auf bäuerlichen Saaten ; Aufhebung der unmenschlichen Gesetze bei Jagd-und Forstreveln, der Stempelgefalle, Klassensteuer, inbesondere des Gesindes, des Schutzgedes, und Lehrer-Honorars, insofern die betreffenden Anstalten eine Schöpfung des Staates sind ; Beseitigung der Majorate des Geldes und Grundbesitzes ; Beseitigung der Regalien aller Art und der angemassen Hoheitsrechte der sogenanntenn Stände ; Beseitigung der Kleinkramer-Gewerbescheine an Ausländer, der unermässlichen Gerichtssporteln, der Errichtung der Roßbahnen und Vekturanz-Makler und der grenzenlosen Freiheit der Gewerbe, des jammerlichen Zustandes der invaliden Hüttenleute, der nachlässigen Sorge der vornehmen Knappschafts-Kassen.

6）政治的要求ほか

Freiheit jedes Kultus, der Presse u. s. w. ; constitutionelle Monarchie auf dem möglichst breitesten Rechtsboden des Volks ; verantwortliches Ministerium ; Unverletzbarkeit der National-Versammlung wie des Staats-Oberhauptes ; direkte Wahlen für alle Kammer-Mitglieder ; freie Besetzung aller Kommunal-Beamtenstellen durch die Kommune ; öffentliches Gerichtsverfahren ; Verminderung der Pensionen, des Militärs, Erblichkeit der Ämter und Würden im allgemeinen Staatsdienste, der Grenze-Beamten und Grenze-und Straßenzolle ; volkstümliche Sprache im preußischen

附表 (2) オーバー・シュレージエン・ボイテン郡からの請願

1）特権・強制の廃止

Jagd als Recht jedes Grundbesitzers auf seinem Terrain ; die Polizeigewalt jeder Gemeinde selbst; Unstattbarkeit der fernerer Majorate und Fideikommiße, Auflösbarkeit der bestehenden ; Beseitigung des eximierten Gerichtsstandes, Monopols, Verkaufs- und Zwangsrecht der Dominien oder Gutsherrschaften, der Patrimonialgerichte und Dominialpolizei, der grundherrlichen Nutzung der Fossilien in den Rustikal-Grundstücken, z. B. Eisenerz, Galmei, Thon, Kalk u. s. w., der unnützen Erschwerung des alleinigen Bierschanks, der allzu geringen Besteuerung des Branntweinschenkes und Brannens, des Unterschiedes zwischen bäuerlichen und gutsherrlichen Besitzes hinsichtlich Staats-und Kommunallasten; gleichmässigere Besteuerung des Dominial-wie des Rustikalgrundes nach Morgenzahl und Reinertrag.

2）封建的賦課の廃止

Herausgabe der den Rittergutsbesitzern durch Regulierung, Einziehung, Kauf u. s. w. einverleibten bäuerlichen Grundstücke gegen keine oder doch nur sehr kleine Entschädigung ; Beseitigung der Robotleistungen, Frohndieste, Säen, Mähen, Schafschur, Jäten, Pflugen, Treibjagen, Spinnen, Wollfhuhren, Wegebesserung, Wildfutterung u. dergl. Hand-und Spanndienste als angebliche Feudallasten, ebenso der Laudemien und aus gleicher Quellen entstandenen Abgaben oder Zinszahlung, Jurisdiktions-, Schutz-, Grund-, Gewerbe-, Huhner-, Kuchen-, Eier-, Wild-Gelder.

3）耕地・土地の分与

Parzellierung und Endetail-Verpachtung und Verkauf wüster Dominialfelder und Wiesen an ackerlose Häusler und Einlieger ; Ausschluß der Mitbewerbung habsüchtiger Dominien beim Verkauf bäuerlichen Besitztums, Acker, Wiesen, Garten, Häuser.

有志・Wallendorf 等の住民・Constitutioneller Klub z. Merseburg

団結権制限立法に反対の抗議

Demokratischer Klub z. Königsberg・Demokratischer Verein z. Striegau

内閣による議会決議否定に対する抗議

Halle の市民集会・Volks-Verein z. Stettin

国民議会の決議の擁護

Bürgerwehr z. Frankfurt/O・Demokratischer Verein z. Frankfurt/O・Verein der Urwähler des 75. Stadtbezirks Frankfurt/O・59. u. 71. Bezirks-Verein u. die Compagnie 68 A Frankfurt/O・Bürgerwehrklub Frankfurt/O・Friedrich-Wilhelmstädtischer Bürger-Verein der Bezirke 74. A. B. C. Frankfurt/O.・96. Bezirk Kreis Lyck・Constitutioneller Klub z. Torgau・Magdeburg 市民・同集会・Constitutioneller Klub zu Havelberg・Verein für die Rechte des Volks z. Calbe a. d. Saale・有志（11549）・Volksverein z. Halle・Politischer Klub z. Elberfeld・Bürgerverein z. Wetzler・Constitutioneller Verein z. Stralsund・Demokratischer Verein z. Lauchstedt・村（11933）・Striegau 郡民衆集会・有志（12058）・Görlitz 市の92. 93. u. 95. Bürgerwehr-Compagnie の会員・Berlin 51区第１次選挙人協会

議会の活動を憲法に限定・議会の無制限権力に反対

Patriotischer Verein z. Reppen・Constitutioneller Verein z. Marienwerder

Gemeinde, Kreise および Bezirke についての D'Ester-Waldeck 提案支持

Schallenberg の住民・Erfurt 市2013人の市民・Demokratischer Verein z. Brieg・Demokratischer Verein z. Striegau

議会解散請願に反対する抗議・議会永続希望

Elberfeld 市民・Politischer Klub z. Solingen・Hirschberg の住民

3月革命で倒れた死者への栄誉（Behrends 提案）

Demokratisch-Constitutioneller Klub z. Breslau・Demokratischer Verein z. Breslau・ブレスラウ民衆集会・Verein der Volksfreunde z. Schweidnitz・513人のブレスラウ出身郷土防衛隊員・Schlesischer constitutioneller Central-Verein z. Breslau・Constitutioneller Club z. Königsberg/Pr.・Gutsbesitzer（Danzig 近郊）・有志（3142）・Bibra の民衆集会・Demokaratischer Zweig-Verein z. Breslau・Nordhausen の市民集会・Verein der Volksfreunde z. Oppeln・Liegnitz の民衆集会・Waldenburg と Friedland 2市・Verein der Volksfreunde z. Schweidnitz と22カ村（4321）・Romolkwitz 村、ほか2村、Wilkau の住民集会、Borne の住民集会、他7カ村（5327－5332）・Waldenburg 郡住民数名・Rügenwalde 市会有志

同上、国費による記念碑（Reichenbach 提案）に反対

Patriotischer Verein z. Kulm

反動排除の提案

Vaterländischer constitutioneller Verein z. Lüben・Belzig 市有志

集会制限法内閣草案に反対

Glogau 選挙人・Magdeburg の市民集会（9730）・Der deutschvolksthümlich-constitutionelle Verein z. Glogau・Volksverein z. Paderborn・Magdeburg の民衆集会（10069）・Politischer Klub z. Halberstadt・Kalau 民衆集会・Verein des 7. 8. u. 9. Bezirks z. Berlin・Verein des 3. größeren Wahlbezirks と der Volksklub z. Berlin・Politischer Klub z. Elberfeld・Verein des 17. Bezirks z. Berlin・Constitutioneller Verein z. Soest・Verein zur Wahrung des Volksrechts z. Hagnau・Demokratischer Verein z. Brieg・Demokratischer Verein z. Bielefeld・有志（14. Bezirk Berlin）・有志（10543）・Berlin 77 区の第1次選挙人協会・Demokratischer Verein z. Frankfurt a. d. O.・Liegnitz の民衆集会・Politischer Klub z. Koblenz・Demokratischer Verein z. Breslau・Demokratisch-Constitutioneller Verein z. Neustadt a. S.・Naumburg a. d. S.

Niederungen Kreis の選挙人数名・Politischer Verein z. Braunsberg・Vaterländischer Verein z. Breslau およびシュレージエンの諸村（4542）・Schwelm とその近辺の住民数名・Reichenbach 郡住民数名・Kunzendorf 村（4712）・Mayen 郡の住民4212人・Constitutioneller Verein z. Münster・Muskau の第１次選挙人・Alt-Strunz 村（5239）・Mewe 近辺の村ほか・Preußen-Verein für Schlesien・Constitutioneller Verein z. Frankfurt/O.・Constitutioneller Klub für Naumburg u. Umgegend・Constitutionell-monarchischer Zweig-Verein z. Oppeln・Constitutioneller Verein Frankfurt/O.・Constitutioneller Klub z. Halle・Patriotischer Verein z. Templin・Güssefeld 近郊 Dammkrug の選挙人・第１次選挙人集会・Volksverein z. Minden・Saarbrücken 郡選挙人・Billrode の民衆集会・Kochem 選挙区諸村の住民数名・Siegkreis の北部村落（10627）・有志（11062）・Verein für constitutionelle Monarchie z. Erfurt・Saalscheid 村（11812）・有志（11820）

１院制議会支持

Constitutioneller Klub z. Hohenstein・Volksversammlung z. Konntopp・Constitutioneller Klub z. Baldenburg・Constitutioneller Central-Verein d. rothenburger Kreises z. Jänkendorf・Constitutioneller Klub z. Anklam・Demokratischer Verein z. Striegau・Stettin 市第１選挙人・選挙人・Liegnitz の民衆集会・Düsseldorf 住民数名・Demokatischer Klub u. Volksversammlung z. Brieg

２院制議会支持

Gemeinde（Neumark, 1579-89）・Gemeinde（bei Stargard, 1613-14）・Demmin 住民・Kolberg 市・Rügenwalde 市・Stargard・Gemeinde（1915-20）・Gross-Woltersdorf 選挙区、ほか・Constitutioneller Verein z. Anklam・Patriotischer Verein z. Demnin・Vereine z. Brandenburg und patriotische Vereine z. Brandenburg u. Friesack・Constitutioneller Klub z. Zielenzig

各地（4544）・Verein z. Wahrung deutscher Interessen z. Krotoschin・Melitsch 市第1次選挙人・Kreis-Versammlung d. preußisch-stargardter Kreises・Constitutioneller Klub u. Bürger-Verein z. Merseburg・Keuschberg 第1次選挙人数名・Preußischer Verein für constitutionelles Königthum z. Halle・Constitutioneller Verein z. Jüterbogk・Patriotischer Verein z. Schkeuditz・Minden 市有志・Constitutioneller Verein für Stadt und Land z. Lützen・Schwedt a. b. O. の住民数名・Müggenhall の住人数名・Bürgerverein in Geilenkirchen・Verein für constitutionelle Monarchie z. Erfurt・Verein für constituionelles Königthum z. Liegnitz・PatriotischerVerein z. Dramburg・Preußen-Verein für constitutionelles Königthum z. Sommerfeld・Constitutioneller Klub z. Naumburg・Constitutioneller Verein für den Landkreis Hamm・Berlin の第1次選挙人・自由結社（11364）・Grünberg の選挙人協会・Hörde 市・周辺の住民・Bürger-Verein z. Mettmann・有志（11630）・Constitutioneller Verein z. Königberg・Constitutioneller Klub z. Magdeburg・Kreis Kempen 郡長および有志・Volksverein z. Münsterberg・Barmen 市民数名・Patriotischer Verein für Stadt und Land Münster 会長・Jbenbühren 市住民数名・Constitutioneller Verein z. Gorkau・Düsseldorf の Allgemeiner Bürger-Verein 会長・Vereine d. Krieger von 1813/15 z. Magdeburg usw.・Bokel 住民・Breslau・Oppeln・その他各地の住民数名・Constitutioneller Verein d. Alt-Mohrunger Kreises z. Saalfeld

憲法問題についての提案

Constitutioneller deutscher Landvolksverein z. Falkenau・Constitutioneller Klub z. Krossen・Verein d. Freisinnigen z. Grünberg・Politischer Verein z. Bedra・Liberaler Bürgerverein d. Stadt Aachen・Demokratischer Verein in Breslau・Arbeiter-Verein in Breslau・Bürger-Verein in Schippenbeil・騎士領主（2757-8）・Constitutioneller Klub z. Lauenburg・Demokratischer Klub z. Sonnenburg と Kr. Sternberg 住民（複数）・Constitutioneller Klub z. Angerburg・Morsbach 選挙人・Marienwerder 郡の Constituitioneller Verein 会員およびその他住民・Constitutioneller Verein in Bütow の会長・

附表（1）憲法・議会問題等に関する請願

憲法内閣草案に対する反対

Der konstitutionelle Klub z. Berlin（zu を z. と略記，以下同様）・Demokratischer Verein z. Frankfurt a. d. O.・Volks-Verein des reichenbacher Kreises in Schlesien・Bürger-Versammlung z. Wetzler・Vorstand der Bürgerversammlung z. Magdeburg・Demokratischer Verein z. Breslau・Volks-Verein z. Schweidnitz・Vaterländischer Verein z. Frankenstein・Volks-u. Bürgerverein z. Greifswald・Politische Abteillung d. Bürger-Vereins z. Quedlinburg・Verein d. Volksfreunde z. Schweidnitz・Volksverein z. Stettin・Constitutioneller Klub z. Lützen・Bürgerverein z. Merseburg 会長・Constitutioneller Verein z. Pillkallen・Constitutioneller Klub z. Müllrose・有志（Liegnitz）・Gemeinde（2383－86）・Volksverein z. Halle・選挙人（Kr. Münster）・Keuschberg の住民、ほか・Constitutioneller Klub z. Stargard・第1次選挙人（Berlin）・有志（Viersen）・Demokratisch-constitutioneller Verein z. Neustadt・市民数名（Kr. Wiedenbrück）・第1次選挙人（Berlin）・Demokratischer Verein z. Münster・Constitutioneller Klub z. Neustettin・Verein der Volksfreunde z. Oppeln・Politischer Verein z. Reichthal・Constitutioneller Klub z. Marienwerder・Verein für volkstümliche Verfassung z. Lauban・Demokratischer Verein z. goldenen Kreuz z. Breslau・Vatarländischer Verein z. Breslau・Golßen 市の参事会・Constitutioneller Verein z. Stralsund・Berlin 住民数名

憲法内閣草案に賛成・同審議促進希望

Constitutioneller Verein z. Münster・Patriotischer Verein z. Vietmannsdorf・Patriotischer Verein z. Potzdam・Gemeinde ほか（1915－20）・Constitutioneller Verein z. Inowraclaw・Constitutioneller Verein z. Nimptsch・Constitutioneller Verein für Pommern z. Cöslin, Constitutioneller Klub z. Greifswald・有志（3536）・Vaterländischer Verein z. Breslau, ほかシュレージエン

あとがき

本書は、ヨーロッパ資本主義発達史の連続と断絶の問題に関してこれまで筆者が発表した論考を骨子とし、各論文に若干の修正を施して一書にまとめたものである。筆者は、これまで『ドイツ三月革命の研究』（岩波書店、一九七四年）及び『ドイツ中小ブルジョアジーの史的分析』（同、一九八九年）を単著として公にしているが、本書に収められた論考は、この二冊の書物のそれぞれ出版後に行なわれた研究に基づく成果である。論文の発表時の題名および掲載された学会誌・書物を本書の各章に対応させて記すと次のようになっている。

第Ⅰ部
第1章　「ヨーロッパにおける最終消費財生産の資本主義化の意義――産業革命後の資本主義の歴史的理解との関連で――」『歴史学研究』第六五六号、一九九四年三月。
第2章　「ドイツ資本主義の展開と市場構造――一九世紀末からワイマール期へ――」諸田實・松尾展成・小笠原茂・柳澤治・渡辺尚・E・シュレンマー著『ドイツ経済の歴史的空間――関税同盟・ライヒ・ブント――』昭和堂、一九九四年。
第3章　「ドイツにおける競争規制と中小資本の位置――第一次世界大戦前後の転換――」『社会経済史学』第五六巻二号、一九九〇年八月。
第4章　「第一次大戦後における歴史派経済学と政策論――F・リスト協会と社会政策学会を中心に――」住谷一

彦・八木紀一郎編『歴史学派の世界』日本経済評論社、一九九八年。

第5章　「西ドイツにおける戦後経済改革――ヨーロッパの戦後改革の一環として――」『土地制度史学』別冊（『二〇世紀資本主義――歴史と方法の再検討――』）、一九九九年。

第Ⅱ部

第6章　「ヨーロッパ史の転換点としての一八四八年革命――阪上孝編『一八四八・国家装置と民衆』をめぐって――」『歴史学研究』第五五八号、一九八六年九月。

第7章　「最近の欧米におけるブルジョア革命論――ドイツ社会史の特殊性をめぐる論争との関連で――」『西洋史研究』新輯第一七号、一九八八年。

第8章　「移行期におけるプロイセン農村民の社会的経済的利害――三月革命期プロイセン議会宛請願一覧の分析――」『経済と経済学』第四二号、一九七九年三月。

これらの研究の実施に際して、文部省科学研究費補助金一般研究C（一九八八―一九八九年度、一九九五―一九九六年度）、野村学芸財団（一九九三年）、旭硝子財団（一九九六年）などから研究費の助成を受けることができた。

上記の各論文の発表時の経緯について簡単に述べておこう。

第一論文は、はじめ船山榮一教授（法政大学、現名誉教授）を中心とするイギリス経済史の研究会で報告させていただき、その後『歴史学研究』に投稿し、「批判と反省」のジャンルに掲載されたものである。二冊目の拙著での実証研究に基づいて、産業革命とその結果、その後の資本主義像等、ヨーロッパ資本主義の基本的な問題について、これまでの支配的な見解を批判的に検討した論考であり、発表後吉岡昭彦教授（東北大学、同名誉教授、故人）や加藤房雄助教授（広島大学、現教授）はじめ、多くの方々から書簡による論評を頂戴した。この論文は本書の趣旨の全体に関連するので冒頭に収めた。

第2章に収録された論文は、神奈川大学諸田實教授（現名誉教授）を囲む、松尾展成教授（岡山大学、同名誉教授）、渡辺尚教授（京都大学、同名誉教授、東京経済大学教授）、小笠原茂教授（立教大学、同名誉教授）および筆者の小研究会で発表され、その後研究会の成果である上記共著書の第四章として公にされたものである。そのいきさつについては同書の「まえがき」で渡辺教授が詳しく記されているので参照されたい。なお本共著書のとりまとめと出版に際しては、渡辺教授の特別の御配慮があった。同書での筆者の考え方に対して馬場哲教授（東京大学、『土地制度史学』第一五〇号、一九九六年一月、の同書への書評）や黒澤隆文助教授（京都大学、同著『近代スイス経済の形成』京都大学学術出版会、二〇〇二年）ほかから貴重なコメントを得た。

第三論文は、社会経済史学会第五八回大会（一九八九年六月、会場・早稲田大学）の共通論題「『産業の規律』と独占」で発表された報告に基づき、加筆して同学会誌に大会報告として掲載していただいたものである。共通論題の基調報告は、遠藤輝明教授（横浜国立大学、同名誉教授、故人）が行い、原輝史教授（早稲田大学）・宮島英昭助教授（同、現教授）・小林清一滋賀県立短期大学助教授（現滋賀県立大学教授）及び筆者が各報告を担当した。筆者の報告に対しては吉岡昭彦教授、今久保幸生助教授（京都大学、現教授）、岡崎哲二助教授（東京大学、同教授）ほかから貴重な質問を、また報告後、竹内幹敏教授（東京都立大学、のち東京経済大学、故人）と安部悦生助教授（明治大学、現教授）から温いコメントをいただいた。なお共通論題の準備のために労をとられた原輝史教授に随分お世話になった。

第四論文は、経済学史学会第六〇回全国大会（一九九六年一一月、会場・中央大学）の共通論題「歴史学派の世界」で報告され、司会者の住谷一彦立教大学名誉教授・八木紀一郎京都大学教授の編集による同名の論文集に収録されたものである。大会第一日目の講演における小林昇立教大学名誉教授の歴史派経済学に対する厳しい評価に刺激されてか、第二日目の共通論題の会場の雰囲気は、この学会で初めて報告を仰せつかった筆者にも、ことのほか活気あるものに感ぜられた。八木教授は上記論文集「あとがき」の中で次のように記されている。

「この共通論題セッションでは、本書の寄稿者のうち、三人が報告者、三人が討論者、それに司会二名、計八名が登壇したが、そのほかにも、大会初日に、学会名誉会員である小林昇氏の特別講演がおこなわれ、大会二日目の午前には、学術振興会の招きで来日中のプリッダート氏の研究報告もおこなわれた。とくに、前日の小林氏の峻厳な歴史学派批評を受けて行われた全体セッションには、緊張感すら漂っていた。この全体セッションでは、歴史学派が国民経済と資本主義という認識装置から（田村信一報告）、また制度主義と進化理論との関連から（塩野谷祐一報告）、さらに戦間期のアクチュアルな政策論から（柳澤治報告）論じられた。これらの研究報告は、巧まずして、それぞれの視点から小林氏の批評に応える内容を含んでいた。三報告とそれへの討論が、さらにフロアからの熱心な、あるいは興味深い質問やコメントを誘発したことはいうまでもない。」

この報告がきっかけとなり、塩野谷祐一一橋大学名誉教授の御尽力によって、歴史学派に関する日本人研究者の英文論文集、Y. Shionoya（ed.）, *The German Historical School,* London/New York 2001 が出版され、筆者の論文“The impact of German economic thought on Japanese economists before World War II”も掲載していただいた（なお、本書に対する外国でのいくつもの書評も塩野谷先生の御配慮で閲覧することができた）。

経済史と経済学史との交流の重要性は戦前から注目されてきたことである。本書もそれを可能な限り継承すべく試みたつもりであるが、その際経済学史学会での前記報告が筆者にとって重要な一歩となった。ひとえに住谷一彦先生はじめ学会関係者の御配慮によるものと感謝している。

第5章の論文は、土地制度史学会（現政治経済学・経済史学会）の五〇周年記念大会（一九九八年一一月、会場・東京大学）の共通テーマ「二〇世紀資本主義——歴史と方法の再検討——」の第三セッション「戦後改革五〇年」において報告され、同学会誌別冊（タイトル同名）に掲載された。準備研究会では廣田功教授（東京大学、現名誉教授、新潟大学）、小野塚知二助教授（東京大学、現教授）はじめ多くの方々から御教示を頂いた。この論文も関連する先行研究とは随分異なった観点を導入し、ドイツの戦後改革についてかなり思い切った歴史像を提示している。戦後改革は資本主義史の連続性と断絶性の問題に関わる最重要画期であり、戦後体制の起点としてすぐれて今日的な意義をもつ出来事である。「戦後改革」研究から始まった同学会の節目の五〇年記念の大会に、この課題に関して報告する機会を与えてくれた学会関係者の配慮に謝すること大である。

第6章の論考は、歴史学研究会から依頼されて執筆し、同学会誌の「批判と反省」に掲載された書評論文である。対象とした阪上孝編『一八四八・国家装置と民衆』から筆者は大変多くのことを学んだ。一八四八年を「アンシアン・レジーム」から「近代」への転換であると同時に、その「近代」から「現代への転換」の画期とする本書の観点は、同書への批判的検討と密接に結びついている。望田幸男教授（同志社大学）は一八四八年三月革命の新しい研究動向について同氏ほか編『西洋近現代史入門（増補改訂版）』（名古屋大学出版会、一九九九年）の中で次のように指摘した。「柳沢治（一九七四）は、主としてそれまで政治・思想レヴェルで行われてきた三月革命研究を社会経済的レヴェルにおいてとらえ、革命を諸階級・諸階層の対立と抗争の過程として描き出した。ところで七〇年代後半に次々に発表された良知力の諸論文（良知（一九七八）所収）は、それまでの三月革命像に衝撃的な修正を迫るものであった。そこでは三月革命のなかにブルジョア革命的擬制を乗り越えて胎動する『プロレタリアの革命』の形姿が鮮明に浮かび上がる。しかもそのプロレタリアたちは市民たちからは差別され排除された対象であり、その差別感の根底には西欧世界から見て『向う岸』の民＝スラヴ人に対する伝統的な侮蔑意識が横たわっていたと指摘されたのである。こうして一八四八年革命の基本的特徴が労働者問題と民族問題に集約的に表現されているということになり、このような認識は良知編（一九七九）へとリレーされている。」

第六論文は、望田教授によって指摘された一九七〇年代後半以降のこのような研究動向に対する批判的検討を含んでおり、本書第Ⅱ部の冒頭に配してなお今日的な意味があるものと考えた。

第7章に収められた論考は、岡田与好教授（東京大学、同名誉教授）主宰の研究会で報告され、吉岡昭彦教授の御配慮により一九八九年刊行の表記学会誌に発表された。一九八九年は一七八九年から二世紀目に当たり、筆者なりにフランス革命二〇〇年を記念することができた。研究会ではフランス革命研究の第一人者遅塚忠躬教授（東京大学、東京都立大学名誉教授）はじめ先学諸氏から懇切な論評を頂戴した。この論文は本書第Ⅰ部第5章に関連する。

三月革命期のプロイセン各地からの請願を網羅したプロイセン議会請願一覧の分析を試みた第八論文は、その完成にかなりの年月を必要とした。その中間的な成果は一九七六年に土地制度史学会秋季学術大会（会場・高知大学）の共通論題「産業革命期ヨーロッパの社会運動」における担当報告「産業革命期ドイツの社会運動――農民運動を中心に――」で発表された（他の報告者は山之内靖教授〔東京外国語大学、名誉教授〕および近藤和彦助教授〔東京大学、教授〕であった）。その後もこの作業は続けられ、ドイツ語論文 Die sozio-ökonomischen Forderungen der preußischen Landbevölkerung im Jahr 1848 im Spiegel der Petitionsbewegung, in: *Wirtschaftskräfte und Wirtschaftswege. Festschrift für Hermann Kellenbenz*, hrsg. von J. Schneider u.a, Bd. 3, 1978 として発表されたのち、表記の紀要にその完成稿が掲載された。当時勤めていた東京都立大学の目黒区八雲の冷房装置のない旧研究室で、何年かの夏を、蚊の来襲と睡魔の到来に抗しながら、一万余の請願の一覧の分析のために単調な手作業に専念した日々が思い出される。今日の若い研究者であれば、空調のきいた快適な研究室で、パソコンを駆使することによって、遥かに短い期間で、しかもより詳細な研究結果に到達できるのではないか。請願一覧は本文で指摘したようにこの上なく興味深い史料である。外国にでかける手間もなく、日本で居ながらにして研究できるという点でも便利である。本書第8章の内容が若い歴史家の新しい分析によって修正される日を期待している。

本書が収録した諸論文は、上記のように、実に多くの先学・同学諸氏の温かい御配慮や御教導の下で作成された。おひとりずつ御名前をあげることはできなかったが、お力添えいただいたすべての方々の御厚情に感謝申し上げたい。「はじめに」で述べたように本書は、明治大学社会科学研究所の出版助成を受け、同研究所叢書の一冊として刊行することができた。また本書作成に際して、明治大学政治経済学部の同僚諸氏、助手赤津正彦氏、同大学院政治経済学研究科学生峰麻衣子さんおよび政治経済学部資料センター助手補の皆さんにひとかたならずお世話になった。本書の刊行はこのように筆者の勤める明治大学とそのめぐまれた研究・教育環境によってはじめて可能になったといって過言でない。ただ感謝するのみである。最後に、本書出版に当たりお世話になった日本経済評論社代表取締役栗原哲也氏と出版部の谷口京延氏の御配慮に対して心から御礼申し上げたい。

【ラ行】

【ワ行】

【マ行】

【ヤ行】

【ナ行】

【ハ行】

【タ行】

【カ行】

【サ行】

人名索引

【ア行】

【著者略歴】

柳澤　治（やなぎさわ・おさむ）

1938年　東京都に生まれる。

1966年　東京大学大学院経済学研究科博士課程退学。東京大学社会科学研究所助手、明治学院大学経済学部講師、助教授、東京都立大学経済学部助教授、教授を経て
現在、明治大学政治経済学部教授、経済学博士。

（主要著書）

『ドイツ三月革命の研究』（岩波書店、1974年）、

『ドイツ中小ブルジョアジーの史的分析』（岩波書店、1989年）、ほか。

（最近の主要論文）

「戦前日本の統制経済論とドイツ経済思想」『思想』第921号、2001年、

「戦時期日本における経済倫理の問題――大塚久雄・大河内一男の思想史・学説史研究の背景――」（上）（下）『思想』第934、936号、2002年、

「日本における『経済新体制』問題とナチス経済思想」『政経論叢』第72巻1号、2003年、

「ナチス経済思想と日本でのその受容」明治大学政治経済学部創設百周年記念叢書刊行委員会編『ヨーロッパ――伝統・現状・行方――』御茶の水書房、2006年。

資本主義史の連続と断絶――西欧的発展とドイツ――
（明治大学社会科学研究所叢書）

2006年5月15日　第1刷発行　定価（本体4500円＋税）

著　者　柳　澤　治
発行者　栗　原　哲　也

発行所　株式会社日本経済評論社
〒101-0051　東京都千代田区神田神保町3-2
電話 03-3230-1661　FAX 03-3265-2993
nikkeihy@js7. so-net. ne. jp
URL：http://www.nikkeihyo.co.jp
印刷＊文昇堂・製本＊美行製本
装幀＊渡辺美知子

Printed in Japan
ISBN4-8188-1825-9